# 林語堂傳

## 中國文化重生之道

錢鎖橋——著

目次

# 第一章 林語堂與現代中國知識思想遺產

「我相信，總有一天鄧小平或是他人，要向毛澤東開棺鞭屍以泄民怨。」

林語堂，《無所不談二集》（一九六七年）

## 紀念林語堂

二〇一二年五月一日新華網報導，中國福建省漳州市計畫投資一點九億元興建「林語堂文化園」。文化園位於林語堂故鄉薌城區五里沙村，占地一千畝，包括已興建的林語堂紀念館以及周邊蕉林區域。預計三到五年建成後，將成為一個林語堂主題文化旅遊景點，主要有林語堂紀念館、林氏父母合葬墓、林語堂祖祠以及其他娛樂設施。[1]

同年十月，另一則新聞報導更加吸引媒體眼球：同樣位於漳州市的林語堂家鄉平和縣阪仔村計畫投資三十億元興建「林語堂文化博覽園」，要把整個村建成像莎士比亞故居斯特拉福德那樣的「世界級文學城」。由於中國人對「家鄉／故鄉」的不同理解，林語堂有兩個「故

1 參見〈福建漳州興建林語堂文化園〉，新華網，二〇一二年五月一日。

里」：薌城區的五里沙村是林語堂的祖籍地，其父母葬於此，現在有（遠房）親戚仍居住於此。平和縣阪仔村則是林語堂出生地，十歲之前（一八九五－一九〇五）他在此度過童年。為了爭搶文化資源，像福建漳州這樣兩個地方同時興建林語堂紀念性工程的例子，在當今中國並不少見。據報導，「林語堂文化博覽園」規模更大，占地三千畝，主要有林語堂主題色彩的地產專案，包括林語堂故居、林語堂文化館、民族文化廣場、林語堂花溪大酒店、天地溫泉、閩南風情商業街等等。五至八年後便會建成一個多功能的「世界級文學城」，在此你可以處處感觸體會林語堂：比如林語堂小時睡過的木板床，還有林語堂名著場景再造，好像林語堂就在你身邊。[2]

其實要算林語堂在中國大陸的「故居」，還有一個，已經修繕成文化景點，不過沒有掛林語堂的名：重慶北碚的「老舍故居」。這棟房子是林語堂一九四〇年抗戰時回到重慶購置的，但林氏在此只是短暫居留，走時留給好友老向（一八九八－一九六八）照看，作為「中華全國文藝界抗敵協會」辦公室，後來老舍先生定居其間。重慶政府將其整修開放，命名為「老舍故居」，位於重慶北碚區中心地帶，鬧中取靜，一棟中西合璧的小別墅，小花園圍繞，為重慶北碚增色不少。也許今後重慶想要爭一份林語堂的文化資源，把該處更名為「林語堂老舍故居」或更恰當。

中國大陸興建林語堂紀念場館，其中一個很大的問題是：新建的場館內基本上沒什麼林語堂生前紀念物品。這有歷史原因。首先，林語堂一生遷移不斷，可能在現代中國作家中最為凸出。十歲離開家鄉後，林語堂的人生旅途可謂名副其實的全球征途：從阪仔村到廈門（一九〇五年上美國教會學校）、到上海（一九一一年上聖約翰大學）、到北京（一九一六年任清華學校英語教員）、到美國（一九一九年上哈佛大學）、到法國再到德國（一九二三年獲萊比錫大學博士學位）、回到北京（一九二三年任北京大學英語系教授）、到廈門（一九二六年任廈門大學文學院院長）、去武漢（一九二七年參加大革命）、到上海（一九二八—一九三六）；之後的三十年，林語堂移居美國和法國（主要居住地為紐約和法國坎城），而在其人生最後十年（一九六六—一九七六），林語堂又移居臺灣和香港兩地。

其次，改革開放前，林語堂在大陸被定位為「反動作家」而遭禁，海峽兩岸處於敵對狀態，林語堂晚年移居臺灣，去世後其居所改為「林語堂故居」開放，林語堂的手稿、藏書、生前起居物件等都保留於此。林語堂次女林太乙（一九二六—二〇〇三）在美國去世後，林家又把家藏名貴畫卷和書法等（包括林語堂自己的書法、來往書信手跡以及自己所藏書畫）一併捐給了紐約大都會藝術博物館——畢竟紐約才是林語堂一生居住最久之地。[3]

改革開放三十多年來，林語堂在中國大陸的聲譽大有改善。各家出版社將他的中文著述編了又編、印了又印，書店裡往往還有林語堂著作專櫃。現在一般公認林語堂為中國現代重要作家，地方政府和發展商也都想開發林語堂遺產的商業價值。然而遺憾的是，對林語堂一生著

2 參見〈三十億開掘林語堂故里，重金能造「世界文學小鎮」？〉，中國新聞網，二〇一二年十月四日。

3 參見 *Straddling East and West: Lin Yutang, a Modern Literatus—The Lin Yutang Family Collection of Chinese Painting and Calligraphy*, The Metropolitan Museum of Art, New York, 2007.

述的評論傳記研究還遠遠不夠。[4]現在林語堂已獲認可，被視為現代中國重要作家，其作品可以重印出版，但最好不要提及他的政治主張與實踐。這不光是政治監控的問題。更重要的是，要對林語堂一生著述進行全面深入考察和理解，必須修正我們已經習以為常的有關現代中國的知識結構。也就是說，重新恢復對林語堂的理解恰恰處於反思現代中國知識思想史的核心地帶。

本書是一部敘述林語堂跨文化之旅的智性傳記，以現代中國知識思想史、尤其是中美知識交流史為背景。林語堂的跨文化心路歷程不僅是現代中國文化體驗的一面鏡子，而且和當下中國整個現代旅程息息相關。一部林語堂智性傳記旨在為現代中國知識思想史正本清源加一塊磚，或許亦有助於中國和世界重啟「新的文明」之探索。

二十一世紀以來，對現代中國知識思想史

作者（右）、蔡佳芳和秦賢次（左）攝於臺北林語堂故居，2010年。

的反思已有長足進步。許多既定的觀念、虛構的偶像正在搖晃，根基已經不太穩固。這種反思可以從對魯迅、胡適的評論爭論中窺見一斑。魯迅、胡適當然是現代中國知識界重量級人物，兩人和林語堂都很有淵源。對魯迅和胡適的反思正可以引入我們重審林語堂在現代中國乃至世界知識思想史中的地位與意義。

## 反思魯迅遺產

進入二十一世紀，中國知識界對魯迅的偶像權威挑戰不斷，爭議頻頻。魯迅自一九三六年去世以來，一直被譽為「民族魂」，代表現代中國人的良知。文革期間對魯迅的歌頌類似於對毛澤東的個人崇拜，相當「神聖」。[5]儘管如此，改革開放年代，魯迅研究方興未艾，魯迅傳

4 林語堂傳記到目前為止比較可讀的有林太乙的《林語堂傳》（中文）以及蘇迪然（Diran John Sohigian）的英文博士論文《The Life and Times of Lin Yutang》（Doctoral Dissertation. Columbia University, 1991）。改革開放後大陸也出版了許多林語堂傳記，最有代表性的是萬平近的《林語堂評傳》，鑑於各種原因（規範限制或資料不足），這些傳記對理解林語堂所起作用仍很有限。拙著《Liberal Cosmopolitan: Lin Yutang and Middling Chinese Modernity》（Leiden and Boston: Brill, 2011）並非林語堂傳記，而是以林語堂著述為主要案例圍繞中國現代性之自由普世之困進行理論探索。該書中所引林語堂著述在本書已儘量避免，以免重複。

5 文革後，毛澤東式的個人崇拜已經遭到唾棄，但公開公正評價毛澤東仍是禁區。某種程度而言，只要這一現象持續，便不可能對林語堂有公正的評價。

記一本接著一本出版，起碼有三十多種。[6]其中一本傳記——林賢治的《人間魯迅》[7]再版之際，有學者提出了魯迅與專制的共謀問題：「為什麼魯迅以反專制為基本追求，卻總是被專制利用……文革中，魯迅是他同時代知識分子中唯一得到肯定的知識分子，這是為什麼？魯迅是最不願意和官員打交道的，不像胡適那樣，還想過去做政府的諍友，魯迅是最看不慣胡適這一點的。然而奇怪的是，魯迅一直得到官方的首肯，而胡適卻從來都是被罵的，為什麼新時代願意用一貫反專制的魯迅來作為自己的旗幟，卻不用一直想做政府諍友的胡適呢？」[8]這些問題引出知識界一場辯論：對當下中國來講，作為知識思想資源，到底是魯迅還是胡適更合適？

差不多同時，《北京文學》（一九九八年第十期）發了一份問卷給五十六位中青年作家：「你是否以魯迅作為自己寫作的楷模？你認為作為思想權威的魯迅對當代中國文學有無指導意義？」

雜誌收到的答案幾乎一致否定，有些公然嘲諷，比如有篇文章題目叫作「為二十世紀中國文學寫一份悼詞」，年輕作家力爭擺脫魯迅權威的企圖昭昭若然。這些挑戰來自較年輕的作家、批評家，另一挑戰出自更為有名的文學雜誌《收穫》（二〇〇〇年第二期），影響更大。該專輯發表三篇討論魯迅的文章，其中兩篇由當代知名作家操筆：馮驥才的〈魯迅的功與「過」〉和王朔的〈我看魯迅〉，而第三篇更有意思：是篇舊文，六十多年前林語堂在魯迅去世後不久所寫的紀念文〈悼魯迅〉。這些挑戰在魯迅研究圈、乃至整個學界掀起一場不小的風波。[9]

這些挑戰有三個層面：對魯迅作品的文學、美學價值進行解構式批判，對魯迅的「國民性」話語進行後殖民式批評，對魯迅的知識分子立場進行道德及政治上質疑。這些挑戰不光涉及到魯迅研究者的職業飯碗問題，更是直接觸及現代中國知識思想史上一些重大議題。這需要對魯迅同時代的知識分子進行重新審視與評價，不僅包括胡適，而且我下面要特別指出，也包括林語堂。

重新評價魯迅其實在八〇年代就開始了。鑑於文革中把魯迅塑造成現代中國共產主義事業的旗手，八〇年代魯迅研究者努力撥亂反正，儘量拉低其意識型態功能，而重新關注其美學涵義。李歐梵教授的魯迅研究大受歡迎，學者的興趣轉向魯迅的個人主義人文關懷、對革命話語的懷疑、精神上的孤獨感等。這一轉向使魯迅研究從毛時代的意識型態掛帥中擺脫出來，同時使魯迅在現代文學史上的權威地位得以延續。不過這種美學轉向也為後來更深入的挑戰鋪平了道路。隨著後現代後殖民理論的輸入，魯迅不容置疑的權威地位越來越難以維繫。

如果只在美學意義上欣賞魯迅作品，那麼魯迅有美學價值的作品顯得相當單薄，分量不夠。對解構式批評家而言，魯迅小說只有少許可視為文學佳作。王朔一向以解構嘲弄作風著稱（特別是對毛時代的理想主義），他對魯迅的批評還算手下留情，還是承認魯迅有些小說寫得

6 參見裴毅然，〈魯迅問題〉，見《世紀末的魯迅論爭》，高旭東編，北京：東方出版社，二〇〇一，頁三七。

7 林賢治，《人間魯迅》，廣州：花城出版社，一九九八。

8 謝泳，〈魯迅研究之謎〉，見《魯迅還是胡適》，謝泳編，北京：中國工人出版社，二〇〇三，頁一九。

9 有關這些辯論，起碼有三本集子已經出版，參見陳漱渝編，《魯迅風波》（北京：大眾文藝出版社，二〇〇一）、《誰挑戰魯迅——新時期關於魯迅的論爭》（成都：四川文藝出版社，二〇〇二）；以及高旭東編，《世紀末的魯迅論爭》（北京：東方出版社，二〇〇一）。

不錯。但他的批評也很犀利辛辣。魯迅一直被公認為白話文學第一人，王朔直指魯迅的白話文不怎麼樣，很幼稚不老練。說到魯迅最有名的中篇小說《阿Q正傳》，王朔認為是一部類型化小說；雖然類型化手法有利於魯迅要做的「國民性」批判，但就小說美學觀點來看，類型化手法是失敗的。[10]而在馮驥才看來，魯迅的「國民性」批判正是問題所在。馮氏批評從後殖民理論出發，指出魯迅的「國民性」批判源自西方傳教士的話語。西方傳教士首先提出所謂「中國國民性」的命題，以揭示中國人性格的缺陷，以便在中國傳教尋找理據。魯迅對中國國民性的批判正是受到明恩溥《中國人的特徵》一書啟發，臨終前仍念念不忘叮囑中國人要翻譯研讀此書。[11]馮驥才當然明白魯迅和明恩溥對中國國民性批判的用意不同，但魯迅沒有指出這種國民性批判話語的帝國主義性質，因而對這種東方主義色彩的中國凝視，實際上發揮了推波助瀾的作用。無論如何，魯迅的國民性批判一直被奉為魯迅最深刻的「思想」，現在亦被揭示為「舶來品」，又如何談得上「深刻」？[12]

《收穫》專輯出版以後，魯迅故鄉紹興市作協主席朱振國寫了一封公開信給中國作協，對該雜誌發表三篇文章表示驚訝和憤怒。朱振國表示，魯迅在現代中國文壇的經典地位早已確定，但按照這三篇文章的說法，魯迅沒什麼「偉大」可言，其權威性「早該摜到太平洋去」。魯迅作為偉大的思想家、文學家、革命家的標竿當然就撐不住了。但朱振國不是依理抗辯，而是向黨組織求救：這次《收穫》雜誌刊登三篇文章「倒魯」，「是誰策畫又代表了誰的旨意？用意何在？中國作家協會作為黨領導下的人民團體，應當以嚴肅的態度關注此事，給讀者和會員以一個明確說法。」[13]

當然，魯迅辯護者多了去了。也不是每個人都像朱振國那樣歇斯底里，可是他們一點讓步的意思都沒有。對王朔的解構式挑戰，他們回應的方式基本上採取輕蔑的忽視，似乎嚴肅的魯迅研究者不應壓低自己的身價來理睬這種虛妄的反偶像姿態。或者，有如一位學者指出，用解構策略來挑戰魯迅忘了一個重要的歷史事實：魯迅自己就是現代中國最傑出的解構主義者。魯迅一生都在解構中國傳統文化的「鐵屋」，而這正是「魯迅的精神」。「因此，用解構主義來消解魯迅，不是很可笑嗎？」[14]

---

10 王朔，〈我看魯迅〉，見《魯迅風波》，頁一三二—一四二。

11 參見Lydia H. Liu, *Translingual Practice: Literature, National Culture, and Translated Modernity*, Stanford: Stanford University Press, 1995; Jing Tsu, *Failure, Nationalism, and Literature: The Making of Modern Chinese Identity, 1895-1937*, Stanford: Stanford University Press, 2005; Qian Suoqiao, *Liberal Cosmopolitan*.

12 馮驥才，〈魯迅的功與「過」〉，見《魯迅風波》，頁一二五—一三一。

13 朱振國，〈貶損魯迅，意欲何為〉，頁一四六—一五〇。這不禁讓人聯想起「子見南子」事件。一九二八年，林語堂「子見南子」一劇由山東一所中學學生搬上舞臺，當地孔門族裔認為有損孔子神聖形象，寫公開信向教育部抗議。當年魯迅和林語堂曾站在同一戰線抵抗。參見Diran John Sohigian, "Confucius and the Lady in Question: Power Politics, Cultural Production and the Performance of *Confucius Saw Nanzi* in China in 1929." *Twentieth-Century China* 36.1 (January, 2011): 23-43.

14 高旭東，《走向二十一世紀的魯迅》，見《魯迅風波》，頁二一七。

## 我們要魯迅還是胡適

針對後殖民主義批評的挑戰，辯護者可以置之不理，因為他們只需強調魯迅的中國本位立場及其力圖改變中國的崇高意願。可是，有關魯迅的政治道德和知識立場問題，辯論也最激烈。我們今天是要胡適還是要魯迅？這一問題不僅關乎魯迅及其辯護者的個人尊嚴問題，對我們今天的知識思想生活亦至關重要。在政治道德領域，魯迅辯護者似乎能輕易找到歷史資源與理據。魯迅受到尊敬，正是因其所謂「硬骨頭」精神：從來不向社會上各種黑勢力讓步，也從來不向任何政治權威低頭。他在一九三〇年代轉向與中國共產黨合作，這也很容易解釋：首先，中共和左聯當時代表進步勢力，受到國民政府迫害；其次，魯迅後來和共產黨合作中鬧出矛盾，亦公開批判，無所畏懼，更顯示其錚錚骨氣、獨立人格。相比之下，胡適要與政府做「諍友」的態度就差遠了，顯得既不高尚，也缺乏吸引人之處。

當然也有很多人更喜歡胡適的自由主義立場。有學者認為胡適和魯迅的根本區別源自兩人不同的教育背景：「魯迅是明治維新後建立了極不成熟的『民主制度』的日本留學生，他在那裡接受的現代化思想天然是有缺陷的，後來又接受了半西方半東方的俄國社會主義革命思想。而胡適則是在被馬克思稱作『天生的現代國家』的美國的留學生，又一貫關心政治和法律，因此他天然地站在歷史的制高點上。」[15]這段話可能略顯武斷，很容易遭到對手反駁，但卻提到現代中國一個重要現象。現代中國知識思想史也可看作留學生史。一九〇五年廢科舉，中國青年要在社會上立足，必須遠渡重洋以獲取教育資歷，留學地主要有日本和歐美。一九一六年新文化運動興起，即標誌新一代留洋學生走上舞臺。新文化運動一舉把中國文化推入現代性，其成功主要靠留日和留歐美兩派學人合謀促成。

當然，說留歐美派學人一定比留日派傾向自由主義，這不免偏頗。比如在北大，當時的派系狀況是留英美派對留日留法派。就歷史上看，以魯迅為代表的留日派學人確實比較熱衷激烈的革命途徑，而留英美派比較傾向自由主義的改良進程。最近國內學人重新看重胡適，正是企圖找回現代中國的自由主義傳統。

然而，重審現代中國自由主義傳統也就是要重審中國現代史本身——無論在文化上還是政治上。回顧現代中國自由主義傳統，面臨一個棘手問題：許多留英美派學人，包括胡適及其朋友圈內人士，民國時期曾仕於南京政府、甚至北洋政府。如此，在許多大陸學人（包括大多數胡適傳記作者）眼中，留英美自由派學人先輸了兩著。假如歷史都可以塑造，所謂歷史進步只不過是贏者合法性的另一種表現。假如現代中國歷史被看成一部從北洋政府到南京政府到中華人民共和國政府的線性進步歷程，在敵對政府任職當然就成為汙點，甚至是「反動」經歷。改革開放以來，這種重塑性歷史敘述越來越缺乏公信力。但在更深層面，一個真正的自由主義者被認為必須遠離權力、向權力說不、為被壓迫的人民發聲。正是基於此，魯迅崇拜者堅持守護魯迅的「民族魂」、捍衛其「硬骨頭」精神。魯迅死後被權力利用，那和魯迅本人無關。這樣，胡適（及其自由派友人）和政府的合作怎麼說都無法擺脫個人機會主義色彩，而且按此邏輯，胡

---

15 李慎之，〈回歸「五四」學習民主——給舒蕪談魯迅胡適和啟蒙的信〉，見謝泳編，《魯迅還是胡適》，頁三〇。

適戰時出任駐美大使也不是什麼可譽之事。

思索中國現代性不能基於重塑式歷史敘述。相反地，問題的提出必須基於現代中國歷史經驗本身。「魯迅的困惑」，即魯迅自己的反專制話語與實踐和其死後被專制利用之間的可容性、共謀性，這正是思索中國現代性揮之不去、耐人尋味的問題。它不僅是知識姿態問題，也是思維方式問題。梳理該問題必須首先認識到沒有哪個高尚而純潔的知識分子站在權力關係之外對權力說不這回事。這倒不是要遵循尼采式道德系譜學，而是現代中國（乃至二十世紀人類）的歷史經驗沉甸甸地凸顯自身，要求我們反思。相對於魯迅的「硬骨頭」鬥爭精神，胡適最主要的遺產便是「容忍」二字，其生前諄諄教誨並身體力行。「然而，二十世紀中國最匱乏的精神資源之一，就是容忍。二十世紀是一個奉行『鬥爭哲學』的世紀，寬容則是這種哲學的反面，它由於被誤認為是軟弱、妥協和不澈底，因此，奉持這種價值的胡適自然也就成為那個時代的反面。」[16] 胡適曾在給友人的一封信中勸誡不要輕易動「正義的火氣」：「『正義的火氣』就是自己認定我自己的主張是絕對對的，而一切與我不同的見解都是錯的。一切專斷、武斷、不容忍、摧殘異己，往往都是從『正義的火氣』出發的。」[17] 我們履行「鬥爭哲學」已有一個世紀，如果繼續堅守「正義的火氣」的正當性，著實讓人費解。

胡適和魯迅都是新文化運動的領軍人物，也是中國現代性的兩座標竿。自從十九世紀中西方殖民主義覬覦中國沿海以來，中國文化不得不大幅調整、求生求變。十九世紀後半期，中國士人興起所謂自強運動，試圖引進西方科技搞洋務，同時維繫儒家政教體系。這便是遵循所謂「中體西用」原則的民族主義救國方案。

然而，一八五九年中日甲午戰爭慘敗，這種努力也隨之破產，取而代之的是民族革命。一九一二年，亞洲第一個共和國中華民國宣告成立。但中國文化本質上是一種普世性文明，不是一個民族主義文化，並不以民族國家為界限。也就是說，「西學」要算「學」，不可能只因其為「西」便不能成為「本」。按中國文化本身的邏輯，中西間學問必定會互相滲透比個高低。可是對於這種挑戰，晚清儒士在知識和情感上基本上都不夠格。到了一九一〇年代，新一代留洋受過西式教育的學人開始走上前臺。他們一些人開始創辦《新青年》雜誌，胡適發表〈文學改良芻議〉，號召使用白話文，點燃了文學革命的火種，當時胡適還是哥倫比亞大學博士研究生。為了響應胡適的號召，魯迅後來發表了第一篇白話文小說〈狂人日記〉，從此奠定其新文學領袖的地位。

新文化運動起初是一場文學革命，提倡白話文，以確立現代中國的標準語文。當然其意義遠非僅此。它實際上是場文化革命。尼采式「重估一切價值」蔚然成風。那是個打破偶像崇拜反傳統的時代。胡適、魯迅領軍新一代受過西式教育的青年對中國傳統文化發起猛烈攻擊。胡適和魯迅同屬反傳統陣營，也都把「批評」看作現代知識分子的標誌。從現代知識思想史角

---

16 紹建，《瞧，這人：日記、書信、年譜中的胡適（一八九一—一九二七）》，桂林：廣西師範大學出版社，二〇〇七，頁二。

17 胡適，《胡適的日記》（手稿本），第十八冊，引自周質平著，《胡適與現代中國思潮》，南京：南京大學出版社，二〇〇二，頁八九，注1。

度看，正如余英時指出，胡適的功績在於其為整個現代中國知識域開創了新的「典範」。[18]此典範主要有兩個層面：對傳統儒家政治文化體系的批判，使其解構潰散、再也無法為「本」，同時允諾通過儘可能「西化」來創建一個「新的文明」。胡適和魯迅對此心有靈犀，不過側重點有明顯不同。在現代中國知識思想史上，恐怕沒人像魯迅那樣對傳統中國文化有如此尖銳與透澈的批判，而胡適為建立「新的文明」，幾乎在所有知識領域都有開創性貢獻。面對西方現代文化的挑戰，新一代中國學人勇於自我批評、擁抱它者，這種開放胸懷在人類歷史上也不多見。就憑這一點，胡適和魯迅都是中國現代性的典範人物，甚至是全球現代性的典範人物。從某種意義上說，中國現代性經驗要比西方早一個世紀，亦更為豐富，因為西方還有待於真正接受他者文化、進行跨文化實踐。

中國現代性經驗已有一個多世紀，當今世界格局早已今非昔比，正如對胡適、魯迅兩位知識領袖的討論重審一樣，胡適、魯迅所崇尚的「新的文明」新文化典範也都需要重審與調適。如果說我們要從多災多難的二十世紀中國吸取點什麼教訓，起碼我們得重視知識分子批評的功能與效果、警惕價值虛無的文化批評。啟蒙批評在當今中國當然有其價值、甚至有緊迫性，但同時也有必要警惕以啟蒙或正義之名批評的陷阱。這倒不是源自後結構主義式系譜學啟示，而是中國現代經驗所要求。改革開放前魯迅能受到專制體制如此輝煌的借用，多少和魯迅式的文化批評特性有關。反傳統立場有其歷史必要性，非如此恐怕無法把中國推進現代文明。但魯迅的文化批評，借助尼采式的「權力意志」，對中國文化一味採取解剖式的嘲弄與解構，除此之外幾乎沒有什麼建設性導向。魯迅對中國「國民性」的批判是要用來敲開中國傳統文化這棟窒息的「鐵屋」，現代青年備受鼓舞，掙脫傳統枷鎖，探尋「新的文明」。可是，當人們看到這種批評也可以輕易被用來為文革的瘋狂添磚加瓦，當然值得深思。問題不在於魯迅式批評和殖民傳教士話語的共謀性。魯迅當然清楚傳教士的意圖（有論者認為，假如魯迅的批評話語帶點宗教性，那倒又可刮目相看）。關鍵是：魯迅對中國傳統文化的虛無主義式批判和共產主義烏托邦思想一脈相承，最後在現代中國以極權主義意識型態一統天下。相比而言，胡適就很難被極權主義所借用，因為胡適的文化批評有破有立，確實有很強的建設性導向。魯迅的批評者會納悶：魯迅怎麼能算是個偉大的「思想家」，他除了相信進化論、堅信中國傳統文化之「吃人」性，加上後期若即若離受了點馬克思主義意識型態影響，真說不上什麼自己的系統「思想」。

其實，胡適也一樣，說不上有什麼自己的思想系統。他和魯迅的信仰類似，只有一點重要區別：他對美國生活的各方面毫不掩飾地讚賞，這出自其留學美國期間的切身體驗。但這正是胡適長處所在：他是位典範轉換者，不是系統思想家。胡適就像後世的伏爾泰。伏爾泰借用儒家文化開展啟蒙運動，使西方走上世俗現代性之路。胡適堅信其美國所見所聞之進步性，要儒家文化讓位於現代知識，使中國走上創建「新的文明」之程。胡適的著述涉及現代知識各方面，而且是用看似極為簡明通順的語言，很難具體說明他的「思想」是什麼。最根本上說，胡適是五四「德先生」和「賽先生」最佳的闡釋者和實踐者。鑑於其對西方現代文化嫻熟通透，

18 余英時，《重尋胡適歷程》，臺北：聯經出版事業公司，二〇〇四，頁一八八。

胡適把「科學的方法」引入中國，不僅要其適用中國學問，而且要在中國人生活各個方面都用「科學的方法」。胡適一輩子都孜孜不倦地提倡中國要「西化」，總是擔心儒家保守勢力太頑固，時時妨礙中國的現代化。

然而，中國現代性經驗一個多世紀以後，這兩個座標都需要重新反思。包羅萬象的「科學方法」很接近科學主義，既傲慢又危險，人類生命的意義好像只剩下實驗與證明。在科學主義的凝視下，中國文化傳統只剩下歷史價值，可以作為博物館物件被考察、區分甚或欣賞。胡適提倡的「全盤西化」（後來修改為「充分西化」）在現代中國一直受到各種懷疑與抵制。假如按後殖民式批評家的說法，魯迅對西方傳教士話語的霸權性質「視而不見」，胡適從來就不承認有殖民主義這回事。他一直認為所謂西方帝國主義話語只是反映中國自己缺乏自信，拒絕從內部改變自己，因而有礙普世式跨文化相互學習以創建「新的文明」。

## 林語堂：面向二十一世紀中國與世界

林語堂和胡適、魯迅私人關係都不錯。在一九三〇年代，胡適和林語堂便被公認為是受西式教育之中國現代知識分子的代表人物。區別在於，林語堂的西式教育更具本土色彩，同時更澈底。胡適童年受過傳統中式教育薰陶，大學本科和研究生赴美就讀，而林語堂生於中國的基督徒家庭，從小上教會學堂，大學本科畢業於上海的聖約翰大學。一九一七年，胡適回國即成為一場席捲全國的文化革命領袖人物，林語堂當時擔任清華學堂的英語教員，自己準備赴美留學（後於德國完成博士學業）。當時胡適慧眼識英才，認定林語堂今後前途無量，親自允諾林語堂學成回國擔任北大英語教授。林語堂留學期間經濟上遇到困難，胡適還親自掏腰包接濟，對此林語堂終身感恩不盡。

林語堂一輩子始終尊敬胡適，保持紳士般的友情。但林語堂留學回國後，二〇年代在北京，三〇年代在上海，乃至以後在美國的歲月，和胡適的關係一直都算不上親密，不在後者至交圈內。胡、林始終友好，但也有點競爭的味道。兩位的英文造詣都極高，都能用英文寫作，不過就其英文創作所獲國際聲譽而言，林語堂遠遠超過了胡適。

林語堂回國後倒是和魯迅發展出親密的關係。眾所周知，胡適一輩子交友甚廣，朋友遍布各行各業。而魯迅不擅交友，親密朋友屈指可數（家裡和親兄弟也鬧翻，一輩子不見面不說話）。魯迅和林語堂二〇年代的親密關係顯得有點特別。一九三〇年代魯迅加入左聯，為其盟主，和林語堂關係開始趨淡，但還有合作，直至兩派公開論戰。

就其思想認識、知識分子立場而論，林語堂一生言行及其著述和胡適及魯迅既有交融又有超越，從而為我們展示出另一景觀，為中國於全球時代、現代性之路鋪墊新的範式。相比魯迅和胡適的知識遺產，林語堂的心路歷程在以下三個層面尤為凸出。首先，和胡適、魯迅一樣，林語堂視「批評」為現代知識分子標誌。但作為一個自由主義批評家，林語堂捍衛「賽先生」最為得力、最為堅定、最為雄辯，特別是針對二十世紀共產主義專制蹂躪人權，林語堂的批評最為犀利、毫不留情。再者，作為新文化運動宣導者之一，林語堂遠沒有像胡適、魯迅那樣反傳統。林語堂雖然也批評傳統文化，但他的態度修正了許多新文化運動激烈反傳統的論調。林語堂重新發掘中國傳統文化資源，發展出一套「抒情哲學」，並推向世界大獲成功，從而證明中國傳統文化為中國現代性之路仍具備可用資源與活力。第三，有別於胡適和魯迅，無論從人生經歷和批評範疇來看，林語堂的跨文化之旅凸顯其跨國、全球性。這不僅是所謂把中國文化譯介／推向世界的問題。而是說，在此跨文化翻譯行為中，林語堂承擔了普世式批評家的角色，批評視野面向整個現代文明（中國現代性問題為其一部分），而不是單從中國民族主義的視角與關懷來評論「宇宙文章」。以下概述這三個層面，試為全書提綱挈領。

## 自由主義批評家

林語堂從小上教會學堂長大。上海聖約翰大學畢業後來到北京，即刻捲入新文化運動，對各種新思潮賦予「本能的同情」。再經過哈佛大學、萊比錫大學留洋求學生涯，林語堂於二〇年代回到北京時已經確定信念：中國的未來在於向現代性邁進，而其首要標誌便是引進「賽先生」——新文化運動兩個訴求之一。和胡適一樣，林語堂一輩子都是自由主義批評家。林氏自由主義的核心是其通過對中國傳統文化的創造性闡釋而發展出來的容忍哲理。林語堂闡發的「抒情哲學」有如下概述：「中國文化的最高理想一向都是達觀之士對人生採取智慧型袪魅態度，由達觀而曠懷，以容忍反諷姿態面對人生。」[19]換句話說，在現代社會，這種理想的最佳人格代表應該是「浪人」——「或許只有這種最為高尚的人」才能堅守人類尊嚴：「面臨我們這個時代對民主和個人自由的諸多威脅，也許只有浪人和浪人精神才能拯救我們，以免人類都變成編列成碼、循規守矩、順從馴良、身穿制服、腳步齊整的苦力。」[20]

現代中國自由主義在新文化運動中高舉「賽先生」的旗幟，但到二〇年代便遭到挑戰。蘇俄共產主義引入中國，融入中國民族革命浪潮，新文化陣營知識分子面臨分裂。雖然北洋政府軍閥紛爭，和理想的民主政府差距甚遠，但胡適寧願給襁褓中的共和國一個機會，以便從實踐中逐步提高民主素養，而不是與國際共產主義勢力合作再搞一次民族主義革命。林語堂此時態度相反。留洋一回國，林語堂融入了以周氏兄弟為首的「語絲」派文人陣營，在政治上傾向全力克服中國的惰性，迅速進入現代性。林語堂曾對一九二七年國民革命抱有很大希望，期待一個基於孫中山所宣導的「三民主義新中國」的誕生。但現實很快使他失望：國共兩黨內訌變得血腥，理想主義也隨之遭扼殺。

二〇年代末、三〇年代初，南京政府治下的「新中國」很多方面看起來都很「舊」。單就人權保障而論，遠不如被其推翻的北洋政府時期，革命的後遺症使然。正當新的國民政府試圖加緊掌控鞏固權力之時，胡適站了起來挑戰新政權，寫了一系列文章質問政府對公民自由問題的立場，點燃一場「人權運動」。胡適當時在上海，林語堂也到了上海，並參加了胡適組織的「平社」活動。在三〇年代，胡、林便是知識界公認的自由派知識分子領軍人物。在三〇年代做一個自由主義批評家並不是簡單地「向權力言說真理」。國共黨爭背後是荷槍實彈的武裝

19 Lin Yutang, *The Importance of Living*, New York: John Day, 1937, pp. 1-2. 除非另有注明，本書所引英文原文都為作者自譯。

20 同上，頁一二。

對峙。林語堂、胡適、魯迅都參與了中國民權保障同盟的活動，這次合作本來出發點不同，導致後來相當尷尬、不歡而散，證明現代自由主義在中國的困難境遇。同時也堅定了林語堂的信念：要爭取看到一個民主自由的中國，我們必須謹防「布爾什維克主義和法西斯主義雙重危險」。

法國著名哲學家傅柯說過，法西斯主義和史達林主義是人類二十世紀兩種「病態權力形式」。[21]在中國，這種「病態權力形式」所帶來的創傷仍有待揭示。林語堂的成長與教育浸染於自由民主理念，一輩子從來沒有被流行的馬克思主義激進革命觀所吸引。相反地，林語堂成為二十世紀中國共產主義實踐最犀利、最有力的批評家。三〇年代早期，林語堂批評的是執政的國民黨政權，但這不等於說其批評立場和共產黨的武裝革命路線有任何共同點，中國民權保障同盟的解散充分說明了這一點。當共產黨領導的左翼陣營決定對林系雜誌展開全面圍剿討伐，由魯迅領頭（用各種筆名）在暗處放冷箭攻擊，林語堂沒有讓步，而是絕地反擊，這場論戰為現代中國知識思想史留下了寶貴的政治文化遺產。

林語堂與共產主義極權統治的抗爭，主要發生在他的後半生，即一九三六年赴美以後，並上演於國際舞臺。抗戰初期，國共兩黨又開始合作，林語堂很興奮，對中國前途充滿期待，認為中國各黨派放下分歧組成聯合戰線，通過全民抗戰，一個「新中國」必將鳳凰涅槃、浴火重生。然而，抗戰後期及勝利後，這個「新中國」很可能落入共產主義極權統治，最後導致林語堂「無國可歸」。從四〇年代到六〇年代，林語堂堅持不懈，不斷發聲揭露共產政權的極權性質，以致其「中國哲學家」的智者形象和聲譽受損不淺。林語堂應該是第一個向世人揭示延安整風的蘇式整肅性質、第一個揭示王實味案實質、第一個揭示毛澤東的「新民主主義」是顆煙幕彈的人。一九六六年，毛澤東發動文革，林語堂稱之為荒誕劇，並斷言道：「我相信，總有一天鄧小平或是他人，要向毛澤東開棺鞭屍以泄民怨。」[22]

林語堂對中共極權的揭露與抗爭，主要是在國際舞臺展開，其對手與其說是中共黨人，不如說是一幫自稱為「自由主義者」的西方「同路人」或「中國通」。尤其令林語堂耿耿於懷的是：美國一些專家態度傲慢、自以為是，有意操縱輿論，故意忽視或曲解共產政權的極權性質。對這些專家來講，自由主義原則一到中國人身上就不適用了。林語堂非常惱火，譴責這種「專家」是偽自由主義者或「客廳自由主義者」（指坐在自己寬敞舒適的客廳裡高談闊論「自由」、「理想」）。這些偽自由主義者的邏輯讓林語堂心痛不已：如果在他們自己的國家搞一場共產主義革命，這是想都不能想的，但他們認為中國應該由共產主義極權統治；人權之於美國人那是神聖不可侵犯，可是中國人好像不能算作「全人」，還處在人類文明初級階段，對中國人來說，最重要的是吃飯，即使這意味著要使他們變成「編列成碼、循規守矩、順從馴良、身穿制服、腳步齊整的苦力」。

---

21 Michel Foucault, "The Subject and Power", in Hubert L. Dreyfus and Paul Rabinow, *Michel Foucault: Beyond Structuralism and Hermeneutics*, 2nd Edition, Chicago: The University of Chicago Press, 1982, p. 209.

22 林語堂，〈我看共匪的文化大革命〉，收入《無所不談二集》，臺北：文星書店，一九六七，頁一〇五。

## 抒情哲學家

二十世紀共產主義風行中國與世界，林語堂的抗爭不失豁達胸懷，他用歷史長鏡頭審視，認定共產主義因其非人性獨裁性必然失敗。用林氏幽默說法，孔夫子必將戰勝馬克思。林語堂致力於對中國傳統文化（無論儒或道）的現代化闡釋，這一態度和胡適、魯迅反傳統姿態大異其趣。說來奇怪，這首先緣於林語堂的基督徒家庭背景。林語堂出生於基督徒家庭，中國文化對他既是本土的、又是異化的。在閩南大山裡長大，看紐約的摩天大樓也沒什麼了不起，林語堂回憶故鄉時如是說。十歲離家上廈門教會學堂，很早便使他接觸外面的世界。上海聖約翰大學畢業時，林語堂已被培養成西式紳士，不僅能說流利英語，還擅長英文文學創作。這時新文化運動方興未艾，陳獨秀、胡適號召青年「重估一切價值」、對中國傳統文化發起全面攻擊。林語堂發現自己和這種反傳統風氣很難對接，因為自己從教會學校畢業，傳統文化知識有很大漏洞。林語堂覺得自己首要問題不是「反傳統」，而是惡補教會學校教育所忽視的傳統文化知識，以便融入當時中國的知識氛圍。終其一生，林語堂一直不忘批評傳教事業在中國基督徒和非基督徒之間築了一堵牆。

然而，在反傳統的新文化運動高潮時期埋頭惡補中國文化知識，這使林語堂對傳統文化的態度別具一格：比較超脫、客觀，更富於理解。一九二三年林語堂留洋歸國，此時他二十八歲，但是中西文化已經走通一遍，不僅拓展了對西方文化知識的體驗與了解，同時也進修成了中國文化知識的專家。此後林語堂盡其畢生努力，對中國語言、文學及文化悉心探索具體的現代化改良手段、並付諸實踐，使其融入現代文化、最終成為世界文明一部分而有所貢獻。

林語堂用德語撰寫的博士論文探討中國古代音韻學，這屬於小學的範疇，需要相當的國學功夫。之後他一生都沒有停止過研究漢語、探尋其現代化途徑。二〇年代留學歸國後，林語堂作為受過科學訓練的語言學家，參與了率先由胡適提倡的「整理國故」工程。林語堂大力提倡在漢語研究中運用科學方法，比如提倡方言調查，從而大大拓展了由晚清著名學者章太炎所代表的傳統語文學視角。他欣賞瑞典漢學家高本漢對古代中國音韻學的研究，把高本漢的研究推薦給中國學界。林語堂對改良中國語言文字持現實主義態度，他反對當時盛行的激進觀點，即要求澈底廢棄漢字，用音符取而代之。林語堂認為，這不是說從科學上做不到，而是說從社會政治上不可行、也不需要。正確的途徑應該是對漢字重新進行系統化處理、並簡化之。同時，林語堂支持趙元任的漢語拼音羅馬化方案，並強調新的音符應該儘量遵循現有的國際慣例。

三〇年代在上海以及赴美以後，林語堂的著述轉向文學與文化，但仍持續關注漢語的現代化問題，發明中文打字機凝聚他畢生心血。重新系統化整理漢字的關鍵在於如何索引漢字，早在一九一八年林語堂便於《新青年》雜誌撰文提出漢字索引新方案。三〇年代早期，林語堂開始設計中文打字機，最終於一九四六年在美國發明了「明快中文打字機」。由於各種原因，打字機沒能批量生產，而且林語堂憑一己之力搞發明創造，結果負債累累，但是明快打字機的發明本身是漢語功能性現代化的里程碑。林語堂晚年移居港臺，又憑一己之力完成了另一項巨大工程：編纂《林語堂當代漢英詞典》。另外，儘管林語堂和大陸共產政權政見迥異，但在中國文化現代化事務上並沒有事事以政治掛帥、逢共必反。當時大陸已經推行簡體字，林語堂雖然不能完全贊同大陸推行的簡體字方案，但表示此舉值得肯定，並一再強調重新系統化整理漢字和簡化漢字的必要性與緊迫性。

林語堂首先作為「語絲」成員在二〇年代踏上中國文壇，三〇年代成為「論語」派領袖人物，創辦《論語》、《人間世》、《宇宙風》等一系列文學雜誌，以獨具一格的幽默風格引領新文學散文創作。一九三〇年，林語堂在英文《中國評論週報》（*The China Critic*）開闢「小評論」專欄。每週為「小評論」專欄撰文，是林語堂文學生涯的重要一步。林語堂後來寫了許多中文小品文，其實都是先有英文，刊於「小評論」專欄，再自己轉譯成中文，發表於林系中文雜誌。

在中國現代作家中，林語堂作為中英文雙語作家，而且處女作也是英文作品（發表於聖約翰大學學生刊物《回聲》上的三篇小說），應該是獨一無二的了。林語堂對現代中國文學的主要貢獻在於引進西方文化的「幽默」概念。「幽默」這一現代漢語新詞，正是由林語堂所敲定，並已成為現代漢語常用詞。「幽默」是西方文化主要特徵之一，林語堂選定「幽默」進行跨文化翻譯，當然有賴於其對西方文化深厚的功底與敏銳的洞察力。林語堂此舉旨在使傳統文化擺脫宋明理學的教條與束縛，讓中國文學與文化達成現代化轉型。提倡生動活潑、平易近人的文體旨在引入新的世界觀。這種對中國文學文化的現代化策略亦貫穿於林氏大量英文著述中。林語堂的英文創作其對象當然是西方讀者，但其主要觀點及其文化策略和其三〇年代在上海創作的中英文著述一脈相承，沒有本質區別。不同的是：林語堂這套跨文化話語在三〇年代中國備受爭議，甚至遭到批評圍剿，在美國卻大受歡迎，雅俗共賞，奉以「中國哲學家」美譽，暢銷書一本接著一本。林語堂在美國的創作大部分可看作跨文化「翻譯」，例如「重寫」中國小說、轉述中國文學藝術思想、重釋中國哲理智慧等。[23]在《生活的藝術》、《中國和印度的智慧》、《孔子的智慧》、《老子的智慧》等書中，林語堂把中國文化「智慧」介紹給英語讀者，而並不是「學術」性地試圖把中國文化的「原汁原味」呈現給西方讀者。以「原汁原味」為衡量標準來閱讀林氏「智慧」或許就落入所謂「本質主義」或「東方主義」模式，反正不對林語堂的套路。林語堂的「智慧」必須有銷量，旨在產生功效，對中西方當代文化有所貢獻。

林語堂晚年移居臺灣，重新開始中文創作。此時林語堂著重關注的文化議題之一，是要糾正新文化運動某些激進反傳統思潮，比如「疑古」風氣。林語堂對中國文化現代化轉型不是只說不做。語言學上，林語堂發明打字機；文學上，林語堂翻譯《紅樓夢》（雖然沒有出版）。在翻譯實踐中，林語堂對紅學界的疑古風氣頗不以為然，認為後四十回與前八十回基本上一致。林語堂警告，「疑古」若過火，傳統文本很容易輕率地被懷疑掉，還假借「科學方法」的名義。林語堂的態度十分具有啟示意義。他的目的是要讓中國文學文化達成現代化轉型，成為現代人類文明重要的、具有啟示功能的資源。如果對傳統文本採取虛無主義式任意「懷疑」，傳統文化只剩廢墟一片。林語堂晚年在港臺和國學大師錢穆發展出暮年之交，這也很有意思。

23 有關林語堂翻譯中國小說《杜十娘》所採用的現代化策略，可參見Fang Lu, "Reconstructing the Image of a Chinese Courtesan for Western Readers: Lin Yutang's *Miss Tu* and His Cross-Cultural Rewriting Strategies," in Qian Suoqiao ed. *The Cross-cultural Legacy of Lin Yutang: Critical Perspectives*, Berkeley, CA: Institute of East Asian Studies, UC Berkeley, 2015.

錢穆從沒留過洋，一輩子專治傳統文化，呼喚傳統文化復興。試想：魯迅或者胡適有可能和錢穆結交嗎？

## 普世派批評家

就跨文化評論來講，林語堂的態度亦異於胡適或魯迅。林氏批評具有真正的全球性普世關懷，使中國現代性關懷與世界文明走勢密不可分。就文化素養而論，魯迅是單一文化的，雖然他有留日經驗，並且渴望新知識。魯迅成長於沒落的江南鄉紳家庭，整個教養都是典型中國式的，雖然魯迅自己恨之入骨，渴望「真的人」來推翻中國這個「鐵屋」。相比之下，胡適是雙文化的，中英文一樣熟練，在中美兩國生活都怡然自得。但同大多數留英美派學人一樣，胡適的行為處事關懷主要還是在中文世界。他確信中國的現代性有賴於通過西化引入一個「新的文明」。正因如此，胡適不為西方世界認可，也不足為奇。五〇年代胡適滯留美國，有如難民，僅在普林斯頓大學東方圖書館謀得一職，好不淒涼。林語堂則不同，不僅雙語雙文化，而且無論是生活模式或行為模式，都是實實在在身處兩個世界。林語堂對「新的文明」的探索不僅僅在於中國的復興，還包括對整個世界的現代性的反思。林語堂的雙語雙文化素養賦予他非同尋常的比較批評視野來洞察現代世界。在林語堂看來，中國現代性有賴於整個世界現代文化走向何方，而未來的世界文明必須借助東西方智慧共同來創建。

大多數現代菁英學人一般都是從小接受傳統中式教育，青年時期留洋接受西式教育，回國後試圖用新知識改良中國。林語堂則多次穿梭於中西文化之間。他畢生致力於推進中國與世界的跨文化溝通與理解。三〇年代上海有英租界和法租界，是個半殖民地多元化都會，但華人和洋人並無多少溝通。林語堂和《中國評論週報》一些朋友創設了一個「自由主義普世派俱樂部」，「目的是要把國籍雖不同、普世精神理念卻相同的上海居民聚合起來，增加互通與了解。」[24]俱樂部首次聚會於一九三〇年十二月十八日召開，林語堂被選為俱樂部主席。[25]俱樂部每月舉辦例會，一九三一年三月四日的例會有四十多位會員參加，林語堂會上發表「什麼叫自由主義」的演講，把「自由主義」定義為能欣賞和容忍他者。林語堂說，自由主義就是「一種態度，一種思維方式」，一種開放的態度去擁抱他者，而不是遵循「野蠻人的部族本能」，只知道自己的一切都是對的。「外國人的風俗、法律和宗教，乍看之下毫無道理，但是新的自由主義的態度就是要努力在這種無理中找出道理，這種態度是人類歷史上新近的發展，毫無自然本能來維繫之。只有透過正確的教育、強大的包容心，再加上精神上的努力，我們才會對外國人的習俗培養出一種自由主義的態度。」[26]

當然，和其他現代知識學人相比，林語堂最不同之處在於一九三六年至一九六六年移居美（歐）三十年，而且以英文創作、演說、參加各種社會活動。賽珍珠的小說《大地》在美國大獲成功，林語堂受到啟發，欲著書闡述自己對中國和中國文化的看法。這個想法得到賽珍珠和

24 *The China Weekly Review*, December 6, 1930, p. 28.
25 同上，一九三一年一月二十四日，頁二九四。
26 Lin Yutang, "What Liberalism Means", *The China Critic* (March 12, 1931), p. 252.

莊台公司老闆華爾西（當時也是賽珍珠的未婚夫）的大力支持，《吾國與吾民》得以產生。當時中國的政治文化氛圍越來越激進，左右派勢不兩立，林語堂這本有關「中國國民性」的英文書卻在美國一炮而響，隨後他在賽珍珠和華爾西的催促下移居美國。林語堂的第二本書《生活的藝術》按照林語堂自己對中國文化的獨特理解，闡述一種跨文化人生哲學。出版後成為一九三八年美國非小說類暢銷書榜第一名。一個華人作家取得如此成績，可謂前無古人後無來者，這也確立了林語堂在美國文化界、知識界的中國發言人地位。林語堂對中國文化的譯介既不同於傳教士的話語，也不同於魯迅對中國國民性的虛無主義批評。中國人和中國文化第一次在西方人眼裡顯得很有魅力，甚至受到追捧。

林語堂在美國被奉為「中國哲學家」，這頂桂冠也有負擔，因為公眾輿論把他塑造成一個「溫良恭遜的東方智者」。其實作為自由主義批評家，林語堂也是現代中國直率敢言的後殖民批評家。比如可以看看他對印度問題的介入。二〇年代泰戈爾訪華，林語堂對一個被殖民地國家的詩人受到宗主國大肆追捧不以為然。四〇年代在美國，林語堂作為國際舞臺知名人士，積極參與各種社會活動、發表演講，為印度獨立事業不辭辛勞。他對二戰時期瀰漫西方的種族主義、帝國主義情結毫不留情地痛批，要讓西方政客、民眾明白：戰後的新世界再也沒有英帝國主義或任何西方帝國主義的市場。現代文明太過執迷於物質主義和強權政治，林語堂對此深感沮喪，他把中國和印度的智慧譯介給西方，憧憬戰後新的世界文明可以由東西方的智慧來共同創建。

林語堂這方面的批評在美國公共輿論中基本上沒有受到重視。但他沒有放棄。林語堂的小說《遠景》發表於一九五五年，是一部政治性烏托邦式隱語小說，出版後沒引起什麼回響，和以前的暢銷書不可同日而語。書中林語堂預測「美國式和平」必將取代蘇維埃式專制統治，但林語堂對這種「美國式和平」所代表的現代文明非常失望，極盡諷刺挖苦之能事。在林語堂看來，這種「美國式和平」不會帶來真正的和平，更不用說為人類生活帶來意義和幸福。西方現代性從本質上出了問題，因為我們的思維模式僅僅是科學物質主義的，缺乏宗教或道德維度。林語堂晚年看到馬克思主義「科學唯物論」在中國一統天下，他公開宣布自己重新回到基督的懷抱，期盼能夠依賴宗教資源（西方以及中國的）來抵抗並修正現代性的庸俗。應該指出的是，無論魯迅或胡適的知識遺產都沒有任何宗教的維度。

作為結語，或作為引言，我們可以說林語堂、胡適、魯迅代表中國現代知識思想三個座標。他們的遺產都是二十世紀中國的重要知識思想資源。但我有預感，在二十一世紀，中國必將崛起成為世界強勢大國（不管這是福是禍），而林語堂的遺產會對二十一世紀的中國乃至世界特別有用，更有啟發。

讓我們一起走入林語堂的旅程。

# 第二章 基督教薰陶與西式教育

「我們能不能設想另一種愛國主義，它考慮的是這個國家能夠變成怎樣、能夠擁有什麼、能夠取得什麼成果。」

Lin Yutang, *Literary Revolution, Patriotism, and the Democratic Bias*, 1920.

## 牧師的兒子

福建漳州阪仔是個小山村，離廈門約一一二公里。一九〇五年村裡建了一座新教堂，本來是個泥磚建築，屋頂不夠牢靠。負責該教區的美國牧師苑禮文（A. L. Warnshuis）從美國訂購了一批鋼筋，給教堂屋頂做梁。同時，美國傳教團體還贈送了一口鐘給新教堂，和鋼筋一塊兒運了過來。一座十五公尺高的鐘塔赫然矗立於新教堂門口。新建的教堂儼然成了村裡最矚目的建築，再加上美國的支援，讓當地基督徒備感鼓舞。然而，也有村民不太高興。有個鄉紳向村民募捐，在新教堂正對街建了一座佛廟，門口放了一只大鼓。只要教堂裡的鐘一響，這邊的鼓就打起。這種對壘讓教堂裡的一幫孩子特別來勁，他們爭先恐後去拉鐘繩敲鐘，一定要贏。這場較勁延續了幾個月，後來被教堂牧師叫停。最終佛廟關了，鼓也沒了，而這間小教堂至今還在。[1]

參與這場「宗教競爭」的，有個名叫「和樂」的孩子，當年十歲，他父親林志誠就是負責修建該教堂的牧師。林語堂後來喜稱自己為「山裡的孩子」，一輩子受惠於閩南家鄉俊山秀水的滋潤。這當然不錯。但影響其一生更重要的因素是其家庭宗教背景：他從小是位「教童」。

林語堂於一八九五年十月十日生於福建漳州阪仔村。一八九五年在中國現代史上是個分水嶺。是年中日甲午戰爭結束，中國慘敗，簽署喪權辱國的《馬關條約》，割地賠款。更重要的是，甲午之敗讓中國士人心理大受打擊。日本昔日也就是個遠藩，經過明治維新，效法西方，一躍成為列強之一，把中國打得只有跪地求饒的分。這一仗把中國士人一夜打醒，宣告洋務運動破產，「中學為體、西學為用」的方案難以為繼。從此以後，中國義無反顧地踏入現代進程，而且求新求變的心態越來越激烈，沒有什麼可以阻擋得了：文化上有所阻礙，那就「全盤西化」；政治上有所阻礙，那就搞革命推翻政權。總之，一八九五年以後，沿用兩千多年的政治文化體系正式宣告破產，中國踏上了現代化進程的不歸路，儘管路途坎坷，充滿焦慮與激昂、衝突與紛爭、革命與流血、犧牲與出賣——誰敢說：我們現在已經找到了方向？

在此意義上講，林語堂可謂與中國現代共生。成年後他將積極參與塑造中國現代性進程這項艱鉅而複雜的事業，其跨文化旅程為我們留下寶貴的遺產。而他童年的發展則要歸於基督教在華傳教事業的縱深推廣——這正是現代性在中國推進的一種特殊形式。林語堂出生時，基督教在華傳教事業已經展開半個多世紀，成功滲透到像阪仔這樣的偏僻山村。林語堂已是第三代華人基督徒。他祖父曾參加太平天國，造反失敗後便失蹤了。[2]他的父親躲在床下逃過劫難，後來成為虔誠而勤奮的鄉村牧師。派駐該區的美國牧師苑禮文博士很器重林志誠，覺得他既聰明能幹又任勞任怨，兩人很快成為朋友。用林語堂的話說，他父親「是他那個時代的先進楷模。他執著有理想，富於想像，很有幽默感，永遠都有幹不完的事。我們孩子耳濡目染，受他影響，對一切新的現代事務、對西方世界的知識都近乎如痴如狂」。[3]

在基督教家庭長大，父親就是本村牧師，這在二十世紀初的中國，相對於山村其他孩子，林語堂享有巨大的教育優勢。

林母生了六個兒子、兩個女兒，林語堂排位倒數第二。這是個典型的中國大家庭，同時又是個虔誠的基督徒家庭，一大家子和睦相處、互敬互愛，兄弟姊妹各盡其職，基本上從無爭吵。林語堂長大時，他兩個姊姊已經開始操持家務，男孩也要挑水幹活。林父是村裡的牧師，也是村裡基督徒家庭孩子的教師，林家孩子和村裡其他孩子每天就在林家上課。每天晚上睡覺前，全家都要聚在一起禱告。從小生長於平和、虔誠的基督教家庭，顯然對林語堂今後的人格成長影響深遠。

林語堂父親是個基督教牧師，但也是中國人，他的家庭教育當然也要教中文和中國文化經

---

1 Lin Yutang, *From Pagan to Christian*, Cleveland: The World Publishing Company, 1959, pp. 22-23, 38-39.

2 後來林語堂在法國基督教青年會任職時曾試圖尋找祖父的蹤跡，最終不果。參見 Lin Yutang, *Memoirs of an Octogenarian*, Taipei: Mei Ya Publications, Inc., 1975, pp. 48-49.

3 Lin Yutang, *From Pagan to Christian*, p. 21.

典，比如《詩經》。林語堂在八歲時按三字經格式，自己編寫以下範句：

人自高
終必敗
持戰甲
靠弓矢
而不知
他人強
他人力
千百倍[4]

林語堂的兄弟姊妹發現小「和樂」的創作，爭相傳閱，弄得和樂很不好意思。林氏的創作才華很早就露出苗頭。

然而，身為牧師的兒子，對童年「和樂」影響最深的，還是傳教事業帶來的西方文明點滴。除了《聖經》，傳教士還帶來了西方生活方式和新知識。林語堂與西方文明的第一次接觸是苑禮文牧師寄宿林家後所遺落的領扣，小「和樂」拿來玩，非常好奇，不知道是用來做什麼的。林語堂還記得，苑禮文牧師離開後，他住的房間充斥著一股濃重的黃油味，得把窗戶都打開才能讓味道散去。建新教堂時，苑禮文牧師還帶了一盒木工工具箱，包括一支鑽孔器，讓小

「和樂」敬佩不已。林語堂童年獲益最多的是苑禮文牧師帶來的基督教週刊《通問報》，[5]它為林語堂一家打開了西方知識的大門。林志誠從該報了解西方的科學與發明，還得知西方最好的大學如牛津、柏林大學，幻想自己的兒子有朝一日也能上這樣的大學。

林語堂十歲便離家去廈門鼓浪嶼上教會學堂。第一次鴉片戰爭以後，廈門成為第一批沿海「通商口岸」，鼓浪嶼是洋人聚居區，建有教會學校「尋源堂」。[6]作為牧師的兒子，林語堂可以免費上學。一九〇五至一九一一年，林語堂在「尋源堂」修習的課程有英語、中文、算術、幾何、天文、物理、生理和歷史。按照校長畢腓力（Philip Wilson Pitcher）牧師的說法，學校上的知識課「都是次要的，教會學校主要目標在於培養有基督教信仰的年輕人……以便將來為聖神的教會事物盡職」。[7]林語堂對苑禮文牧師印象很好，晚年回憶時還充滿溫馨感，卻對畢腓力牧師印象很差。這位校長「很貪婪」，整天忙於鼓浪嶼火熱的地產事物，辦公室不斷傳出「算盤的嘀噠響聲」。畢腓力太太倒是「一位和藹可親的英國女士，她的聲音甜美柔和。女性傳教士合唱團優美的聲音真好，給我印象深刻」。[8]

---

4 Lin Yutang, *Memoirs of an Octogenarian*, pp. 16-17.

5 參見楊柳，《身分的尋索：林語堂與基督教關係研究》，頁二八，注一三二。

6 同上，頁二九，注一四二。

7 P. W. Pitcher, "Other Educational Work", in *Annual Report of the Board of Foreign Missions of the Reformed Church in America* (1890), quoted in Diran John Sohigian, *The Life and Times of Lin Yutang*, p. 104.

8 Lin Yutang, *Memoirs of an Octogenarian*, p. 25.

一個山村來的孩子到通商口岸教會學堂上學，不光得到課本知識，眼界也開闊不少。在鼓浪嶼，林語堂第一次看到蒸汽發動機，既驚詫又好奇。鼓浪嶼街上經常可以看到法國和美國水手，他們往往醉醺醺地晃蕩著。有一次英國足球隊到鼓浪嶼比賽，讓教會學堂的學生去做服務生，端茶送水。鼓浪嶼有球類俱樂部，洋人男男女女在此社交、相互擁抱，林語堂和其他學生會趴在窗戶偷看。一九〇七年，美國總統羅斯福派美國軍艦到訪廈門，林語堂和其他教會學堂學生也有機會參與接待。軍艦展示了西方的強盛，林語堂領會到了，從而更加深了對西方知識的渴望。

一九一一年，林語堂畢業於「尋源堂」，同年辛亥革命爆發，推翻了中國歷史上最後一個皇朝，建立了亞洲第一個共和國。是年對林語堂而言最重要的不是國家大事，而是林家做了一個重大決定：送林語堂去上海聖約翰大學。一個鄉村牧師做出這個決定不容易，雖然這是聖公會辦的教會大學，不用學費，但是赴上海的盤纏及生活費都是很大的負擔，還好林語堂二哥剛要從聖約翰畢業，[9]可以接濟林語堂的生活費，他父親又向摯友借了一百元送林語堂赴上海。最終，林志誠送了三個兒子就讀聖約翰大學：林語堂二哥林玉霖、林語堂以及林語堂的么弟林幽。

成名後林語堂經常會動情地講述他二姊美宮如何犧牲自己以成全他上大學的故事。[10]美宮比林語堂大四歲，兄弟姊妹中林語堂和她最親近。美宮也到廈門上了教會學堂，資質聰慧，學習用功，特別喜歡林紓翻譯的西方小說。林紓也是福建人，林譯小說在現代文化史上是個傳奇，本人一個英文字不識，卻在助手幫助下幾乎譯遍西方小說，其文言譯文優雅動聽，讓一代人傾倒。特別是林譯《茶花女》風靡一時，美宮和小和樂都特別喜歡。他們還一塊讀林譯霍爾姆斯偵探小說，完了自己再添油加醋編撰一些驚險情節講給母親聽，讓老人家聽得心驚肉跳。教會學堂畢業後，美宮特別想繼續上大學，死活不願立刻嫁人，向家人求情、發脾氣，但最終也沒有辦法。要讓女兒也上大學，實在超出了鄉村牧師的能力。

其實癥結不在學費，學費也是可以免的，只是旅行盤纏和生活費沒有來源。當林家決定只能送林語堂赴上海念大學時，美宮不得不嫁人了。美宮也特別喜歡小弟弟「和樂」，從小既調皮又聰穎。一九一一年，林家乘船出發，先送美宮到鄰村嫁人，再送林語堂到廈門去上海。結婚儀式結束之後，美宮把林語堂叫到一邊，從自己口袋裡拿出四角錢塞給小弟弟，含淚說道：「和樂，你現在有機會去上大學了。你姊姊是個女孩，上不了大學。千萬不要浪費你的前途，要做一個善良的人、一個有用的人，要做一個名人。」[11]兩年以後，林語堂得知他親愛的二姊美宮得瘟疫去世，她的臨別贈言則陪伴了他一生。

---

9 Lin Yutang, *From Pagan to Christian*, p. 27.

10 Lin Yutang, "A Sister's Dream Came True", *The Rotarian* (August, 1941). Also, *From Pagan to Christian*, pp. 25-29; *Memoirs of an Octogenarian*, pp. 18-19.

11 Lin Yutang, *From Pagan to Christian*, p. 28.

## 最傑出的「聖約翰人」

聖約翰大學創建於一八七九年，雖然是聖公會主辦的教會學校，辦學方針則強調西式（世俗化）教育。林語堂一九一一年入學時，聖約翰大學已是在華最大、最有名的教會大學，尤其以培養受西式教育、能說流利英語的畢業生而著名。聖約翰大學培養了一批最早的外交家，如駐德大使顏惠慶、駐英大使施肇基、駐美大使顧維鈞等。[12]因為精通英語，大多數聖約翰畢業生成為上海商場的買辦。[13]經過校長卜舫濟博士（F. L. Hawks Pott）五十多年的辛勤耕耘，聖約翰大學從一個小型教會學校擴展成為一所全國聞名、以英語授課的綜合型大學，學生不僅有基督徒背景的教會學校學生，也有來自官員、商人及其他家庭背景的非基督徒學生。卜舫濟博士畢業於紐約哥倫比亞大學和總神學院，一八八六年開始擔任聖約翰大學校長，非常能幹。「據說，卜舫濟博士每次赴美回來，口袋裡都裝滿了造一棟新樓的錢。」[14]處理校務，卜舫濟博士也是親力親為、認真負責。一九一六年聖約翰大學的年鑑《聖約翰人》獻給他：

卜舫濟博士
我們的校長
老師、導師、幫手
他的人格
在我們生活中作為指導因素

我們將銘記不忘。[15]

在聖約翰大學求學期間，林語堂從任何意義上來說都是一個出類拔萃的優等生，身心都得到全面發展。

洋人辦的教會大學，其「現代」特色之一便是特別注重體育，體育課是大學教程的重要部分。林語堂後來回憶道，要說聖約翰大學的好處，起碼有一點：透過參加各種體育活動，他的胸腔得到很好的發育。他在聖約翰學會了打網球和籃球。他參加了學校足球隊，還擔任划船隊隊長。他是一九一五年和一九一六年學校田徑隊成員，創下了學校一英里跑步紀錄，還代表學校參加遠東奧林匹克運動會。他父親曾到上海訪問，看到他參加運動會跑步很起勁，頗不以為然，覺得他應該更專注於學習功課。[16]

---

12 其他聖約翰名人還有清華大學校長周詒春、基督教青年會祕書長余日章等。參見 Diran John Sohigian, *The Life and Times of Lin Yutang*, p.137. 聖約翰大學校園為今天華東政法大學所在地，校園裡有鄒韜奮（一八九五—一九四四）的雕像，鄒韜奮是現代中國著名記者，也是「聖約翰人」。

13 有關聖約翰大學使用英語教學的情況，可參見 Wen-hsin Yeh, *The Alienated Academy: Culture and Politics in Republican China, 1919-1937*, Cambridge: Harvard University Council on East Asian Studies, 1990, pp. 7-22.

14 Diran John Sohigian, *The Life and Times of Lin Yutang*, p.137.

15 *The Johannean 1916*（《聖約翰人一九一六》）, Vol. II, 1915-1916. 每年由聖約翰學生負責編輯出版聖約翰大學年鑑。在此感謝秦賢次先生和我分享《聖約翰人一九一六》這份寶貴資料。

16 Lin Yutang, *Memoirs of an Octogenarian*, p. 30.

林語堂的功課一點也不差，特別是他的英語能力和文學才華，在聖約翰絕對是頂尖水準。大學期間，林語堂獲得許多獎狀和榮譽：他是一九一六年級學生會主席、年級英語辯論組組長、英語文學和辯論社主席、英語小說創作和英語朗誦得獎者、聖約翰學生刊物《回音》英語編輯、聖約翰大學年鑑《聖約翰人》主編。他曾獲學生投票選舉為「最傑出的學生」、「最佳英語作家」、「最佳英語口語演講者」、「最佳英語辯論家」。[17]

不難看出，聖約翰為林語堂的英語訓練提供了最佳氛圍，為林語堂以後的跨文化旅程奠定了扎實的基礎。在聖約翰，林語堂「學習英語如魚得水」，一年半預科結束時，他已基本掌握了英語的所有技能。[18]他的祕訣是一本袖珍牛津字典，走到哪兒都帶著，隨時翻閱領會英

孟憲承，1916年級學生會副主席，《聖約翰人》（1916）。

林語堂，1916年級學生會主席，《聖約翰人》（1916）。

語的辭彙及其用法。上一年級時，林語堂便被選為聖約翰學生刊物（英文）《回音》的編委。林語堂的處女作是一部英文小說〈南方小村生活〉，發表於一九一四年十月號《回音》。這和其他現代作家的起步截然不同。

小說的時間定在一八八七年，南方小村的場景描寫顯然有自傳色彩。小說開頭描寫南方小村美麗的自然風光，其實就是林語堂家鄉的風景：「福建南方有一大片肥沃富饒的土地，河流綿延縱深，形成良好的灌溉系統，逶迤向東流向美麗的廈門港灣。秀麗壯觀的自然風光處處映入眼簾。氣候溫潤宜人，只有夏天短暫時間較熱。一年四季滿山遍野都是鮮花果樹，野花飄香，鮮果甜美。」[19]林語堂現下身處都會城市上海，心裡想起家鄉的山村生活。他日後會稱自己是「山裡來的孩子」，顯然家鄉的自然美景在他心裡留下了深刻的烙印。自然的魅力也是林語堂靈感的源泉。山裡長大的孩子胸懷寬廣，知道什麼叫「大」，對一切人為的「偉大」會與大自然參照對比，即使對大城市的摩天大樓，也不會頂禮膜拜。

該小說對自然景觀的素描把讀者帶進天真純淨的鄉村生活，從而帶出小說的主題：青年林語堂對宗教信仰的執著與拷問。一八八七年夏，小說主人公漢樂[20]從廈門教會學校回到山村家

---

17 *The Johannean 1916*, Vol. II, 1915-1916。

18 Lin Yutang, *Memoirs of an Octogenarian*, p. 27-28.

19 Lin Yutang, "A Life in a Southern Village", *The St. John's Echo* (October, 1914), p. 20.

20 英文名為「Han-lock」，林語堂的小名叫「和樂」，按老式拼法為「Ho-lock」。

鄉度暑假。漢樂一家有父母曹先生、曹夫人，還有姊姊曹清在離家二十英里的女子學校上學，全家和睦溫馨、相互關愛。漢樂的未婚妻奇瑤也和父母住在一起，照顧老人。奇瑤性格溫柔，「人善良，有耐心，善解人意，會照顧人……比她同齡人既聰明又賢慧」。[21]然而不知怎麼奇瑤有點不對勁，情緒消沉，卻對誰也不說是怎麼回事，弄得全家都忐忑不安。其實是奇瑤發現漢樂信仰有所動搖、開始懷疑上帝，但又不好勸說。後來漢樂到美國留學收到奇瑤一封信，才知道奇瑤是為他的信仰動搖而茫然不知所措。此時漢樂已認識到自己的偏差，決定返依宗教信仰，並申請擔任牧師。小說以大團圓結尾：漢樂從美國回到家鄉，「小倆口過著幸福美滿的生活，不僅以言詞、而且以夫妻倆恩愛善良的生活為典範，向村民傳播上帝的福音」。[22]

林語堂在《回音》還發表了另外兩篇小說：〈善波〉（一九一五年十月）和〈昭麗：宿命之女〉（一九一六年三月），都帶有宗教色彩。這兩篇和第一篇旨趣有所不同，探討宗教執著的陰暗面，故事結尾都很陰冷。「善波」是小說主人公的名字，是個單純、善良又可愛的女孩。小說第一人稱敘述者「我」住在南方某個小村，某天從河南來了一幫浪人，穿得破破爛爛，沿街乞討。其實他們都來自富裕家庭，但他們相信瘟疫注定要降臨他們村莊，避免瘟疫降臨的唯一辦法是：村人必須出遠門流浪一年，穿破衣吃乞討之食。這群人來到南方小村時，「我」愛上了純潔可愛的善波，請求讓她留在村裡，等他們回程路過時再把她帶走。善波留下後，「我」勸她穿了一件像樣的黑衣服，但這違反了浪人的戒律。他們回來發現後，毅然拋下了善波，棄她而去。最終善波擔驚受怕、抑鬱而死，「我」亦追悔莫及、極度悲痛。〈昭麗：宿命之女〉描寫主人公昭麗的淒慘命運。昭麗是村裡一望族家庭的私生女。父母在世時，有人瞞著他們把昭麗賣到一戶吝嗇刻薄人家。父親死前立下遺囑，昭麗一找到，家產便都由昭麗繼承，但為了保護家族聲望，昭麗不能認親。如此，昭麗生來就是受苦，而小說結尾這樣安排她苦難的終點：昭麗被活埋，為她的主人陪葬。[23]

這兩部小說背景都是中國農村，講的也都是中國宗教習俗，但不難看出，青年林語堂以其嶄露頭角的文學才華探究基督教原罪概念。在聖約翰，林語堂一開始選的是神學院，但不久發現教條的經解很不對胃口，按他自己的話說：「神學那套玩意對我的智力是種侮辱。我沒辦法心服口服地接受那套教條。」[24]那年暑假回家，他父親要他在村裡的教堂做一次布道。林語堂選擇的題目是「聖經當作文學的讀法」，他對村裡的教徒高談闊論：「耶和華嚴格來講只是一個部落神，他幫助約書亞打敗了亞瑪力人和基遍人。上帝的概念是從一個部落神逐步變成一個全人類所有民族的單一神，這是一個進化過程，沒什麼人是上帝特別『選定的』。」[25]這場布道讓林的牧師父親非常尷尬，也特別擔心：這個小「和樂」長大成人了，卻要變成一個「英語造詣出眾的無神論者」。林語堂後來確實離開了神學院，著重自己的英語訓練，如饑似渴地吸

---

21 Lin Yutang, “A Life in a Southern Village”, p. 22.

22 同上，頁二八。

23 參見Lin Yutang, “San-po”, *The St. John's Echo* (October, 1915), and “Chaou-li, the Daughter of Fate”, *The St. John's Echo* (March, 1916).

24 Lin Yutang, *From Pagan to Christian*, p. 32.

25 同上，頁三〇。

收聖約翰所能提供的人文知識。聖約翰圖書館有五千本書，林語堂為之做了一個總目錄，也是一個不小的創舉，廣為人知。

大學最後一年，林語堂被選為聖約翰一九一六年《聖約翰人》年鑑的總編。年鑑中同學們稱林語堂是個「精明能幹的年輕人，能說會道，文筆優雅，穿著時尚」。[26] 一九一六年《聖約翰人》「文學篇」載有一篇短篇小說〈聖約翰人的偏執〉，也是出自林語堂的手筆。小說借「我」探訪一位住院的「狂人」，揭示「聖約翰人」特有的秉性，因為該「狂人」雖然行為怪異，但他所凸顯的個性如獨立自我、才智出眾、有理想有抱負，卻正是「聖約翰人」的寫照。青年林語堂勾勒的「聖約翰人」形象頗具尼采風格。[27] 有趣的是，聖約翰大學雖是教會學校，「我」卻讓「狂人」吼出高亢的愛國口號（又不無幽默）：「醒來吧！醒來吧！中國的青年！道德要高尚，智力要發達，身體要強壯。睡眠有益健康，所以大家晚上十一點準時熄燈，把中國建立成世界上最偉大的國家！」[28]

## 上北京遭遇「文化反差」

林語堂一九一六年畢業於聖約翰大學，儼然是個洋派十足的青年，能說一流英語，浸染西方知識。畢業後林語堂上北京任職清華大學英語教員。清華當時還是赴美留學生的預科學校，由美國退還部分庚子賠款而興建，亦逐漸成為提倡西學的中心。一九一六年至一九一九年清華任教期間，林語堂經歷了一次「文化反差」，反省自己的西學背景，探尋自己作為中國學人的文化根源，使自己的教會西學背景扎根於中國文化土壤，而林語堂自身的跨文化心理重整伴隨著全國上下方興未艾、旨在擺脫中國傳統文化束縛的新文化運動。

一九一〇年代後期，一場文化風暴席捲中國大地。一八九五年甲午慘敗以後，中國知識界對晚清士人「中體西用」的改良方案普遍失去信心，革命呼聲敲響了皇朝的喪鐘。皇權當然不願自行放棄家天下，不得不推出一系列重大改革措施。比如，一九〇五年宣布廢除實行千年之久的科舉制，澈底改變了現代中國的知識／權力結構。此後，大量青年遠赴日本和歐美留學。但革命還是來了，中國最後一個皇朝被推翻，亞洲第一個共和國於一九一二年宣告成立。革命後的權力博弈使軍閥袁世凱上位。一九一六年袁世凱謀畫復辟帝制，慘遭失敗，還賠上自己的性命。新建的共和國進入軍閥混戰局面。

同時，新一代留洋學人已經逐漸成熟，開始走向歷史舞臺。他們對國事普遍沮喪，開始

---

26 *The Johannean 1916*, p. 33. 林語堂後來有幾次聲稱自己「總是得第二名，因為有個傻瓜整天只知道用功讀書，【我考試前經常去蘇州河釣魚】，所以他得第一名」（*From Pagan to Christian*, p. 31）。查閱《聖約翰人》，沒有誰得第一名、第二名之說。考試前林語堂也許去釣魚，但他說的「第二名」也許更多是道家哲學意義上的「不為先」。按一九一六年《聖約翰人》記載，林語堂被全年級投票選為「最傑出的聖約翰人」。起碼在英語水準和文學造詣上，林語堂應該是名副其實的「第一名」。

27 比較一下尼采對青年魯迅和青年林語堂的影響，應該很有意思。林語堂這篇小說以「狂人」作為主題，幾年後魯迅的〈狂人日記〉則開創了中國現代白話文學。

28 Lin Yutang, "A Case of Johanitis", *The Johannean 1916*, p. 116.

從文化深層次探索中國政治上的腐敗與無能。留日派和留歐美派兩路學人攜手共進，創辦《新青年》雜誌，痛斥中國傳統文化，號召全盤西化，以期中國文化的復興。此時北京大學由蔡元培掌舵，成為這場新文化運動的堡壘。北大文科院長陳獨秀以激揚文字在《新青年》連續發表聲討中國傳統文化檄文。胡適在美國遙相呼應，提倡以白話文取代文言文，發出文學革命的呼聲。新文化運動要對所有中國傳統文化價值進行重估，並堅信唯有如此，中國才能得救而重生。

林語堂在京三年，正是新文化運動方興未艾之時。鑑於其教會教育背景，他在中國文化中心感覺頗為尷尬。一方面，從小基督教薰陶使他與新文化運動精神一拍即合、感同身受。「作為一個基督徒長大成人，意味著你思想是西式的，肯定嚮往進步、贊同新學；總體上能接受西方來的新鮮事物，特別對西方的顯微鏡和醫學手術由衷欽佩。」[29] 比如，新文化運動譴責裹足、納妾，號召婦女受教育，但中國基督徒早就已經接受這些價值觀，並付諸實施。就如使用白話，林語堂家鄉的傳教士走得更遠：他們直接為閩南方言設計了羅馬拼音文字，以利傳教工作。據林語堂透露，他的母親不識漢字，但能用這種傳教士創設的拼音文字閱讀聖經，還可以寫信給他。所以後來在談到漢字拉丁化問題時，林語堂曾表示：「不是說羅馬化不可行，而是從心理上講我們不會接受。」[30]

另一方面，林語堂自己的心理在此期間發生重大變化，民族意識大大加強。新文化運動號召和傳統決裂，堪稱革命性的文化大變革，然而背後蘊含強烈的民族主義欲望，要使中國走向進步，得以「復興」，重塑輝煌。白話文的推廣得以成功，是因為它不是一夜之間憑空創造出來的，而是有其傳統根基，已經流行好幾個世紀，只是沒有被菁英文化認同而已。然而，假如要以羅馬拼音文字完全代替漢字，這將宣布漢字的死亡。如此舉措很難說是中國文化的「復興」，顯然有違民族情感。正是由於其基督徒教育背景，林語堂這個「聖約翰人」在清華擔任英語教員時，很難認同新文化那種激進的反傳統風氣。因為他意識到，自己的基督徒教育背景已經使他和中國文化知識產生斷層。林語堂不需要去聽新文化運動慷慨激昂的反傳統宣言、與傳統告別，因為基督徒教育已經為他做到了。反傳統的新文化運動反而激起林語堂的民族情懷，促使他對自己的基督徒教育背景進行重審、反叛。

林語堂身處新文化漩渦中心，雖然躋身於新文化菁英群體，雖然本能上傾向於「新」，但缺乏中國文化知識的底蘊，無法像其他菁英那樣既浸染其中，又能信手拈來加以批判，甚至對於文化爭論的焦點也不甚明瞭。基督徒家庭出身的林語堂，一路受教會教育，對中國本土的主流文化卻產生了相當的隔閡。在北京，他開始質疑自己的傳統基督教信仰和教育。基督教薰陶讓他對西方文化嫻熟而嚮往，但對自己的本土文化傳統卻相當生疏。比如，中國人祭祖的習俗，林語堂小時候是被禁止參與的。村裡有什麼廟會、唱戲之類的活動，基督徒小孩也是不准參加的。用林語堂自己的話說：「《三國演義》裡面的英雄好漢故事，任何一個中國洗衣店的員工都比當時的我熟悉。我從小就知道約書亞用羊角吹垮了耶利哥的城牆。當我聽說孟姜女哭長城的故事，我羞愧憤怒之極。我生活在自己國家卻被剝離了自己的文化傳統。當時教會學堂

29 Lin Yutang, *From Pagan to Christian*, p. 34.

30 同上。

出來的孩子就會遭遇這種尷尬。我下定決心投身於民族覺醒的大潮流之中。」[31]

林語堂小時候浸染於基督教文化而疏離中國本土文化，這是一種無意識的潛移默化，但上聖約翰大學時專注英文而忽略中文，自己心裡也是有數的。到了清華，林語堂當時是公認的「虔誠清教徒」。當時京城文化圈內很多菁英人士週末到八大胡同消遣，而林語堂在清華校園組織了一個「星期日讀經班」——讀《聖經》。林老師當時被戲稱為「清教徒」、「處男」，而事實也如此。[32]同時，林語堂內心的民族意識不斷上升，並反省自己的宗教薰陶，進而終止每週上教堂做禮拜，公然宣稱自己為「異教徒」。[33]為了彌補自己中國文化知識方面的缺陷，林語堂在清華時一面組織「星期日讀經班」，一面埋頭鑽研國學文史哲知識。因為害怕被清華同事嘲笑，林語堂惡補國學知識全靠自修，多少帶著羞恥感發憤自學。別人去八大胡同消遣，林語堂則經常光顧琉璃廠，向店鋪掌櫃請教各種古書的版本學問。

一九一七年，林語堂在英文期刊《中國社會與政治學評論》發表長文〈禮：中國社會管控組織原則〉，這可看作其鑽研中國文化知識的首項成果。鑑於當時新文化運動的反傳統氛圍，林語堂該文採取跨文化審視角度，對中國文化的態度可謂大異其趣。新文化運動批判傳統文化，正是衝著所謂「禮教」而來，魯迅旗幟鮮明怒斥「吃人的禮教」，凸顯「禮」的非「人」性。作為受基督教薰陶成長、已經相當西化的知識青年，林語堂正在努力喚醒自己的民族意識，對「禮」的理解反而相當客觀、富於同情。

有別於漢學家旁觀者的角度，林語堂試圖從中國內部解釋自己的文化傳統：「禮是一種姿態與尺度，它賦予中國社會體系各要素某種和諧道德秩序。」[34]要讓社會保持良序，儒家設計了一套繁複的社會等級秩序，各種社會關係遵從有別，稱之為「禮」。林語堂指出，中國社會重視各種社會關係的和諧，從來都把它比個人成就看得更重，「禮」要在社會生活各個層面提供道德指引，以維繫社會秩序。有鑑於「禮」滲透中國社會生活各個方面，中國又被稱為「禮儀之邦」。羅馬帝國由羅馬法典維繫，「中國也因對秩序的執著與敬畏而源遠流長，立於不敗」。[35]至於對儒家學說的現代挑戰，林語堂的態度相當克制。新文化運動譴責「禮教」的虛偽，號召推翻儒家文化體系，重估一切價值，林語堂則希望傳統和現代價值之間能夠相互妥協融合。既然「禮」建基於家庭體系，必然和強調個人主義的西方體系相對立，「但是，也許真

---

31 同上，頁三五。

32 對於這一點，林氏自嘲道：「所以我特別喜歡看巴黎夜總會的裸體舞表演。沒有人比虔誠的清教徒更能欣賞裸體舞表演。」參見 Lin Yutang, *From Pagan to Christian*, p. 42.

33 相反地，林語堂在聖約翰的好友孟憲承，畢業後和林語堂一同赴清華任教，就住在林語堂宿舍對門。他當時正變成虔誠的基督徒，因為有個善良的美國女士對他和中國學生特別關愛，以身教感動了他，讓他感受基督愛的真諦。孟憲承是林語堂聖約翰的同屆同學，林語堂擔任該年級學生主席，孟憲承為副主席，其家庭背景為江南傳統鄉紳，中國文化底蘊深厚，「四年大學期間連續獲得翻譯獎狀，獨一無二」。參見 *The Johannean 1916*, p. 34. 另參見 Lin Yutang, *From Pagan to Christian*, pp. 232-233. 孟憲承一九五二—一九六六年出任大陸華東師範大學首任校長。林語堂在該書沒有披露「孟憲承」全名，應該是擔心回憶孟憲承的「基督徒身分」會為昔日好友帶來麻煩。

34 Lin Yutang, "Li: The Chinese Principle of Social Control and Organization", *The Chinese Social and Political Science Review* II (March 1917), p. 109. 林語堂時任該期刊助理編輯。

35 同上，頁一一六。

正的解決辦法在於找到能兼顧兩種原則並使其得到良性發展的途徑」。[36]林語堂認為，某些行為與價值觀已經滲透中國人的心靈，比如「嚴肅態度、責任感、崇尚穩定秩序、尊重長者、尊重權威」，想要澈底推翻這些東西是不現實的冀望。「有些東西在現代環境下已經日趨衰微，希望這種現象只是暫時性的，長遠看來，青年中國會重歸理智，重新尊重古老的美德。」[37]

林語堂的英文論文顯示他對中國文化傳統的同情理解，和新文化運動的主調格格不入，但他最早的兩篇中文文章卻和新文化運動的基調遙相呼應。胡適一九一七年離美回國，受到英雄式歡迎，被奉為新文化運動領袖。林語堂在清華參與了歡迎胡適回國的活動，晚年回憶自己的知識旅程，仍視胡適為其最受影響的人士之一。也正是透過投稿給《新青年》，林語堂引起胡適的關注與賞識，兩位現代中國卓越的自由派知識分子開始結下終身的友誼。

〈漢字索引制說明〉發表於一九一八年二月十五日《新青年》雜誌，標誌林語堂進入新文化運動菁英知識界的核心圈。林語堂顯然是受到英文字母索引制的啟發，試圖創設一個類似的中文索引系統，把所有漢字歸納為前三個基本筆畫。這是個大膽而富有創意的設想，往後林語堂一輩子都在為漢字的有效編序而努力。林語堂的創意設想得到蔡元培的大力嘉許，盛讚其創制「明白簡易……苟以之應用於字典、辭書，及圖書名姓之紀錄，其足以節省吾人檢字之時間，而增諸求學與治事者，其功效何可量耶！」[38]

漢語改良和文學革命相互關聯，文學革命的關鍵在於提倡和提拔白話文。林語堂有關漢字索引制的創意開啟了漢語改良的努力，而另一篇刊載於《新青年》的文章對現代文學的發展闡述自己的見解，特別是對白話文學的語體有獨到見地。林語堂認為，文學革命不能只強調用白話文來代替文言文，而是應該花更多精力探討應該用什麼樣的白話文。林語堂指出，白話文「最易氾濫，最易說一大場無關著落似是而非的老婆話」。因此，我們提倡的白話文學應該注重義理修辭，強調「Lucidity（清順），Perspicuity（明瞭），Cogency of thought（構思精密），truth and appropriateness of expression（用字精當措詞嚴謹）」。[39]白話文須有適當的語體承載，這一主題林語堂到了三〇年代提倡「語錄體」時將有更多發揮闡述。

一九一六年至一九一九年正是新文化運動方興未艾之時，林語堂身處文化浪潮中心，自身心靈經歷了一次民族意識被喚起的洗禮，可以看成林語堂整個跨文化之旅的第一個回合。同時，在清華任教三年，林語堂獲得政府半獎資助赴美留學。就在新文化運動達到高潮、五四運動如火如荼之時，林語堂踏上了赴美的洋輪。

---

36 同上，頁一一七。
37 同上，頁一一八。
38 林玉堂，〈漢字索引制說明〉（附蔡孑民先生序），《新青年》第四卷第二號，一九一八年二月，頁一三二。
39 林玉堂，〈論漢字索引制及西洋文學〉，《新青年》第四卷第四號，一九一八年四月，頁三六七。林語堂在該文聲稱已經寫完一本有關漢字索引制的書，即將出版。到哈佛大學申請讀碩士學位時，林氏亦列出自己出版作品包括 *An Index System for Chinese Characters and Vocabulary* 為書名的書。我只能查到林語堂最早的中文出版作品為刊於《科學》（一九一七年十月，第三卷第十期）的〈創設漢字索引制議〉。

## 從哈佛到萊比錫

赴美留學之前，林語堂和廖翠鳳先結了婚。廖氏也是基督徒家庭，廈門商戶人家，家境比林家好多了。廖翠鳳畢業於和聖約翰齊名的上海女子教會大學聖瑪麗大學，英語水準也是一流的，以後和友人通信也都是用英文（署名Hong，應該是「鳳」的閩南語發音）。兩人性格互補，婚後生活相當美滿，相伴度過餘生。[40]

一九一九年八月十七日，這對新婚夫妻登上赴美洋輪，坐的是一等艙，船上共有一四六名中國學生。清華給的獎助金每月有四十美元，此外，林語堂答應學成後回北大任教，以期北大能提供部分留學資費。但這只是胡適和林語堂之間的口頭協議，林語堂踏上洋輪時還沒有得到北大正式核准。上船第二天，林語堂即去信胡適，告訴他，自己走得匆忙，林夫人也隨船同行，他打算讓夫人上拉德克利夫學院（哈佛附屬女子學院）讀一些「家政學」的課。這樣的安排也反映了林語堂對婦女在社會上所扮演角色的看法。信中林語堂表示，現在社會風氣對家庭生活有偏見，婦女往往羞於相夫教子，而林語堂認為婦女首要職責是要「make a good home」（照顧好家庭）：「現在大家看輕家庭生養的職務，女人也××以為恥。但是等到社會能夠看重生養兒子，看重家庭，看重使人類快樂的義務，社會總有未安之處。」[41]林語堂催促胡適敲定他和北大的僱傭協議，並期待學成回國到北大和胡適攜手推動現代中國文化的改良事業。

一九一九年九月十一日，林氏夫婦抵達舊金山，入住華盛頓酒店。初次踏上美國的土地，林語堂很興奮，吃了很多霜淇淋，也很享受酒店僕人的服務。他也非常享受新婚生活，一路上被夫人照顧有加。在舊金山待了兩天後，他們便乘火車橫跨大陸直達波士頓，剛好趕上哈佛大學新學期開課時間。林氏夫婦首先在劍橋特羅布里奇街（Trowbridge Street）八十五號住下。九月二十日，林語堂向哈佛大學遞上「就讀文科學位申請書」，申請書列明自己的資歷如下：聖約翰預科，一九一一—一九一二年；聖約翰大學，一九一二—一九一六年，優秀生畢業，獲學士學位；在聖約翰所學課程包括：英語寫作、英語文學、德語、法語、歷史、經濟、社會學、哲學、教育學、數學、天文學、物理、化學、生物、地質學，以及四至五門神學，能說流利法語，德語不流利；另外，一九一六—一九一九年擔任清華英語教師，以及英文期刊《中國社會和政治學評論》助理編輯；中英文都有文章發表，另外還出版一本書（*An Index System for Chinese Characters and Vocabulary*）。

林語堂申請所學專業為：現代文學（歐洲），主要是比較文學；林語堂表明期望能儘快得到碩士學位，並於一九二二年夏天獲得博士學位。[42]在哈佛修讀碩士一般需要兩年，鑑於林語

---

40 按林太乙說法，林語堂初戀是廈門富商女陳錦端，雖然林語堂自己沒怎麼說過此事。就個人生活來講，林語堂也和許多現代作家不同，他是基督徒，家庭生活和諧美滿，一輩子沒什麼桃色花邊故事。參見林太乙，《林語堂傳》，第二章，臺北：聯經出版事業公司，一九八九。

41〈林語堂（玉堂）信二十八通〉，見耿雲志編，《胡適遺稿及密藏書信》，第二十九冊，合肥：黃山書社，一九九四，頁二九三。「××」表示原手稿字跡不清。感謝周質平先生告知這批林語堂早期書信，此處有關細節都是基於這批書信資料。

42 哈佛大學教務處，林語堂檔案。感謝伊藤德也先生為我指出林語堂在哈佛大學教務處的檔案資料。從林語堂的申請日期（一九一九年九月二十日）來看，林語堂應該是到了哈佛即時申請，當場被批准入學。

堂資歷優秀，校方同意林語堂可以讀完一年碩士課程，只要所有課程（除德語外）都得A，再加一門夏季課程，並滿足拉丁語要求，便可獲得碩士學位。院長的批注還特別標明，這是特例，不應被看成今後聖約翰學生的先例。林語堂在哈佛選修的課程有：比較文學（浪漫主義運動）、比較文學（小說）、法語（文學批評），以及德語、斯拉夫語和英語。

在哈佛，林語堂如饑似渴，一頭栽進知識的海洋。他寫給胡適的信中披露，他每天上午都去上課，下午就待在圖書館。他發現哈佛的課程要求很高，還開玩笑道：一旦到了哈佛，就得做個「約翰．哈佛」。他還發現哈佛比較注重理論和哲理思維。

林語堂在哈佛上的兩門比較文學課，都是由歐文．巴壁德教授授課。[43]巴壁德教授當時在哈佛很有名望，而且還收了一批中國學生，後來巴壁德的中國門徒組成學衡派，和新文化運動唱對臺戲，對現代中國文化產生深遠影響。巴壁德在中國留學生創辦的英文刊物《中國留學生月刊》曾撰文〈人文教育在中國和西方〉，表明反對和傳統切割的態度——無論在西方還是在東方。巴壁德對西方現代性的發展提出尖銳批判。他認為，西方自文藝復興以來，和自己的傳統割裂，造成道德空虛和精神危機；隨著物理科學不斷擴展，科學發現催生一種基於「進步」觀念的實用性、浪漫式假道德。如果中國要推動文學革命、澈底拋棄傳統，那麼中國一定會像西方一樣，遭遇道德空虛。因此，巴壁德勸誡中國「不要以進步的名義丟掉自己的文化根基，同時也要更深入地了解西方自希臘以降的文化根基。這樣你會發現，兩個文化傳統在人文層面互相印證，共同構成人類的永恆智慧」。[44]

林語堂的後半生將成為世界上最知名的中國學人，為西方譯介闡釋「東方智慧」，為巴壁德所勾勒的「國際人文主義」理想[45]添磚加瓦，而林語堂對中國智慧的理解和巴壁德的人文關懷亦是息息相通。[46]照理說，林語堂在哈佛上了兩門巴壁德的課，應該是巴壁德的門徒。但事實上，林語堂是當時巴壁德的中國學生中唯一的異類。當時林語堂堅定支持新文化運動、支持胡適。在給胡適的信中，林語堂告知他和巴壁德談過胡適提倡白話文一事，覺得巴壁德對中國的文學革命有誤解。[47]而且，林語堂發現在美留學生中反對文學革命者不在少數。於是他提筆捍衛胡適和新文化運動，投了兩篇文章給《中國留學生月刊》，為文學革命的合理性一辯。

林語堂認為巴壁德對中國文學革命有誤解，不是說巴壁德對「進步」觀念的批判不能接受，而是說巴壁德的批判對當下中國的知識狀態不甚恰當。巴壁德的中國門徒反對文學革命主要基於兩個理由，一個是出於愛國立場，一個是出於美學考量。他們認為，中國的文學語言（文言文）乃是中華民族的瑰寶，用俗話（白話文）取而代之，必定意味著民族奇葩之喪失。

---

43〈林語堂（玉堂）信二十八通〉，一九一九年十月十七日，《胡適遺稿及密藏書信》，頁三〇一。

44 Irving Babbitt, "Humanistic Education in China and the West", *The Chinese Students' Monthly* Vol. 17, No. 2(1921), p. 91.

45 巴壁德勾勒出「國際人文主義」理想來推動「東西方知識領袖間真正的了解」，包括邀請中國學者到美國大學教授中國歷史和哲學。參見Irving Babbitt, "Humanistic Education in China and the West", p. 91.

46 奧德里奇（A. Owen Aldridge）目光獨到，已看到巴壁德和林語堂的相同處，並指出林語堂是巴壁德第二個最有名的學生——僅次於大詩人艾略特（T. S. Eliot）。參見A. Owen Aldridge, "Irving Babbitt and Lin Yutang", *Modern Age*, Fall, 1999.

47〈林語堂（玉堂）信二十八通〉，一九二〇年四月十三日，《胡適遺稿及密藏書信》，頁三一四。

但林語堂反駁道，世間有兩種愛國主義，一是狹隘愛國主義，一是自由開放的愛國主義。狹隘愛國主義只知道保存、堅守自己的理想與標準，以防異類文化入侵。「但是我們能不能設想另一種愛國主義，它考慮的是這個國家能夠變成怎樣、能夠擁有什麼、能夠取得什麼成果……一個人只會追憶堯舜盛世，另一個人勇於探討一個國家的潛在可能性，誰更愛國呢？」[48] 林語堂進而強調：「如今的世界，文學和思想互相交流，大同共進，一個國家非要獨樹一幟，堅守自己的一套文學標準，乃過時的偏見，我們應該旗幟鮮明地反對之。」[49]

至於美學考量，林語堂明確指出，中國文學革命的意義在於大大提高了我們對文學概念的理解。中國文化歷史往往把文學精髓看成是修辭學或語體學上的精美技藝，然而「我們現在（從西方）看到一種全新的文學概念，它是一種人生批評，立足點遠遠高於文辭學家的技巧。這種新的文學概念是：所有偉大文學旨在穩健、全面地洞察生活，文學要為我們扮演生活闡釋者的角色，一個偉大作家的首要資格在於對人性具有獨到的見識，對人生的悲劇意識感悟至切，對整個宇宙世界何去何從具有清晰的視野」。[50]

於是，林語堂就愛國主義和美學準則都提出了新的標準。針對對手指責白話文學必定空洞粗俗，林語堂亦辯護道：白話通俗文學並不一定是怎麼說就怎麼寫。以歐洲文學史作證，俗語文學和古典希臘及拉丁文一樣能夠講究選詞用句、渲染氣勢、表達精美。推廣白話文學正可順勢提倡更高的美學境界：「在文學中創造更為重要的邏輯思維之美、想像之美和文化之美。」[51] 林語堂這兩篇論文應該是最早的中國現代文學批評英文文獻，對現代文學文化的發展具有特殊意義。他在哈佛親自聆聽巴壁德的宏論，卻並沒有成為學衡派一員，林語堂的跨文化之旅有其獨特的軌跡。

林氏夫婦到劍橋一個月後，又遷居於奧本山街（Mt. Auburn Street）五十一號。新環境一切都很新奇，兩人日子過得很愉快，只是發現生活消費很高。「東西非常的貴，有平常的加倍三倍不一定。每個東西買賣有百分之五至百分之十的稅。工人有一天賺八、九塊的。罷工的事，無處不有。」[52]林語堂埋頭功課，廖翠鳳在家有點孤獨，準備春季到拉德克利夫學院上課。但是一月份廖翠鳳得了急性闌尾炎，需要住院治療。這一下子讓兩人財政出現危機。林語堂一直在等胡適的回覆，核准與北大的合約，這樣可以獲得一筆北大的預支款項。他在一九二○年一月六日又去信胡適，胡適即覆，並自己掏腰包附上三百元美金，因為學校正式合約還沒批覆。一九二○年三月十四日，林語堂又收到北大寄來的美金四八○元，用來資助其留學費用。[53]這些資助有如雪中送炭，讓林語堂得以完成在哈佛第一學年的學業。但到一九二○年六月，清華的獎學金突然被終止。這是林語堂留學生涯的轉捩點。[54]

---

48 Lin Yutang, "Literary Revolution, Patriotism, and the Democratic Bias", *The Chinese Students' Monthly* Vol. 15, No. 8 (June 1920), p. 37.

49 Lin Yutang, "The Literary Revolution and What Is Literature", *The Chinese Students' Monthly* Vol. 15, No. 4 (February 1920), p. 25. 這篇論文獲得當年《中國留學生月刊》十一月論文競賽一等獎。

50 同上，頁二八。

51 Lin Yutang, Literary Revolution, Patriotism, and the Democratic Bias", p. 41.

52〈林語堂（玉堂）信二十八通〉，一九二○年十月十七日，《胡適遺稿及密藏書信》，頁三○二。

林語堂得馬上找一份暑期工。他一面寫信給胡適，要確保北大能有後續資助，一面找到一份救急的工作：到法國基督教青年會擔任祕書。[55]林語堂決定去法國半年，可以賺夠學費，同時還可看看歐洲，一九二一年春季再回哈佛繼續學業。他寫信給胡適說，他到法國會看看有沒有機會做中國文學史的研究，他想用現代／西方方法來研究中國文學史，這樣也許回國十年後他能教中國文學，而不是只教盧梭和托爾斯泰。[56]

按照入學時的協議，林語堂在哈佛一年，已經完成了所有碩士學位的要求，只欠一項：要修一門夏季課。除了德語得了$C^+$以外，其他課程都是A或$A^-$。於是校方同意林語堂可以用巴黎大學核准的課程來代替本來要在哈佛修的夏季課程。[57]林語堂夫婦於一九二〇年六月底離開劍橋，先到紐約待了三個星期，七月九日在紐約中餐館慶祝他們結婚周年。[58]林氏夫婦離開紐約來到法國南部小鎮勒克佐（Le Creusot）。基督教青年會的工作很繁忙，林語堂根本沒時間選修巴黎大學的課。一九二一年二月十一日，林語堂又搬到德國耶拿，決定在德國繼續學業，因為戰後德國的物價很便宜，大約是美國劍橋的一半。於是林語堂又寫信給哈佛哈斯金斯院長解釋自己的情況，院長回覆表示，哈佛可以接受「用半年在法國或德國某大學核准的功課來代替原本規定在哈佛上的夏季課程」。[59]一九二一年春季，林語堂入學德國耶拿大學，選了三門課：英語之歷史與文化背景、中古英語入門、英語小說。[60]一九二一年七月，林語堂把三門課的結業證明寄給哈佛，哈佛大學於一九二二年二月授予林語堂碩士學位。

林語堂現在知道自己一定能獲得哈佛大學碩士學位，反而開始猶豫是否就直接回北大，投身於改良中國文學與思想的偉大事業。他當然清楚，有個博士學位更能勝任北大教職，但要

53 參見〈林語堂（玉堂）信二十八通〉，一九二〇年一月六日、一月二十二日、三月十四日和六月二十二日，《胡適遺稿及密藏書信》，頁三〇三—三〇四、頁三〇五—三〇六、頁三一〇—三一一、頁三二〇—三二五。有關此事詳細討論，可參見吳元康，〈五四時期胡適自費資助林語堂留學考〉，《安徽史學》，二〇〇九年第五期，頁七二—八〇。林語堂當時很清楚有部分錢是胡適自己私人的。這和他晚年的回憶（北大預支他兩千元美金而他不知是胡適自己掏錢）有出入。參見林語堂，〈我最難忘的人物：胡適博士〉，以及*Memoirs of an Octogenarian*, p. 41，和林太乙，《林語堂傳》，頁五五。有可能事隔久遠，記憶有誤，也可能林語堂故意渲染此事，稍有誇張，因為當時胡適在大陸遭到極權機器猛批，林語堂要捍衛胡適的人格。

54 林語堂和清華的約定究竟如何、為何終止，不太清楚。在給胡適信中，林語堂本以為按常規他的獎學金應該得到延續，但在華盛頓的中國官員引用一項特殊條款拒絕延續。參見〈林語堂（玉堂）信二十八通〉，未署日期（約一九二〇年六月），《胡適遺稿及密藏書信》，頁三一六。

55 林語堂這份工作的頭銜是基督教青年會「祕書」，工作包括晚上布道或演講，教中文、英文和法文，以及其他青年會所需的祕書雜務。這和林太乙所說為赴法中國勞工教中文不盡相同。參見林太乙，《林語堂傳》，頁五〇；〈林語堂（玉堂）信二十八通〉，一九二〇年六月二十二日、七月十日，《胡適遺稿及密藏書信》，頁三二〇—三二五、頁三二六—三二七。

56 參見〈林語堂（玉堂）信二十八通〉，一九二〇年三月十四日、六月二十二日，《胡適遺稿及密藏書信》，頁三一〇—三一一、頁三二〇—三二五。

57 Dean Haskins' letters to Lin Yutang, Lin Yutang file, The Registrar's Office, Harvard University, July 1, 1920.

58〈林語堂（玉堂）信二十八通〉，一九二〇年七月十日，《胡適遺稿及密藏書信》，頁三二六。

59 Dean Haskins' letters to Lin Yutang, January 1, 1921.

60 Lin Yutang file, Harvard University.

繼續學業，經濟狀況還是相當拮据。從林語堂和胡適來往的信件中，我們可以確認，林語堂至少又收到北大三筆匯款，兩次各四百八十美元，另一筆則是一百英鎊。[61]同時，他發現萊比錫大學很強，特別是漢學和語文學都屬一流，萊比錫的中文書籍甚至比哈佛還多。於是林語堂決定一九二一年秋季離開耶拿進入萊比錫大學，師從著名漢學家孔好古（August Conrady），研習中國語言文學。林語堂很佩服孔好古的漢學知識，課上有些問題他以前想都沒想過。起初，林語堂的博士論文想做白話文的語法研究。[62]但他很快便進入漢學世界，潛心鑽研中國古音韻學。林語堂受惠於萊比錫的研究長項，非常欣賞西方研究語言學的方法，以期借此方法來重新審視中國語文傳統，從而獲得全新理解。

林氏夫婦在德國兩年過得很愉快。兩人會手牽手一起去聽講座，週末一起郊遊。他們遊歷了歐洲很多地方，很喜歡歐洲古色古香的風貌。在美國，現代化城市大同小異，柏油馬路加郵局，「歐洲就不同，有古老的城堡，還有盧瓦爾河谷狹隘的街道，有布魯塞爾的老教堂，也有列日的繁華街市，還有從聖莫里茨到因特拉肯一路的美景。」[63]耶拿是歌德的故鄉，林語堂參觀歌德故居，看到歌德收集的物種進化樣本，很是佩服。在耶拿沒有自來水，洗澡得用勺子舀水，林語堂借題發揮：歌德也是這樣洗澡的，一樣寫出偉大的詩篇。林語堂很喜歡歌德的名著《少年維特之煩惱》和《詩與真》。[64]但林語堂最喜歡的德國作家是海涅，不光欣賞他的詩作，也欣賞他的政論文章。在耶拿和萊比錫，林語堂利用課餘時間翻譯了一本海涅詩集，寄給孟憲承，囑其轉交胡適。[65]林語堂和海涅的神交此後陪伴了他一輩子。

歐洲風貌古色古香，林語堂也只能課餘欣賞，學業上林語堂專注於研究古漢語的韻味。受惠於德國漢學家的指導，得益於萊比錫一流的圖書館資料，林語堂以德語寫成博士論文〈中國古代音韻學〉。林語堂的跨文化知識結構中，這段漢學訓練經驗很重要。林語堂在萊比錫鑽研的正是國學小學功夫，他的閱讀書單集中在《皇清經解》和《漢學師承記》，都是清朝學術的桂冠著述。林語堂在傳統國學方面的訓練是其知識結構的重要部分，對其今後的跨文化之旅將產生重要影響。從某種意義上來說，中國現代性開啟於對儒家經典詮釋的反叛。新文化運動時期，「疑古」風氣盛行。只有對經典的權威性質疑，才能重估一切固有價值，為現代中國開創一個新的文明。但是「懷疑」風氣很容易氾濫，也是現代學人激進化的標誌之一。林語堂在漢學領域的訓練，不僅使他在國學涵養方面遊刃有餘，而且賦予他較為公允的角度，體現出林語堂對中國文化傳統的整體姿態。

一九二三年二月中旬，林語堂交完論文便離開萊比錫。林氏夫婦到義大利登上洋輪，這次坐的是三等艙，以便能省錢好還債給胡適。[66]那時，廖翠鳳已經懷孕好幾個月了。三年半為學

61 參見林語堂於一九二一年二月十八日、一九二二年三月三十一日所簽的收據。一百英鎊是用來支付從德國返回的路費。〈林語堂（玉堂）信二十八通〉，《胡適遺稿及密藏書信》，頁三四一、三四八。

62 參見〈林語堂（玉堂）信二十八通〉，一九二一年八月十一日，《胡適遺稿及密藏書信》，頁三四六。

63 Lin Yutang, *Memoirs of an Octogenarian*, p. 51.

64 同上，頁五〇—五一。

65 參見〈林語堂（玉堂）信二十八通〉，一九二一年八月十一日，《胡適遺稿及密藏書信》，頁三四七。

66 參見〈林語堂（玉堂）信二十八通〉，一九二三年三月三十日，《胡適遺稿及密藏書信》，頁三五一。

業輾轉美歐，林語堂不僅獲得西方生活的切身體驗，知識上又經過一次東西方學術洗禮，知識理念已經成熟，儼然一個含苞待放之青年博士。林語堂期待成為北大的一員，為中國文化改良事業大幹一番。

# 第三章 大革命時代民族主義情懷

「今日中國人是根本敗類的民族。」

林語堂，〈給玄同的信〉（一九二五年）

一九二三年春，林語堂和夫人廖翠鳳乘船返回故鄉廈門，返鄉後不久，他們的長女林如斯（英文名 Adet Lin）於五月六日出世。當年秋季，林語堂赴北京大學就職，擔任英文系教授。北京大學是新文化運動的搖籃，年僅二十八歲的林語堂博士從此躋身於青年中國的知識菁英階層。

林語堂返京後，五四運動已經退潮。但二〇年代又是一個「大革命」時代。國民黨領導的民族主義革命運動風起雲湧；同時，中國共產黨成立，並在革命浪潮中迅速得到發展壯大。國民革命在「聯俄容共」策略下，於一九二七年發動北伐，最終推翻了北洋政府，蔣介石率國民黨登臺執政，定都南京。但北伐途中國共兩黨內訌，國民黨對自己的盟友共產黨進行血腥清黨，開啟長達數十年的國共黨爭。

對林語堂來說，二〇年代是他一生跨文化旅程中重要的成長期。在這階段，他以海外歸國語言學家的身分，對開創現代語言學卓有貢獻，而且在文學領域初露頭角，同時還身兼北大英語系教授。剛剛留洋歸國的林語堂，躊躇滿志，文字激揚，一心投入中國現代化振興的宏偉大業。和當時諸多進步知識分子一樣，林語堂不滿北洋政府治下的「共和」，擁護國民革命，甚至直接參與其中，期盼一個「新中國」的誕生。但同時對「大革命」的進程和結局非常失望。但也正是在此動盪年代，我們看到一個進步的、充滿民族主義情懷的林語堂，在現代中國文壇、學界脫穎而出，走向成熟。

## 科學與國學

毋庸置疑，北京大學可以說是中國現代文化的搖籃。胡適一九一七年從美國回到中國，立即成為新一代受西式教育知識階層的領軍人物。是年胡適二十六歲，引領新文化運動，為重建中國的現代文化開疆闢土。胡適出任北大英語系主任後，在其周圍陸續匯集了一群有名望的英文教授，包括著名詩人徐志摩、散文家陳源、法律專家溫源寧等人，後來他們成為現代文壇的「新月派」。林語堂也屬於胡適「招募」的一員。按教育背景和人際關係來說，林語堂也應該屬於這一群體。然而，在北大的歲月裡，林語堂卻和中文系的一群學者越走越近，包括周作人、魯迅、錢玄同、劉半農、沈兼士等人。這群學者以周氏兄弟為首，大多留學日本，也是新文化運動的主力，後來組成「語絲派」。從學術傳統而言，這群旅日學者都是章太炎的弟子。章太炎不僅是晚清著名革命家，也是中國傳統語文學大家。林語堂之所以成為語絲派一員，部分原因是出於他和章氏門徒對中國語文學研究的共同興趣。

作為一名英文教授，林語堂教授的課程包括「基礎英語」、「英語作文」、「英語教學」、「英語史」和「語言學」。很快地他便成為北大最受歡迎的教授。他的「基礎英語」課程深受喜愛，聽眾爆滿，導致學校不得不限制旁聽人數。[1]然而林語堂的研究興趣卻在中國語言文字的研究，而北大研究中國語言者都在中文系。林語堂積極參與並推動現代國語運動，創建並主持了方言研究會。在二〇年代，中國語文學研究是新國學運動的重要部分。

所謂「國學」，乃中國現代性問題中最重要的思想議題之一。十九世紀中期，西方殖民勢力侵入中國，中國士人逐漸意識到中國文化根基正面臨一場前所未有的危機。晚清士人開出「中體西用」的民族主義對應策略，試圖在鞏固儒家經典地位的同時調解中西文化衝突。[2]現代國學的興起可分為兩個階段，第一階段為晚清時期，以張之洞、康有為、梁啟超、章太炎、劉師培等人為代表，第二階段為新文化運動時期，由胡適引領的新一代留洋學人為主幹。[3]

眾所周知，新文化話語本質上是反傳統的。新文化時期的國學當然也要和新文化運動的反傳統話語保持一致。換言之，此時的國學研究被稱為「整理國故」，它的任務非但不是要鞏固傳統文化價值之本，相反地，它是整個新文化運動解構傳統文化的一部分。一九二三年一月

1 參見萬平進，《林語堂評傳》，重慶：重慶出版社，一九九六，頁二一。

2 關於晚清國學的探討，參見羅志田，《國家與學術：清季民初關於「國學」的思想論爭》，北京：生活・讀書・新知三聯書店，二〇〇三。

3 參見陳燕平對錢玄同關於兩個時間階段劃分的引用，徐雁平，《胡適與整理國故考論：以中國文學史研究為中心》，合肥：安徽教育出版社，二〇〇三，頁九。

《國學季刊》創刊，胡適為其撰寫創刊宣言，描繪了他對新時期國學研究的展望。[4] 他首先對三個世紀的「清學」給予應有的肯定，尤其是校勘和訓詁學研究。但胡適的重點是要指出清學研究的三大弊端：研究範圍太狹窄、太注重功力而缺乏理解、缺少參考比較材料。關鍵問題在於清代學者眼裡只有幾本儒家經典。

對胡適而言，新國學的研究視野應該超越儒家經典，所謂「國學」，也就是「國故學」的簡稱，即對整個傳統中國文化和歷史的研究。表面上看「國學」是一個中性的辭彙，可以同時指「國粹」和「國渣」。這種界定好像讓人覺得：胡適還是承認國學中是有「精粹」的。其實不然，胡適不僅不再認可儒家的經典地位，也不再假定中國文化及歷史中一定存有任何「精粹」。相反地，新的國學研究作為新文化運動的重要戰略部署，其主旨是要為中國傳統文化「去魅」。

胡適針對清學三大弊病，指出了國學研究三大方向：擴大研究範圍（須包括中國過去所有文化歷史）、注意系統整理、博采參考比較的資料。最後一點至關重要：他呼籲中國學者從國際化的視角出發進行研究。換言之，在新時期，今後關於中國過去的文化歷史研究必須加入來自西方的研究方法和資料，不僅包括西方漢學著作，還要包括對西方文化歷史的相關研究。簡言之，中國國學研究必須同時是比較和跨文化研究。

胡適關於國學話語的這一範式轉變意義重大，不可輕視。胡適之後的國學研究必須放置於新文化運動的背景中理解，是新文化事業的一部分。在「新思潮的意義」一文中，胡適清楚地說明：新文化運動所打出的「德先生」和「賽先生」兩大旗幟之根本意義在於「批判的態度」，即用尼采的話說，叫作「重新估定一切價值」。他勾勒出新文化事業的四大組成部分：研究問題、輸入學理、整理國故、再造文明。這四部分當然相互關聯。所謂研究問題，就是看到清學只注重儒家經典的研究其實很狹隘，為了尋找突破，則必須從西方引進新的思想——即現代科學方法——來重新考察中國過去的文化和歷史。[5]

對胡適而言，從事國學研究基本上是指有系統地整理舊知識，在《宣言》中他闡述了三個方面的工作：將中國書籍做索引式的整理，對以往的學術研究做結帳式的整理，為中國語言、文學、經濟、民俗等具體學科撰寫學科史。我們可以問：「整理國故」和「再造文明」能有什麼關係？答案是：不是說國學本身——即使是被整理過的舊知識——可以為「再造文明」添磚加瓦。而是說整理國故所使用的新的科學分類整理方法——索引、結帳、系統史學方法——才是再造文明的根本元素。新文化時期的國學已經被客體化。在整理國故的事業中，胡適所著重的正是科學的方法和態度——即批評的態度。[6]誠然，國學作為科學方法的客體幾乎可以忽略不計，推廣賽先生並不真正需要使用中國舊學問本身。

但是，正如余英時所言，整理國故之所以成為新文化大業的一部分，是因為當時國學研究

4 參見胡適，〈《國學季刊》發刊宣言〉，《胡適文集》，第三冊，北京：北京大學出版社，一九九八，頁五五一—五五八。

5 參見胡適，〈新思潮的意義〉，《胡適文集》，第二冊，頁五五一—五五八。

6 周質平也強調過胡適「整理國故」中引進科學方法的重要性。參見周質平，《胡適與中國現代思潮》，南京：南京大學出版社，二〇〇二，頁二〇六—二二八。

在士人菁英階層仍有一定地位，胡適需要在國學領域展示他的思想力度，在中國知識界內將西學合法化。[7]僅僅展示中國傳統知識的學術能力，猶如競技體育一樣。當然，這麼說對胡適可能有些苛刻。胡適可能覺得傳統文化某些元素對「再造文明」還是有關係的，比如，儒家和道家學說有些元素可以經過闡釋和理解，為歷史的進化發展論提供理論資源。但即便如此，起碼胡適在這一層面不願多說。

儘管胡適的「整理國故」具有解構「國學」的意義，這一計畫仍然遭到新文化陣營中其他激進派的尖刻批評，例如激進革命派人物吳稚暉。對吳稚暉這樣的反傳統人士，無論如何定義「國學」，僅是把它歸入新文化事業大綱之內，就是一種「罪」，因為年輕人要學的是科技知識、如何造「機關槍」。當時胡適和梁啟超受邀為清華大學預備留洋學生各自開出一份國學必讀書單，吳稚暉於《晨報副刊》發表文章，強力抨擊這種指引誤導貽害年輕人，並稱「儒學經典應該扔進茅廁三十年」。

剛剛從海外學成歸來、重返北京知識界的林語堂加入了這場辯論。他在《晨報副刊》發表了〈科學與經書〉一文。這篇文章不僅標誌著林語堂登入中國思想界舞臺，且文中所持觀點一直影響他未來縱論中西文化之基本態度。林語堂在該文提出了「科學的國學」這一概念，一方面進一步強化了胡適「整理國故」的理念，同時又批判科學的工具理性論，以充實國學研究的合法性。林語堂在文中回應胡適的《宣言》，聲稱這是新時期開展國學研究最好的大綱，是一份「創世紀」的宣言。有了新的科學思想作為裝備，國學研究將會以前所未有的規模開拓新的前景。林語堂完全贊同胡適的觀點：新的國學不能只拘泥於研究儒家經典。所以從這個意義上來說，林語堂這篇文章應叫〈科學與古書〉更為合適。林語堂認為科學的國學不應跟著清代的訓詁學走，而是把訓詁看作是新國學的注腳，透過科學的濾鏡重新審視傳統知識，將其囊括成為新國學的一部分。同時他也認同胡適的觀點，認為科學的視野可以為國學研究開創廣闊的前景，例如像語言、哲學、文學、藝術、宗教等許多領域和學科都可以有自身史學，前人的學術研究對此想都不敢想。在林語堂專長的語文學研究方面，他指出過去的學者只知道如何研究文字，而當代的學者都知道也應該研究言語（parole）。清代學者已經開始了解音韻學的意義，但他們還沒有把言語當成獨立的研究對象，並輔之於文字研究。

另外，林語堂也十分贊同胡適為國學研究提出的國際性、比較的方向。「科學」在此即意為一種更廣闊的跨文化視角，可將西方最先進的學說吸收進來。林語堂讚揚胡適在墨子研究方面取得的成就具有典範性意義，因為其研究汲取了印度及西方哲學的比較資源。以現代西方知識作為參照點，許多國學研究中遇到的障礙都可以迎刃而解。舉林語堂擅長的語音學為例，傳統中國學者從未能真正理解「轉注」現象。近代學者像梁啟超和章太炎，因為開始熟悉西方知識，才慢慢懂得個中因緣。如今我們知道音位轉換是一種跨語言、跨文化存在的普遍語言現象（如英文單詞wreak和wreck所示）。

胡適整理國故的計畫強調了科學精神和包括索引、統計與史料學等實證方法的重要性。林語堂的漢字索引方案在這方面已開風氣之先。然而在這篇文章裡，他提出了「科學的思想」

7 參見余英時，《重尋胡適歷程》，頁二〇二—二一〇。

（*wissenschaftliches Denken*）與「科學的手術」（*wissenschaftliches Technik*）這一對概念。[8]林語堂贊同胡適的觀點，認為清代的考證頗具科學精神，有質疑的態度，也有詳實的實證。但就以「手術」技法而論，中國學人和現代西方學人差距甚大。比如，中國學人可以畫一幅相當可靠的地圖，可就是畫不出西人所繪的那種地圖。林語堂還特別強調做注腳的重要性。中國學者也有注引，但往往稀鬆模糊。「中國的學術文的原理好像說：作者是很淹博，讀者也很淹博，作者無所不知而讀者無所不懂。」[9]林語堂指出，西諺說魔鬼往往存在於細節之中，有系統地做注腳看似小事，其實象徵現代學術之精髓，因為現代學術已經不是個人行為，而是需要大規模地不斷積累才能得出成果。

另一方面，林語堂對胡適的整理國故計畫有較大的修正和改進。林語堂的計畫沒有對國學的解構性客體化處置，而是賦予中國文化和歷史新的意義，因為林語堂期盼的是扎根於中國土壤的、以中國為中心的「科學的國學」。林語堂雖然附和胡適的新國學宣言，但也同時指出胡適的願景還有許多方面仍待探討，最重要的一點就是對待傳統學識的姿態問題。林語堂該文正是要挑戰和糾正像吳稚暉所表達的那種對「古書」的虛無主義態度。林語堂解釋說，他把文章擬題為「科學與經書」（雖然他實際指的是所有中國古書），正是因為儒學經典被大加撻伐，好像一錢不值。要是儒家經書也還有用處，那其他中國古書也就好說。作為一個受西式教育的博士，林語堂對「五四」以後的科學崇拜深不以為然：「有一樣很稀奇的：我國人現在心理，凡中國古代的東西，不問是非，便加以迂腐名稱，西洋學問中最迂腐的也不敢加以迂腐的罪名。」[10]

林語堂提出「科學的國學」的概念，其主要特色在於按德國慣例把科學分為「自然科學」（*Naturwissenschaften*）和「精神科學」（*Geisteswissenschaften*）。國學研究對自然科學也許無關緊要。但林語堂指出，即使在自然科學領域，國學也不是完全不沾邊。比如說生物學吧，中國學生不能只滿足於從西洋教科書中學到「雙子葉植物」（*dicotyledon*）和「單子葉植物」（*monocotyledon*）這些術語，他們還可以從《詩經》中所記錄的草木鳥獸蟲魚受到啟發而做深入研究。關鍵問題是中國學生應該學會創新能力：「若中國科學界不能自為考證發明，而永遠要靠著搬運西洋『最新』、『最近』的發明為能事，中國將來的學術界一定是糟的。」[11]只靠模仿和搬運西方的發明不會為中國帶來「機關槍」。而且，林語堂還在更深層次上挑戰吳稚暉：即使中國成功培養出新一代學人，沒有任何國學知識，但能像西人一樣說「S-damn you」、一樣打「機關槍」，難道這就是我們期盼的未來中國嗎？

這就是一個「精神科學」層面的問題了。林語堂告誡道，中國的「精神科學」問題還大有探究的必要。但有一點是肯定的：在「精神科學」領域，國學是不可或缺的，而且具有新的意義。在林語堂看來，假如中國學生西學訓練有素，而他做的是柏格森（Bergson）研究，那

8 林語堂，〈科學與經書〉，《晨報副鐫》（五周年紀念增刊），一九二三年十二月，頁二三，原文即使用這些德文辭彙。
9 同上，頁二四。
10 同上，頁二三。
11 同上，頁二一。

他回國後肯定得讀王陽明；如果他做叔本華（Schopenhauer）研究，那他肯定得讀佛教經典。如果他看不到兩者之間的關係，那肯定是見鬼了。搞自然科學的回國後一般都成為專業人士諸如醫生、工程師等，而精神科學領域的回國後一般都成為教師。在林語堂看來，一個研究心理學、哲學或社會學的學生，假如回國後只會照搬西方教科書知識灌輸給學生，那是一種失敗。相反地，他們應該具備創新能力，使中國固有的學問煥然一新，從而「再造文明」。

以此為目標，那麼國學知識乃不可或缺。林語堂列舉了一系列德國精神科學領域的大家，如韋伯（Weber）、馮特（Wundt）、巴斯（Barth），盛讚他們為德國精神科學所帶來的活力及卓越貢獻。中國學生能把韋伯、馮特、巴斯的作品譯介到中國當然很好，但若能出一個中國的韋伯、中國的馮特、中國的巴斯，那肯定更好。要達到這一目標，就必須有置身於中國文化歷史、以中國為中心的「精神科學」。中國古書——包括儒家經典——不僅能為中國學者提供豐富的比較資源，而且為產生世界一流的中國學者提供必要條件——畢竟，韋伯、馮特、巴斯對中國的國學可是一無所知。這樣看來，林語堂反駁道，儒家經書非但不應被「扔進茅廁三十年」，相反地，「科學的國學」可以在未來三十內得到前所未有的蓬勃發展。

從林語堂對「科學的國學」的闡述中，我們可以看到他整個生涯所採取的跨文化態度，甚至影響到他以後在美國闡釋中國文化與哲學的成功。在他的北京歲月以及上海歲月初期，這主要反映在他的語言學研究及其所參與的國語改良運動。留學哈佛、萊比錫歸國後，林語堂很快成為現代學術圈的頂級語言學家，在二〇及三〇年代早期發表了一系列有關中國古音韻學和語文學的論文，後編入《語言學論叢》一書。他還擔任北大研究所國學門方言調查會主席，他為該會撰寫的「宣言書」體現了他提倡的「科學的國學」之願景。「宣言書」開頭便稱，北大歌謠研究會成立以後，國人開始意識到民間文藝乃中國文化之寶藏，非常值得研究，而中國各地方言也是一塊處女地，有待開拓與探究。章太炎的《新方言》已經樹立了一個榜樣，新的方言研究必須超越清學一味注重詞源考訂，而是應該大大擴展其研究範圍和目的。

「宣言書」為方言調查會設計了七項任務：一、繪製方言地圖；二、考定方言音聲及規定標音字母；三、調查殖民歷史；四、考訂苗夷異種的語言；五、依據方言的材料反證古音；六、揚雄式的辭彙調查；七、方言語法的研究。[12]這份計畫雄心勃勃，為中國現代語言學未來的發展定下了指標性方向。林語堂在語言學、特別是古音韻學方面取得的出色成果，也受到了胡適的認可和讚許。[13]

作為北大國學門的一個項目，方言研究進展並不順利。一方面，研究專業化程度較高，缺乏大眾吸引力。另一方面，中文系的同仁都是章太炎的門徒，和林語堂的意見並不一致。他們的分歧從對待漢語改良的態度中即可見一斑。新文化運動的標誌在於用白話文代替文言文，並迅即取得成功。胡適號召文學革命沒幾年，大多數報刊雜誌以及學校都已經採用白話文。

12 林語堂，《北大研究所國學門方言調查會宣言書》，《歌謠》，一九二四年第四十七期。在這份「宣言」結尾，林語堂呼籲讀者廣泛投稿，直接將研究論文寄往他的家庭住址：北京小雅寶胡同三十九號。這應該是林語堂在北京數年的住所。

13 參見胡適的日記，一九二八年十二月七日，引自周質平，《胡適與林語堂》，《魯迅研究月刊》，二〇一〇年第八期，頁六七。

但是漢語改良問題並沒有到此為止。從進化論的觀點出發，漢字普遍被認為是落後的象徵。當時很多士人（尤其是像吳稚暉這樣的無政府主義者）都強力主張漢字應該廢棄，積極推動「漢字拉丁化」。作為折衷辦法，北洋政府於一九一八年頒布了一套「注音」音符系統。[14]像錢玄同、魯迅等許多新文化人士都主張用「注音」制取代漢字。但林語堂不以為然。他斷然指出：「中國不亡，必有兩種文字通用，一為漢字，一為拼音字。」[15]林語堂對漢字的現代改良正是出於此二元發展的論斷。一方面講，漢字不可廢，因為它是一個國家文化屬性問題。林語堂指出，期盼廢棄漢字的人不懂語言文字既有「工具性」、也有「美學性」。漢字的「美感」足以讓其生存。不過他也認同漢字必須逐步簡化。事實上，林語堂在三〇年代就積極推行使用簡體字，他的《論語》雜誌或許是中國最早試用簡體字的雜誌。另一方面講，為了普及大眾教育，創建一套拼音字符應該有利於兒童教育，但最重要的是，林語堂堅持認為這套拼音系統必須和國際標準儘可能一致。

然而注音系統的設計者寧願另闢蹊徑，並以科學的名義，試圖在此系統中表現出具有中國特色的文化屬性。但對林語堂來講，象徵中國文化屬性的是漢字，拼音系統完全應該只考慮其工具性，並和西方通行的羅馬字拼音接軌。其實世界上已有一套漢字羅馬字拼音系統，是由兩位英國漢學家所設計，即威妥瑪拼音（Wade and Giles）。林語堂認為拼音字符只需在威妥瑪拼音基礎上稍做修改便成。

事後看來，林語堂在簡化漢字和拼音系統這兩件事上都相當有預見之明。但是在二〇年代的語言學圈子內，他卻是個孤獨的少數派，周圍都是更為激進、更為「科學」的專家。甚至趙元任式的羅馬字系統也變得越來越「科學化」和專門化（怪異化）。趙元任無疑是現代中國語言學的奠基人。林語堂和趙元任有君子之交，一輩子都是朋友。但在二〇年代語言學界，兩位意見不盡相同。林語堂的主張顯然不受重視，他在語言學圈子內一定不甚得意。[16]

## 泰戈爾與印度

一九一三年，瑞典皇家學院將諾貝爾文學獎頒給印度詩人泰戈爾。他是第一個獲得此殊榮的亞洲人。這讓二十世紀初的西方掀起一陣泰戈爾熱。他本人也多次往來歐美各國巡迴演講，宣揚東方精神文明之於西方物質文明的優越性。面對一戰的生靈塗炭，泰戈爾在國際舞臺上宣揚「東方精神文明」，風靡一時。十幾年後，在另一次世界大戰中，林語堂會以「中國哲人」的身分在世界舞臺上闡釋「東方智慧」，而他在一九二四年對泰戈爾訪華這場中國現代思想史上充滿爭議的著名文化事件的反應就耐人尋味了。

新文化運動是敞開胸懷擁抱世界的，中國文化界對泰戈爾的歡迎正是其世界主義胸懷的具

---

14 這套注音符號，目前仍在臺灣使用。

15 林語堂，〈談注音字母及其他〉，《京報副刊》，一九二四年十二月五日，收入《語言學論叢》，頁三五一。

16 關於二十世紀二〇年代林語堂與語言學界關係的詳細研究，參見Peng Chunlin, "Lin Yutang and the National Language Movement in Modern China, in *The Cross-cultural Legacy of Lin Yutang: Critical Perspectives*, Ed, Qian Suoqiao, Institute of East Asian Studies, University of California, Berkeley, 2015".

體表現。有意思的是，最早譯介泰戈爾的是一批後來成為左翼作家、甚至中共領導人的知識分子。比如，陳獨秀首先將泰戈爾的《吉檀迦利》翻譯成文言文，發表於一九一五年的《青年雜誌》。[17] 郭沫若也翻譯過泰戈爾，他曾於一九一七年編譯泰戈爾詩集，但是未能找到出版社發行。而張聞天是第一個介紹泰戈爾哲學到中國的。一九二一年之後，茅盾主編的《小說月報》在介紹泰戈爾方面起了重要作用。[18]

結束歐美巡迴演講之後，泰戈爾於一九二三年派使者至北京大學詢問可否受邀訪問中國。他的想法得到徐志摩的熱情支持，徐並立即安排由講學社負責接待泰戈爾一行。講學社是由梁啟超為首的一個非官方士人組織。泰戈爾於一九二四年四月訪問中國，而在此之前的一年，中國已經興起一股「泰戈爾熱」，各種報刊上鋪天蓋地登載著與泰戈爾相關的報導以及介紹翻譯泰戈爾的作品。這股熱潮在一九二四年五月八日泰戈爾生日這天達到頂峰。當晚北京菁英圈子裡的名流人士受邀出席晚宴。梁啟超與胡適均致歡迎辭。梁啟超還贈予遠方的客人一個中文名「竺震旦」。該晚的高潮是一場精彩的英語話劇，由新月社表演的泰戈爾著名詩劇《齊德拉》，主演為現代「才子佳人」組合：徐志摩和林徽因。

然而，泰戈爾在中國的待遇並非一片歡頌。事實上，他的來訪引發了一場爭論，從中我們可以看到二〇年代的政治氣候以及知識分子各派之間錯綜複雜的局面。泰戈爾訪華全程由徐志摩擔任翻譯和陪同，他們從早到晚在一起，發展出一種形同父子般的親密關係。在接待泰戈爾與排演話劇《齊德拉》的過程中，徐志摩周圍聚集了一批留英美派菁英，都是北大英語系的同事，包括胡適、陳源和溫源寧等。這些人在一起組成了新月社。梁啟超是泰戈爾訪華的另一位重要支持者。他晚年歐遊回國後，看到一次大戰為歐洲帶來滿目瘡夷，轉而對西方文明持批判態度，把泰戈爾視為批評西方「物質文明」的重要盟友。在泰戈爾訪華期間，知識界的「科學與玄學」之爭在中國已經上演一年。張君勱認為「科學」無法解決人生觀問題，而他的對手丁文江和胡適則堅持認為「科學」在日常生活中亦普遍適用。泰戈爾對西方物質文明沉痾的批判為張君勱及其他反對科學主義、捍衛東方文明的中國學者提供了支援。同時有關國學的討論也被捲入了這場辯論。

從意識型態上說，胡適應該是站在「科學」這一邊的。事實上他對泰戈爾的「東方精神文明」頗不以為然。但胡適性格儒雅，樂意為北大英語系裡這些為泰戈爾著迷的同事們出面迎接印度來的貴客。有些聽眾在泰戈爾演講時發放印有「為何我們反對泰戈爾」的小冊子表示抗議，被胡適制止了。而吳稚暉則沒有表現得那麼禮貌，他嘲諷泰戈爾的追隨者說：「支持泰戈爾就好像在城牆上貼了佛教詩歌來抵抗敵人的機關槍。」[19]然而對泰戈爾最集中、最有組織的攻擊則來自左翼共產黨作家，其實他們很多人恰好在數年前曾率先翻譯過泰戈爾的作品。這反映了一九二四年中國政治氣候的變化。一九二一年，中國共產黨成立，新文化運動領袖陳獨秀成為第一任書記。之後孫中山按蘇維埃制度改組國民黨，聯俄容共，與共產黨結成統一戰線，

17《青年雜誌》即新文化運動的標誌性刊物《新青年》。自一九一六年第二卷起，《青年雜誌》更名為《新青年》。

18 關於泰戈爾在華所受招待的詳細討論，參見孫宜學，《泰戈爾與中國》，桂林：廣西師範大學出版社，二〇〇五。

19 參見吳稚暉〈婉告太戈爾〉，見孫宜學編著，《泰戈爾與中國》，石家莊：河北人民出版社，二〇〇一，頁二五五—二五八。

準備北伐，推翻北洋政府。以廣東為根據地，一場席捲全國的革命風暴正在醞釀當中。「革命作家」如何能容忍泰戈爾的文化政治理論和立場？

在國學的辯論中，林語堂對吳稚暉的「機關槍」邏輯持批判態度，他更強調精神科學的重要性。在泰戈爾訪華期間，作為東道主負責接待的都是林語堂在北大英語系的同事們。然而在這場爭議中，林語堂則站在吳稚暉和其他左翼批評家這邊，儘管是匿名的。[20]關於泰戈爾的爭議，在他一九二四年五月三十日離開中國後還在繼續。北京大學比較宗教學者江紹原在《晨報副刊》五月十八日、六月四日、六月十三日、七月二日連載文章，討論泰戈爾的政治態度，並與基督教的和平主義相比較。江紹原認為泰戈爾熱愛他的國家和人民，他引了一段泰戈爾自己的英文原文來解釋其政治立場的獨特性：「英國人最近從西方來到印度，在印度的歷史上占據了重要的位置。這一事件並非偶然。沒有和西方的接觸，印度也不會達致圓滿……現在終於輪到英國人在印度開花結果，我們既沒有權利也沒有能力不讓他們為創建印度的命運做完他們的工作。」[21]林語堂是個基督徒，或許江紹原引用耶穌的對比觸動了林語堂心中的某根神經，他完全無法接受，對江紹原這篇文章做了十分嚴厲的回應。

林語堂承認，他對泰戈爾的作品沒什麼感覺，他讀過幾首泰戈爾的詩，也覺得不對胃口。泰戈爾生日晚宴，林語堂也受邀參加了，也看了英文劇《齊德拉》，然而他只是跟著看熱鬧去了，不覺得有什麼了不起的文學價值，反而覺得太矯情做作。當然，美學上的品味可算作個人偏好，林語堂的批評集中於泰戈爾的政治表述，因為這也是江紹原一文的重點。林語堂認為，泰戈爾作為一個被殖民國家的詩人受到殖民者的熱情讚頌頗具諷刺意味。泰戈爾認為印度不需要尋求獨立解放，認為英國對印度的統治就像上帝的旨意一樣，印度人無權拒絕，認為英國的殖民統治是世界上最好的，認為印度人甚至沒有獨立和自治的資格，這種言辭真是荒唐可笑不知羞恥，起碼是很糟糕的政治言辭。林語堂寧可把這些話看作是泰戈爾的遁詞，因為他不想冒犯宗主國，畢竟泰戈爾是他們喜愛的詩人。這樣的話，泰戈爾關於「內心純潔」、「與宇宙和諧」之類的說法，說印度人追尋真正內在自由比要求政治獨立更重要諸如此類，那就都是「精神自慰」，還挺幽默的。至於說有什麼「哲學性」，也就無從談起了。

林語堂引用了西方兩位著名作家的例子來佐證其觀點。一位是德國作家歌德。拿破崙非常喜愛歌德的文學作品，曾經反覆閱讀他的《少年維特之煩惱》。當拿破崙的軍隊侵占威瑪，歌德曾向他的朋友們表達了失敗主義論調，說拿破崙的軍隊是戰無不勝的。之後當戰局反轉，歌德只得承認：「在一個民族的生活上有一種時候，智者反為愚，而愚者反為智。」[22]林語堂認為歌德的愛國情懷無庸置疑，但是在國家被占領的時候，哪怕只有短暫的一瞬間，歌德依然是

20 林語堂於《晨報副刊》發表三篇文章：〈一個研究文學史的人對於貴推該怎樣想呢？〉、〈吃牛肉茶的泰戈爾——答江紹原先生〉、〈問竺震旦將何以答蕭伯納？〉三篇文章均以「東君」署名。第一篇文章之後更名為〈論泰戈爾的政治思想〉收錄於《翦拂集》。之後林語堂再也沒有使用過任何假名或者筆名，儘管當時這種現象極為普遍，尤其是在左翼陣營中。或許林語堂覺得和英文系同事熱衷的事情唱反調，不免尷尬，故用筆名。

21 參見江紹原，〈一個研究宗教史的人對於泰戈爾該怎樣想呢？〉，見孫宜學編著，《泰戈爾與中國》，頁二六六—二六七。

22 林語堂，〈一個研究文學史的人對於貴推怎樣想呢？〉，《晨報副鐫》，一九二四年六月十六日。林語堂在文中用德文引用歌德的話：「Es gibt im Voelkerleben Aug emblicke, wo die Weisen Toren sind, und die Toren Weise.」

個失敗主義者。同樣地，在一個被殖民國家的環境下，泰戈爾關於「內心純潔」、「與宇宙和諧」之類的話語也是失敗主義的政治思想。

林語堂還引用了愛爾蘭劇作家蕭伯納的例子。一九〇四年，蕭伯納發表戲劇《英國佬的另一個島》，其中作者對愛爾蘭人的某些陋習諷刺挖苦，沒留情面。此劇一出，在英格蘭好評如潮。蕭伯納隨即寫了一篇長長的「為政客所做之前言」，聲明他堅定的政治立場。林語堂引述了蕭伯納的幾段文字：「在印度的英人大意好像說——最後一樣，對於你們的生計利害我也是公道的，因為你們雙方的生計利害都是跟我的生計利害相反的，我所計慮的是怎樣使你們雙方都無力抵抗我，使我可以聚斂你們的錢來支給我和我的英國同夥的薪水及養老費，來做你們的長官和審判員。」[23]蕭伯納是愛爾蘭人，泰戈爾是印度人，兩國人民都受英國殖民統治。林語堂用如下引文來對比兩人對英國殖民統治的態度：「就使愛爾蘭自治是像英國人吃的那樣不合衛生，像英國人喝酒的那樣放肆無度，像他吃菸的那樣骯髒，像他家庭生活的那樣放亂，像他選舉的那樣腐敗，像他的生意的貪欲吃人，像他監獄的殘酷，像他的街道的不饒人，愛爾蘭自治的權利還是同英人的自治權利一樣正當。」[24]蕭伯納對英國人的崇高品質如是說：「……使人家起一種觀念，以為英國人有什麼祕異神聖天然的特質，使一個人具有做馬夫還領不到馬夫照的本領居然在外可以做將軍打勝仗，使一個受過娘姨教育具有鄉下律師閱歷眼光的議員居然可以升為首相……」[25]

從今回望關於泰戈爾的辯論，林語堂對泰戈爾的攻擊可謂咄咄逼人。在林語堂的後半生，當他成為享譽世界的「中國哲學家」時，他是否會給泰戈爾對西方物質主義的跨文化批判多些肯定，我們不得而知。但我們知道：在他一生之中，尤其後來二戰期間在美國，林語堂一直支持印度獨立，並為之奔波呼籲。從這方面講，林語堂一直是一名世界主義暨民族主義知識分子。在二〇年代的中國政治背景下，林語堂首先是一位民族主義者，他本人也直接捲入了國民革命的漩渦之中。

## 「費厄潑賴」還是「痛打落水狗」

一九二六年一月十日，魯迅在他主創的激進文學期刊《莽原》創刊號上，發表其著名文章〈論「費厄潑賴」應該緩行〉，提出「痛打落水狗」的思想。這篇文章被視為魯迅雜文的經典例子，在大陸長期被選入中學教科書，因為該文凸顯了魯迅對中國「國民性」的理解之深刻，以及他「一個都不放過」的澈底革命戰鬥精神。[26]魯迅在文中道明：該文是回應林語堂所謂文

---

23 George Bernard Shaw, *John Bull's Other Island*, Penguin Books, 1984, p.24-25; 亦參見林語堂，〈問竺震旦將何以答蕭伯納？〉，《晨報副鐫》，一九二四年七月十五日，第三—四版（署名：東君）。

24 同上，頁三三。

25 同上，頁一五。譯文中所謂「馬夫」、「馬夫照」，現譯為「車夫」、「駕照」。

26 在文化大革命時期，這篇文章作為支持毛澤東「無產階級專政下的繼續革命」理論的重要「文獻」被重印。參見董大中，《魯迅與林語堂》，石家莊：河北人民出版社，二〇〇三，頁一九。「費厄潑賴」是英文「fair play」（公平競賽）的中文音譯。

人意見不合公開爭辯應奉「費厄潑賴」之原則而作。是要「費厄潑賴」還是應該「痛打落水狗」遂成為中國現代知識思想史上一個著名案例。然而，該案之含義及其在現代知識思想史上之深遠影響仍有待充分發掘與反思。

其實首先提出「費厄潑賴」一詞的是周作人，用來說明《語絲》雜誌應該提倡的文風以及語絲派作家在論戰中應該踐行的原則。林語堂提議《語絲》應該將其話題範圍擴大至政治評論，周作人回應道：該雜誌從未叫人不談政治，「除了政黨的政論以外，大家要說什麼都是隨意，唯一的條件是大膽與誠意，或如洋紳士所高唱的所謂『費厄潑賴』……我們有這樣的精神，便有自由言論之資格；辦一個小小週刊，不用別人的錢，不說別人的話，本不是什麼為世稀有的事，但在中國恐怕不能不算是一種特色了罷？」[27]周作人的態度受到林語堂高度讚揚，他回覆道：「啟明所謂『費厄潑賴』……精神在中國最不易得，我們也只好努力鼓勵，中國『潑賴』的精神就很少，更談不到『費厄』，惟有時所謂不肯『下井投石』即帶有此義。」[28]

魯迅在他的雜文中將此隱喻轉為是否應該「痛打落水狗」。在他看來，人們對「落水狗」不僅應該警醒（因為狗會浮水），更應該將牠們痛打一番，直到牠們無法浮上來再咬人才是。魯迅認為，中國的現狀是：「落水狗」並不會欣賞什麼「費厄潑賴」，一旦他們從劣勢反轉，便會再次咬人。在中國宣揚「費厄潑賴」只會姑息對手，而讓「老實人」最終受害。魯迅為了說明自己的觀點，舉了歷史上頑固派調轉槍口重創革命黨人的悲劇例子。[29]魯迅「痛打落水狗」成了一句名言，為二十世紀中國的「鬥爭哲學」落下重重一筆。

周氏兄弟以及林語堂之間的歧異不能僅從文字上面做文章，而要置於二〇年代中國社會政治及思想背景中去理解。一九二四年一月，孫中山在蘇俄幫助下成功改組國民黨，並聯合新成立的中國共產黨，以中國南方為大本營，試圖發起新一輪國民革命——北伐。一九二五年三月十二日，與北洋政府談判失敗，孫中山病逝於北京。然而他的早逝進一步增加了革命軍的激情。一九二五年春，上海日本工廠的紡織工人舉行罷工，他們的組織者之一——共產黨員顧正紅——被日本人射殺。五月三十日，數千名上海學生、工人及市民上街遊行，抗議殖民主義和帝國主義。十三名遊行者被英國警察射殺。該事件引發全國範圍的反殖民主義抗爭，進一步增強了反殖民主義的國民革命勢頭。

在此背景下，《語絲》和《現代評論》兩份雜誌分別於一九二四年十一月十七日與十二月十三日發刊。《語絲》以周作人和魯迅為首，骨幹成員主要來自北大中文系，[30]而《現代評論》以胡適、徐志摩、陳源等人為首，都是北大英語系的同事。林語堂則加入了《語絲》，助周氏兄弟一臂之力。正如上文所示，對泰戈爾訪華出現的不同態度體現出新文化陣營內的分歧。其實這兩本雜誌發行初期，原本並非爭鋒相對。例如，林語堂還在《現代評論》創刊號上發表

27 參見周作人，〈答伏園論「語絲的文體」〉，《語絲》，第五十四期，一九二五年十一月二十三日，頁三八。

28 林語堂，〈插論語絲的文體——穩健、罵人及費厄潑賴〉，《語絲》，第五十七期，一九二五年十二月十四日，頁一七三。

29 參見魯迅，〈論「費厄潑賴」應該緩行〉，《莽原》，第一期，一九二六年一月十日，頁五—一六。

30 此時周氏兄弟已因家庭原因鬧決裂，之後二人不見面、不說話，儘管二〇年代他們還一起合作經營《語絲》雜誌。參見錢理群，《周作人傳》；倪墨炎，《苦雨齋主人周作人》。

〈談理想教育〉一文。但由於兩本雜誌不同的政治傾向，他們注定走向對立。

胡適一直期盼透過「充分西化」讓中國與世界接軌，可面對席捲全國的反帝熱潮，感覺相當無奈、相當邊緣化。有一次和陳獨秀談及反帝話題，一向溫和的胡適突然變得非常激動，和陳獨秀大吵一場，因為胡適根本不願在中國講帝國主義這、帝國主義那的。[31]另一方面，徐志摩擔任《晨報副刊》主編之後，曾於一九二五年十、十一月組織專欄討論蘇俄的性質，明確批判新的蘇維埃體制的獨裁本質。這些舉動均和當時民族主義／共產主義革命大潮背道而馳。革命大潮下，學生運動也是此起彼落。圍繞北京女師大事件，《語絲》和《現代評論》兩家（主要是魯迅和陳源之間）越吵越凶，不可收拾。

二〇年代社會動盪，學生運動是革命派興風作浪的前哨陣地，因為此時的學生運動和五四運動時期自發的學生抗議遊行不同，背後都有國民黨與共產黨的組織支援。北京女子師範大學的學潮運動正是如此。一九二四年二月，楊蔭瑜擔任北京女師大校長，成為中國現代歷史上首位女性大學校長。楊蔭瑜畢業於美國哥倫比亞大學，堅信女子應上大學，並接受一流的教育，但她反對學生參加政治遊行活動。當時青年學生受革命熱潮鼓動，覺得她的管理風格和教育理念「古板」。楊校長一上任便受到一群激進學生的抵制，他們背後有魯迅為首的《語絲》派教授支持。其中一位學生領袖名叫許廣平，當時已是一名國民黨地下黨員，數年後與魯迅同居。[32]另一方面，一些《現代評論》派的教授，尤其是陳源，更傾向於支持大學教育的正常秩序。他們對學生大量參加政治運動持懷疑態度。魯迅和陳源之間的筆戰越打越凶，個人人身攻擊越多，積怨也就積得越深。這場名義上圍繞著北京女師大展開的鬥爭持續了三年之久，事實上它和革命政治密不可分。

為了配合全國範圍的反帝遊行，國共兩黨合作，於一九二五年底策畫了「首都革命」，鼓動學生上街示威遊行，意圖癱瘓或推翻北洋政府。林語堂後來回憶：他當時積極參加了遊行，舉標語、喊口號，還向警察扔了石頭。十一月二十八日，示威者放火燒了當時教育部長章士釗的房子；次日，他們又放火燒了《晨報副刊》辦公室——當時主編為徐志摩，且對蘇俄持批判態度。胡適對此極為憤慨，認為這種行為粗暴地違背了新文化知識分子應該持有的自由主義原則。[33]但是，民族主義的革命熱浪掩沒了胡適的孤獨吼聲。儘管學生示威者沒能實現推翻北洋政府的最終目的，他們獲得了一些具體成果：教育部長被迫逃亡，由一名國民黨黨員取而代之，而楊蔭瑜也不得不卸任北京女師大校長一職。

正是在這個時候，林語堂和周作人提出「費厄潑賴」的概念，作為《語絲》的文風，同時也是一種政治姿態，體現了某種自由主義的最低標準。魯迅當然明白這種政治姿態的含義，非常不以為然，遂提倡「打狗主義」。林語堂看到魯迅的文章後，立即畫了一幅《魯迅先生打叭兒狗圖》，以示附和。這一舉動曾被無限放大，用來說明林語堂如何緊跟魯迅。其實林語堂從

---

31 參見邵建，《瞧，這人！》，頁二九九—三〇〇。

32 當一九二六年魯迅與許廣平逃離北京，許廣平的箱子裡還帶著她不為人知的國民黨黨員證。參見倪墨炎，《魯迅的社會活動》，上海：上海人民出版社，二〇〇六，頁一〇九。

33 參見邵建，《瞧，這人！》，第二六、二七章。

未真正放棄「費厄潑賴」的信念。這段時間內，林語堂確實寫了一系列筆戰雜文，為語絲派打頭陣，完全捲入政治論戰之中。[34]但是，這些文章畢竟出自「大革命」時代，當時林語堂乃初出茅廬不怕虎，思想和行為上都是一位民族主義者，期盼民族主義國民革命會帶來一個「新中國」。革命浪潮過後，林語堂亦從激進的革命立場矯枉過正。他要堅持秉承的恰好是《語絲》所提倡之自由、率性的風格，也就是「費厄潑賴」的精神，儘管魯迅始終反對。在美學趣味和原則方面，林語堂更接近周作人。《語絲》提倡說自己的話，至於「罵人」，也按個人自願，只要「罵的有藝術勿太粗笨」，同時要講「費厄潑賴」的原則。林語堂有關作家應該自由直白表達自己的主張，在他二〇年代末至三〇年代初翻譯克羅齊表現主義理論的時候，逐漸形成了一套更為連貫的理論。

其實，「費厄潑賴」原則與「打狗」精神之爭最初起源於林語堂提倡國民應該「談政治」：「凡健全的國民不可不談政治，凡健全的國民都有談政治的天職。」[35]參與政治是普通人的權利，而不是官僚菁英的特權，這一立場將伴隨他一生。

## 薩天師語錄

國民黨接管教育部及北京女師大校務之後，林語堂被委任為該校教務主任，但為時不長。一九二六年三月十八日，又一輪學生反帝示威遊行以流血告終，四十七名遊行者被警察射殺，史稱三一八慘案。事發後，林語堂不得不代表校方到警局領回學生們的屍體。林語堂和魯迅均撰文緬懷犧牲的學生。[36]當時有傳言說北洋政府準備同時鎮壓學生運動背後的激進教授，林語堂也在傳說中的黑名單上。然而，政府還沒來得及採取任何行動，自己先垮了。由日本人支持的奉系軍閥張作霖攻占北京。張作霖對革命者的鎮壓可是毫不留情，剛剛占領首都，就逮捕處決了《京報》主編邵飄萍。在此時局下，大批在京教授撤離首都向南避禍，向國民革命的大本營轉移。

林語堂攜家人於一九二六年五月底離開北京前往廈門，出任廈門大學人文學院院長一職。對於林語堂來說，這倒是一種回家的方式，他準備在廈大建立一個一流的國學中心。他邀請了許多北大同事加入廈大，包括魯迅和顧頡剛。後者當然也是新文化運動催生的明星學者，以其「疑古」的反傳統思想聞名。但是最終林語堂在廈門大學也只是匆匆駐足而已。廈門大學當時是一所由南洋商人募捐建立的新學校，時任校長對國學並不十分上心，現在從北京突然南下一群全國聞名的學者，廈大的廟太小了。更糟糕的是，知名學者內部先打了起來，魯迅將胡適的門徒顧頡剛視為現代評論派，兩人很快結了梁子，成了死對頭。年底魯迅離開廈門。這下廈大學生不幹了，認為廈門大學趕走了大師，於是抗議、騷亂。一九二七年三月，林語堂也離職，

34 在魯迅和陳源那場筆戰中，林語堂支持魯迅，數次撰文攻擊陳源。不知道林語堂以後是否會後悔，因為多年後林語堂有難之時，陳源仍是一位真正的紳士，施以援手。參見第十章。

35 林語堂，〈謬論的謬論〉，《語絲》，第五十二期，一九二五年十一月九日，頁六。

36 慘案發生三日後，林語堂作〈悼劉和珍楊德群女士〉。一九二六年四月一日，魯迅作〈紀念劉和珍君〉。在慘案發生當日，魯迅勸說許廣平不要去參加示威集會。

直接趕赴國民革命中心：武漢。

一九二七年春，林語堂應武漢國民政府外交部長陳友仁之邀抵達武漢。陳友仁是一名生於英屬殖民地千里達的華裔，他追隨孫中山，在一九二七年「大革命」期間成為中國的代言人，以民族主義激情批判西方帝國主義。[37]陳友仁的英文檄文犀利而睿智，林語堂早就十分敬仰在北京時就應該有交往。然而當林語堂抵達武漢之時，國民黨右派、國民黨左派和共產黨之間內訌正酣，最終導致蔣介石對共產黨人的血腥清洗，國共兩黨決裂。宋慶齡逃往俄國之後，陳友仁也被迫於七月離開武漢，林語堂於八月接任國民黨左派英文報紙《國民新報》（*People's Tribune*）主編，月終亦離開武漢前往上海，因為寧漢合流，南京國民政府宣告成立。

儘管林語堂和武漢國民政府涉足不久，他在八月主持《國民新報》期間所寫的英文文章（之後收錄於英文集《林語堂時事述譯匯刊》）很有歷史價值，因為從中我們可以清晰看出林語堂的政治傾向，這一點我將在下一章詳加探討。另外，如果我們把這批英文文章和他在同時期所寫的中文文章——特別是幾篇題為「薩天師語錄」的散文——結合來讀，我們可以看到二〇年代是林氏中西跨文化之旅中，民族主義傾向頗為凸出的一段時期。

在《林語堂時事述譯匯刊》前言中，林語堂寫道：「國民革命的勝利是一種精神上的盛舉。一個年輕的民族脫穎而出，他們組織起來，共同表達了一個堅定的願望：必須砸爛封建軍閥以及封建官僚的束縛，重新建立一個新的、現代的中國。」[38]林語堂這時期的文章聚焦於中國文化及其國民性的批判，而其出發點正是要呼喚一個新的、現代的中國之重生。林語堂發表於《語絲》的第一篇文章就痛批中國舊勢力之頑固，將之喻為北京哈德門街上的「土氣」，隨風揚起橫掃北京的大街小巷，足以吞噬留洋歸國學子心中任何進步革新的想法。[39]孫中山先生逝世之際，林語堂亦撰文紀念，稱孫中山最為傑出的地方就在於他的性情不像中國人。孫中山是個急性子，容易被激怒，這一點和講究中庸之道的中國傳統正好相反。這種「中庸」哲學已經蛻化滋生成一種惰性，只顧安身立命，無視進步和改變。這就是為什麼孫中山這個西化的革命者在中國搞國民革命處處碰壁、屢屢失敗，革命尚未成功便撒手人寰。若想將中國從這種惰性中挽救回來，林語堂認為中國最需要的不是魯迅提出的「思想革命」，而是先要進行「性之改造」。林語堂認為只有性情的轉變才能從根本上為中國人的思想注入活力：「要使現代惰性充盈的中國人變成有點急性的中國人是看我們能不能現代激成一個超乎『思想革命』而上的『精神復興』運動」。[40]

〈給玄同的信〉是林語堂這時期的一篇檄文，其重要性有兩點：其一，自這篇文章起，中國文壇首次出現了「林語堂」，[41]其二，這個「語堂」一出場便語不驚人死不休——他說：

---

37 參見錢玉莉，《陳友仁傳》，石家莊：河北人民出版社，一九九九。

38 Lin Yutang, *Letters of a Chinese Amazon and Wartime Essays* (林語堂時事述譯匯刊), Shanghai: The Commercial Press, 1930, p. vi.

39 林語堂，〈論土氣與思想界之關係〉，《語絲》，第三期，一九二四年十二月一日。

40 林語堂，〈論性急為中國人所惡〉，見《翦拂集》，上海：北新書局，一九二八，頁一九。

41 在一九二五年四月二十日於《語絲》發表〈給玄同的信〉之前，林語堂一直使用原名「林玉堂」。「語堂」顯然比「玉堂」要雅。

「今日中國人是根本敗類的民族。」他給錢玄同的信中寫道：「今日談國事所最令人作嘔者，即無人肯承認今日中國人是根本敗類的民族，無人肯承認吾民族精神有根本改造之必要。他們彷彿以為硬著頭皮、閉著眼睛、搬運點馬克思主義，或德謨克拉西，或某某代議制，便可以救國；而不知今日之病在人非在主義，在民族非在機關。」[42]錢玄同回應道：「您說中國人是根本敗類的民族，有根本改造之必要，真是一針見血之論；我底朋友中，以前只有吳稚暉、魯迅、陳獨秀三位先生講過這樣的話。」[43]由此可見，林語堂的論斷被錢玄同等同於新文化運動中最激進的反傳統話語。不過，林語堂用「敗類」一詞批評中國人，我們在理解上也許會有出入。中文的「敗類」貶義味很濃，等於是說「人渣」之類的，但是林語堂如果用的是英文「失敗者」（loser）的漢譯，其詛咒含義則有所不同。說中國人是「失敗者」當然不是一種恭維，然而「失敗者」的反義詞就是「勝利者」，林語堂旨在為中國國民性帶來「進取性」、「侵略性」。從這層意思上說，只要中國人變得西化，變得像急性子的孫中山先生那樣，中國精神就能得到復興。林語堂在文中總結了中國西化的過程：「三十年前中國人始承認有科學輸入之必要，二十年前始承認政治政體有歐風之必要，十年前始承認文學思想有歐化之必要。精神之歐化，乃最難辦到的一步。」[44]面對毫無生氣的國民精神狀態，林語堂認為一個「進取而富有侵略性的」、具有歐化精神的中國人必須做到以下六點：非中庸、非樂天知命、不讓主義、不悲觀、不怕洋習氣、必談政治。

林語堂借用尼采筆下的反傳統大師查拉圖斯特拉之口來闡述他對中國文化的批評，以此呼喚中國人之「精神復興」。《查拉圖斯特拉》通常被視為尼采最難讀、最飄逸的作品，但其中心思想很明確：整本書都是圍繞對基督教道德的批評。[45]林語堂則令查拉圖斯特拉來到中國，砸爛中國文化的偶像，對中國文化之「土氣」與惰性發起攻擊。林語堂還給查拉圖斯特拉起了一個中文名：「薩天師」。在這位西方「超人」的凝視下，中國文明遭到辛辣的嘲諷：

有一天Zarathustra來到中國……勉強勾留了十餘天，在這十餘天他看了各色各樣的動物常常使他歎氣；他常對他的信徒歎說：中國的文明的確是世界第一——以年數而論。因為這種的民族，非四千年的文明，四千年的讀經，識字，住矮小的房屋，聽微小的聲音，不容易得此結果……

你不看見他們多麼穩重，多麼識時務，多麼馴養。由野狼變到家狗，四千年夠嗎？你不看見他們多麼中庸，多麼馴服，多麼小心。「小心」二字惟他們國語有的，別的語言中似不曾見得。他們的心真真小了。

因為我曾經看見文明（離開自然）的人，但是不曾看見這樣文明的人。

他們的男人都有婦德；至於他們的婦人有什麼德，那我就不知道了。

42 林語堂，〈給玄同的信〉，《語絲》，第二十三期，一九二五年四月二十日，頁三。
43 錢玄同，〈回語堂的信〉，《語絲》，第二十三期，一九二五年四月二十日，頁四。
44 林語堂，〈給玄同的信〉，《語絲》，第二十三期，一九二五年四月二十日，頁四。
45 參見Higgins, Kathleen Marie. *Nietzsche's Zarathustra*, Philadelphia: Temple University Press, 1987.

他們的青年是老成的。你看多麼〔少〕留學生，他們的鬍鬚不是已經長的很穩健了嗎？……我能跟這民族做什麼事呢？我的門人，除去這中國之外你們在世界無論那一國曾經聽見這「少年老成」的話嗎？

外國的青年血氣未定，他們已經血氣既衰，你曾經看見中國的青年打架——真正的打架嗎？哭啼，號呼卻是他們的特長。[46]

林語堂筆下的「薩天師語錄」，不再是西方傳教士文學中流行的對中國國民性的東方主義凝視和詆毀，而是一個召喚中華文明復興、充滿革命激情的「他我」（alter ego）。事實上，林語堂的文化批判一方面指向中國文化的惰性，另一方面則直指西方對中國及中國人的偏見。〈反華歧視：一種現代病〉一文指出，西方列強對中國國民革命的敵視態度毫無根據：「說國民革命是排外主義毫無理由，只要稍加審視，便可知這是一種基於歷史偏見的錯誤指控。」[47]林語堂指出，若論一九〇〇年的義和拳運動是一場排外運動，那現在的國民革命則完全是另一回事。在最近二十年間，新一代受過西式教育的年輕人登上中國舞臺，他們出洋留學、投身於擁抱世界主義的新文化運動，正是他們構成了國民革命的主力軍。「恰恰相反，偏狹的排外主義和對外國人的普遍歧視正是西方的常態。美國或英國的大眾，一想到『蠻荒異教的中國佬』，腦中勢必會浮現出一個佝僂的身影，留著長長的辮子，嘴裡叼著鴉片槍，身懷一把毒匕首（西方的卡通漫畫、地理圖書，以及火車站內廉價小說的封面插圖，都是這些形象）」。[48]林語堂進一步解釋道，反華種族歧視就是「一種現代病」，其原因部分起源於西方對中國的無知，但「同時也來自一部分外國傳教士別出心裁的宣傳。這些人在本國傳教士大會上極盡所能地渲染出一幅可怖的野蠻異教徒畫面，以便得到源源不斷的資金，供這些白人布道者來到中國，住進綠樹成蔭、和外界隔絕的別墅裡」。[49]

林語堂對糾正西方的反華種族歧視態度有一個具體建議：在所有通商口岸開辦「伯利茲漢語學校」，開設「至少六週的中文課程」，讓那些所謂的「中國通」先學點漢語再說。因為這些「中國通」被賦予了傳譯中國形象的使命，但他們在本國中學學到的那點漢語知識只會誤人子弟。林語堂進而解釋道，在西方的地理書上，「基本上所有外國人都被描繪成身著奇裝異服、怪裡怪氣，而中國人尤其古怪，穿著燈籠褲，長著歪歪斜斜的眉毛，腰間藏著匕首，嘴裡蹦出單音節的語言，尤其熱衷於砍外國人的頭和給女人纏足。但同時，地理書對中國人也有一些美言，說他們不管怎樣有四千年的歷史，還發明了火藥、紙張等等，儘管他們蹦著單音節的語言和穿著燈籠褲。總之，中國人既聰明又愚蠢，這種奇妙的組合似乎超出了中學畢業生所能理解的範圍。」[50]這些中學畢業生來到中國，在租界內住了數年，便稱自己為「具有在華生活

46 林語堂，〈Zarathustra語錄〉，《語絲》，第五十五期，一九二五年十一月三十日，頁一—二。

47 Lin Yutang, "Anti-Sinoism: A Modern Disease, *The People's Tribune* (August 14, 1927)".

48 同上。

49 同上。此段引文出現在文末，在收錄進《林語堂時事述譯匯刊》時被刪去，也許因為林語堂不想對中國的傳教士「太狠」。可以理解，林語堂作為一名「教童」，一生都試圖給傳教士留點「面子」，儘管有時他對他們的批判可以非常尖銳。

經驗」的「中國通」了。可是他們對中國人生活各個方面都是一竅不通，他們對任何事情的解釋都是「這種事情從未發生過，真是不可預測」。對於這樣的「中國通」，林語堂的建議就是他不僅應該去上一些伯利茲的漢語課，「還應該把他早先在本國重點中學學到的那種關於『寶塔之國』的固有偏見與傲慢統統去掉。那樣的話，他在中國生活一年所獲得的中國知識，要比在租界住二十五年還更多，到時他便會發現，中國人其實並非那麼『獨一無二』或『非同尋常』，並非那麼無法理解。」[51]

在以後的歲月裡，林語堂還將多次往返於中美之間、進行東西間的跨文化批評，他將會調整並豐富其批判視野與焦點。二十世紀的二〇年代是中國國民革命的年代，林語堂在此時浮現於中國思想界舞臺，作為一名進步的民族主義者活躍於多個風頭浪尖上。當他一九二七年九月離開武漢前往上海，又一個新的人生篇章在他面前打開。但是從某種意義上說，他一生都會保留這種民族主義傾向。

---

50 Lin Yutang, "A Berlitz School for Chinese, *The People's Tribune* (August 13, 1927)".

51 同上。

# 第四章　從「小評論家」到「幽默大師」

「因為我看電影常流淚，所以看見隔壁姑娘拿手絹擤鼻子，或是出來頰上留兩條淚痕，便覺得比較喜歡她，相信她大概心腸不錯。」

林語堂，〈論看電影流淚〉（一九三五年）

林語堂於一九二七年九月抵滬。此後除了有一年（一九三一年五月至一九三二年五月）旅歐，[1]林語堂家居上海，直到一九三六年八月一日離滬赴美。三〇年代林語堂的上海歲月收穫甚豐：不僅在國內文壇知識界取得舉足輕重的地位，而且由於《吾國與吾民》在美國出版而開始在國際上嶄露頭角。正是在三〇年代複雜艱難的社會政治環境下，林語堂脫穎而出，成為現代中國文藝界、知識界領袖人物。林語堂到上海後先是成為英文《中國評論週報》「小評論」專欄主筆，後又推出一系列中文刊物，引領論語派作家，譯介幽默，重新闡釋中國文學傳統

1 林語堂在歐洲（主要在英國）逗留長達一年，具體做了什麼，現在所知很少。按林太乙披露，他在操辦中文打字機事宜，但沒有成功。參見林太乙，《林語堂傳》，頁六四—六六。另外，楊柳研究發現，這段時間林語堂曾赴美，於一九三一年十月二十七日在美國哥倫比亞大學發表題為「現代中國的思潮與問題」的演講。參見楊柳，《身分的尋索：林語堂與基督教關係研究》，頁一一六。

中的「閒適」和「性靈」。從他二〇年代提倡的「科學的國學」，再經過對幽默和性靈的跨文化闡釋，林語堂最終發展出一套獨特的「抒情哲學」，而這將為他在美國帶來巨大的成功和榮譽。

這一章討論林語堂上海歲月的文學文化活動，著重探討幽默話語在現代中國文學和文化上的特徵和意義。下一章著重探討林語堂上海歲月的社會政治活動。第六、七章再敘述林語堂赴美的過程。

## 「小評論家」

林語堂創建論語派提倡幽默，這是三〇年代中國文壇的重要現象之一。一九三二年《論語》半月刊創刊，號召中國文化引進幽默，大獲成功。用魯迅的話說：「轟的一聲，天下無不幽默和小品。」[2]除了《論語》半月刊，同時還出現許多同類刊物，比如簡又文主編《易經》，海戈主編《談風》，都以提倡幽默為主旨。林語堂繼《論語》後又陸續推出《人間世》和《宇宙風》兩種刊物。一九三三年因而被稱作「幽默年」，林語堂被奉為「幽默大師」，從而進一步鞏固了其現代散文大家的地位。[3]誠然，幽默的譯介在中國文化現代性的形成中構成一道靚麗的跨文化話語。[4]然而我們在探討現代中國文學文化中的幽默話語時一直忽視一點：即它是一個雙語的跨文化翻譯實踐過程，源自林語堂擔任英文《中國評論週報》「小評論」專欄主筆。

林語堂晚年曾回憶說：「六個月政府工作後，我對革命家已經厭倦，一九二七年開始我就全心投入於寫作了。」[5]這個說法不完全準確。林語堂一九三〇年開始擔任「小評論」專欄主筆，這確實是其文學生涯一個分水嶺，而一九三二年九月創辦《論語》半月刊並擔任主編，之後才可以說「全心投入於寫作了」。一九二七年至一九三〇年則是一個很重要的轉折期，在精神和物質上都是。這一時期有兩點值得注意：林語堂編撰英語教科書取得成功，經濟上收穫頗豐；同時他從事翻譯克羅齊的表現藝術理論。[6]

2 魯迅，《一思而行》，《魯迅全集》，第五卷，北京：人民文學出版社，二〇〇五，頁四九九。

3 有關幽默現象的理論闡述，可參見Diran John Sohigian, "Contagion of laughter", *Positions*, Vol. 15:1 (Spring 2007) 以及Qian Suoqiao, "Translating 'humor' Into Chinese culture , in *Humor: International Journal of Humor Research*, Vol. 20:3 (2007)."

4 林語堂不是第一個試圖把「humor」譯成中文，但是第一個把它譯成「幽默」，並使之成為一個跨文化事件。王國維一九〇五年曾譯為「歐默亞」。參見Qian Suoqiao, "Translating 'humor' Into Chinese culture", p. 293, n. 4; 另可參見Christopher G. Rea, *The Age of Irreverence: A New History of Laughter in China*, Berkeley: University of California Press, 2015.

5 Lin Yutang, *Memoirs of an octogenarian*, pp. 64–5.

6 參見Benedetto Croce, *The Essence of Aesthetic*, trans, Douglas Ainslie, London: W. Heinemann, 1921. 林語堂是借助美國的追隨者如斯賓岡（J. E. Spingarn）來介紹克羅齊美學。蘇迪然曾概述林譯斯賓岡論批評文章及其在林氏文學理論發展脈絡中的重要性。參見Sohigian, "The life and times", pp. 240–8. 錢鎖橋亦曾詳細討論過林氏融合克羅齊理論和中國性靈派思想的跨文化美學。參見Qian Suoqiao, *Liberal Cosmopolitan*, pp. 127-159.

南京政府成立後，原北京大學校長蔡元培重新成為知識界領袖，不僅出任政府教育部長，同時亦擔任於一九二八年剛成立的中央研究院院長。林語堂剛到上海不久，蔡元培便委任他為英文祕書暨中研院英文主編。他繼續從事語言學研究，發表了一系列英文或中文語言學論文，同時中研院的職位月薪三百元，和大學教授薪金相當，在當時是個很高的標準。可以說他的生活在經濟上是有保障的，屬於受過西式教育的專業人士階層，而不像當時大多數青年作家，來到上海這個大世界發現無事可做，只能靠賣文為生。

不僅如此，林語堂還成功把自己的語言學專長轉化為商業利潤。作為一個語言學家，又是英語教授，林語堂一直想寫一本學習英語的教科書。到上海後他和開明書店簽了合約，開始編撰《開明英文讀本》。開明讀本出版後銷量很好，致使另一家出版社亦步亦趨，出了類似的讀本，而出版社找了一個大學剛畢業的新手，缺乏經驗，顯然抄襲了開明讀本。出版社把官司打上法庭，而且在上海的報紙上相互駁斥，最後由教育部審查委員會投票決定，確認存在抄襲，禁止發行。而報紙上對該案的報導反而為教科書做了最佳廣告。[7] 據開明書店一位資深編輯回憶，林語堂的《開明英文讀本》充分展示了其語言學專長，課本活潑生動，還配有著名藝術家豐子愷的素描，深受學生喜愛，成為書店的最暢銷書籍。[8] 事實上，三〇、四〇年代有成千上萬的中國人是透過林語堂的課本開始學習英語的。當然，它也為林語堂帶來不小的經濟收入，在上海的文藝界博得「版稅大王」的暱稱。

林語堂透過編撰英語教科書取得成功，這主要歸功於其西式教育背景與訓練，從上海聖約翰大學到留學美歐，再加上在北大擔任英語教授的切身體驗。當然，這種經濟上的成功和當時許多作家靠微薄版稅度日的經濟狀況自然已無法比擬。從精神上來講，林語堂也和當時流行的蘇俄熱——普洛麗塔利亞文學——自行切割。大革命結束以後，林語堂經歷了一段內心探索期。他把自己比喻為荒野中的流浪者，走自己的路，「或是觀草蟲，察秋毫，或是看鳥跡，觀天象」，自由自在，樂在其中，「而且在這種寂寞的孤遊中，是容易認識自己及認識宇宙與人生的。有時一人的轉變，就是在寂寞中思索出來」。[9]經過這段獨立沉思與探索，林語堂最終成為論語派的靈魂人物，透過提倡幽默在三〇年代文壇掀起一股清風，成為左翼試圖霸占現代中國文藝思想界一個揮之不去的另類。林語堂對克羅齊表現美學的翻譯正是其幽默理論的鋪墊。在這一段過渡期，除了繼續為《語絲》雜誌撰稿，林語堂著力於翻譯克羅齊的美學理論，最後在一九三〇年集結出版，書名為《新的文評》。[10]當時文藝界正熱衷於翻譯蘇俄作品，林氏的翻譯可謂別具一格。這是要告訴世人：我林語堂要在荒野中獨自走下去，堅信文學應該是個性的藝術表現。這和提倡文學為革命事業之宣傳工具的理念背道而馳。翻譯克羅齊藝術表現論和隨後對幽默的譯介相結合，林語堂為現代中國文學提供了一套獨特的話語，與左翼把文學視為意識型態宣傳工具的觀念分庭抗禮。

---

7 有關該案詳細敘述，可參見章克標，〈林語堂在上海〉，《文匯月刊》，一九八九年第十期。
8 唐錫光，〈我與開明〉，引自萬平近，《林語堂評傳》，頁一一六。
9 林語堂，《大荒集》序，《大荒集》，上海：生活書店，一九三四，頁二。
10 林語堂，《新的文評》，上海：北新書局，一九三〇年二月。

一九二八年，英文《中國評論週報》創刊。主辦者為一群受過西式教育的專業人士，也是第一份由中國人主辦的在華英文刊物。據創刊者之一陳石孚回憶，《中國評論週報》創刊起因是一九二八年五月三日濟南慘案，國民革命軍外交處主任蔡公時被日軍殘暴殺害。創辦英文週刊主要是「對時局事務發表中國人的觀點」。[11]創辦成員包括：美國密蘇里大學新聞專業畢業的記者陳欽仁、上海基督教青年會祕書朱少屏、知名記者兼律師桂中樞，以及經濟學家劉大鈞。編委成員不同時期稍有變化，比較知名的有哲學家全增嘏、優生學家潘光旦（負責書評專欄），以及林語堂的弟弟林幽（負責海外華人專欄）。林語堂一九二八年便為該刊撰稿，一開始就和該刊關係密切，一九三〇年七月三日更開出「小評論」專欄，至赴美之前一直擔任專欄主筆。「小評論」專欄一出，「立刻深受讀者喜愛。林博士每週一篇短文，輕鬆瀟灑，什麼都談。因為行文精彩灑脫，每週刊物一出，讀者都是搶來先睹為快。」[12]

《中國評論週報》群成員都是來自不同領域的專業人士，但他們都受過西式教育，而且都精通英語。可以說，《中國評論週報》的出現，象徵新一代受過西式教育、具有專業知識背景、英語嫻熟的現代中國知識分子踏上前臺。林語堂正是這一階層人士的佼佼者。某些《中國評論週報》群的成員，特別是全增嘏、潘光旦、林幽，後來都成為論語群的核心成員。更重要的是：在《論語》雜誌推廣的幽默文學其實都起源於林語堂的「小評論」專欄。

「小評論」專欄第一篇文章就是解題的。所謂「小評論」，就是故意要避開大報紙頭條新聞欄裡像模像樣的大話題，例如「倫敦海軍會議」，或者「中國民族主義的進程」等等。報導這種冠冕堂皇的大新聞，我們必須正襟危坐、繫好領帶（林語堂戲稱「狗領」）。關鍵是，時時還得警惕審查官的脾氣：「這事現在搞得真有點過分，戴狗領的發出幾聲自然的吠叫，便有專門的審查官來指令：聲音不能太高，以免打擾他們上司敏感的神經，也不能在整個官員宿區正要上床睡覺時來吠叫。」[13]如此一來，中國的正經大報刊「都已經失去了人類本能應有的嗷嗷叫的能力」。[14]相反地，「小評論」把大議題讓給大報紙，自己也就不用繫狗領。「小評論家」可以專注評論自己身邊貼身事務，而且用自己的方式。假如他想要吠，那他也得吠：「我們並不是說一定要叫聲更高，只是要更自然人性地叫。畢竟，一個人脫掉狗領和筆挺的襯衫，回到家園坐爐旁，再點上一支菸，他就更像一個人。讓我們在輕鬆自然的狀態下來談話。」[15]

幾年後林語堂曾把「小評論」文章集結出版，他在序文中表示，「小評論」專欄的文章基本上遵循了上述開篇中所訂下的原則，只是上述表達犯了一個大錯誤：文中官腔式的「我們」應該用個人色彩的「我」。這一點當然很重要。「小評論家」正是通過個人視角透視三〇年代處於現代性轉型期的人生百態。林語堂晚年在回憶錄這樣說道：「所有的一切都源自我給『小評論』專欄撰稿。我是公認的獨立評論家，既不是國民黨人，更不是蔣介石的人，而且評論有

11 參見 Durham S. F. Chen（陳石孚）, "Dr. Lin as I Know Him: Some Random Recollections", *Huagang xuebao*（華崗學報）, No. 9 (October 1973).
12 同上，頁二五六。
13 Lin Yutang, "The little critic" (3 July 1930), p. 636.
14 同上。
15 同上。

時毫不留情。其他評論家謹小慎微，生怕得罪人，而我就敢說。同時，我發展出一種特殊格調，就是把讀者當親密朋友，行文好像是和老朋友談天，無拘無束。」[16]

一九三一年五月至一九三二年五月，林語堂以中研院代表的身分參加在瑞士舉辦的國聯文化合作委員會年會，隨後在歐洲待了一年，期間全增嘏代替擔任「小評論」專欄主筆。一九三二年夏天回國後，國內整個政治氣氛被日本侵華咄咄逼人之勢所籠罩。一九三一年九月十八日，日本關東軍入侵中國東北，激起民眾巨大的愛國熱情，救國口號鋪天蓋地，輿論譁然。正是在這種高壓氛圍下，宣導幽默的《論語》半月刊在邵洵美家幾個朋友閒談沙龍式閒談中誕生。

邵洵美是浪漫派詩人，也是上海有名的公子哥兒，家境富裕。[17]他是時代出版公司的老闆，熱衷交友，經常在家舉辦文化沙龍。有一次，林語堂、全增嘏、潘光旦、李青崖、章克標等一幫朋友聚在邵家聊天，大家都感覺當下文化氣氛沉悶，不如辦一個幽默雜誌，大家公推林語堂來做主編。除了上海的朋友（好多本來都是《中國評論》群裡的人），林語堂又邀請原來北京辦《語絲》雜誌群裡的朋友——包括周作人、孫伏園和郁達夫——一起來投稿，於是現代中國文學所謂「論語派」就形成了。這個「派」其實只是鬆散的一「群」人，並沒有什麼宣言和既定主義，就是圍繞在《論語》雜誌周圍一群比較有獨立見解的文人。

《論語》創刊號〈編輯後記〉如此解釋刊名的由來：「諸位都知道論語是孔子門人所作的一部大書，我們當然是冒牌的。但是，我們並不是這個意思，我們並不存心冒孔家店的招牌。」那到底什麼意思，原來「論語」要拆開來理解，「論」就是評論，「語」就是說話。也就是說，《論語》雜誌就是一個平臺，一群朋友可以在此海闊天空，就個人、社會或文化事務各抒己見、評頭論足。他們的共通點就在於文風隨意。其實儒家經典《論語》的編排也很隨意，幽默雜誌的特性也在於其言論之隨意而自由，沒有人屬於任何政黨組織，也不遵循任何意識型態束縛。更何況，林語堂不無幽默地指出，儒家經典中《春秋》才是至高無上的，《論語》的經典地位要遜色許多。同理，同仁辦幽默雜誌《論語》也就是說三道四而已，並不想為社會提供任何道德訓誡以統一人們的思想。[18]

《論語》從創刊號起每期都在扉頁刊有「論語社同人戒條」。如果說刊名來自儒家經典的幽默調侃，這「戒條」一共有十戒，靈感不知是不是來自《聖經》的十戒：

一、不反革命。

二、不評論我們看不起的人，但我們所愛護的，要儘量批評（如我們的祖國、現代武人、有希望的作家，以及非絕對無望的革命家）。

三、不破口罵人（要謔而不虐，尊國賊為父固不可，名之為忘八蛋也不必）。

四、不拿別人的錢，不說他人的話（不為任何方做有津貼的宣傳，但可做義務的宣傳，甚至反宣傳）。

---

16 Lin Yutang, *Memoirs of an Octogenarian*, p. 69.

17 邵洵美浪漫生活的一個側面就是和美國作家項美麗（Emily Hahn）公開同居，就住邵洵美家裡。有關詳細討論，可參見Leo Ou-fan Lee, *Shanghai Modern: The Flowering of a New Urban Culture in China, 1930–1945*, Cambridge: Harvard University Press, 1999.

18 林語堂，〈編輯後記〉，《論語》，第一期，一九三二年九月十六日，頁四六。

五、不附庸風雅，更不附庸權貴（決不捧舊劇明星、電影明星、交際明星、文藝明星、政治明星，及其他任何明星）。
六、不互相標榜，反對肉麻主義（避免一切如「學者」、「詩人」、「我的朋友胡適之」等口調）。
七、不做痰迷調，不登香豔詞。
八、不主張公道，只談老實的私見。
九、不戒癖好（如吸菸、啜茗、看梅、讀書等），並不勸人戒菸。
十、不說自己的文章不好。[19]

## 幽默作為社會批評

這樣一種幽默雜誌沒想到一出版銷量特好，尤其得到城市知識青年和大學生的青睞。據說當時教育部要發個通知，只要在《論語》上登個廣告就行。[20]雜誌的成功要歸功於林語堂所提倡並踐行的幽默觀，它是一種跨文化闡釋，不管是用英文在「小評論」專欄創作或是用中文主編《論語》雜誌，林語堂的成功祕訣就在於這種獨特的幽默觀。林語堂的〈論幽默〉是《論語》雜誌一篇經典論文，[21]透過融合英國作家麥烈蒂斯所謂「俳調之神」與儒家寬容和道家達觀精神，闡發出一種跨文化的幽默觀。在林語堂看來，幽默蘊含「俳調之神」，要比西方文學一般所理解的「Humor」要高出一個檔次，因為「西文所謂幽默刊物，大都是偏於粗鄙笑話的，若笨拙，生活，格調並不怎麼高」。[22]而當麥烈蒂斯所謂「俳調之神」概念融合於中國文化傳統，幽默則被看作「是一種從容不迫的達觀態度」，「是一種人生觀，一種對人生的批評」。[23]換句話說，林語堂對幽默的解釋是：只有一個冷靜超脫的旁觀者才能對人生給予同情和理智的理解，以寬容的態度笑對人生的悖謬。在〈論幽默〉一文中，林語堂認為中國的「俳調之神」主要歸功於道家思想的影響，並把幽默分為兩種：有莊子式的議論縱橫之幽默，豪放而雄性，傾心宇宙關懷；有陶潛式的詩化自適之幽默，詩意而陰性，關注個性自由。[24]

正如林語堂把中國文化所隱含的幽默分為上述兩種，我們也可把林語堂自己著述中所踐行的幽默分為兩種：作為社會批評之幽默和作為自我釋放之幽默。我們先來看前者。

一九三〇年三月十三日，剛剛執政不久的南京國民政府準備迎接丹麥王儲弗雷德里克正式訪華。南京主幹公路旁有個貧民區，都是農村來的移民臨時搭建的棚屋，南京官員覺得要是

19 林語堂，〈論語社同人戒條〉，《論語》，第一期，一九三二年九月十六日，扉頁。
20 Lin Yutang, *Memoirs of an Octogenarian*, p. 58.
21 該文已有英文譯文，參見Joseph C. Sample, "Contextualizing Lin Yutang's Essay 'On Humour': Introduction and Translation," in Jocelyn Chey and Jessica Milner Davis eds., *Humour in Chinese Life and Letters: Classical and Traditional Approaches*, Hong Kong: University of Hong Kong Press, 2011.
22 林語堂，〈論幽默〉，《論語》，第三十五期，一九三四年二月十六日，頁五二二。
23 林語堂，〈論幽默〉，《論語》，第三十三期，一九三四年一月十六日，頁四三四。
24 同上，頁四三六。

給西方皇家訪客看見了有傷體面。於是在一個下雨天的夜晚，神不知鬼不覺，沒有預先警告，一下把所有棚屋給強拆了，也沒有為居民提供其他住所。上海的《中國時報》首先報導此事，但遭到政府方面嚴詞否認，《中國時報》不得不再發聲明道歉。但正所謂紙包不住火，居然有現場拍的照片被登了出來，讓政府官員十分尷尬。林語堂在英文《中國評論週報》如此評論此事：「除非在中國二加二等於五，要麼市長辦公室發言人對外交辭令的理解有點走火入魔，要麼《中國時報》記者拍的都是鬼影。我不信鬼神，所以我還是傾向於相信照片不會說謊。」[25]在林語堂看來，這種玩笑也開得太大了，官員要遮醜，公然在圖像證據前說謊。然而，幽默評論家要議論縱橫，時刻都在走鋼絲，挑戰政府審查的底線。就是這篇評論文章仍使南京當局大為不滿，以致「《中國評論週報》經理朱少屏不得不連夜乘火車趕往南京道歉，答應今後絕對身為良民，以國家利益為重」。[26]

對林語堂來說，在三〇年代中國提倡幽默，主要就是進行社會政治批評的一種手段，也就是喬志高所謂的「抗議幽默」。[27]林語堂三〇年代的政治傾向是既反右（準法西斯式的國民黨統治）又反左（共產主義意識型態），這一點在下一章另有詳盡論述。然而，左右之間不光長期內戰，意識型態上的戰爭也是越來越激烈，自由派知識分子抗爭的空間有限，往往被戴上共產黨人的帽子，變成白色恐怖的犧牲品。因而，林語堂幽默式的社會批評不斷測試國民政府所能承受的言論自由之極限。正是透過這種方式，林語堂為社會批評爭取到一定空間。

在一九三〇年十月二十三日「小評論」專欄中，林語堂和當時國民政府立法院院長胡漢民較上了勁。胡漢民曾聲稱：自南京政府成立以來還沒有一個官員有濫權行為。林語堂評論道，說那種話真的要有很多勇氣；要是換了他，他會把話說得謹慎一點：「『自南京政府成立以來還沒有一個官員被關進監獄。』那樣說，我肯定百分之百站得住腳。而且誰都敢這麼說，不會怕出事。」[28]文中林語堂接著提到，蔣介石最近一次演講號召創建一個清廉模範政府。這個號召肯定好，林語堂表示自己肯定響應，「不過，如果蔣先生能提出『我們要為政客準備更多的監獄』，那就更切中要害了。」[29]林語堂沒有駁斥蔣委員長的訓令，只是用直白式幽默哂出政客言辭的空洞。至於「為政客準備更多監獄」，林語堂可不是開玩笑。他堅信，儒家傳統把政府信託給士大夫的道德，這正是當今政治病的根源。藥方在於樹立一種法制觀念，把政客都當成潛在的賊，為他們準備好足夠多的監獄。

對中國的政治病，林語堂有很多話要說。林語堂有一篇政治諷刺小品——〈論政治病〉，犀利精彩。文中說，中國政客往往託病來說事，這是中國政治一道風景線。他們列舉的病會讓外國記者抓耳撓腮，無法明白中國官員怎麼會有這麼多病：「在要人下野中比較常見的，我們可以指出：腦部軟化，血管硬化，胃弱，脾虧，肝膽生石，尿道不通，牙蛀，口臭，眼紅，鼻

---

25 Lin Yutang, "The Danish Crown Prince Incident and Official Publicity," *The China Critic* (March 27, 1930), p. 293.

26 Lin Yutang, *Memoirs of an Octogenarian*, p. 70.

27 George Kao ed. *Chinese Wit and Humor*, New York: Coward-McCann, 1946, p. 267.

28 Lin Yutang, "The Little Critic", (23 October 1930), pp. 1020–1. 該文收入*The Little Critic*文集時題為"More Prisons for Politicians."

29 同上，頁一〇二一。

流，耳鳴，心悸，脈跳，背癰，胸痛，盲腸炎，副睪丸炎，糖尿，便閉，痔漏，肺癆，腎虧，喇叭管炎……還有更文雅的，如厭世，信佛，思反初服，增進學問，出洋念書，想媽媽等……總之，人間世上可有之病，五官臟腑可反之常，應有盡有了。」[30]林語堂解釋道，官員的病往往是很好的藉口，有時還可以用作討價還價的工具。比如，財政部長預算案遇到麻煩，他可以威脅說：我心臟不好要請病假。這是一種以退為進的策略，面子上也好看。不過另一方面，有些官員的病，特別是消化系統的病，那倒是真的，因為「無論你先天賦予的脾胃怎樣好，也經不起官場應酬中的蹧踏。我知道，做了官就不吃早飯，卻有兩頓中飯，及三四頓夜飯的飯局。平均起來，大約每星期有十四頓中飯，及廿四頓夜飯的酒席。知道此，就明白官場中肝病胃病腎病何以會這樣風行一時。所以，政客食量減少消化欠佳絕不稀奇。我相信凡官僚都貪食無厭，他們應該用來處理國事的經血，都挪去消化燕窩魚翅肥鴨爛雞了。……我總不相信，一位飲食積滯消化欠良的官僚會怎樣熱心辦公救國救民的。」[31]

除了政府當權者外，林語堂幽默式社會批評的鋒芒還指向上海租界。很明顯地，林語堂對西人殖民心態的批判和他二〇年代的民族主義姿態一脈相承。三〇年代上海是個半殖民地都市，有相當一部分洋人居住在租界區內，享受治外法權的保護。在華洋人對此特權視為當然，甚至包括所謂的進步人士亦然。例如，美國著名記者斯諾的夫人海倫承認，她聽說「擁華」就意味著放棄治外法權時非常震驚。在她腦中，「要是沒有治外法權，外國人在這兒怎麼生活？……有了治外法權，外國人在此不必受僑居國法律限制，而只受本土國法律保護和約束。由於治外法權和『炮艦外交』，外國人在中國是神聖不可侵犯的，外國女人尤其如此。沒有中國人敢碰外國女人——那是禁忌。」[32]〈給美國朋友的一封公開信〉一文中，林語堂假設這個美國朋友有個侄子在上海經營雞蛋生意。林語堂向這位美國朋友保證，只要是一個安分守己、愛好和平的美國人，就不必擔心有可能取消治外法權，因為它只關涉刑事案例。他侄子要是一個遵紀守法的生意人，不可能進監獄。美國外交部如果堅持要保留治外法權的特權，他們實際上是「為那些少數潛在的『壞蛋』買保險，而要讓你們百分之九十八的好人來付保費」，而且這種保險根本是不需要的，「我也到過貴國——美利堅合眾國，甚至還在紐約住過，從來也沒想過是不是應該先去搞清楚美國法律對偷竊、盜竊、搶劫到底都是怎麼區分的，以及對襲擊婦女都有哪些懲罰。」[33]要是美國朋友堅持認為治外法權是一種「現代便利」，林語堂便告訴他：這種便利只有兩種人能享受——中國官員和美國公民。與其堅持要享受這種特權，他朋友的侄子還不如學幾句中國話，比如「對不起」或「你好」，這對做生意肯定能帶來真正的便利。林語堂這種幽默勸告鋒芒所向，直指白人至上殖民意識，連起碼的待人禮節都不懂。

上文提到，九一八日本侵華事件後，全國譁然，抵抗呼聲此起彼伏，民族主義情緒高漲，整

---

30 林語堂，〈論政治病〉，《論語》，第二十七期，一九三三年十月十六日，頁一一六。
31 同上，頁一一七。
32 Helen Foster Snow, *My China Years*, New York: William Morrow and Co, 1984, p. 65.
33 Lin Yutang, "An Open Letter to an American Friend", *The China Critic* (February 26, 1931), p. 203-204.

個政治社會環境非常壓抑，這是幽默話語出現的客觀背景。當時國民政府意識到中國根本沒有條件足以全面軍事抵抗日本，於是對日採取綏靖政策，同時對內加緊整合鞏固政權，不僅先要搞定各路軍閥，而且共產黨還在江西建立了一個蘇維埃國中國，必須清剿。日本占領東北以後更不斷滲透華北，咄咄逼人，國民政府則一律禁止任何抗日宣傳，輿論一片和諧，好像什麼事也沒有，而實際上抗日民族主義情緒越壓越烈。一九三五年，林語堂成功躲過新聞審查，用英文發表了兩篇幽默散文，宣洩一下自己的情緒，而且，按照《中國每週評論》的說法，這兩篇文章「真把上海給逗樂了」。

第一篇文章題為〈用洋涇濱英語答覆廣田〉，文中林語堂說，我們現在外交官最大的問題就是他們說的英語太漂亮，出口就是「嚴重關切」，或者「為遠東和平分享責任」，這些話到底什麼意思可能只有他們自己知道。英語說得太漂亮，就顯得和普通老百姓有隔閡，不接地氣，底氣不足，難怪面對日本人咄咄逼人的要求硬不起來。林語堂建議外交官改說洋涇濱英語，並自撰以下對日本外長廣田的答覆：（為了保留洋涇濱英語的原味，保留原文，譯文附後）

Missa Hirota, I speak to you as one small man in big country to one big man in small country. I hear you talk other day in the Imperial Diet you wanchee share responsibility for peace in Far East. I no believe you, and no wanchee believe you. Anybody got sense no wanchee believe you. Because today you talkie peace in Far East and tomorrow your soldier man bang! bang! bang! in Chahar and your air man burr! burr! burr! over the Great Wall. That prove your talkie no good.

I no like say it, but have got to say it now, and I know you are a big man, your stomach can sail a boat, and you don't mind. You Japanee diplomats allays say thing that dont mean nothing. At League of Nations, your diplomat tell all the world you no wanchee Manchuria, and now you do wanchee Manchuria. Next you say you no wanchee Puyi and then you kidnap him from Tientsin and now you wanchee Puyi. You allays talkie peace, peace, peace, and your soldier man allays go bang, bang the very next minute. Remember your diplomat promise League of Nations no aggrivit situation and then your soldier man aggrivit situation before the League of Nations got a chance to think matter over. Now you say you no wanchee fight in Chahar and Inner Mongolia while I know all the time—I knew this long ago time—you go bang bang bang in Chahar and Inner Mongolia this spring and this summer before Europe got clear her trouble and Soviet Russia got ready in Siberia. That's how you're going to "share the responsibility for maintaining peace in the Far East." All I can say is I shall weep for the peace in the Far East.

You say the other day that you "fervently hope that China…will awake to the realization of the whole situation in east Asia and undertake to meet the genuine aspirations of" your "country." That is a whole lot, Missa Hirota. If I ever awake to the realization of the whole situation in east Asia, especially all along Vladivostok and Inner Mongolia, I shall never sleep a wink for 1935. And if I undertake to meet the genuine aspirations of your country, I shall be a very, very bad man for my country, and my father he won't call me his son. No, no, Missa, I can't do that. What you wanchee is not Pan-Asiatism but Japan-Asiatism. I like the pan, but I no like the jap about it.

I know what you going to say, Missa Hirota. You are not going to invade Chahar and Inner Mongolia unless you receive an "unprovoked attack" and forced to send a "punitive" expedition. Consequently whenever you take a slice of territory off China, you are allays in the right and China is allays in the wrong. But I ask you, is there a time when Japan took a slice of other people's territory and she don't find herself in the right? You allays have your causes belli, but there ain't a bellum and you ain't got a cause for it, and you ain't in the right. When a Chinaman kill three Japanese chickens, it is a casus belli, but when Japan take away a couple of million square miles from China, you say you are not at war with China, but call it a "local affair." Well, all I can say is that you are going to have a lot of "local affairs" this summer, you have to force yourself against your will to take Inner Mongolia and China will still be in the wrong.

Well, I know China is allays in the wrong and will allays be in the wrong until she have got a air-fleet to bomb Osaka or join hands with Russia. When she have got a big air-fleet, then she be allays in the right, and then where is you? Then I ask you, Missa Hirota, where is you?

I make sure, honourable Missa Hirota, when China have got a big air-fleet and have got join hands with Russia, then I is allays right and you am allays wrong.

So in conclusion, Missa Hirota, I have only one thing to say. I wanchee be friend with you, but no wanchee share responsibility for the maintenance of peace in the Far East with your country. I responsible, then you no responsible; you responsible, then I no responsible. I no wanchee responsible for the kind of peace you mean. You share it all yourself.[34]

廣田生，我跟你講，我是大國的小人物，你是小國的大人物。那天我聽你在帝國國會演講，說要共享遠東和平責任。我可不信你，也不會信你。任何人有點理智都不會信你。因為今天你講遠東和平，明天你們的步兵就在察哈爾砰！砰！砰！你們的空軍就在長城上空轟！轟！轟！轟！這就證明你講的話都是廢話。

我本來不想說，但現在不得不說，我知道你是個大人物，肚裡能撐船，你不會介意。你們日本外交官總說些沒意義的話。在國聯，你們外交官對全世界說你們不要滿洲國，現在你們搞到了滿洲國。接著你們說不要溥儀，然後你們就把他從天津綁走，現在把他搞到手了。你們老是說和平和平和平，說完你們的兵立刻就砰砰砰。還記得你們的外交官在國聯承諾不會惡化局勢，然後你們的兵馬上就惡化局勢，國聯那邊都沒時間想想是怎麼回事。現在你們又說不想打察哈爾內蒙，可我一直知道，早就知道，你們今年春夏，趕在歐洲還沒處理好自己的麻煩、蘇聯在西伯利亞還沒準備好之前，砰砰砰來打察哈爾內蒙。這就是

34 Lin Yutang, "A Reply to Hirota in Pidgin", *The China Critic* (January 31, 1935), pp. 112-113.

你說的「為維持遠東和平共享責任」。我只能說，我得為遠東的和平哭鼻子。

那天你說你「真切期望中國能清醒認識到東亞整個局勢，採取行動來滿足（你們國家的）實際抱負」。那可不得了，廣田生。我要是清醒著想著整個東亞的局勢，特別是沿著符拉迪沃斯托克和內蒙一線，我整個一九三五年就別想睡一覺。我如果採取行動來滿足貴國的實際抱負，那我就是我國的大大的壞蛋，我爸就不會認我這個兒子。不，不，先生，我可不能那麼幹。你要的不是泛亞洲主義，而是日本亞洲主義。亞洲主義前面加個泛，我喜歡，前面加個日本，我不喜歡。

我知道你要說什麼，廣田生。你們不會入侵察哈爾和內蒙，除非你們遭到「無端挑釁」，不得不出兵進行「懲罰性」還擊。這樣，你們每次侵占一片中國領土，你們總是對的，中國總是錯的。但我問你，有沒有任何一次日本侵占別人一片土地，日本有錯嗎？你們總是有開戰理由，但實際上你們既沒理，也沒由，你們就是過錯方。一個中國人殺了三隻日本雞，你們說那是開戰理由，但日本霸占中國好幾百萬平方公里土地，你們說你們沒有和中國開戰，只是一個「地方事務」。我只能說，今夏會有好多「地方事務」，你們會違背自己的意願拿走內蒙，而中國仍將是過錯方。

好吧，我知道中國總是錯的，而她也只能是過錯方，直到哪天她有一支空軍縱隊把炸彈扔到大阪或者和俄國聯手。等到她有一支強大空軍，她就永遠是對的了，到那時你咋說？我問你，廣田生，你咋說？

尊敬的廣田先生，等中國有了強大的空軍並和俄國聯手，我到時一定要保證我永遠是對

> 的，你永遠是錯的。
>
> 廣田生，說來說去，我只想說一件事。我想和你做朋友，但不想和你的國家共享維護遠東和平的責任。我負責，你就不負責任，你負責，我就不負責任了。我不想為你說的那種和平負責。你還是自己負責吧。

林語堂似乎特別喜歡和時任日本外長廣田先生較勁。接在上面洋涇濱檄文之後，又寫了一篇模擬廣田和他兒子的對話。此文首先刊於英文《中國評論週報》（《中國每週評論》隨後轉載），然後自己譯為〈廣田示兒記〉，譯文加了一段小序：

> 牛津大學貝維萊·尼可斯（Beverley Nichols）著有 *For Adults Only* 一書，全書為母女或母子之問答。兒子大約八九歲，有孔子「每事問」之惡習，凡事尋根究底，弄得其母親常常進退維谷，十分難堪。但其母親亦非全無辦法，每逢問得無話可答之時，即用教訓方法，罵他手髒，或扯壞衣服，以為搪塞。前為《文飯小品》譯氏所作「慈善啟蒙」，乘興效法作一〈廣田示兒記〉，登英文《中國評論週報》，茲特譯成中文。
>
> 小孩：爸，今天下午請誰來喝茶？
>
> 廣田：王寵惠。
>
> 小孩：王寵惠是誰？

廣田：他是支那人。

小孩：爸，你也和支那人做朋友嗎？你不是說支那人很不及我們日本人嗎？學堂裡先生天天對我們講，支那人如何壞、如何不上進。

廣田：小孩有耳無嘴。少說話！

小孩：爸，我可以不可以也來一同喝茶？我很想見見王寵惠。

廣田（哄著他）：乖乖的，怎麼不肯，不過你那只嘴舌太油滑了，常要問東問西，尋根究底，不知禮法。尤其是今天，我們要講中日的邦交。你不會懂的。

小孩：中日邦交很難懂嗎？

廣田：很難懂。

小孩：為什麼很難懂？

廣田：你又來了。

小孩：爸，我真想懂一點邦交，你告訴我吧？為什麼很難懂？

廣田：因為我們要和支那人要好，而支那人不肯和我們要好。

小孩：為什麼呢？他們恨我們嗎？

廣田：是的，比恨歐人還厲害。

小孩：為什麼特別恨我們呢？是不是我們待他們比歐人還要凶？

廣田：為什麼！為什麼！你老是弄那條繩子，手一刻也不停。

小孩：但是我們既然對支那人很好，他們為什麼恨我們呢？

廣田：「滿洲國」。

小孩：「滿洲國」的土地到底是他們的還是我們的？

廣田：你瞧！老是弄那條繩子，滿地氈都是線屑了！

小孩：爸，你要怎樣和他們做朋友呢？

廣田：我們要借他們錢、送他們顧問。

小孩：歐人不是也要借他們錢、送他們顧問嗎？他們不是已經有人幫忙嗎？

廣田：歐人是要幫他們忙的，不過這不行。我的兒，你要知道，歐人借給他們錢，就統治支那了。

小孩：而我們借給他們錢呢？

廣田：而我們借給他們錢時，是和他們親善。

小孩：這樣講，支那人一定要跟我們而不跟歐人借錢了。

廣田：那倒不然，除非我們強迫他們讓我們幫忙。

小孩：支那人真豈有此理！但我們何必強迫他們讓我們幫忙呢？

廣田：手不要放在嘴裡，不然會發盲腸炎！大前天我就叫你去瞧牙醫，到現在你還沒去！

小孩：好，我明天就去，但是，爸，比方說，你是支那人，你想會愛日本人嗎？

廣田：我的兒，你聽我說。老實說，向來我們有點欺負他們。不過現在，我們要和他們親善了。我們要借給他們錢、送他們顧問、訓練他們的巡警、替他們治安。我們要叫他們覺悟我們真實的誠意。

小孩：什麼叫作我們真實的誠意？

廣田：你傻極了。到現在還不明白！我今天……一定……要叫……王寵惠……相信……我們的誠意。

小孩：王寵惠是傻瓜嗎？

廣田：胡鬧！王寵惠是一位學通中外的法律名家。

小孩：爸，我長大也會像王寵惠一樣有學問嗎？

廣田：只要你在學堂肯勤苦用功。

小孩：爸，比方我此刻是王寵惠，你要怎樣對我講日本真實的誠意？

廣田：兒啊，我要對你講，我們要怎樣借給你們錢、送給你們軍事顧問、訓練你們的巡警、剿你們的土匪、保你們的國防、替你們治安。

小孩：爸，你告訴我，到底我們何必這樣多事呢？

廣田：我告訴你，我們要壟斷支那的貿易，把一切歐人趕出支那。我們可以賣他們許多許多東西，他們可以買我們許多許多出品。你說這大亞細亞主義不是很好嗎？而且我們要跟蘇俄打仗，非拉支那為援助不可。我們沒有鐵、沒有棉、沒有橡皮，一旦戰爭爆發，糧食還不足支持一年，所以非把支那籠入彀中不可。

小孩：你不要對王寵惠說這些話吧？

廣田：啊，你生為一外交家的兒子，也得明白這一點道理。我們為國家辦外交的人，口裡總不說一句實話。西人有句名言叫作：「外交家者，奉命替本國撒謊之老實人也。」但是這謊雖撒而實不撒，因為凡是外交老手都是聰明人，你也明白我的謊話，我也明白你的謊話，言外之意大家心領默悟就是了。王寵惠還要等我說穿嗎？

小孩（讚歎地）：這樣本事！但是比方今天你要怎樣說法？

廣田：那有什麼難！我說，我們為維護東亞及世界之和平起見，要使支那日本在共存共榮之原則上，確定彼此攜手之方針，以開中日親善之新紀元，而納世界大同之新領域。

小孩（呷一大口涎）：好啊！爸，這真好聽啊，怪順口的。爸，你哪兒學來這一副本領？我們學堂裡也教人這樣粉飾文章嗎？

廣田：你真傻，學校作文就是教這一套，好話說得好聽，壞話說得更加好聽。不過外交手段，生而知之也，非學而知之也！

小孩：爸，我真佩服你！但是如果王寵惠是外交老手，了悟你的真意，如果支那人也都了悟你的真意，而一定不讓我們幫他們的忙，那你要怎麼辦呢？

廣田：有大日本天皇海陸空軍在！

小孩：但是，爸，這不是真和他們親善了。爸，你贊成陸軍的方法嗎？

廣田（發急了）：快別開口！牆有耳呢！你這話給人家聽見還了得。（威嚴地）我想你也該走出去散步散步了，順便去找牙醫，看看你的牙齒……地板上的鉛筆及線屑先撿起來！

（小孩依命和順地俯身撿起鉛筆頭及幾條線屑，放在口袋裡，低著頭走出去。廣田喘了一大口氣。）[35]

## 幽默作為自我釋放

英國作家蕭伯納一九三三年二月十七日到訪上海一天，成了三〇年代中國文藝界一件大事。由於林語堂及其創辦的雜誌提倡幽默，一九三三年被稱為「幽默年」，而西方文壇一位幽默大師到訪，當然是年中盛事。蕭伯納由宋慶齡和中國民權保障同盟負責接待。上百名記者湧到港口迎接國際知名作家，最終卻撲了一個空，蕭伯納避開了媒體追蹤，被祕密接送至中央研究院直接和蔡元培會面。宋慶齡隨後在自家居所設午宴款待，出席者有蔡元培、魯迅、林語堂、伊羅生（Harold Robert Isaacs）以及史沫特萊（Agnes Smedley）。第二天，上海各大報紙都刊登了一張現代中國文化史上著名的照片：蕭伯納與宋慶齡、蔡元培、魯迅、林語堂、伊羅生、史沫特萊在宋慶齡花園的合影。

事實上，上海報刊雜誌對蕭伯納的短暫訪問

從右至左：魯迅、林語堂、伊羅生、蔡元培、宋慶齡、蕭伯納、史沫特萊於上海，1933。改革開放前，大陸出版界刊登該照時，林語堂和伊羅生的影像被抹去。

可謂如饑似渴，不放過任何細節。林語堂主編的《論語》雜誌在一九三三年三月一日也刊出蕭伯納專輯。在午宴上，因為林語堂英語最好，自然成為和蕭伯納交流的主角。談話圍繞蕭伯納的兩本傳記，一本由亨德生所著，另一本作者是赫理斯。[36]林語堂說亨德生的傳記有點死板，赫理斯寫的要活潑得多。蕭伯納的回應非常坦率：「文章好，是的，但是赫理斯這個人真沒辦法。他窮極了，所以要寫一本耶穌的傳。書店老闆不要，叫他寫一本蕭伯納的傳。這是他作傳的原因。但是他不知我的生平。他把事實都記錯了。剛要脫稿時，他不幸逝世，將手稿託我出版。我足足費了三個月光陰編訂糾正及增補書中所述的事實，但是赫氏的意見，我只好讓他存在……有我的朋友寫信給我，對書中許多奚落我的話提出抗議，說赫理斯不應該說這些話，而我不應該依他發表。其實這幾段話是我自己寫的。」[37]

在林語堂看來，蕭伯納那種近乎赤裸的坦率和自嘲的風度真正體現了「俳調之神」。幽默的奧祕就在於怡然自得，自己照鏡子坦率面對自我，撕掉任何虛偽的面具。這需要一種豁達的胸懷，對自己的不足之處亦能坦然處之。從林語堂對蕭伯納的評論，以及從他一系列有關自我的散文（主要涉及他在上海這個半新半舊的新興都市中的個人生活體驗），我們可以窺視他所

35 林語堂，〈廣田示兒記〉，《論語》，第六十五期，一九三五年五月十六日，頁八二二—八二四。

36 參見 Archibald Henderson, *Contemporary Immortals*, New York, London: D. Appleton and Co., 1930. 以及 Frank Harris, *Frank Harris on Bernard Shaw : An Unauthorized Biography Based on Firsthand Information, with a Postscript by Mr. Shaw*, London: Victor Gollancz, 1931.

37 林語堂，〈水乎水乎洋洋盈乎〉，《論語》，第十二期，一九三三年三月一日，頁四〇四。

稱的另一種「陰性的」、「詩化自適之幽默」。

三〇年代的中國儘管內戰連綿，日本侵華威脅不斷加深，但國民政府推動現代化建設仍頗有成效，上海也出現了新興的城市中產階層。林語堂在三〇年代寫了很多以自己的生活為題材的中、英文散文，凸顯一種獨特的現代城市生活方式，既有摩登意識，亦不乏幽默感。據林語堂友人弗麗茲的說法，早在《吾國與吾民》在美國出版熱銷之前，林語堂已經是中國少數可以光靠寫作養家的作家之一。每週五，林語堂會和《中國評論週報》同事一起出去晚餐，接著一幫人會到舞廳消遣，要杯啤酒，或要壺茶。有時還會邀請舞女過來同桌閒聊，問問她們從哪兒來，在上海這個大都市做舞女生活如何。一、兩個小時夜生活過後，林語堂回家得繼續工作幾個小時。畢竟，林語堂十足是個有家室的男人，他有三個可愛的女兒，以及一位有教養的賢妻。[38]

林語堂到上海初期，全家住在公共租界憶定盤路四十二號。一九三二年九月十八日，即九一八事件一周年，林語堂在「小評論」專欄寫了一篇小品，說要搬家了。他首先承認，在這樣一個國恥日，不應該寫這種家庭瑣事。可是既然政府已經為人民作主，必須先剿共再來處理日本人，而且要求輿論莫談國事，那他不如就來談談為什麼他得搬家。他不得不搬家，因為隔壁鄰居買了個無線電收音機，每天強迫林語堂一家聽他最愛聽的音樂，比如珍納．麥當勞的〈大軍進行曲〉，或者「蘇州小調」，隨便什麼時候想聽就打開收音機，沒完沒了地聽。「在這種情況下，」林語堂寫道，「一個英國人會走到鄰居面前直接對他說：『你必須立刻停止，否則我給警署寫信。』一個有教養的中國人則會準備適應新環境，做安神功夫，只當鄰居不存在。」[39]但林語堂說自己是個「受過西洋教育的中國人」，只能在自家門口豎起「出租」牌子，搬到公寓去。

但在林語堂看來，住公寓不是人類該崇尚的生活方式。現代文明要算得上真正的文明，「那每一個人都應該擁有屬於自己的一小塊土壤，自己可以種點豌豆、番茄什麼的，孩子們可以在裡面捉蟋蟀，任意玩耍，不用怕弄髒衣服」。[40]搬到新的公寓唯一讓他感到寬心的是窗外的美景：綠油油一片草坪，還有古樹環繞。到一九三三年八月三日，我們發現林語堂又搬回了自己的獨棟房屋，「像個正常人應該生活的樣子」。他又可以聞到泥土的氣息，院子裡能看到青蛙跳來跳去，有時還會鑽出條小青蛇，還能欣賞白楊樹上的蟬鳴聲。住在碰得著地的獨棟房屋更加貼近自然。畢竟，我們夏天出去度假，不就是要逃離城市，去享受回歸自然的樂趣嗎？「平常人不大覺悟，避暑消夏旅行最可記的事，都是哪裡曾看到一條大蛇，哪裡會踏著壁虎或蠍子的尾巴。」[41]春天來臨之際，屋後花園立刻充滿生機。柳樹嫩葉青青，花卉爭妍綻放。〈紀春園瑣事〉是林語堂散文名篇之一，描繪西人所謂「春瘧」，即開春時「人心之煩惱不安……這種的不安，上自人類，下至動物，都是一樣的」。他的傭人阿經、廚夫、廚夫的妻

38 Bernardine Szold Fritz, "Lin Yutang", an unpublished biographical sketch of Lin Yutang, the John Day Company archive, Princeton University. 林語堂在《吾國與吾民》序中曾感謝弗麗茲，是她及其他幾個朋友不斷「纏著」他要他寫《吾國與吾民》這本書。參見 Lin Yutang, *My Country and My People*, New York: John Day, 1935, p. xiv.
39 Lin Yutang,"I Moved into a Flat", *The China Critic* (September 22, 1932), pp. 991-992.
40 同上，頁九九二。
41 林語堂，〈說避暑之益〉，《論語》，第二十三期，一九三三年八月十六日，頁八三八。

周媽，都想方設法請假，不想幹活。就是「小屋上的鴿子也演出一幕悲劇」：公鴿棄母鴿和小鴿而去，致使小家庭破裂，都是「春瘧」作祟。[42]

住獨棟房屋，貼近自然，當然是保持自我的一種方式，起碼可以讓人類記住自己的動物性。在三〇年代的中國要保持自我並不容易，社會趨同性的壓力也非常大。作為一個留洋的海歸學人，如果不能適應中國要保持中國傳統文化一些約定俗成的規範（即使社會風氣正處現代化轉型期），會為自己帶來許多麻煩。他得重新入鄉隨俗，做一個「中國式紳士」。什麼才叫「中國式紳士」呢？在英文小品〈我如何變得莊重體面〉，林語堂竭盡挖苦之能事，說他要符合三個條件：「一、有強烈的願望去撒謊，要用言語掩蓋自己的情感；二、要有能力像紳士一樣撒謊；三、對自己和他人撒的謊要能鎮定自如，富於幽默感。」[43]當然了，要做「中國式紳士」，就得懂中國式的幽默。林語堂解釋道，自己人生吃過幾次虧以後，很快便嚴格按照「中國式紳士」的規範行事。比如，曾經有一名外國友人問他如何看待蔣委員長剛剛受洗入教一事，林氏的回答：「啊，很好啊。又一個靈魂得到拯救了！」[44]

正是因為社會文化上強大的趨同性壓力，林語堂才堅信文學要有幽默，但當時中國的社會風氣無法接受：「因為按照傳統習俗，在公眾場合開玩笑，那是小丑幹的事。編輯或官員要是在嚴肅的救國文章或演講中夾帶一點幽默感，那會被認為有失體面，萬萬使不得。」[45]這就容易使人變得僵硬而且虛偽，年輕人說話都像城府很深的中老年人。林語堂反其道而行，提倡應該保有一顆童心，比如要能夠欣賞迪士尼米老鼠卡通。林語堂宣稱，如果一個人連米老鼠卡通都無法欣賞，那他也不會有任何想像力和創造力。動畫卡通不受時間和空間限制，讓人的想像力自由馳騁，比任何其他藝術形式都有效：「原來電影比臺上的戲劇取材布景用人多寡就自由得多，尤其在表演群眾的暴動，前線的炮攻，深林的探險，危崖的追賊，空中之襲擊，都遠超出戲臺的範圍之外了。然活動諷刺畫又超出電影照相機之限制，真可叫我們神遊太虛，御風而行，早發東海，暮宿南溟了。」[46]

同樣，林語堂也表示，看電影流淚是很正常的人性反應，不用害羞：「因為我看電影常流淚，所以看見隔壁姑娘拿手絹擤鼻子，或是出來頰上留兩條淚痕，便覺得比較喜歡她，相信她大概心腸不錯。」[47]當然，如果一個男人經常哭肯定不妥，但如果面對感人的藝術作品強壓住自己的情感，肯定有違人性。生活有悲有喜，人生有笑有淚：「有狂喜之淚，有沮喪之淚，有生離死別之淚，有骨肉團圓之淚……誰要哭，聽他哭，因為我們本來是有情動物，偶然心動，墮一滴同情之淚，或憐愛之淚，或驚喜之淚，於他是有益的。」[48]

---

42 林語堂，〈紀春園瑣事〉，《人間世》，第五期，一九三四年六月五日，頁二五—二七。
43 Lin Yutang, "How I Became Respectable." 該文起先刊登於《中國評論週報》，一九三〇年十一月十三日，無題，頁一〇九四。
44 同上。蔣介石皈依基督教被認為帶有政治動機，是要獲取受過西式教育階層人士的支持。
45 Lin Yutang, "On Mickey Mouse," *The China Critic* (September 19, 1935), p. 278.
46 林語堂，〈談米老鼠〉，《論語》，第七十五期，一九三五年十一月一日，頁一三〇。
47 林語堂，〈論看電影流淚〉，《宇宙風》，第十期，一九三六年二月一日，頁四七五。
48 同上，頁四七六。

林語堂不光是在自己的散文中推崇童心不滅自然率性，而且確實也是文如其人，自己個性使然。一九三五年《吾國與吾民》出版後在美國熱銷，其友人弗麗茲寫了一篇林語堂傳記素描，文中寫道：「總而言之，語堂是個詩人。」[49]弗麗茲的意思是說，林語堂的個性很有詩意，不落俗套，更不會擺架子。比如，林語堂閒來最喜歡和孩子們放風箏，玩自創的遊戲，擺弄新鮮的小玩具小器具。有一次，林語堂一家邀請幾個外籍友人晚宴，去一家很高檔的餐廳，全家為此花了好多時間做準備，席間上了二十四道菜。晚宴上，有位客人戴了一個很奇特的指環，在北京一家民間工藝店買的。林語堂看到，要了過來，便完全沉迷於擺弄這個小玩意，要搞清楚這小玩意的奧妙在哪，對擺了一桌的佳餚則完全忘了。還有一次，弗麗茲和林家一塊開車去杭州郊遊。他們從上海開車出發，林語堂帶他們去看中國歷史上一位名妓之墓（林語堂對秦淮名妓李香君崇拜有加）。一路上，林語堂非常興奮，對風景讚不絕口，詛咒整天住在上海有多麼愚蠢。到杭州後住宿一晚，準備第二天沿錢塘江走一條新建的公路穿過山巒。第二天上午，當他們開上山間公路時，大家都為一路的風景讚歎不已，可林語堂卻一路埋頭在看一本小說。他昨晚開始讀了個頭，現在沒法停下來，必須讀完看到結尾如何。當他最終讀完抬起頭來看外面的風景時，那時風景已經很一般了。

在林語堂詩意而帶有幽默感的生活方式中，儘管對中國文化的專制一統性不斷進行辛辣批判，但他對中國文化的態度並不是完全負面的。相反地，林語堂很擅長從中國文化中提取現代而詩意的元素，共同建構詩意的幽默生活觀。從幽默的角度看，一個受西式教育的跨文化人用現代視野回饋傳統文化，有時反而會發現中國文化某些元素並不比西方某些習俗差。比如，林語堂解釋道，中國古老的拱手問候方式就比西式的握手強。僅從衛生角度講，握手的習俗很不文明，人的手經常接觸錢幣之類的髒東西，不知有多少細菌從一隻手傳到另一隻手。而且握手的方式各種各樣，「有青年會式以至於閨媛式，其間等差級類，變化多端……有的手未伸而先縮，握未住而先逃，若甚不自然……此中光景時新，世態畢露……何故於日常應酬，露此百般形態？」[50]其實誰都知道，西方握手的習俗是中世紀傳下來的，可是也沒辦法，林語堂也不得不承認，正所謂形勢比人強，握手正在變成全世界的禮儀，而中國悠久的拱手正在很快消失。

除此之外，林語堂還看到叩頭的衛生效用。林語堂解釋道，西人崇尚體育活動，中國人則講究衛生，「衛生」的定義是「凡非運動皆衛生」，它強調身體的活動需儲存能量以達致身心完美和諧。中國人的「靜坐」、「踱方步」、「拂袖」、「打千」都是這種功夫。「叩頭」也一樣，它體現了中國文化獨特的藝術境界：「跪下時，先將胸膛挺直，雙手合十，然後將手分開，向後向下作鼓動勢，略如游泳之擊水法，同時將上身下彎，使頭額至地而至，叩三叩作摑摑聲，然後運用腰力再起。如此周而復始，在每晨起床及夜間安息時行三十次，體態自然輕盈而身段自然苗條了。」[51]

林語堂另一篇有名的雙語小品題為〈思滿大人〉，西人所謂「滿大人」（Mandarin，亦指

49 Friz, "Lin Yutang."
50 林語堂，〈論握手〉，《論語》，第七十二期，一九三五年九月十六日，頁一一三六—一一三七。
51 林語堂，〈叩頭與衛生〉，《宇宙風》，第十三期，一九三六年三月十六日，頁二四。

「官話」）指滿清一品至九品的官吏。林語堂悲歎道，「「滿大人」在當今中國已經消失了，他們可「都是極文雅的先生們。他們有宏亮的聲音，雍容的態度，又有一口音韻鏗鏘的官話，出口成文的談吐」。[52]滿清也許是個腐敗的朝代，官員也許很貪，可滿大人卻是中國文化的極品。講官話本身就是一種藝術，「在真正好的官話會談，一切都有美術的調和——房中之布置，大老爺的聲音，端肅的容貌，紈扇，樨香，木幾，雕屏，八字鬚，馬褂，朝珠等——一切都調和而成一藝術的單純印象。」[53]而且滿大人對中國文學歷史哲學都能侃侃而談。即使他們是貪官，起碼貪得很文雅。於是林語堂唏噓不已，不勝慼歎：「是的，古時的王公大人已不見了，講官話的藝術也荒廢了。我們沒有一個李鴻章，只有阿伯林大學的畢業生，我們看不見曾國藩、張之洞，只看見張宗昌、湯玉麟之輩。他們的名字叫作『玉祥』、『副祥』、『振春』、『金玨』，而他們的姨太太不是『迎春』，便是『秋香』。我想這也是一種可以紀念的國恥。」[54]

弗麗茲在〈林語堂小傳〉一文中還提到一件逸事，頗能體現林語堂的藝術鑑賞觀。有一次在一個朋友家晚宴聚會（很可能是邵洵美家），有一對剛到上海的外籍人士想嘗試抽鴉片，這在當時很普遍，洋人到東方明珠來獵奇，尋求點刺激。主人很樂意提供機會，盛情款待，自己躺在鴉片床左邊，女客人便躺在右邊，面對主人。當其他客人都在看兩人騰雲駕霧抽吸時，林語堂一個人悄悄走到牆邊，突然把燈滅了。弗麗茲寫道：「這又是詩人的風度了。關燈後那種差別簡直難以想像，一下子整個氛圍顯得既神祕又華麗，絕對超現實。一縷青煙飄過兩人的臉，餘光從下而上，看到兩人的眼珠閃爍發光，皮膚好像塗了一層乳白色的臘，他們眼光朝下時，看上去就像兩個幻想中的天使，而當他們睜開眼睛看我們這些旁觀者時，他們好像希臘神話中年輕的『薩特』（好色之徒）。」[55]

等他們抽完，燈一開，整個感覺都沒了。然後主人問誰還想來試試。所有人都開始起鬨要林語堂來試一試。大家都看過他抽雪茄，但從沒看到過他抽鴉片那種迷幻場景。

語堂邊退邊笑，舉起雙手抗議。

「我是牧師的兒子，」他說，「我做不到。」

大家一起抗議。「哎呀，就這一次。你要試一試嘛，大家都試過啦。」

「不行，」他說，這次嚴肅起來，「我喜歡看別人抽。看別人抽鴉片真是很神奇，不過同時我也有一種恐怖的感覺，就像有人說看蛇也會感到恐怖一樣。毫無疑問這和我的基督教成長背景有關。雖然我已不上教堂，但道德戒律還在。我知道我的手拿不起菸筒把菸送到嘴邊。」

「哎呀，就試一次也不會染上癮。」我們的主人說道。

「啊，要是沒人試第一次，還有誰能上癮呢。你們來吧，別管我了，」他笑著躲開，「我敢保證，我抽雪茄的毛病和你們抽鴉片一樣糟糕。可是聖經沒有說抽雪茄不好啊！」[56]

---

52 林語堂，〈思滿大人〉，《論語》，第二十期，一九三三年七月一日，頁七三〇。

53 同上，頁七三一。

54 同上，頁七三二。

55 Fritz, "Lin Yutang."

56 Fritz, "Lin Yutang."

幽默經過林語堂的東西方跨文化譯介，在三〇年代中國文化界開花結果。林語堂所提倡與實踐之幽默可分為兩種：議論縱橫之幽默和詩化自適之幽默，其譯介幽默主要是要為文學開闢一定空間，避免讓文學完全變成黨派政治的意識型態工具。可是在三〇年代的中國，社會批評之幽默也不可避免要陷入黨派政爭，林語堂不得不兩頭抗爭，謹防「布爾什維克主義和法西斯主義雙重危險」。這種環境最終促使林語堂踏上赴美旅程，而林語堂提煉的幽默姿態讓他在美國如魚得水，大受歡迎。

# 第五章　謹防「布爾什維克主義和法西斯主義雙重危險」

「魯迅黨見愈深，我愈不知黨見為何物。」

林語堂，〈悼魯迅〉（一九三七年）

「南京十年」指國民政府一九二七年建都南京至一九三七年抗戰全面爆發。這階段在現代中國歷史上至關重要，尤其對知識分子來說，所處環境不斷惡化，要堅守獨立精神相當不易。到一九二七年底，「大革命」基本取得成功，大部分西方列強強加給中國的殖民條約已經被廢黜，中國又統一於中央集權的南京國民政府，儘管蔣介石還得再花幾年擺平各路軍閥。中國似乎踏上了現代之正途。確實，在此十年，儘管內戰不斷、外患吃緊，中國的現代化和城鎮化取得了前所未有的進步。

然而，在大多數進步知識分子眼裡，「大革命」的結局相當苦澀。國共兩黨本來是一個戰壕裡的革命者，最後卻分裂，還結下冤仇。軍事上，共產黨武裝起義失敗後，最終到江西匯合，建立了蘇維埃共和國。國軍首先得擺平各路殘餘軍閥，整合黨內的派別，然後再圍剿蘇維埃共軍武裝。圍剿之際，一九三一年九月十八日，日本關東軍突然入侵東北，建立偽滿洲國，一下子激起全國抗日民族主義浪潮，使整個政治氛圍為之一變。中國根本沒準備好全面抗戰，國民政府的策略是攘外必先安內，亦即剿共為先，可是公眾輿論對此缺乏共識，並不認同。雖然剿共最終取得成果，共軍不得不走上長征，但九一八以後共產黨改變策略，號召中國人一致抗日，在輿論上占據了道德制高點。一九三〇年左翼作家聯盟成立，共產黨在文化領域發起的意識型態戰爭和前線的武裝鬥爭一樣激烈。

在中國大陸，現代文學與歷史的敘述仍然受制於馬克思主義意識型態之束縛。因為魯迅的政治正確經典地位毋庸置疑，林語堂的政治定位就看他和魯迅的關係：二〇年代，林語堂和魯迅同處一個陣營，林語堂就是「進步的」；到了三〇年代，魯迅和林語堂關係友善時，林語堂在政治取態上算是還可以接受，但到了魯迅開始抨擊林語堂時，林語堂就被認為是「反動的」。[1]這種意識型態的偏見，對我們理解現代中國知識思想史沒有什麼幫助。林語堂三〇年代的自由主義政治立場，正是現代中國知識思想史重要的遺產，而他和魯迅的關係變化，正可給我們探索此遺產之意義提供一個切入口。

## 與魯迅的友誼

一九二七年十月

三日　晴。午後抵上海，寓共和旅館。下午同廣平往北新書局訪李小峰、蔡漱六，柬邀三弟，晚到，往陶樂春夜餐。夜過北新店取書及期刊等數種。玉堂、伏園、春台來訪，談至夜分。

四日 晴。午前伏園、春台來，並邀三弟及廣平至言茂源午飯，玉堂亦至。下午六人同照相。大雨。[2]

魯迅日記寫得很清楚：魯迅從廣州到達上海的當天，林語堂便和孫伏園（及其弟孫春台）到酒店拜訪魯迅，而且聊天一直聊到深夜。第二天，魯迅、許廣平、魯迅三弟周建人、孫伏園及其弟孫春台、林語堂又在一起午餐，餐後一起去照相館拍照。另外，魯迅抵滬後第五天，差不多同一群人又一起晚餐，餐後一起去看電影。一九二七年十月三日至一九二九年八月二十八日的魯迅日記中，林語堂的名字出現了四十二次。魯迅的日記流水帳式的，記有林語堂經常到訪、兩人互相通信，還有頻繁餐敘。林語堂有時自己一個人到訪，但更多時是和家人（林語堂妻或女，有時還有林氏親戚如他的侄子）一起到訪。晚宴等社交場合，林語堂妻廖翠鳳基本上都在場，有好幾次魯迅都喝高了。[3]很明顯，這階段魯迅和林語堂私交相當不錯，林語堂應該是魯迅不多的幾個摯友之一。

在北京時期，林語堂和魯迅關係就很親密，都屬《語絲》陣營。魯迅和《現代評論》主將

1 在大陸出版的林語堂傳記，這種敘事公式很明顯貫穿於萬平近著《林語堂評傳》，但即使是一些看上去更具同情意味的傳記，如施建偉著《林語堂傳》和董大中著《魯迅和林語堂》，也都是基於這一敘述結構。

2 魯迅，〈日記〉，《魯迅全集》，第十四卷，頁六七二—六七三。

3 比如，魯迅日記一九二七年十二月三十一日記載：「晚李小峰及其夫人招飲於中有天，同席郁達夫、王映霞、林清和、林語堂及其夫人、章衣萍、吳曙天、董秋芳、三弟及廣平，飲後大醉，回寓嘔吐。」《魯迅全集》，第十四卷，頁六八六。

陳源打筆仗，林語堂為魯迅打擂臺，寫了好幾篇攻擊陳源的文章，其實林語堂和陳源本來都是北大英語系的同事，並沒什麼個人私怨。後來林語堂又邀請魯迅赴廈門大學。雖然兩人不久都離開廈大，這段經歷當然也加深了兩人的友誼。現在兩人不期都到上海，自然重逢相歡。《語絲》在大革命時期中斷，現在又在上海復刊。林語堂初到上海後幾年的中文作品都刊登於魯迅主編的兩本雜誌：《語絲》和《奔流》，包括林語堂尼采式的「薩天師語錄」系列和克羅齊表現美學的譯文。

魯迅日記中特別有意思的一條，是魯迅抵滬後第二天和親戚朋友一起去拍了張照。魯迅研究者都知道，魯迅和他北師大的學生許廣平暗戀已久，這張照也就是他們的「婚照」，因為當時魯迅仍然有婚在身，這張和親戚朋友的合照實際上是把兩人的關係公諸於世。改革開放前，魯迅被奉為共產中國的文

從右至左：前排：魯迅、許廣平、周建人；後排：孫伏園、林語堂、孫春台。改革開放前，大陸出版物刊登該照片時，林語堂和孫春台被抹去。

化旗手，這張照片雖然廣為流傳，但是林語堂和孫春台的影像一律被抹去（或許是為了保護魯迅交友的純潔性？）。更有意思的是，林語堂當時其實完全被蒙在鼓裡，不知道自己在這張照片中扮演什麼角色。除了孫伏園和林語堂，郁達夫也是和魯迅有親密交往的作家。在其回憶錄中，郁達夫這樣寫道：

有一次，林語堂——當時他住在愚園路，和我靜安寺路的寓居很近——和我去看魯迅，談了半天出來，林語堂忽然問我：

「魯迅和許女士，究竟是怎麼回事，有沒有什麼關係的？」

我只笑著搖搖頭，回問他說：

「你和他們在廈大同過這麼久的事，難道還不曉得麼？我可真看不出什麼來。」

說起林語堂，實在是一位天性純厚的真正英美式的紳士，他決不疑心人有意說出的不關緊要的謊。

……

語堂自從那一回經我說過魯迅和許女士中間大約並沒有什麼關係之後，一直到海嬰（魯迅的兒子）將要生下來的時候，才茲恍然大悟。我對他說破了，他滿臉泛著好好先生的微笑說：

「你這個人真壞！」[4]

參照魯迅日記，郁達夫說的那次兩人一起訪問魯迅，應該是在一九二九年一月二十四日（魯迅的兒子海嬰出生於一九二九年九月二十七日），也就是說，是在林語堂參與魯迅和許廣平的「婚照」拍攝十六個月之後。[5]

然而，一九二九年八月二十八日的魯迅日記卻記載兩人怒目相向：

二十八日 曇。上午得侍桁信。午後大雨。下午達夫來。石君、矛塵來。晚霽。小峰來，並送來紙版，由達夫、矛塵作證，計算收回費用五百四十八元五角。同赴南雲樓晚餐，席上又有楊騷、語堂及其夫人、依萍、曙天。席將終，林語堂語含譏刺，直斥之，彼亦爭持，鄙相悉現。[6]

這次南雲樓事件之後，林語堂的名字就在魯迅日記中消失了，一直要到三年多以後（一九三三年一月十一日）再出現。到底那次晚宴席間發生了什麼事，好幾位在場者，包括林語堂本人，後來都有所說明。[7]「可以肯定，魯迅和林語堂發生爭吵是出於誤會。魯迅和其出版商李小峰（也是魯迅以前的學生）對魯迅的版稅問題有爭執，但那天下午雙方達成協議解決了，而林語堂對此事一無所知。席間，林語堂對另一出版商表達不滿，李小峰覺得就是林語堂在攪和魯迅和他（李小峰）之間的關係，但魯迅覺得他和李小峰爭版稅合情合理，而且覺得林語堂「語含譏刺」。據郁達夫回憶，魯迅後來其實也明白是誤會一場。但「誤會」不能解釋事件發生後，魯迅和林語堂為何長達三年多時間沒有來往。假使他們的爭吵是偶然的，他們的斷交卻不見得是，其原因恐怕還要在兩人當時不同的政治傾向中去探討。

南雲樓事件發生前幾天，魯迅於一九二九年八月十九日之《語絲》發表了〈關於《子見南子》〉，收集了因林語堂《子見南子》劇本演出而產生的爭議文集。《子見南子》是林語堂創作的唯一獨幕悲喜劇，首先發表於一九二八年十一月十一日，由魯迅主編的《奔流》雜誌，後由社團搬上舞臺，引起很大爭議。[8]魯迅在《語絲》收集所有爭議文件發表，當然是對林語堂的支持。而林語堂在上海早期的中文創作都發表於魯迅主編的《語絲》和《奔流》雜誌，也說明兩人合作關係緊密，互相支持。

然而，也正是這個時期，魯迅被成功爭取到對手陣營，象徵性地成為左翼作家聯盟的精神領袖。北伐國共分裂以後，共產主義革命家在軍事上遭受挫折，於是改變策略，努力在意識型態領域占領道德制高點。他們以馬克思主義文學理論為武器，打出「革命文學」的旗幟，以跨

4 郁達夫，《回憶魯迅》，見《郁達夫全集》，第三卷，杭州：浙江大學出版社，二〇〇七，頁三三一。
5 參見董大中，《魯迅與林語堂》，頁六八。
6 魯迅，〈日記〉，《魯迅全集》，第十四卷，頁七七七—七七八頁。
7 參見董大中，《魯迅與林語堂》，頁七四—七九，以及施建偉，《林語堂傳》，頁二四八—二五四。
8 有關《子見南子》一劇所產生的爭議，可參見Diran John Sohigian, "Confucius and the Lady in Question". 該劇由林語堂於一九三一年應美國哥倫比亞大學中國學生之邀自己譯成英文，題為 *Confucius Saw Nancy*，並由哥大中國學生於一九三一年十二月在國際學生樓演出，後來英文版收入 *Confucius Saw Nancy and Essays About Nothing* 一書。這也可以佐證林語堂當時在紐約。

越新文化運動時期提出的「文學革命」。他們選中魯迅這位「文學革命」的偶像人物展開了一場批判魯迅運動。太陽社和創造社的一批留日青年文學理論家，操著嫻熟的馬克思主義理論術語，分別對魯迅的作品及其人格進行攻擊。他們指責魯迅已經過時，對馬克思主義文藝理論一竅不通，已經成為新潮流的絆腳石。「在圍攻中，魯迅的『醉眼』被大做文章，被提到認識論的高度而加以批判，譏諷他已成為過氣大佬，不能『認識』當前『革命文學』的『突變』的形勢，跟不上時代。」[9]

魯迅是新文化運動時期文學革命的領袖人物之一，一直是青年的楷模，站在進步的青年中國前線。但在意識型態上，魯迅並不是傾向共產主義思潮的，起碼在二〇年代末期還不是。一九二八年十二月六日，林語堂在英文《中國評論週報》上發表了〈魯迅〉一文。[10]這是最早的專論魯迅文章之一（肯定是最早的英文論著）。林語堂在文中稱魯迅為「中國最深邃的評論家，也是青年中國最受歡迎的作家」。新文學運動在中國催生了新一代青年作家，但大部分還太年輕，藝術上仍未臻成熟。而魯迅藝術之「成熟與個性」、「粗曠與力度」，大部分新近青年作家仍望塵莫及。林語堂解釋道，魯迅藝術之成熟不只是年齡的問題，主要是來自「其對中國的人與事知多識廣、對整個中國歷史理解透澈」。文中，林語堂跟讀者分享魯迅是如何在最近幾年大革命複雜處境中機智地應付時局，及其所展示的智慧，並把魯迅喻為荒野中的一隻「白象」。[11]時事複雜，「做人」很難，魯迅的對策就是「裝死」。比如，一九二七年白色恐怖盛行時，魯迅受邀到一所政府主辦的大學演講，假如魯迅拒絕，那肯定被視為明擺著和國民革命政府不合作。魯迅去了，「做了一個精彩生動的演講，講的是西元三世紀中國文學逸事，當時的學者如何裝死裝醉兩個多月，只是為了躲避介入政治。聽眾聽得著迷，欽佩其獨到見解和精闢解釋，當然啦，最後也都沒聽懂魯迅到底是要說什麼。」[12]

魯迅看到中譯文時，肯定很高興，特別喜歡林語堂用的「白象」比喻。魯迅和許廣平的「兩地書」中，許廣平用EL（英文象Elephant的縮寫）來指魯迅，魯迅自己也用此簽名。魯迅兒子出生後，此時魯迅和林語堂關係已經破裂，魯迅叫自己的兒子「小紅象」，並且用它來編搖籃曲，這充分說明魯迅對此喻相當中意。[13]

但很顯然，林語堂的支持無力改變魯迅左轉加入青年革命作家的陣營。中共領導層經過重組、改變意識型態領域的策略，命令太陽社和創造社停止對魯迅的攻擊，並派中共代表接觸魯迅，直接對魯迅進行統戰工作，並邀其出任革命作家聯合陣營的旗手。一九三〇年三月二十日，左翼作家聯盟在上海成立，魯迅被奉為盟主。[14]魯迅的轉向在林語堂看來肯定非常失望，

---

9 陳建華，《從革命到共和：清末至民國時期文學、電影與文化的轉型》，桂林：廣西師範大學出版社，二〇〇九，頁一七。

10 Lin Yutang, "Lusin", *The China Critic* (December 6, 1928), pp. 547-548. 該文很快就由光落譯成中文，發表於《北新》雜誌第三卷第一期，一九二九年一月一日。

11 同上，頁五四七。

12 同上，頁五四八。

13 參見董大中，《魯迅與林語堂》，頁七三—七四。西諺「白象」比喻既龐大又無用，林語堂此喻當然是用道家含義闡釋「無用」。

14 魯迅與中共的合作問題仍然有待深入探討，魯迅傳記研究作品不計其數，但基本都不觸及該問題，比如，可參見王曉明著，《無法直面的人生：魯迅傳》，上海：上海文藝出版社，一九九三。

因為這也意味著《語絲》派作家從此不復存在。這種政治轉向，林語堂是不可能贊同的。而這也是他們關係破裂的根源所在。

林語堂一直期盼革命後能產生一個年輕有活力且進步的中國，他滿腔熱忱投入了一九二七年的大革命，曾一度擔任武漢國民政府外交部祕書。結果大革命以不同黨派革命黨人內訌結束，國民黨右翼蔣委員長上臺掌權，林語堂對此相當失望。用他的話說：

> 我們意氣風發，我們熱血沸騰；成千上萬青年從最邊遠的省份離開家庭、離開學校來加入國民軍，他們用雙手用汗水為民族主義理想作出自己的貢獻，有多少人甚至獻出了自己的生命，只為了一個夢想：中國可以再生！中國可以救贖。但是，可惜啊，伊卡洛斯飛得太高，離太陽太近，蠟製的翅膀融化掉了，又摔回到地球。戰爭結束了，一切理想主義也熄滅了。[15]

按照中共意識型態敘述的現代史，國共分裂及其清黨是蔣介石和國民黨右翼「背叛革命」。林語堂上述失望論調似乎回應了這種背叛話語。但實際上，林語堂的失望代表一種非常不同的政治傾向。林語堂在大革命高峰期加入武漢國民黨中央政府，擔任英文國民黨黨報——《國民新報》主編，這是在一九二七年八月，當時國共已經分裂。林語堂擔任黨報主編一個月期間寫了一系列社論，大多數是時政評論。林語堂把民族主義國民革命看成是中國走向民主的途徑。在林語堂看來，面對國共危機，「要確保中國走向民主之路，首先要取締布爾什維克主義。」[16]

因為首先，「理論上講，布爾什維克主義是一種階級專政方式，尤其是無產階級專政，因而它是民主的天然敵人，因為民主是要所有階級的人主政。」[17]其次，就具體實踐來看，「湖南最近發生的一系列事件」表明，「在地主和農民、資本家和雇員間人為地創造階級衝突，必將導致動盪與騷亂。」[18]但是，這些還不是布爾什維克主義必須在中國取締的主要原因。「最糟糕的是，無產階級專政體制帶來它的對立孿生體：法西斯主義，而它也是反民主的。」[19]換句話說，在林語堂看來，正是因為毛澤東指導的湖南農民暴動之紅色恐怖引出蔣介石和國民黨右翼的白色恐怖。一九三〇年，林語堂把《國民新報》上刊登的社論文章和他翻譯謝冰瑩的戰時日記集結出版，題為《林語堂時事述譯匯刊》（*Letters of a Chinese Amazon and War-Time Essays*）。在該書序言中，林語堂重申自己的政治立場是：為謹防「均為民主之敵的布爾什維克主義和法西斯主義雙重危險」[20]而戰。而這一政治傾向伴隨了林語堂一生。

---

15 Lin Yutang, preface to *Letters of a Chinese Amazon and War-Time Essays*, pp. v–vi.
16 Lin Yutang, "Making China Safe for Kuomintang" ; also in *Letters of a Chinese Amazon and War-Time Essays*, Shanghai: Commercial Press, 1930, p. 133.
17 同上，頁一三四。
18 Lin Yutang, "Marxism, Sun-Yatsenism and Communism in China"; also in *Letters of a Chinese Amazon and War-Time Essays*, p. 123.
19 Lin Yutang, "Making China Safe for Kuomintang" ; also in *Letters of a Chinese Amazon and War-Time Essays*, p. 134.
20 Lin Yutang, preface to *Letters of a Chinese Amazon and War-Time Essays*, p. viii.

林語堂和許多進步知識分子一樣，為了理想主義信念參與一九二七年的大革命，期盼一個年輕的中國得以重生。但是中共階級鬥爭策略及其隨後的蔣介石和國民黨右翼的（準）法西斯統治中斷了這一夢想，使中國的民主之路受阻。在三〇年代，乃至其一生，林語堂都要兩面作戰，抵抗無產階級專政和法西斯軍國主義「雙重危險」。而這種政治姿態和魯迅的轉向大異其趣。

魯迅左轉並不是完全被動地接受中共策反的結果。當年輕的馬克思主義文學理論家扛起「革命文學」大旗鎖定魯迅進行批判時，魯迅給予了反擊。但他一邊抗拒無產階級文藝理論家的攻擊，同時自己也在潛心翻譯俄國文學理論。相反地，林語堂這段時期卻專注翻譯克羅齊藝術表現論，這不僅構成其文學美學觀，在政治上亦指向不同的方向。

其實林語堂很清楚左傾思潮在文藝界來勢洶洶。理想主義精神一旦被革命之火燃起，就很難被撲滅，即使靠強壓暫時壓住，也保不定捲土重來。實際上，它以更極端的方式迅速崛起。那些認為民族主義革命者劫持背叛了革命理想主義精神的革命青年，轉向蘇俄尋求精神導向。在一九三〇年九月十一日「小評論」專欄中，林語堂講述了革命後一、兩年內中國知識界的狀態：

> 現在你只要去（上海）福州路的新書店轉一下，你就會發現，市場上百分之七十的新書都和俄羅斯、馬克思、或者名為某某斯基、某某列夫的作者有關。要把最近兩年譯出的俄國作家的文學作品列個數目清單，恐怕哈佛或哥大俄國文學教授看了都會汗顏……因為俄

> 羅斯已經征服了青年中國，青年中國已經屬於俄羅斯。如果你認為今天青年學生的思想和意識型態和一九一九年五四時期、或者一九二七年民族主義大革命時期的一樣，那很不幸你一定搞錯了。青年中國在國民革命之後這三年內變紅了。[21]

林語堂的語調是中立的，因為他只是在「記錄一個事實，不是要做評判，除非不經意地偶爾為之」。[22]該文中林語堂不僅記錄了「過去一、兩年來席捲中國的文學布爾什維克主義巨浪」，同時，「不經意地」，在文末對現代中國的命運做出了先知性的預告：

> 這些事實最起碼能說明一點：青年中國對現狀極度沮喪，他們期望改變。那種極度沮喪的心情不是用子彈和監禁能嚇跑的。土匪橫行、騷擾不斷、愚民政策，這些最終都會成為中國通向俄國的捷徑。[23]

林語堂對紅潮的觀察可謂相當敏銳，其預言可謂遠見卓識，然而，他決意不隨大流。因為他的理想是一個再生的、基於個人權利和價值的民主中國。從他對新文化領袖人物在紅潮面前不同

21 Lin Yutang, "The Little Critic," (11 September 1930), p. 874.
22 同上。
23 同上，頁八七五。

態度的評論，我們也可以看到他自己的姿態：

> 是的，潮流轉向了……青年中國極度沮喪，從而反叛……胡適還在竭聲吶喊，但聽眾已經提不起神。周作人、錢玄同、郁達夫以及其他《語絲》同仁都是堅定的個人主義者，不會入群湊熱鬧。魯迅先是反擊，抵抗了一年，最後卻走到敵營去了。[24]

林語堂所謂「敵營」，恐怕有兩層意思，其一指中共領導下的左聯青年作家本來是魯迅論戰的敵人，其二指中共奉行的布爾什維克主義正是民主中國的敵人。很明顯，林語堂把自己歸類於周作人、郁達夫一夥，堅定的個人主義者，不會去入群湊熱鬧。事實上，林語堂此時找到了一個新的自由知識分子的俱樂部：以胡適為首的平社。

## 平社一員

林語堂上文提到「胡適還在竭聲吶喊」，指的是二〇年代末中國知識界一件大事。國民政府一上臺便加強輿論控制，胡適隨即寫了一系列政論文章，公開要求新政府保障民權，挑戰並敦促國民黨履行自己做出的有關人權的承諾。

國民黨創始人孫中山對創建一個民主的新中國曾訂下三階段建國方略：軍政期、訓政期、憲政期。按照孫中山的設想，國民革命過程為軍政期，而國民革命之後，中國應該經歷訓政期，其間仍由軍事強人領導，但軍政府應和人民約法，界定人權義務，以致人民對民主理念和實踐得到薰陶，做好準備，最終把權力轉交給民選的憲政政府。到一九二九年，國民革命已經取得勝利，國民黨成功清黨，軍閥勢力要麼被打敗，要麼被收買（比如東北），起碼名義上中國又有了一個統一的中央政府。所以，南京政府應該按照孫中山的藍圖開始「訓政」，然而約法遲遲沒有公布，卻於一九二九年四月二十日下了一道「保障人權」的命令。

胡適讀完命令之後深感沮喪：「在這個人權被剝奪幾乎沒有絲毫剩餘的時候，忽然有明令保障人權的盛舉，我們老百姓自然是喜出望外。但我們歡喜一陣以後，揩揩眼鏡，仔細重讀這道命令，便不能不感覺大失所望。」[25]因為這道命令只是禁止個人和團體侵犯他人自由和財產，卻沒提政府可不可以。事實上，新的國民政府想以「訓政」名義推行黨治，國民黨的權力不受任何制約和限制。換句話說，這道命令讓人感覺國民黨是要把中國帶上法西斯之路。對胡適來說，頒布人權法首先是要保護個人和團體的權利不受政府干擾和侵犯。國民黨的命令則相反，意圖為一黨專制統治開路，收緊人民的自由。胡適和羅隆基、梁實秋等寫了一系列政論文章，揭露政府所頒之命令。我們現在看來，這場吶喊雖然很快被國民黨政府壓制下去，但它是現代中國知識思想史上第一次公然要求人權保障的舉動。

以前我們一般都把胡適在二〇年代末的「竭聲吶喊」歸於新月社的活動。胡適及其自由

24 同上。

25 胡適，〈人權與約法〉，《胡適文集》，第五冊，北京：北京大學出版社，一九九八，頁五二四。

派朋友撰寫的人權政論文章首先刊登於《新月》雜誌第二卷第二期和第三卷第二期，後來由胡適集結出版，題為《人權論集》，亦是由新月書店一九三〇年出版。新月社是一九二三年於北京成立的文學社團，契機是泰戈爾訪華，其名稱也是來自泰戈爾一本詩集。作為文學社團，現代著名詩人徐志摩是其靈魂人物，一九三一年徐志摩因飛機失事突然去世後，新月社亦不復存在。一九二七年新月社主要成員都相繼到滬，創辦了新月書店，一九二八年又創辦了文學雜誌《新月》。[26]但自一九二九年第二卷第二期起，《新月》發表了一系列有關人權問題的政論文章。事實上，這場短暫的人權運動應該看成是平社的活動。陳子善借用林語堂一九二九年至一九三〇年未發表的日記材料並結合胡適日記，為平社的活動勾勒出更全面的圖畫，而林語堂在其間亦做出了重要貢獻。[27]

一九二九年第二卷第一號《新月》「編輯後言」宣告，將推出由平社主辦的《平論》雜誌，專門刊登時政文章，為當下中國說一些「平」話。徐志摩和新月社主幹（羅隆基和梁實秋）找到胡適，要他擔任《平論》主編。胡適有所顧慮，因為他覺得光靠新月社這幾個人辦不好這樣一份刊物。後來便採用折衷辦法，先用現有的《新月》雜誌登載「平」話，所以我們看到這本文學刊物自第二卷第二號起，連續登載了一系列論人權問題的政論文章。

雖然《平論》雜誌始終沒辦起來，平社自一九二九年四月二十一日起開始舉辦晚宴聚會。從四月二十一日至六月十六日，一共開了八次，幾乎每週一次。之後卻中斷了差不多半年，一九三〇年二月四日又重啟，一直到一九三〇年十一月胡適離滬遷居北京為止。如果說徐志摩是新月社的靈魂，胡適肯定是平社的領袖。正如新月社自一九三一年十一月十九日徐志摩離世後便不復存在，胡適自一九三〇年十一月二十八日赴京後，平社也停止了活動。

兩個社團的成員有重疊但也有不同。平社第一次聚會有七個人，主要是新月社的骨幹，羅隆基和梁實秋尤其活躍。從第二次聚會起、特別是在一九三〇年的第二階段，成員構成有所擴大，包括了其他自由派知識分子。林語堂在第二階段的加入尤其重要。從胡適日記可以看出，胡適對某些成員的論述並不是十分滿意，但對林語堂、潘光旦、全增嘏的評論和論文較為欣賞，而林、潘、全都是《中國評論週報》群成員，也是後來論語社的主幹成員。另外，林語堂還把史沫特萊帶到平社聚會，做了一次「印度的政治運動」的演講。有關胡適、林語堂和史沫特萊在中國保障民權同盟的複雜關係，將於下一節詳細分析。

第三章講到，二〇年代新月社接待泰戈爾到訪中國，林語堂並不是十分熱心。另外，魯迅和新月社主將陳源打筆仗，林語堂站在魯迅一邊積極介入。但林語堂和他們都是北大英語系同

---

26 有關新月社概述，可參見Lawrence Wang-chi Wong, "Lions and Tigers in Groups: The Crescent Moon School in Modern Chinese Literary History" in Kird A. Denton and Michel Hockx eds., *Literary Societies in Republican China*, Plymouth, UK: Lexington Books, 2008. 正如王宏志指出，胡適後來其實脫離了新月社，所以更應該把新月社和平社看成兩個不同的社團，儘管其成員有重疊。

27 參見Chen Zishan, "'Fair Society' (Pingshe) in the Diaries of Hu Shi and Lin Yutang", in *The Cross-cultural Legacy of Lin Yutang: Critical Perspectives*, edited by Qian Suoqiao, The Institute of East Asian Studies, University of California, Berkeley, 2015. 現存的林語堂日記起自一九二九年一月一日，終於一九三二年一月二十四日，於二〇〇九年首先在上海拍賣，現已轉入私人收藏。沒幾個人看過此材料，陳子善是個例外。以下論述主要來自陳子善文所披露的資訊。

事，而且他一直尊重胡適，和胡適關係良好。從林語堂和胡適日記可以看出，大革命後兩人又在上海相聚，聯繫也很頻繁。比如，胡適曾諮詢林語堂有關古音韻學問題，林語堂曾到胡適家赴宴，品嘗胡適家鄉特產。一九二九年十二月三十一日，《子見南子》一劇由上海的大學生搬上舞臺，林語堂邀請胡適和其他朋友一起前往觀看。另外，應胡適之邀，林語堂翻譯了蕭伯納劇作《賣花女》，一九二九年完稿，一九三一年由開明書店出版。

林語堂和胡適為首的平社成員都是受西式教育的自由派知識分子，林語堂加入平社也是很自然不過的事。平社的宗旨正如其名所示，是要對中國當下時政說些「平」話，這和二〇年代周作人提出、林語堂附和的「費厄潑賴」精神一脈相承。平社第一次聚會，羅隆基介紹了英國費邊社的宗旨和原則，這顯然就是平社的範本。平社成員圍繞「中國問題」，每次晚宴聚會時就各自的專業一一撰文主講，從各個角度諸如種族、社會、經濟、金融、教育、文學、思想、道德、政治、法律進行探討。一九三〇年四月十二日，平社在胡適家聚會，大家要胡適就平社研討「中國問題」先做一個原則性報告，這份報告就是後來發表的長文〈我們走哪條路？〉。該文先診斷「中國的問題」是什麼，然後提出解決方案，可以被看成是平社的一種宣言：

> 我們的真正敵人是貧窮，是疾病，是愚昧，是貪汙，是擾亂。這五大惡魔是我們革命的真正對象，而它們都不是用暴力的革命所能打倒的。打倒這五大敵人的真革命只有一條路，就是認清了我們的敵人，認清了我們的問題，集合全國的人才智力，充分採用世界的科學知識與方法，一步一步地做自覺的改革，在自覺的指導下一點一滴地收不斷改革之全

功。不斷的改革收功之日，即是我們的目的地達到之時。[28]

胡適這篇宣言和費邊社理念相近，其中至關重要的含意是拒絕共產主義宣揚的階級革命手段。林語堂日記對當天討論做了扼要紀錄：「(四月)十二日晚，平社在適之家談革命與反革命，極有趣。」

胡適日記也記載了他對林語堂第一次參加聚會所作評論的欣賞。一九三〇年二月二十一日，平社在胡適家舉辦當年第二次聚會，由劉英士和羅隆基就「民治制度」問題進行辯論。胡適對當天的辯論不甚滿意，覺得兩人都沒抓到要害。但胡適當晚日記最後寫道：「末後，林語堂說，不管民治制度有多少流弊，我們今日沒有別的制度可以代替它。今日稍有教育的人，只能承受民治制度，別的皆更不能滿人意，此語極有道理。」我們可以看到，在民主問題上，胡適和林語堂的觀點完全一致。在林語堂看來，中國要實現民主，並不需要長篇大論，而只需要實施一些最基本的東西：「在我個人看來，所有『主義』辯論都是沒用的。如果民族主義能給中國帶來普通的民主，即言論自由、信仰自由，能夠遵守多數原則，即使多數不在你這邊，能夠讓中央委員會正常按時開會，而不是用各種藉口阻撓，如果這些英美小孩都能懂的民主ABC能夠得到尊重，我就相當滿足了。」[29]

---

28 胡適：〈我們走那條路?〉，《胡適文集》，第五冊，頁三六一—三六二。

29 Lin Yutang, "Preface", *Letters of a Chinese Amazon and Wartime Essays*, p. viii-ix.

胡適原打算把平社聚會上就「中國問題」探討的文章集結出版，但這一計畫最終沒能實現。一九三一年，中國聯合出版社（China United Press）出版了一本《中國自己的批評家：胡適和林語堂論文選》（*China's Own Critics: A Selection of Essays* by Hu Shi and Lin Yutang），其中收錄胡適〈我們走哪條路？〉、〈人權與約法〉、〈我們什麼時候才可有憲法？〉、〈知難行亦不易〉、〈中國貧瘠的歷史遺產〉以及林語堂十二篇「小評論」文章。該書編輯湯良禮是汪精衛的親信，他為胡適文章作注，亦為該書作序道：「正當南京當權派及其留洋海歸宣傳家沉浸在自我欣賞自我崇拜之時，在我們政府實施愚民政策之際，我們聽到兩位中國知識界重量級人物誠實而勇敢地說出自己的聲音，這讓我們耳目一新。」[30]

一九三〇年五月十日平社聚會上，林語堂就「政治制度與國民性」議題做了一個報告，隨後於九月三十日在上海美國大學俱樂部宣讀，文章首先發表於一九三〇年十月九日《中國評論週報》，題為「Han Fei as a Cure for Modern China」（韓非作為救治現代中國的良方），後又被收入《中國自己的批評家：胡適和林語堂論文選》。和胡適直接呼籲中國需要人權約法不同，林語堂剖析批評中國國民性過分陶醉於儒家（偽）道德說教，提出法家韓非的思想不失為「救治現代中國的良方」。儒學提倡內聖外王，培養道德高尚之士推行仁義之治。這套治理理念對官員之道德操守期望值也太高了，這等於是說：「假如你是個好官清官，我們就給你立牌坊嘉獎，但假如你是個貪官爛官，我們也不會送你進監獄。」[31]韓非卻不理這種道德說教，堅信法律鐵面無私，富人窮人貴族平民一視同仁。林語堂解釋道，法家思想似乎是對官員說：「我們並不要求你多麼仁義多麼高尚，你做個好官清官我們也不會給你立牌坊，但你要是個貪官爛官，我們就把你關監獄。」[32]林語堂發現兩千多年前的法家思想家韓非很「不像中國人」，卻很像「現代人」，韓非可以做「現代中國的預言家」。

〈匪首〉（The Model Bandit）亦被收入《中國自己的批評家：胡適和林語堂論文選》一書，林語堂用幽默進行社會批評，這篇發表於一九三〇年八月二十一日的「小評論」文章應算極品。選擇「土匪」作為題目，好像是回應胡適的判斷：腐敗與內戰才是當下中國的敵人。文章用第一人稱，「假定我是個土匪」，設想在當下中國巧妙運用哪些花招可以成為一個土匪首領。不過林語堂承認，他自己是絕對不夠格的，因為「做個匪首，並不容易，第一便須輕財仗義、豪俠好交，能結納天下英雄、江湖豪傑，這是我斷斷做不來的。做土匪的領袖，與做公司或社會的領袖一樣，須有領袖之身分、手段、能幹、靈敏、陰險、辣潑、無賴、圓通，是非不要辨得太明，主義不要守得太板……這是據我的觀察，一切的領袖所共有而我所絕無的美德」。[33]儘管如此，林語堂還是假想若要在中國做個匪首，需要哪些技能和手段：必須要學會寫一手漂亮

30 T'ang Leang-Li, "Preface", in *China's Own Critics*, p. v. 顯然汪精衛及其派別當時在國民黨內受到排擠。幾年後，汪精衛派得勢，湯良禮擔任國民黨黨報《國民新報》主編，林語堂會遇到很大麻煩。詳見下一章。

31 Lin Yutang, "Han Fei as a Cure for Modern China", *The China Critic* (October 9, 1930), p. 966. 林語堂於一九三二年十月十六日《論語》第三期發表〈半部韓非治天下〉，和兩年前所寫的英文文章意思相近，但中文要比英文簡短許多。這裡用英文譯文。

32 同上，頁九六六。

33 林語堂，〈假定我是土匪〉，《論語》第四十四期，一九三四年七月一日，頁九二四。

的書法，能擬得體動人的通電，這樣，一個匪首在三年內可掙個一百萬，甚至兩百萬，「一切都是打著國家重建和現代化的名義」。然而，這篇專欄剛寫完，林語堂在報上看到一條消息：湖南的何健將軍兩星期之內便得到兩百萬，到十一月底還有追加六百萬，「都是以反共建軍修戰壕之名義」。[34]林語堂覺得這條消息不可思議，他剛剛撰文推算一個匪首三年內能賺一百萬，而這條消息等於給他打臉，讓他看起來愚不可及。林語堂只好給何健將軍寫下頌詞：

長沙何健將軍，他的名聲將永垂不朽。我敢絕對肯定。起碼在我的腦海記憶中，他將是一個標竿，證明我的想像力有多麼差勁，我的文學造詣又有多麼幼稚。我真想成為羅丹再世，邀請他在我面前坐下，擺好姿勢，讓我用一塊破石頭精雕細琢成一個戰神塑像，眼睛裡冒出仇共的怒火，心裡面美滋滋想著八百萬現鈔！一看到他，我們對「現實」之信念油然加深，而任何浪漫和理想主義思緒立刻分崩瓦解，就像阿波羅金色馬車駛過凌晨藍色的天空驅散雲霧一樣！只要他吹口氣，理想主義必然萎靡，浪漫主義立刻煙消雲散，而現實主義，握住「現實」之手，巍然矗立，讓我們毛骨悚然，啼笑皆非。[35]

## 中國民權保障同盟

在三〇年代的中國，為謹防「布爾什維克主義和法西斯主義之雙重危險」而兩頭作戰，這可不是件容易的事。三〇年代國共兩黨針鋒相對，爭民權必然陷入黨爭的漩渦。一九三〇年十一月二十八日，胡適離滬赴京定居，平社也停止了活動。幾年之後，林語堂和胡適又在中國民權保障同盟一起合作，為爭取中國民權而努力。另外，魯迅和林語堂因南雲樓事件停止交往後，魯迅日記顯示，兩人自一九三三年一月十一日起又恢復交往，這也正是兩人同時參與中國民權保障同盟之時。然而，該組織內部的衝突則凸顯了林語堂、胡適和魯迅在現代中國知識思想史上不同的處世立場。

一九三二年十二月十八日，上海《申報》發布了「宋慶齡等發起組織中國民權保障同盟」的消息，「中國民權保障同盟籌備委員會」由宋慶齡、蔡元培、楊銓、黎照寰、林語堂組成，並發表成立宣言。一九三二年十二月三十一日，《申報》繼續報導稱，民權盟三十日舉行了一場記者招待會，由蔡元培和楊銓主持，宋慶齡雖然沒到場，但遞交了書面發言，蔡元培在會上致詞，重申創辦該組織的目的。楊銓也做了報告，說民權盟計畫在各地建立分會，隨後召集各地分會執行委員開會，選舉產生全國執行委員會。在此之前，發起人之中成立了「臨時執行委員會」，由宋慶齡擔任主席，蔡元培任副主席，楊銓為總幹事，林語堂為宣傳主任。全國執行委員會的選舉後來一直沒能舉行，但在上海和北平設立了兩個分會。北平分會於一九三三年一月三十日成立，胡適被選為分會主席。魯迅則被選為上海分會的執行委員。

---

34 Lin Yutang, "The Little Critic" (August 28, 1930), p. 828. 何健在中共版現代史上可謂臭名昭著，他是湖南的國民黨將軍，負責圍剿毛澤東領導的紅軍，殺了毛澤東第一任妻子楊開慧，還挖了毛家的祖墳。

35 同上。

民權盟創辦及其以後的活動中，還有兩位美國人特別積極：伊羅生和史沫特萊。伊羅生於一九三〇年十二月到達上海，用他自己的話說，是「一個二十歲剛出道的新聞記者，正尋求經驗與履歷」。[36]他在為美國人辦的報紙《大美晚報》（*Shanghai Evening Post & Mercury*）擔任記者一段時間以後，自己辦了一份週刊《中國論壇》（*China Forum*），推廣左翼文學。女權主義革命家史沫特萊也在民權盟發揮了重要作用。按史沫特萊的說法，「在中國知識圈內，林語堂的地位介於胡適和革命家魯迅之間」，[37]而林語堂透過「小評論」專欄呼籲法治保障民權，尤為得力。在中國民權保障同盟裡，林語堂、史沫特萊和伊羅生主要負責聯盟的英文出版和宣傳。

要理解林語堂在民權盟的活動，我們首先要搞清楚民權盟的性質。民權盟到底是什麼性質的組織，我們現在已經可以看得很清楚了。一九七二年十二月二十五日，在一次魯迅博物館的座談會上，胡愈之和馮雪峰都指出，中國民權保障同盟實際上是共產國際領導下的「赤色濟難會」（International Red Aid，俄文縮寫MOPR）中國分會。[38]「赤色濟難會」成立於一九二二年，共產國際要把它打造成一個「具有政治意味的國際紅十字會」，發動共產主義事業的同情者和同路人為在各國從事階級鬥爭而被捕的政治犯提供精神和物質上的援助。問題在於：胡愈之和馮雪峰只說對了一半。中國民權保障同盟同時有隱性（隱藏的）和顯性（公開的）目標與任務。宋慶齡、史沫特萊、魯迅確實是把民權盟當成「赤色濟難會」的中國分會來操作，但對蔡元培和林語堂可沒這麼明說，起碼蔡、林絕對不是這麼理解的。

民權盟的創立由宋慶齡發起，而起因是「牛蘭事件」。一九二七年國共分裂之後，宋慶齡逃到蘇聯並和共產國際建立了緊密聯繫。事實上，宋慶齡創辦民權盟時，她不只是一個共產主義的同情者或同路人，而且已經是一位共產黨祕密黨員，直接聽命於共產國際。[39]一九三一年宋慶齡回國參加母親葬禮，取道莫斯科停留，並與蘇聯領導人會晤。很顯然，蘇聯領導人給宋慶齡的指令之一，便是要求宋組織援救已於一九三一年六月十五日在上海被捕的牛蘭夫婦。[40]

一名共產國際信使在新加坡被捕，從而導致「牛蘭夫婦」遭上海公共租界巡捕房捉捕，這事當時在中國乃至全世界成了轟動一時的新聞。多虧利登（Frederick S. Litten）的檔案研究，我們現在終於知道其真實身分。[41]他們的真名叫雅可夫・魯德尼克（Yakov Rudnik）和塔吉亞娜・瑪依仙柯（Tatyana Moiseenko），兩人都是共產國際特工，上海共產國際聯絡部（俄文縮寫OMS）負責人。「OMS是共產國際在上海的錢財和通訊的中央樞紐……總之，一切有關住

---

36 Harold R. Isaacs, *Re-encounters in China: Notes of a Journey in a Time Capsule*, Armonk, New York: M. E. Sharpe, 1985, p. 4.

37 Agnes Smedley, *Battle Hymn of China*, New York: Alfred A. Knopf, 1943, p. 111.

38 參見《魯迅研究資料》，引自倪墨炎，《魯迅的社會活動》，頁二一三。

39 雖然宋慶齡具體加入共產黨的日期還有待進一步檔案資料核實，但她已是共產黨員的身分有兩件事實可以說明：一、廖承志的回憶錄中稱，民權盟營救廖承志成功出獄後，宋慶齡隨即到他家探訪並明確告訴他：宋代表「最高組織」——共產國際。二、根據新近解密的文件，共產國際指派的官員和共產國際遠東局官員一份談話備忘錄紀錄，宋慶齡被稱為能幹而稱職的黨員，深諳共產國際的保密原則來執行指令。宋慶齡的黨員資格直接由共產國際授予，而不是通過中共。參見楊奎松，《民國人物過眼錄》，廣州：廣東人民出版社，二〇〇九。

40 參見尚明軒主編，《宋慶齡年譜長編》，第一卷，北京：社會科學文獻出版社，二〇〇九，頁二四一—二四二。

41 Frederick. S. Litten, "The Noulens Case", *The China Quarterly*, No. 138, (June 1994).

宿、財政和通訊事務都由牛蘭經手。」[42]

宋慶齡一回到中國便開始營救牛蘭的工作，比如親自到監獄探訪，並祕密通報莫斯科最新指令：從現在開始他們的名字改成「保羅・呂埃格」（Paul Ruegg）。[43]一九三一年十二月十六日，宋慶齡還親自造訪蔣介石本人，建議用牛蘭夫婦交換被蘇聯軟禁的蔣經國，被蔣介石當面拒絕。[44]一九三二年七月，宋慶齡成立上海營救牛蘭夫婦委員會，成員包括楊銓、埃德加・斯諾（Edgar Snow）、史沫特萊和伊羅生，與國際聲援牛蘭委員會合作協調。[45]

籌辦中國民權保障同盟和營救牛蘭夫婦的工作同步進行。為了擴大聲援基礎，宋慶齡通過楊銓找到蔡元培和林語堂一起入夥。楊銓和宋慶齡關係緊密，擔任宋的祕書，同時也是中研院總幹事，和蔡元培、林語堂都是中研院同事，而蔡、林當然是知識界重量級人物。要建立這樣一個知識界統一陣營，用共產國際的名義當然行不通。於是民權盟的「宣言」明確指出其宗旨「不是要領導中國人民進行政治和經濟鬥爭從而推翻現政權」，而是要力爭釋放政治犯，為他們提供法律援助，以確保言論、出版、結社、集會自由等民權得以實施。輿論宣傳方面，有報刊聲稱民權盟是「以美國著名的公民自由聯盟為範本」。[46]其實這是林語堂自己的主張。一九三二年十一月三日，林語堂在「小評論」專欄發表〈建立一個公民自由聯盟〉（For a Civic Liberty Union）一文，提議現任司法部長羅文榦博士應該站出來做該聯盟的首領，因為羅文榦是第一個把「英國自由的基石」——「人身保護令」（*habeas corpus*）觀念介紹到中國的博士，而且北洋政府曾違背法律程序將他監禁八個月。「羅文榦、孫夫人、胡適完全應該一起站出來組織一個不分黨派的中國公民自由聯盟，以美國杜威領導的公民自由聯盟為範本……這樣一個公民自由聯盟應該不只是為政治犯、而是要為**所有**階級的**所有**囚犯提供辯護。我敢肯定，『所有』兩個字聽起來很棒。」[47]在一九三二年十二月三十一日召開的記者招待會上，蔡元培致詞亦重申：「民權盟無黨派的成見，決無專為一黨一派的效力，所願保障的是人權，〔其〕對象就是人。」[48]該記者會上，由林語堂宣讀宋慶齡的書面發言，並為外國記者解釋蔡元培的致詞，同時也闡述了自己對民權盟之性質的理解，強調「該聯盟不參與黨派政治，為被捕或被迫害人士進行干預完全出於人權考量，以確保他們的案件能夠依法處理。」[49]

如此看來，中國民權保障同盟是一個由蔡元培、林語堂、胡適等自由派知識分子和宋慶齡、史沫特萊、魯迅等左翼革命派組成的獨特聯盟，它一開始就是一個十分尷尬的結合。雖然他們似乎都同意推動國民政府治下的人權保障和法制文化，但他們其實都有各自的目的和主

---

42 同上，頁五〇二—五〇三。據利登披露，「一九三〇年八月至一九三一年五月，遠東局的開支達到平均每月八五〇〇英鎊。其中給中共的每月超過二五〇〇〇金元（比預算要多）」，頁五〇六。

43 同上，頁四九五。

44 楊天石，《蔣氏密檔與蔣介石真相》，引自倪墨炎，《魯迅的社會活動》，頁一九〇。

45 尚明軒主編，《宋慶齡年譜長編》，第一卷，頁二五九。

46 “Mrs. Sun Yat-sen Heads Civil Rights League”, *The China Weekly Review* (December 31, 1932).

47 Lin Yutang, “For a Civic Liberty Union”, *The China Critic* (November 3, 1932). 許多年以後，林語堂在美國和華爾西通信憶起此事，他還是使用「公民自由聯盟」這個詞，參見第十章。

48 參見倪墨炎，《魯迅的社會活動》，頁一八〇—一八一。

49 “League for Civil Rights”, *The North China Herald*, January 4, 1933, p. 13.

張，而這種分歧在同盟具體展開活動過程中必定會顯現出來。

對自由派知識分子來說，保障人權不是革命行動，不是要推翻現有政權（雖然國民政府在人權紀錄方面非常不盡人意），而是要維護一個民主共和政府應有的基本原則。林語堂於一九三三年三月四日在上海華人基督教青年會發表演講，解釋成立中國民權保障同盟的必要性及其功能。他以其擅長的幽默筆調，用人的動物功能來說明言論自由。人類要言論自由，問題出在人的語言功能，因為「只有人才有複雜的語言功能，動物發出的喊聲只能表達一些原始的基本需求，比如因痛苦、饑餓、恐懼、滿足等」。[50]《伊索寓言》根本就是對動物世界的誹謗，讓動物像人一樣說話。假如狐狸看到一串葡萄高高掛著搆不著，牠就走開了。是人逼著狐狸說葡萄是酸的。於是林語堂話鋒一轉，切入正題：

> 蕭伯納說得對，只有一種自由值得擁有：被壓迫時喊痛的自由，以及清除受傷害之條件的自由。現今中國我們需要的自由就是喊痛的自由，還不是說話的自由。[51]

換句話說，我們現在爭取的還只能算是「動物權利」。林語堂指出，實際上也不存在絕對的言論自由。比如，你對你的鄰居如實說出你對他們的看法，那肯定吵架了。在中國的社會現實中，人民的言論自由就意味著官員的行為會受到限制，那他們肯定會覺得言論自由很討厭，要捍衛把媒體的嘴捂住的自由。這兩種自由當然是對立的：

> 武人總是想用祕密審判把人處死，民權盟則要求進行公開審判。官員總是想把對手綁架起來讓他從地球上消失，但民權盟則要發公開電報，要求知道他們的行蹤。隨著民權盟展開的工作不斷深入，它也肯定會越來越被人討厭。[52]

另一方面，對宋慶齡、魯迅等左翼知識分子來說，國民政府背叛革命鎮壓共產黨，他們必須繼續革命推翻國民黨政權。民權盟的真正作用就是做赤色濟難會的中國分支，為中國的共產主義事業提供精神物質支援。魯迅在民權盟的具體運作中並沒有擔任領導角色，但作為左聯的旗手，他加入民權盟已經提供了精神上的支援。其實，魯迅的支持遠非僅僅是精神上的。他還是營救中共政治犯的祕密聯絡點。正如魯迅傳記作者倪墨炎指出，透過考察魯迅在民權盟和中共之間傳遞祕密情報的角色可以說明，魯迅不僅非常清楚民權盟實際受共產國際領導，而且對哪個級別的人負責哪些具體營救事務也十分了然。[53]正是在這種情況下，魯迅和林語堂恢復了聯繫。比如，魯迅日記一九三三年五月十五日記載：

---

50 Lin Yutang, "On Freedom of Speech", *The China Critic* (March 9, 1933), p. 264.

51 同上，頁二六四—二六五。

52 同上，頁二六五。

53 參見倪墨炎，《魯迅的社會活動》，頁二二四。

林語堂為史沫特萊女士餞行，亦見邀，晚同廣平攜海嬰至其寓，並以玩具五種贈其諸女兒，夜飯同席十一人，十時歸，語堂夫人贈海嬰惠山泥孩兒一。[54]

看上去兩家關係不錯，但這時魯迅和林語堂的關係最多也就是不冷不熱，起碼兩人在政治問題上沒有坦誠相待。一九三六年魯迅去世後，林語堂當時已赴美，聞訊後寫了〈悼魯迅〉一文，文中稱：「魯迅黨見愈深，我愈不知黨見為何物。」[55]這句話並非完全準確，因為經歷過民權盟所發生的事後，林語堂一定對「黨見」為何物深有感觸。

民權盟宣布成立後馬上便開始活動，反對國民政府踐踏人權的行為。從一九三二年十二月到一九三三年六月，民權盟存在了半年，其間大多數活動都是圍繞著營救被國民政府關押的共產黨「政治犯」。除了營救牛蘭夫婦，民權盟還花了很多工夫組織營救許德珩、陳獨秀、黃平、廖承志、丁玲等「進步人士」，這當然符合共產國際及其赤色濟難會的宗旨。史沫特萊和宋慶齡對黃平的案件特別關注，因為黃平是當時共產國際的紅人。國民黨政權侵犯人權的案子也確實多。有一件案子曾轟動上海媒體，民權盟所有成員也一起努力呼籲。江蘇鎮江《江聲日報》創辦者劉煜生曾揭露國民黨江蘇省主席顧祝同有關販賣鴉片和其他貪汙問題，顧直接把劉給抓了起來，指控劉是共產黨，也不經任何法律程序，就把劉槍決了。在三〇年代的中國，要提倡保護人權，往往會被當作支持共產主義革命，無論這種指責是有根據還是憑空捏造；而政府對侵犯人權的行為都可以辯解為防範中共顛覆政權，無論是真有其事還是臆想猜測。

民權盟內部的緊張關係由於民權盟開除胡適一案而暴露無遺。民權盟北平分會於一九三三年一月三十日一成立，由胡適領導的分會和上海的總部之間馬上就出現矛盾。二月四日，胡適收到史沫特萊一封「應孫逸仙夫人和林語堂博士之請」而寫的英文信，隨信附有一份來自北平陸軍反省院某政治犯的「控訴書」，揭露反省院裡實施各種酷刑。史沫特萊告訴胡適，「控訴書」已經轉給媒體發表，並敦促北平分會立即採取行動，以免反省院政治犯受到進一步迫害。[56]當天胡適便寫信給蔡元培和林語堂，懷疑「控訴書」造假，並敦促民權盟先調查「控訴書」之真偽然後再發表。胡適的懷疑是有理由的，因為一月三十一日，即分會成立後第二天，胡適、楊銓和分會另一成員就前往該反省院考察，期間和許多關押人士在寬鬆的氛圍下交談，沒人提出有酷刑之事。二月五日，胡適的信還沒寄出，他發現北平一家英文報紙《燕京新聞》已經刊登了這份「控訴書」，並由宋慶齡親筆簽署，以「中國民權保障同盟的全國執行委員會」名義發表。同一天，中文報紙《世界日報》社轉給胡適一封他們收到的信，寄信人「李肇音」，「住後門米糧庫四號胡宅」，聲稱是胡適委託他轉交「河北第一監獄政治犯致中國民權保障同盟北平分會函」，希望《世界日報》予以刊登。此「函」和史沫特萊附的英文「控訴書」所揭露的內容幾乎完全一致。於是胡適再一次去函蔡元培和林語堂，證明兩份文件一定來自同一個出處，明顯作假，並警告道：「如果一二私人可以擅用本會最高機關的名義，發表不負責

54 魯迅，《魯迅全集》，第十五卷，頁七九。
55 林語堂，〈悼魯迅〉，《宇宙風》，第三十二期，一九三七年，頁三九五。
56 史沫特萊，〈致胡適信〉，《胡適來往書信選》，北京：中華書局，頁一六九。

任的匿名稿件，那末，我們北平的幾個朋友，是決定不能參加這種團體的。」[57]另外，胡適還直接去信《燕京新聞》編輯部，揭露該「控訴書」是偽造的事實。信末胡適表明自己的明確立場：「我憎恨殘暴，但我也憎恨虛妄。」[58]

林語堂收到胡適信後便立刻回了一封私人函，告知胡適「控訴書」由史沫特萊交來，確曾在臨時執委會傳閱，因為大家都相信史女士的人格，所以都沒懷疑會有作假。但收到胡適信後，蔡元培、楊銓和林本人都覺得事態嚴重，必須澈底調查。臨時執委會不日便開會討論此事，林相信到時免不了「發生嚴重波折」。林語堂還對胡適坦誠：民權盟的臨時組織架構甚不妥當，為了民權盟的長遠發展必須「破除情面」找到適當辦法。顯然林語堂意識到困難不小，但又表示，胡適來信語氣堅定，這有助於他們為之一搏：「本會現此情形，諒你由分子之結合可推想得到。」[59]本來是楊銓上北平促成北平分會的成立，並隨即和胡適一同訪問了該「控訴書」所提到的反省院。看到胡適給蔡、林的信後，楊銓去信胡適，信中這樣寫道：「弟行時曾告兄，弟等奔走此會，吃力不討好，尤為所謂極左者所不滿，然集中有心人爭取最低限度之人權，不得不苦鬥到底，幸勿灰心，當從內部設法整頓也。」[60]

一九三三年二月十二日，民權盟臨時執委會開會討論此事長達兩個多小時。最後結果是：執委會要求蔡、林給胡適回了一封公函，信中解釋此事確實經過執委會討論，因為大家認為「控訴書」所揭露之事在監獄裡司空見慣，故沒有具體核查。「故此文若不宜由本會發表，其過失當由本會全體職員負責，決非一二人之過，亦決非一二人擅用本會名義之結果也。」[61]然而，胡適可沒有此事到此為止的意思。他讓上海最有影響力的英文報紙《字林西報》做了一個專訪，不僅再次揭穿所謂「控訴書」為造假，而且進一步解釋他對「政治犯」的看法。胡適堅持認為爭取人權不能基於造假，而且，據《字林西報》轉述：

> 胡適博士說，民權盟不應該要求政府一概釋放政治犯並免於法律責任。有行動要威脅到其生存時，政府有權保護自身，但政治嫌疑犯應該遵循法律程式處理，就像其他嫌疑犯一樣。[62]

《字林西報》專訪一出，民權盟立即採取行動。宋慶齡和蔡元培發了兩份電報給胡適，要求澄清。他們明確表示：要求釋放政治犯是民權盟根本原則不可更改，而胡適的言論已經對同

---

57 胡適，〈致蔡元培、林語堂信〉，《胡適來往書信選》，頁一八一。

58 胡適，〈致《燕京新聞》編輯部〉，《胡適來往書信選》，頁一八三。《胡適來往書信選》沒有提供英文原文出處，無法確定《燕京新聞》的英文名稱，最有可能的是 *The Yenching Gazette*，該報起先是中文報紙，報名為《平西報》，後改名為《燕京報》，自一九三三年三月十六日起改為中英雙語版。可是胡適的英文信原稿寫於並應該發表於一九三三年二月五日。我試圖查出該信英文原文，但沒有成功。感謝彭春凌博士幫助核查此注。

59 林語堂，〈致胡適信〉，《胡適來往書信選》，頁一八五。

60 楊杏佛，〈致胡適信〉，《胡適來往書信選》，頁一八六。

61 蔡元培、林語堂，〈致胡適信〉，《胡適來往書信選》，頁一八七。

62 "Forged Appeal on Prisons", From Our Own Correspondent, in *The North-China Herald* (March 1, 1933).

盟的組織紀律造成了傷害。魯迅此時站出來把批判矛頭對準胡適。他寫了一系列雜文，譴責胡適公然捍衛法西斯政權迫害「政治犯」的權利。[63]胡適對同盟總部的電文不予回覆，於是民權盟於三月三日開會做出決議，開除胡適，並登報公示。

蔡元培和林語堂確實參加了民權盟三月三日的會議，並在同盟開除胡適的決議上簽署。但正如邵建在研究該案時指出，蔡、林兩人一定是迫於無奈。蔡元培三月十七日給胡適的一封私信是這麼寫的：

> 適之先生大鑑：
>
> 奉四日惠函，知先生對民權保障同盟「不願多唱戲給世人看」，且亦「不願把此種小事放在心上」，君子見其遠大者，甚佩甚感。弟與語堂亦已覺悟此團體之不足有為，但驟告脫離，亦成笑柄；當逐漸擺脫耳。承關愛，感何可言！此覆，並祝著祺。[64]

很明顯，蔡、林試圖從同盟撤身，事實上，該風波後，他們便經常缺席民權盟的重要會議。[65]民權盟則繼續營救中共活躍分子，比如被國民黨藍衣社綁架的左翼作家丁玲。還沒等蔡元培、林語堂能夠體面地「擺脫」，法西斯卻開始行動了。楊銓不斷收到死亡威脅，一九三三年六月十八日於中研院大門口被暗殺。國民黨這招顯然是敲山震虎，殺雞儆猴，他們的真正目標當然是宋慶齡，但她是「孫逸仙夫人」，要動她恐怕不好收拾。楊銓是宋慶齡親密助手，不幸成為犧牲品。另外，從以上楊銓致胡適信可以推斷，很有可能孫夫人也沒有給楊銓明白交待——

民權盟的實際功能是共產國際赤色濟難會的中國分會。楊銓身為現代中國「有心人」之一，為「爭取最低限度之人權」獻出了自己年輕的生命（享年四十歲）。隨後，林語堂敦促宋慶齡，為了全體成員的安全，停止民權盟一切活動。林語堂自己也收到威脅，將成為下一個目標。[66]顯然，對蔡元培和林語堂來說，此事件雖然可悲，但也不失為自己從同盟撤身的契機。[67]

## 暗中放冷箭

一九三三年六月二十日，魯迅參加了楊銓的入殮儀式，宋慶齡、蔡元培也都參加了。馮雪峰回憶錄稱，魯迅那天沒看到林語堂在場，於是對他說：「這種時候就看出人來了，林語堂

---

63 有關魯迅對胡適的攻擊，邵建做了精闢分析，參見邵建，《二十世紀的兩個知識分子——胡適與魯迅》，北京：光明日報出版社，二〇〇八，頁二五九—二九七。邵建在分析中特別強調「權利」和「權力」，但參照英文原文，《字林西報》專訪為轉述，用的是「權利」。

64 《胡適日記全編》，頁二一一。許多年後，林語堂和華爾西通信中講到此事時，說他在整個事件中被「誘騙」了。參見第十章。

65 邵建指出之後有兩次重要會議，蔡、林都沒出席，一次是三月十八日，另一次是四月十五日。參見邵建，《二十世紀的兩個知識分子——胡適與魯迅》，頁二九六。

66 參見 Helen Foster Snow, *My China Years*, p. 137.

67 楊銓被暗殺後，林語堂繼續在自己主編的中文雜誌上刊登其詩作。比如，《人間世》一九三五年三月二十日第二十三期刊有〈楊杏佛先生遺墨〉和〈杏佛遺詩〉。

就沒有去；其實，他去送殮又有什麼危險！」[68]魯迅這句話他自己沒有寫下來，無法完全確定是不是他的原話。但可以想像魯迅說過類似的言論。如上所示，在此階段，即一九三三年一月十一日（林語堂的名字重新出現在魯迅日記中）到一九三四年八月二十九日（林語堂的名字最後一次出現在魯迅日記裡），魯迅和林語堂的關係表面上客氣友好，實際上內部緊張，可以說是：志雖不同，亦相謀也。這是因為兩人在三〇年代中國政治環境中取態完全不同。而且這種關係也是不平等的：魯迅的文學政治實踐必須遵循中共或共產國際紀律保守祕密，而林語堂的文學活動則沒什麼祕密可言。

林語堂參與中國民權保障同盟，向法西斯右翼爭人權，但他馬上發現他不得不也向布爾什維克左翼抗爭。林語堂創辦《論語》、《人間世》等雜誌，提倡幽默、閒適、小品，在三〇年代文壇取得相當成功，這在左翼文人看來是不能忍受的。左聯的宗旨就是要在意識型態領域占領絕對優勢，通過筆戰主導主流輿論。在輿論爭奪戰中，左聯鎖定林語堂，認為其影響已構成意識型態威脅，於是在一九三四年九月創辦自己的散文雜誌《太白》作為陣地，開始對林語堂進行有組織的圍剿攻擊。林語堂亦奮起回擊。同新月社（主要是梁實秋）和左翼（主要是魯迅）之筆戰一樣，林語堂和左翼（尤其是魯迅）的爭論，是現代中國知識思想史上，自由派知識分子和共產黨左翼之間發生的幾次辯論之一。我這裡特別講一下魯迅和林語堂筆戰的性質與方式。

現代中國文學有一個現象：魯迅和其他左翼作家經常使用各種不同筆名，一般的解釋認為，這是他們為了避免遭受國民黨政權的迫害。但他們用匿名攻擊林語堂和其他非當權的作家恐怕不能用這一理由。左翼作家創辦《太白》開始集中攻擊時，林語堂寫了〈筆名的濫用〉一文。林語堂先討論了中國傳統文化中士人用字、號的來由，然後直入主題：當代作家濫用筆名實際反映了當代作家人品不正，存在嚴重缺陷。它被用作一種面具，使他們可以攻擊別人卻不用負任何責任。「或是用真名字罵人或糾正朋友的錯誤，或做理論上的討論，至少這是有勇氣，光明正大，總像一回事」，而躲在暗處攻擊別人好似手淫，很卑鄙的行為，既「缺乏西洋『費厄潑賴』（Fair play），又缺乏中國士義道風」。[69]然而，公開而公平的辯論，林語堂是不會得到的。他知道利用各種筆名的攻擊來自左翼作家，但不能確定魯迅是不是也參與其中。[70]《人間世》一出，遭到第一波攻擊潮，此時林語堂還寫信給魯迅，詢問攻擊者都是誰，魯迅回信給林語堂回信解釋道，批評者有三種人，第一種是惡意的，其他兩種人（包括左翼作家）都是善意的。[71]八個月以後，魯迅在《太白》用筆名發表〈隱士〉。該文表面上諷刺挖苦中國傳統中的「隱士」之虛偽。然後筆鋒一轉，露出鋒芒：

68 馮雪峰，《回憶魯迅》，北京：人民文學出版社，一九五七，頁四五。改革開放前，魯迅這句話廣為宣傳，以證明林語堂是個「膽小鬼」。倪墨言曾為此翻案，舉例說林語堂其實也參加了一九三三年七月二日楊銓的出殯下葬儀式。參見倪墨言，〈為林語堂辯證一件事〉，《新民晚報》，一九八二年二月十八日。當然，我要講的意思不在此。

69 林語堂，〈筆名的濫用〉，《人間世》，第十六期，一九三四年十二月五日，頁二四。

70 其實林語堂一直懷疑魯迅有用各種筆名攻擊他。比如，他曾經懷疑胡風和徐懋庸都是魯迅的筆名。參見董大中，《魯迅與林語堂》，頁九七、一二三。

71 魯迅，〈致林語堂〉，《魯迅全集》，第十二卷，頁四〇〇—四〇一。

「泰山崩，黃河溢，隱士們目無見，耳無聞，但苟有議及自己們或他的一夥的，則雖千里之外，半句之微，他便耳聰目明，奮袂而起，好像事件之大，遠勝於宇宙之滅亡者。」[72]

魯迅「雜文」從來不和對手就具體問題展開「理論性討論」。這些雜文都是投向敵人的「匕首」。如此，則要先找到敵人弱點，然後對準目標猛擊過去。但攻擊的方式並不一定是直擊過去，而往往是一種陰冷隱蔽的「匕首」，在顧左右而言他時，無意間順手拋出，一擊致命。魯迅看準林語堂的「弱點」有：對袁中郎學術與人品的不同看法，或是林語堂自封的書齋名「有不為齋」（魯迅認為十足一個城市「隱士」）。[73]整體看來，魯迅投向林語堂的匕首沒有他給其他敵人（如梁實秋）的那樣毒，不過以下例子除外。

《人間世》第十二期做了一個辜鴻銘專輯，林語堂寫了一篇短文闡述自己對辜鴻銘的理解。林語堂回憶道，自己讀聖約翰大學時就喜歡讀辜鴻銘的英文文章，儘管辜鴻銘政治上保皇反革命，林語堂還是很欣賞辜鴻銘文章展露的那種「洋氣」，陳友仁、孫中山也有那種「洋氣」，也就是中國人所謂的「骨氣」，在海外長大的人士常有這種「洋氣」。林語堂進而寫道：「此種蠻子骨氣，江浙人不大懂也。」[74]

《太白》一九三五年四月二十日第二卷第三期，魯迅針對以上言論，當然是用另一個筆名，發表了以下段子：

「天生蠻性」

——為「江浙人」所不懂的

辜鴻銘先生贊小腳；

鄭孝胥先生講王道；

林語堂先生談性靈。[75]

要知道這個段子有多毒，需要一點背景知識。首先，辜、鄭、林都可以算福建人（辜鴻銘祖籍福建），這一下就和「江浙人」對上了。把林語堂提倡晚明性靈美學和辜鴻銘「贊小腳」相關聯，這不僅是對林語堂美學觀的嘲諷，而是指責其文化反動本質，應該隨歷史進步掃入垃圾堆。但更為惡毒的是把林語堂和鄭孝胥相提並論。鄭孝胥當時出任偽滿洲國總理，一個漢奸「講王道」，其虛偽性不言自明。由此聯想，林語堂的「人格」就成問題，更不用說其「政治正確性」。

72 魯迅，〈隱士〉，《魯迅全集》，第六卷，頁二二四。

73 參見魯迅，〈招貼即扯〉，《魯迅全集》，第六卷，頁二二七—二二八。此文中魯迅把林語堂及其同夥稱作「蛀蟲」；另外，在〈有不為齋〉一文，魯迅進一步挖苦林語堂的「不為」，《魯迅全集》，第八卷，頁三九二。

74 林語堂，〈辜鴻銘〉，《人間世》，第十二期，一九三四年十月五日，頁三七。「江浙人」有時被認為性格偏「軟」。魯迅是浙江人。

75 魯迅，〈天生蠻性〉，《魯迅全集》，第八卷，頁三八八。

儘管如此，林語堂也沒有絲毫讓步的意思。魯迅該段子發表幾個月後，英文《天下》雜誌創刊，這是民國時期高品質的英文學術刊物，林語堂為編委之一。而刊物中文名「天下」兩字，林語堂用的是鄭孝胥的書法。林語堂似乎執意要標明：我欣賞並使用一個漢奸的書法並不表明我就成了一個漢奸。要在民族主義高漲的三〇年代中國敢於如此執著，還是需要一定勇氣，和「蠻性」。

在回擊左翼作家的圍剿時，林語堂也沒有吝嗇自己的筆。如果說一九三〇年九月十一日「小評論」專欄只是對「紅潮」勾勒出客觀的觀察，那現在林語堂則是明確地站在批判的立場。而且林語堂的批判語調一樣犀利而潑辣。在〈遊杭再記〉中，林語堂寫道，他於十一月末剛寫完《吾國與吾民》英文書稿，去杭州郊遊一天放鬆一下，他正要走入公園裡舉辦的賞菊大會，「見二青年，口裡含一枝蘇俄香菸，手裡夾一本什麼斯基的譯本」，於是立刻假裝只是路過，並沒進去看賞菊大會，生怕被說成是「有閒階級」玩物喪志而誤國，沒想到那兩個青年卻大大方方進去了。[76]

林語堂的一談、二談、三談、四談螺絲釘系列散文，用沙龍談話方式漫談中西文化差異，其間林語堂借「柳先生」、「柳夫人」之口，對「普羅作家」大肆撻伐：

柳夫人：我想文化最後的標準，是看他教人在世上活得痛快不痛快。活得痛快便是文化好，活得不痛快，便是文化不好。

柳：像中國的陶淵明那樣恬淡自甘的生活，中國文化能養出一個陶淵明，你能說中國文化不好嗎？能養出一個夜遊赤壁的蘇東坡，你能說中國文化不好嗎？

朱：你可別讓普羅聽見，要說你落伍了。

柳夫人：狗娘養的，那些拾人牙慧未學做人之流你別管他了。他們會的是掛狗領，打領結，唱哈爾濱時調，做歐化散文。陶淵明雞鳴桑樹顛采菊東籬下的生活，據說並非大眾的農民的生活，而赤壁賦江上之清風與山中之明月是資本階級才有的。放屁不放屁？普羅不要人家賞菊，只要人家吃芝古力糖。菊花中國所有，所以一賞就是落伍，芝古力糖出自西洋，共女學生食之就是革命。我看他們的靈魂不是臭銅坯做的就是芝古力糖做的。黃金黃金，一切是黃金。不是黃金就不值錢。

柳：普羅作家是什麼，就是窮酸秀才之變相。聽他罷了。[77]

在另一篇有關「遊杭」的小品文中，林語堂自己歷數冒犯「左」和「右」的「罪行」如下：

在這時候，滿心想到杭州一遊，但是因為怕共產黨，不大敢去，猶豫不決。（以後或者偏偏仍然要去，也把不定。）所謂共產黨，不是穿草鞋破笠拿槍殺人的共產黨，乃是文縐

76 林語堂，〈遊杭再記〉，《人間世》，第五十五期，一九三四年十二月十六日，頁三一六—三一七。

77 林語堂，〈四談螺絲釘〉，《宇宙風》，第六期，一九三五年十二月一日，頁二七六—二七七。

緲吃西洋點心而一樣雄赳赳拿筆桿殺人的革命文人……我回思一兩年來我真罪大惡極了，遊山只其一端耳。讓我算算帳吧……

第一條大罪，便是在本刊提倡幽默。共產黨說，在帝國主義壓迫中國農民之時，你還有心說笑話麼？你不敢正視現實，不敢諷刺，只要把帝國主義的黑暗笑笑完事而已。細想本刊創辦就是叫人正視事實，叫青年頭腦清醒（見第三期「我們的態度」），本心也重幽默，不重諷刺。然而結果一看，左派刊物，除了避開正面，拿幾個文弱書生辱罵出出氣以外，倒也不見得比本刊大膽諷刺，所暴露之殘酷矛盾頑固，也不比我們多，所差我們不會為人豢養不會宣傳什麼鳥主義罷了。我雖也想抓孔夫子作護身符，說孔子處亂世之秋還能幽默，想浴乎沂風乎舞雩，並且不曾亡周，然而總是沒用，因為由共產黨看來，孔子還不如什麼鳥斯基呢！所以我一時聰明起來，只好指給他們看，高爾基、陀斯托斯基、羊頭斯基、狗肉斯基也都有幽默。於是他們才無言，因為我已經找到一位蘇俄祖宗了。

第二條大罪，是由《人間世》提倡小品文，不合登了人家兩首打油詩，又不合誤用「閒適」二字翻譯familiar style（娓語筆調）。於是共產黨喊起來（此不是冤枉，因為開火的××君已經被捕，不肯反正，自認為共產黨）：「什麼！你要提倡閒適筆調，你有閒階級！」這有點近似因見「馬」字禁讀《馬氏文通》一樣滑稽吧！你想中國人怎樣能不幽默，古香齋材料怎樣能不豐富？又不合發刊詞說兩句「宇宙之大，蒼蠅之微」都可做小品文題材。共產黨即刻嚷道：「什麼！宇宙不談，來談蒼蠅！玩物喪志，國要亡了！」

……我雖也曾經舉出蘇東坡、白居易、陶淵明都做過好的感懷抒情小品，而都不曾負亡國之罪，但是明知這也都無用，因為這些人共產黨是看不起的，因為蘇東坡是「封建人物」、白居易是「知識階級」、陶淵明是「不敢正視現實」的隱士。我沒法，只好用一條老計，指出法人孟旦英人蘭姆都曾寫過極好的小品，而且真正閒適，然而孟旦不曾亡法，而蘭姆也不曾亡英。我又說中國人如果一做小品便會喪志，而中國人的志如果這樣容易喪，則「喪之不足惜，不喪亦無能為也」。此後彼輩遂亦無言，且大做其小品，因為我已找到一位法國及一位英國祖宗了。

第三條罪狀是翻印古書，提倡性靈。「什麼叫性靈？就是違背社會環境的個人主義」，共產黨又盲人談象式地喊著：「讀古書就是落伍！」、「袁中郎是遁世！」……至於今人不可讀古書，話更奇了。因為說古書有毒的人天天教古文，偷看古書，也曾標點古書，也曾謬誤百出，而且做出文章來，古書就抄大堆。我也沒話，只指出健全的國民不曾認外人為祖宗者，如英人、法人、德人，都愛珍藏本國古書，而彼輩不曾因此玩物喪志也是實。如果這話還不大好，說革命的蘇俄人就不要他們的古書，那末我還可指出，此刻現在，莫斯科演莎士比亞戲劇還是全璧演出，不如以前刪削，不是要宣傳主義，這樣共產黨便也不能不屈服了。何況斯太林還看得起我們的梅蘭芳呢？說不定梅蘭芳一遊俄，梅蘭芳便成革命的藝術了。

第四條大罪便是遊山。這回不是左派，而是右派了。「你要遊山做名士，充風雅！」南京某月刊的主筆詞嚴義正地責斥我們論語社的朋友。我也不辯，也不敢辯，只輕輕指出該月刊同期的一條編輯啟事，大意說：近因春假，多半撰稿諸君遊興甚濃，未能按時返京，前經預告之專號容下期出版云云。這回我口裡真罵出「媽的□」來了。[78]

林語堂也不用「罵」太久了，因為他會發現：他的文藝理念與風格在美國大受歡迎，而他將踏上一個全新的跨文化之旅。

78 林語堂，〈我不敢遊杭〉，頁七七三—七七四。

# 第六章　「我的中國」：東方向西方傾談

「也許美國讀者比我自己的同胞更能了解我，畢竟我整個思維架構和學術涵養都是西式的，儘管我基本性情是中式的。」

林語堂，致華爾西（一九三五年）

## 與賽珍珠和華爾西結緣

林語堂是現代中國西化派學人中的佼佼者，留洋歐美，回國後又結交了許多在華洋人，特別是一些國際進步人士、記者等。在三〇年代的上海，林語堂不僅為英文《中國評論週報》「小評論」專欄撰稿人，也是英文《天下》雜誌主編之一，還擔任中央研究院蔡元培院長的英文祕書。一九二七年大革命時期，林語堂和激進的美國共產黨員普羅姆（Rayna Prohm）女士過從甚密。參與中國民權保障同盟期間，林語堂又和斯諾、史沫特萊、伊羅生等西方記者多有交往。一九三三年，蕭伯納到上海短暫訪問，在上海文化界掀起一陣漣漪。中國的「幽默大師」款待英國的「幽默師爺」，林語堂與蕭伯納相談甚歡，好不熱鬧。同年，上海文藝界接待了另一位國際知名作家：剛剛獲得美國普立茲文學獎的賽珍珠。認識賽珍珠改變了林語堂的後半生，使他此後踏上美國的征途。

賽珍珠其實不能算是外人，起碼不完全是。她父母是在華美國傳教士，她跟著父母在中國長大。傳教士接觸的是底層老百姓，賽珍珠在中國奶奶、大嬸的呵護中長大成人，覺得中國老百姓人好，對他們多有稱頌。一九三一年，賽珍珠的第二部小說《大地》在美國出版，大獲成功。小說描寫一個叫王龍的中國農民，勤儉治家，日子有起有落。寫中國故事獲得美國殊榮，這在中美文化關係史上開創了先河。雖然賽珍珠獲得的榮譽和地位不需要中國人核准，她還是很在乎中國人怎麼看。然而，《大地》在中國的評價卻遠非像在美國那樣受到一致褒獎。比如，江亢虎在《紐約時報》撰文，聲稱自己作為「一個中國學者」為中國發聲，對賽珍珠提出尖銳批評。在此爭議聲中，林語堂站了出來，為賽珍珠鼓掌。[1]

賽珍珠生於傳教士家庭，自己也是傳教士，但是對在華傳教事業卻不以為然。賽珍珠成名後於一九三二年到美國巡遊，十一月二日在紐約演講，題目就是「海外傳教事業有可為嗎？」演講整理稿後來發表在《哈潑》雜誌（*Harper*）上，其中對在華傳教士的一些做法提出尖銳批評。美國傳教界大為不滿，賽珍珠索性宣布自己不做傳教這一行了。一九三三年六月十一日，紐約的《先驅論壇報》（*Herald Tribune*）登了一篇報導：「中國作家讚賞賽珍珠立場——林語堂，牧師之子，稱之為『進步之舉』」。記者凱恩（Victor Keen）寫道：「中國哲學家、教育家、作家林語堂博士發表聲明，讚賞《大地》作者賽珍珠，稱『其演講和作品有膽識夠誠實』，並稱『只有這樣，日漸式微的基督教才有希望，這不僅在中國，在全世界都如此。』」[2]林語堂是牧師的兒子，對賽珍珠的批評有切身體會，其聲明書寫道：「事實上，許多來華傳教士狹隘、偏執、粗俗。他們來就帶著偏見，往好的說是帶著憐憫，來教化異教徒，而這不是出於愛，是出於他們對天上某個上帝的責任。」[3]聲明還談到賽珍珠小說中有關中國、中國人描述的真實性問題。「該中國哲學家對那些企圖質疑賽珍珠的中國知識和描繪的中國人大不以為然，表示『賽珍珠描繪的中國人生活有喜怒哀樂，生機勃勃，非常準確』。」[4]這篇報導應該是林語堂支援賽珍珠最早的紀錄，當時他們還沒見面，已是志同道合。一九三三年九月一日，林語堂在自己的《論語》雜誌上又發表了〈白克夫人之偉大〉，盛讚賽珍珠和《大地》，指出賽珍珠向世界推廣中國文化的功勞遠勝那些自詡的愛國者，這種愛國者狹隘偏執，只知道把中國罩個面具呈現給世界。[5]

按斯諾夫人海倫的回憶，是她首先透過朋友麥考馬斯（Carol McComas）引薦了林語堂和賽珍珠見面。[6]據賽珍珠回憶，一九三三年，她結束美國巡遊回中國途中，在船上收到一位美

---

1 有關賽珍珠在中國的爭議，詳見 Qian Suoqiao, *Liberal Cosmopolitan*, pp. 88-94; Qian Suoqiao, "Pearl S. Buck/賽珍珠 As Cosmopolitan Critic", *Comparative American Studies: An International Journal* Vol. 3, No. 2, 2005: 153-172.

2 Victor Keen, "Chinese Writer Praises Stand of Pearl Buck", *Herald Tribune*, New York (June 11, 1933), 2-II.

3 同上。

4 同上。

5 參見林語堂：〈白克夫人之偉大〉，《論語》，第二十四期，一九三三年九月一日，頁八八〇。有關詳盡討論，參見 Qian Suoqiao, *Liberal Cosmopolitan*, pp. 88-94.

6 Snow, Helen Foster, *My China Years*, p. 121.

國女士的邀請函，上頭寫著要設家宴款待她和《中國評論週報》的成員。賽珍珠欣然答應，因為林語堂是該刊編輯之一，賽珍珠一直在追讀他的「小評論」專欄，早就想一睹其風采。賽氏十月二日抵滬，[7]十月四日由禮拜三討論組、筆會、文學研究會以及《中國評論週報》共同舉辦接風會，她發表演說「新的愛國主義」（後發表於《中國評論週報》）。[8]林語堂和賽珍珠應該是在此接風會上首次見面的。次日，林語堂夫人廖翠鳳設家宴款待賽珍珠，席間陪客只另外邀請了胡適。賽氏很高興認識林夫人（以後兩人經常用英文通信，林夫人簡稱「Hong」），很喜歡她做的美味佳餚，同時饒有興味地聆聽「兩位知名中國紳士的交流，兩位脾性相差很大，很明顯缺乏理解，胡適對稍年輕的林語堂略帶輕蔑，而林語堂氣盛也不可擋」。[9]顯然當晚胡適和林語堂話不太投機，胡適早早走了。林語堂便告訴賽珍珠，他也在寫一本有關中國的書——這便是後來的《吾國與吾民》。

賽珍珠在回憶錄中說，她聽到「一位中國作家要用英文寫一本關於中國的書非常興奮」，即刻寫信給莊台公司（John Day Company），「建議他們立刻關注這位中國作家，而他當時在西方無人知曉」。[10]查閱賽珍珠和華爾西的通訊，賽珍珠確實是一見過林語堂之後便推薦給了華爾西，但還沒提到林語堂寫的書。一九三三年十月十二日，賽氏給華爾西的信中附了兩篇林語堂的「小評論」，並介紹林語堂為「中國首屈一指的散文家」。[11]賽氏另答應為華爾西推薦更多中國作家。顯然，賽珍珠事先講好要向華爾西推薦中國作家，為華爾西剛接手的《亞洲》雜誌撰稿。

理查．華爾西畢業自哈佛大學，屬自由派知識分子，在紐約出版界、知識界交遊甚廣。

他首先賞識賽珍珠的才華，策畫《大地》出版並大獲成功，同時讓他的小型出版公司「莊台公司」站穩腳跟，蓄勢待發。《大地》獲得成功後，華爾西大受鼓舞，覺察到美國出版界正在開啟對中國題材圖書的市場需求，他得抓住機會進一步拓展。同時，華爾西和賽珍珠相愛了，於是華爾西索性追到中國來。[12]

華爾西收到賽珍珠的推薦信便去函林語堂，還附上莊台公司剛出版、由賽珍珠翻譯的《水滸》英譯本。《亞洲》雜誌一向不刊登已發表的文章，但華爾西還是選了一篇林語堂的「小評論」文章重刊。[13]林語堂在其「小評論」專欄亦寫了一篇《水滸》英譯本的書評，讚其為「賽

7 參見Peter Conn, *Pearl S. Buck: A Cultural Biography*, Cambridge: Cambridge University Press, 1996, p.159.

8 這次接風會是否就是賽珍珠回憶錄中提到的美國女士的家宴？很可能是。參見Pearl S. Buck, *My Several Worlds: A Personal Record*, New York: The John Day Company, 1954, pp. 287-288. 另參見Pearl S. Buck, “The New Patriotism”, *The China Critic* 6 (1933), p. 1003, note.

9 Pearl S. Buck, *My Several Worlds*, p. 288.

10 同上。

11 賽珍珠信中還提到：林語堂現居上海租界，「由於政治原因，非常低調」。這時楊銓剛遭暗殺，作為中國民權保障同盟執委之一，林語堂被認為是下一個目標。本書所引第一手書信資料，包括賽珍珠、華爾西、林語堂、廖翠鳳之間英文書信，均源自The John Day Company archive, Princeton University以及臺北林語堂故居所藏。

12 有關華爾西和賽珍珠關係發展的詳述，可參見Peter Conn, *Pearl S. Buck: A Cultural Biography*.

13《亞洲》雜誌一九三四年六月登載“The Lost Mandarin”一文，支付林語堂七十五美元版稅。假如不算*The Chinese Students Monthly*，這應該是林語堂第一篇在美國雜誌刊登的文章。

珍珠代表中國獻給世界的最美禮物之一」。[14]賽珍珠又把該書許多英文書評轉給林語堂，林氏譯成中文後發表於上海的雜誌。[15]一九三四年一月十一日林氏致函賽氏，要賽氏放心，在中國有「許多沉默的人士」欣賞她有關中國的創作，江亢虎那種人只是「小人小心眼」——這是潘光旦的評語。同時，林語堂告訴賽珍珠，他當週便開始寫自己的書，書中他「要把中國的床單放在世界的屋頂晒晒，最終又要成為中國最佳的吹鼓手」。

華爾西告知林語堂，自己將在一九三四年二月初抵滬，林語堂為他準備家宴接風。二月六日林氏致函賽氏表明，林語堂知曉華爾西已經抵滬，約定八日宴請，其他嘉賓有：潘光旦、李濟（考古學家）、邵洵美、徐新六（銀行家，睡覺前讀法郎士〔Anatole France〕的法文作品）、全增嘏和丁西林（物理學家）。[16]林語堂還隨此函附上自己為書寫的導引，請賽珍珠批評指正，並說「你可以把它給華爾西看看，假如他感興趣的話」。根據華爾西第二天給林語堂的信，八日的聚會非常成功。華爾西寫道：「我想即便是你，對美國人如此了解，也無法完全理解我對昨晚的相遇有多麼高興。」華爾西說基本上到席的所有嘉賓都能為《亞洲》雜誌撰稿，對林語堂的書尤為嚮往，非常喜歡其梗概和導引。他建議等他四月回到上海後便敲定合約細節。這批人四月十三日又聚了一次，四月十七日，華氏和林氏已經簽好出版合約，互相祝願新緣分的開啟。

林氏對華爾西說：「我非常珍惜透過白克夫人和你建立的這層關係。」

華爾西則對林氏說：「我非常高興有緣相識，不光是我相當看好你的書，而且期待與你建立長久而愉快的出版關係。」

華爾西這趟中國行可謂雙重豐收。賽珍珠離開生活四十年的中國和華爾西一同赴美，不久他們在紐約結為伉儷。同時，華爾西為他的莊台公司物色了一位出色的中國作者，很可能建立長久的出版關係。此時的林語堂還不知道，這次的相遇將會澈底改變他的人生旅途。接下來的幾十年裡，賽珍珠和林語堂成為莊台公司兩位最受歡迎的作家，而華爾西不僅是一位精明的出版商，同時也是中美文化和政治交流領域的活動家，他們將組成絕佳「三人組」，把中國推向美國和世界，影響深遠。林語堂在美國出版的一系列暢銷書都由莊台公司出版，而且，華爾西也將成為林語堂在美的接待人與實際上的經紀人，不光出書售書，還負責安排演講以及其他活動。林語堂和賽珍珠、華爾西將建立一個全面而獨特的關係，公私兼顧，他們的合作也是二十世紀中美文化交流的一面鏡子。

## 《吾國與吾民》

所謂「國民性」問題是中國現代性的中心話題之一。魯迅的國民性批判論述，特別是其創造的「阿Q」形象，一直都是中國的中學教材課題。其實這個問題並不是由中國知識分子首創

---

14 Lin Yutang, "All Men Are Brothers", "The Little Critic", *The China Critic* (Jan. 4, 1934), p.18.

15 林語堂，〈水滸西評〉，《人言》，一九三四年三月十二日。

16 林語堂告訴賽珍珠：胡適此時在上海，但他不想邀請，除非賽珍珠和華爾西要求。最初擬定的嘉賓名單還包括魯迅、郁達夫和茅盾，但因為他們不懂英文，後來林語堂也就算了。

的。自從西方人開始接觸中國，從十七世紀的法國漢學家杜赫德到十九、二十世紀的美國傳教士明恩溥都發表過有關「中國國民性」的論述。[17]魯迅對中國傳統文化的全面批評，其靈感正出自明恩溥《中國人的性格》一書的有關論述。魯迅臨終前仍念念不忘，要中國人翻譯、閱讀明恩溥《中國人的性格》一書。[18]當然，有關中國國民性的論述也還有其他聲音，比如辜鴻銘的英文專著《中國人的精神》，其實就是對漢學界的有關論述，尤其是明恩溥一書的回應。對於這些文本及其爭論，林語堂當然明瞭，而《吾國與吾民》以其獨特的視角與風格介入了這一話語傳統。[19]

《吾國與吾民》的寫作和出版直接誘因，是來自賽珍珠小說《大地》的成功，也可以看成其姊妹篇。《大地》在美國讀者看來是一部「族裔」小說，其成功在於描繪了中國人生活的典型。但也受到江亢虎等批評家的質疑，指責它並沒有反映中國人生活及文化的精髓。《吾國與吾民》就是要講中國文化和生活的精髓，論述全面又精緻，筆調生動而有趣，西方讀者讀來備感親切。

對賽珍珠的另一種批評，是指責她畢竟是個美國傳教士，這一身分屬性使她無法描繪出中國的真相。有意思的是：《吾國與吾民》開卷（包括賽珍珠寫的引言、作者序和前言）便探究這一問題：誰有資格為世界闡釋中國——這個「偉大的神祕『存在』（Dasein）」？[20]在西方，歷來都是由所謂「中國通」來傳播有關中國的知識和資訊，這些「中國通」可能是傳教士、傳教士的子女、踏足「遠東」的探險家，或是英文報刊的記者。他們通常不會中文，生活在自己的洋人社交圈，靠他們的中國廚師或僕人獲取有關中國的知識，然後以他們自己的習俗和價值觀來評判中國人的生活方式。西方讀者由此獲得某種中國形象，當然偏頗。

但中國人自己就一定是本國問題及形象的最佳闡釋者嗎？未必。中國人自己往往身在廬山，難見其真面目。林語堂在「作者序」裡特別聲明自己不是那些「超級愛國者」，「他們的愛國主義不是我的愛國主義」，這本書也不是為他們寫的；他不以自己國家為恥，不怕指出中國面臨的缺陷和不足，因為「中國的胸懷要比那些超級愛國者的大，並不需要他們刻意漂白」。[21]那到底應該由誰來向世界闡釋中國呢？林語堂並沒有明言，而是由賽珍珠在其「導引」中點破。賽珍珠解釋說，西方讀者早就渴望能從當代中國知識分子自己的作品中了解到真實的中國。問題是，中國一、二十年來被推進「現代」，雖然絕大多數人還是文盲，按照一貫的傳統方式生活，但中國的菁英階層卻突然都變得「現代」了，都能說英語，一心要趕上西方的

---

17 參見Du Halde, J.B., *General History of China*, London: J. Watts, 1741; Arthur Smith, *Chinese Characteristics*, New York: Revell, 1894. 魯迅臨終前有言，希望明恩溥的中國國民性一書有中譯本出版。就此魯迅可以安息了，我已見過三個中譯版本：《中國人氣質》，張夢陽、王麗娟譯，蘭州：敦煌文藝出版社，一九九五；《中國人的性格》，樂愛國、張華玉譯，北京：學苑出版社，一九九八；《中國人的素質》，秦悅譯，上海：學林出版社，二〇〇一。

18 有關魯迅與明恩溥之間關係的研究，參見Lydia H. Liu, *Translingual Practice*.

19 Gu Hongming, *The Spirit of the Chinese People*, Peking: The Peking Daily News, 1915. 另參見Qian Suoqiao, *Liberal Cosmopolitan*, p. 44, 56.

20 Lin Yutang, *My Country and My People*, New York: John Day, 1935, p. 4.

21 同上，頁xiii-xiv。

潮流。他們都很「愛國」，不願對外披露任何中國的負面問題；他們和大眾老百姓脫節，蔑視其「落後」，搞得自己在自己的國家像個外國人一樣，自卑心理過重。如此扭曲心態，我們如何期待從他們筆下獲得真實的中國形象？儘管如此，賽珍珠還是認為，最適合為西方闡釋真實之中國者，還得在留過洋、英語流暢的當代中國知識分子中去找，關鍵是此人必須留洋後再回到自己的文化，回到「老的中國」，以一種幽默而自信的態度來觀察中國。可是，「要找這樣的人難度太大，既要受過現代教育能寫英文，又不能和自己的文化脫節，同時又能保持一定距離，去理解其意義，既要理解其傳統意味，又能體會其現代意蘊，難！」[22]但是，賽珍珠說，她一讀完《吾國與吾民》就知道：這個人出現了。

在「作者序」中，林語堂列出以下在滬的外籍朋友，以示致謝：塞爾斯卡・岡恩（Selskar M. Gunn）太太、貝爾納丁・索爾茲・弗麗茲（Bernardine Szold Fritz）和翁格恩・斯丹柏格（Ungern-Sternberg），「是她們，有時是一個一個，有時是一起，不斷嘮叨催促我寫這本書」。[23]林語堂也致謝賽珍珠：她「自始自終一直給我鼓勵，出版前還親自通讀全稿並加以編輯」，同時也致謝華爾西：他「在整個出版過程中都提供了寶貴建議」，還有麗蓮・佩弗（Lilian Peffer），她「負責排版、校對以及索引」。[24]對照林語堂和華爾西與賽珍珠之間的來往通信，以上描述準確概括了該書的寫作和出版過程。莊台公司的編輯業務相當專業，但這完全沒有影響作者的獨立性和自主性。

一九三四年五月十九日，華爾西還在返美途中，林語堂已經寫完四章並寄給華爾西。他計畫最晚九月完成書稿，但實際上要到次年二月才寫完。這完全可以理解，要知道此時林語堂的中文寫作任務也很繁重。一開始林語堂就對華爾西表明，歡迎直率坦誠的批評意見：

> 我絕對歡迎你從美國人的角度提出任何批評意見，在此無需考慮所謂中國式的禮貌。在整個出版過程中，為方便起見，在以下幾個範疇，敬請適當修訂：
>
> 一、明顯拼寫錯誤和打字錯誤。
>
> 二、筆誤——按照現代用法標準，而不是按語法家的規範。
>
> 三、涉及西方名字和歷史事實有所不準確處。
>
> 以上方面所做改正，我將深表感謝。[25]

所有編務事項，莊台公司基本上都是按照上述列出的範疇做修訂。比如，有時林語堂文中用到中英比較，華爾西會儘可能把「英」換作「西」或「美」，多半是出於市場考慮。除此之外，林語堂對書稿的構思、文體、進程完全自己掌控。一開始還有個梗概，後來覺得無法完全

---

22 Pearl S. Buck, "Introduction" in *My Country and My People*, p. xii.

23 Lin Yutang, *My Country and My People*, p.xiv. 這些人都是林家的好朋友，弗麗茲寫過一篇林語堂傳記性材料，未見發表，其中披露他們會一塊郊遊，見第四章。斯丹柏格策畫了《吾國與吾民》德文版的出版。

24 同上。麗蓮・佩弗是著名遠東事務記者南瑟妮爾・佩弗的姊妹。她認真負責，熟悉東方文化，是莊台公司一位專業文字編輯，賽珍珠的書也都是她擔任文字編輯。

25 Lin Yutang, Letter to Richard Walsh, May 19, 1934.

按此寫下去，還不如順其思路創作為佳。

是年七、八月，上海太熱，林語堂想專心寫書，便帶著全家上廬山古嶺避暑勝地。他在古嶺寫了第四章——理想生活（書稿稱作第六章），和第五章——女性生活（書稿稱作第七章），結果華爾西和賽珍珠對這兩章提出很多意見、且改動最多。後來林語堂也不得不承認，這趟古嶺之行算是失敗的。

華爾西讀完「理想生活」一章後覺得不及前面幾章的水準，便如實告知林氏。華爾西的批評意見既籠統又很具體：「感覺行文節奏和準確性不夠流暢」，[26]建議開頭四頁全部刪掉。林語堂回函感謝華爾西的批評意見，同時表達驚奇，因為自己覺得這一章比前面幾章寫得都要好，並表示樂意做部分修改。林氏回信這麼說：「我不清楚這裡是否傷害了基督徒的神經，但出自一個牧師的兒子也很自然……希望你能諒解。」[27]林語堂繼續鼓勵華爾西給予誠懇的批評意見：「你知道我可是宰相肚裡能撐船的，在中國人的環境中早就學會了這一藝術。要不然，我可根本沒法活，右邊有法西斯、左邊有共產作家輪番夾擊。」[28]儘管如此，林語堂還是希望華爾西對下一章中國女性篇會看得比較順眼。

此時，賽珍珠已是莊台公司一員，擔任業餘編輯，她對林語堂的書稿格外上心，特別是講中國女性這章。讀完後賽珍珠去函林語堂以表祝賀：該章「總的來說非常精彩、極有價值」。[29]但她同時指出，該章寫的有點散漫，好多重複，好像自己不太確定，所以來回嘮叨：「你好像一個泳者，站在很冷的水邊：你下定決心要跳下去，你最終也跳下去了，但是在岸上躑躅了很久。」[30]賽珍珠建議整章要改得緊湊點，並主動提出為林氏修正。林語堂收到賽氏來函並於十一月十八日回函時，他自己已經刪了開頭十四頁，覺得這是最散漫的部分，重寫開頭一段，至於該章其他部分：「賽珍珠可以自己看著辦，做適當修改。」[31]林語堂還自我解釋道：這是他第一次寫書，以前都是寫散文，可以漫談，但寫書就不一定合適。而就女性話題，林語堂寫道：「寫女人這章有問題，因為一想到這個問題我頭就大。我仔細斟酌過宇宙間大部分問題，都能理通順暢，唯獨一講女人，往往就自相矛盾。」[32]在下封致華爾西的信中，林語堂考慮是否要重寫整個第一章，原來以為最精彩的，現在覺得最不滿意。到了來年一月，他又決定算了，還用原稿，一來因為沒時間，二來賽珍珠已經通篇編輯過了。

和華爾西與賽珍珠合作，林語堂的態度總的來說都比較通達。他總是要求華氏與賽氏提供率直的批評意見並做出專業編輯。他認為作者永遠是自己著作最糟糕的評論者，因為自己總

---

26 Richard Walsh, Letter to Lin Yutang, August 27, 1934.

27 Lin Yutang, Letter to Richard Walsh, September 22, 1934. 函中還附有林氏寫於次日的信，信中林語堂告訴華爾西他將重新組織該章：該章將從原稿第九頁開始，保留九至十六頁，十七至三十二頁整個重寫；而新的章節如下：一、中國現實主義；二、缺乏宗教；三、中庸之道；四、國民性；五、道教；六、佛教。

28 同上。

29 Pearl S. Buck, Letter to Lin Yutang, October 17, 1934.

30 同上。

31 Lin Yutang, Letter to Richard Walsh, November 8, 1934.

32 同上。

是敝帚自珍，一個字都不想刪改，然而書不是寫給自己讀的，最終的評判權在讀者手裡。至於書的出版和行銷策略，林氏基本上都認可莊台公司的意見。林語堂與莊台公司簽好合約後，便要求用深藍底金字做封面，越簡潔越好，「我總覺得封面往往搞得很繁複，反而簡潔一點更能吸引觀眾。」[33]莊台公司接受了林氏意見。除了專業編輯，莊台公司為推廣行銷該書主要做了兩件事：把書的有關章節先送雜誌發表，以及最終確定書名。林語堂寫完一、兩章便抄送華爾西，華爾西再決定哪些章節可以先送雜誌發表，這種方式在他們往後的合作中成為常態。當時華爾西剛剛擔任《亞洲》雜誌主編，就從書稿中抽取了四篇文章先刊於該雜誌。[34]但《亞洲》雜誌畢竟不是主流刊物，銷量有限。華爾西成功說服《哈潑》雜誌，刊登了書稿中的一節。[35]《哈潑》可是美國主流雜誌，銷量很大，林語堂赴美後也經常在該雜誌發表文章。另外，華爾西把書稿寄給「每月讀書會」，評審官對此書很有好感，但畢竟要選一部中國人寫的書作為「當月之選」實在太新奇了，最後沒成。

至於給書起名，林語堂一開始便跟華爾西說過出版社可以做最後決定，同時他也給過許多建議。書名要到最後一刻、也就是一九三五年夏天書稿即將付印時才最後敲定。林語堂首先想到用「中國：一份告白」（China: A Confession），後又提出「我的同胞」（My Countrymen），但華爾西覺得前者作為書名在美國不合適，後者感覺不夠莊重。華爾西建議用《吾國與吾民》（My Country and My People）：「我覺得這個既莊重又吸睛。」[36]同時華爾西還是讓林語堂想到什麼合適的書名便告訴他，林氏後來又想出好幾個：除了華爾西建議的「吾國與吾民」，還有「思索中國」（Thinking of China）、「我們的祖國」（Our Grandfatherland）、「廣闊的人性」

（A Sea of Humanity）、「瞧：這人性的中國」（This Human China）、「微笑的中國」（Smiling China）、「生活與微笑」（We Live and Smile）、「飲茶」（She Sips Her Tea）、「悲憫的微笑」（Sorrowful Smiles），又說還是最喜歡「中國：一份告白」，第二選擇是「思索中國」。[37]四天後，林語堂又去信華爾西，讓他忘掉上封信的建議，承認《吾國與吾民》可能是最好的，「但總還是覺得不夠滿意，有點拖泥帶水，不夠親密」。[38]四月十二日，林語堂又寫信提出三個書名：「中國：奧迪塞之旅」（China: An Odyssey）、「思索中國」、「我的中國」（My China），並說自己現在很中意「我的中國」。最後，莊台公司所有員工投票，一致同意採用《吾國與吾民》，華爾西發電報給林語堂，要他相信他們對美國市場的了解和判斷，林氏也欣然同意。

一九三五年五月，賽珍珠和麗蓮．佩弗已校對全稿，做了必要的文字修改，又寄回給林語

---

33 Lin Yutang, Letter to Richard Walsh, May 19, 1934.

34 這四篇文章為“Qualities of the Chinese Mind”, “The Virtues of an Old People”, “A Tray of Loose Sands”, “The Way Out for China”.

35 這篇文章為“Some Hard Words About Confucius”, *Harper's* magazine, CLXX (May, 1935):717-726. 該文取自第五章〈社會政治生活〉，由賽珍珠縮編並題名。這篇文章《哈潑》雜誌付了二百五十美元版稅，其中莊台公司抽取二十五美元傭金，另外二十五美元支付給內弗（Neff）小姐，以酬謝她「從書稿中抽取章節的編輯工作」。可根據《哈潑》雜誌編輯李．哈特曼給華爾西函，他們用的是「賽珍珠縮編的章節」。

36 Richard Walsh, Letter to Lin Yutang, February 20, 1935.

37 Lin Yutang, Letter to Richard Walsh, March 21, 1935.

38 Lin Yutang, Letter to Richard Walsh, March 25, 1935.

堂。林氏六月看了修訂稿，接受大部分修改意見，但也堅持了一些自己原先的說法，又把修改的地方改了回去。書籍在八月份正式出版，莊台公司做足了宣傳推廣工作。另外，華爾西還為此書洽談商定了英國版，由海尼曼公司（Heinemann Ltd.）於十月出版，這樣可以趕上一九三五年倫敦中國藝術展開幕式。[39]

華爾西讀完最後刊印稿，去信林語堂，恭喜他做了件「了不起」的事情：「我覺得該書在英美都會大受歡迎，希望還會譯成許多其他語言。」[40]華爾西果然經驗老到。《吾國與吾民》的出版在美國可謂一炮打響，好評如潮，各大報刊都有名人推薦酷評，如卡爾．范．多倫（Carl Van Doran）、克利夫頓．法迪曼（Clifton Fadiman）、法妮．布切爾（Fanny Butcher）、伊莎貝爾．派特森（Isabel Paterson）等等。華爾西祝賀林語堂道：「自《大地》以來，還沒有其他書像這樣受到媒體一致推崇的。」[41]

《紐約時報書評》一九三五年十二月八日刊載艾美．肯尼迪（R. Emmet Kennedy）的書評：「東方向西方傾談——一位中國作家精彩闡釋本國古老文化」。文中寫道，中國文化古老悠久，而中國人作為一個民族卻如此年輕，他們還在孩童時期。一種文化保持了這種不可思議的長壽，可現在面對強加給他們的現代進步，卻又一籌莫展。西方文化崇尚征服、冒險精神，中國文化卻提倡耐力、消極抵抗。中國在物質上給世界貢獻了許多禮物，但其精神禮物卻沒人好好講過，讀林博士的書是一種極大的精神啟蒙，讓人認識中國「光榮而多樣的歷史」，而這樣一個熱愛和平的民族當下卻面臨崩潰的危險。林語堂不怕說真話，他說：中國人在政治上一塌糊塗，在社會上像個小孩，但在休閒養生上，他們棒極了。最後，該文作者寫道：「我們以前可能會認為中國人陌生、怪怪的、神神叨叨、不可理喻，那是因為我們無緣交個中國人做知心朋友，讀完林博士的書，我們應該堅信中國一句老話：四海之內皆兄弟也。」[42]

《紐約時報》代表美國上層知識界的看法。說《吾國與吾民》在美國一炮而響獲得成功，首先是指其銷量，也就是說，《吾國與吾民》贏得了美國大量讀者的青睞。林語堂應該收過很多讀者來信，可惜沒有保留。莊台公司保留了一些，挺有意思。多數讀者稱讚此書是他們讀過有關中國的書中最棒的。有位讀者來信說，他在中國住了二十來年，讀完此書後讓他久久不能

---

39 曾有英國出版商喬納森．凱普（Jonathan Cape）先接洽林語堂，但華爾西在紐約見了威廉．海尼曼（William Heinemann）公司的查理斯．埃文斯（Charles Evans），敲定了相當優惠的英國版合約：頭三千五百冊支付百分之十五的版稅，接下來六千五百冊支付百分之二十，超過一萬本以上支付百分之二十五，另加出版之日預付一百英鎊。海尼曼後來一直都是林語堂的英國出版商。根據林語堂同華爾西的合約，莊台公司要和林語堂平分所有美國以外的版稅。華爾西解釋說這是因為海外版稅一般都比較少，莊台公司須耗費很多行政費用來操作。但對於英國版稅，華爾西自願做出讓步，只收四分之一。林語堂欣然同意，謝了華爾西。林氏同時要求英國版能趕在倫敦中國藝術展之前出版，為此還寫了英文長文"The Aesthetics of Chinese Calligraphy"（中國書法的美學），刊載於英文雜誌《天下》月刊（一九三五年十二月）。結果英國版還是到一九三六年春才出版。

40 Richard Walsh, Letter to Lin Yutang, May 13, 1935.

41 Richard Walsh, Letter to Lin Yutang, December 10, 1935. 一九三五年五月十六日林語堂致華爾西函中寫道：「昨天康內留斯．范德比爾特（Cornelius Vanderbilt）在我這裡。他告訴我，羅斯福總統要他讀我的書，說它和《強大美國》（*Powerful America*）為有關遠東地區必讀的兩本書。他還告訴我菲律賓的美軍統帥德拉姆（Drum）也要求指戰員讀我的書。」

42 R. Emmet Kennedy, "The East Speaks to the West: A Chinese Writer's Fine Interpretation of His Country's Ancient Culture", *The New York Times Book Review*, December 8, 1935.

平靜，忍不住拿起書來再讀一遍，讓他陷入久久沉思。還有一位華人讀者，來信聲稱自己既不是「真正的中國人」，但也沒有完全被同化，對中國還有一顆心，可對中國又一無所知：「讀完該書後震動很大，為自己祖國擁有如此燦爛的文化感到驕傲，中國文明不光發明了火藥和印刷術，而且在文化的各個方面：文學、建築、繪畫、藝術等等都絕不遜色於西方文化；可讀到中國的現狀又讓人痛心。在一個擁有像作者這樣如此有文化有教養人士的國度裡，政府辦事卻依然要看臉色、運氣和關係。」[43]但讀者來信大多數關注的是中國人的生活方式和生活藝術，包括「吃的藝術」，甚至有人詢問具體的菜單如何如何。維也納一家大報主動把「中國飲食藝術」一節翻成德語。一九三六年一月十七日，林語堂致函華爾西：「我收到好多讀者來信，有一些是你轉遞的，詢問如何做布丁、果醬、雞炒飯、燉魚翅之類。我是不是應該把它們扔進垃圾桶裡？」但林語堂同時建議：李笠翁的《閒情偶寄》真應該全部翻譯出來。[44]

《吾國與吾民》在國際上一炮而響後，美國記者文生．斯達利特（Vincent Starrett）來到林語堂在上海愚園路的編輯辦公室，做了一次訪談，其間討論到該書中文版事宜：

我問道：「你會自己翻譯嗎？還是請別人翻譯？」

林語堂很不自在。

「我想我不會讓其他人做，」林語堂坦誠說道，身子在椅子上扭動，「好多人告誡我：為了中國，我有責任自己再做一遍，寫成中文。」

「你是說要重寫一遍？」

「也不是，可是最終好像還真差不多是這麼回事。表達的方式會不同，是吧？得用中文、中國人習慣的方式，是不是？這本書是英文寫的，寫的時候只考慮到英文讀者。要用中文為中國寫，那有的部分要展開、有的部分要修改。這事很麻煩，真的很麻煩！但這書確實也是為中國的。也許我應該用我的母語再搞一遍，你說呢？」

……

「可要是有人要求我把中文版再譯成英文，那怎麼辦？天哪！」[45]

林語堂從未把《吾國與吾民》譯成中文。次年他便移居美國，基本上都用英文寫作，根本沒時間。這樣，該書在中國的影響和討論只限於能說英語的知識群。其實林語堂很怕該書譯成中文。他告訴華爾西：「該書在中國不會有中文評論。我儘量低調不做宣傳，國人中懂英文的才能讀。你能想像我用中文把書中寫的都說出來？那我還不被那般中學畢業的『普羅作家』給碎屍萬段了？我居然還有閒情去寫中國的詩歌、繪畫諸如此類？」[46]他告知華爾西，他以後有時間也許會把書譯成中文，不過書中主要觀點其實在他的中文小品中都已經講過，只是沒集結

---

43 Mrs. Letty McLean, Letter to John Day Company, December 26, 1936.
44 Lin Yutang, Letter to Richard Walsh, December 17, 1936.
45 Vincent Starrett, "A Chinese Man of Letters", *Globe*, (March 1936):17-18.
46 Lin Yutang, Letter to Richard Walsh, October 25, 1935.

成書而已。

《吾國與吾民》在中國的回應，林語堂在乎的不是來自左翼普羅作家的批評，因為他們看不懂，而是就職於國民政府的留英美人士（「愛國者」）。林語堂和華爾西的來往通信顯示，圍繞原稿第二章（即最後書中結語）的去存，林氏曾猶豫不決，壓力很大。原稿第二章痛批當下中國在國民政府統治下的亂象。本來該章題為「告白」，寫好後最先遞交給華爾西，華爾西看完非常喜歡，要單獨先發表於《亞洲》雜誌。後來《哈潑》拿到稿子後也立刻表示很感興趣，想要發表。但林語堂一九三四年致函華爾西表示自己還不是非常滿意，可能要修改。七月五日又致函華爾西說自己沒時間改，「管它呢，就這麼發表了」。他解釋道，他對現政府說了許多「討厭的」話，但一般都是「裹了層糖衣的」。「而這一章，可都是赤裸裸的苦口，而且我也不想裹糖衣。」[47]

然而到了一九三四年九月九日，林語堂決定，無論書中或雜誌上都不發表該章，因為中國政局不穩，卡得越來越緊。華爾西回信表示理解，也很惋惜，希望最終林氏會改變主意。一九三四年十二月十日，林語堂去信華爾西，說他的書可能會受到某種「政府警告」，被指責「不愛自己的國家」，他得想辦法做點自我保護功夫。十一天後，林語堂又對華爾西說，好幾個朋友勸他不要發表該章，他要等到一九三五年一月十五日再做決定。一月十八日，林語堂專門去函華爾西：「鑑於我們這邊所能容許的自由度」，他不得不刪除整個章節。林語堂很清楚跟他過不去的對手是誰：國民黨機關報《國民新報》及其主編湯良禮，因為《中國評論週報》不斷受到他們的騷擾和壓力。一九三五年三月十五日，林語堂最後決定「稍作刪改」保留原稿第二章，挪到書尾作為「結語」；三月二十五日，林語堂又去信確認保留結語部分，只是在結語第二節前加一句話：「如下陳述不應當看成是對當下國民政府的描述，而是陳述政府所面臨的艱鉅任務，以便能正本清源、恢復秩序。」[48] 即使做了「適當刪改」並加上以上提醒，該書結語部分仍看得到對當下國民政府的犀利控訴。比如以下這段：

中國農民不需要賣妻賣女來賦稅，儘管江北有些農民現在不得不如此；假如他們沒賦新稅，軍人不會禁止他們收割莊稼作為處罰，儘管廣東番禺縣縣長一九三四年夏天就是這麼幹的。中國人不需要預付三十年後的稅，儘管四川人現在得要；他們不需要繳付超過通常農業稅三十倍的農業附加稅，儘管現在江西人得繳。農民不會被逼繳稅，繳不出便關進監獄挨鞭抽整夜嚎叫，儘管在陝西現在監獄裡整夜都聽到鞭打哭叫聲。可憐的中國人，生活在地球上管治最糟糕的國家，掙扎於他們無法理解的各種漩渦中，以超人的耐心與善良忍受一切，願這種善良和堅忍不拔最終能戰勝一切。他們最後一頭牛也賣掉時，那就讓他們去做土匪吧。他們最後一件家當也被搶走時，就讓他們去當乞丐吧。[49]

47 Lin Yutang, Letter to Richard Walsh, July 5, 1934.
48 最後出版的書中插了這句話，相當彆扭。有意思的是，臺灣一九七〇年代出的中文版，「結語」第二部分仍全部刪除。
49 Lin Yutang, *My Country and My People*, p.352.

在當時的中國英語圈裡，有三份書評分別代表三種態度。吳經熊於英文《天下》月刊撰文，稱頌林語堂為「中國思想界佼佼者，只需稍加時日，一定能成為整個人類文化果實之極品」；[50]另外，姚莘農也在《中國評論週報》發表了一封公開信，語調好似溫開水。姚莘農稱讚《吾國與吾民》「是本有關中國的難得好書」，尤其帶有作者的自傳色彩，很有特色，「但是書中所謂的『吾民』只能說是泛稱知識階級群體，而不是所有四萬萬中國人」。[51]《中國評論週報》在發表姚莘農的公開信中，同時插了一段林語堂的簡短聲明，林氏表示自己是福建「龍溪村娃」：「我從小就下田種地、上山砍柴、河裡捉魚蝦，誰能指責我不了解中國農民呢？『吾民』正是他們，而非穿長衫的鄉紳，也不是穿洋裝說英語的華人。」[52]

果不其然，最嚴厲的攻擊來自英文《國民新報》，也是一封公開信，署名「一個中國人」，開頭便是譏諷的語調：「哦喲，著名的小評論家現在可是世界級的暢銷書大作家了。真的非常成功，『賣』了你的國家和人民。」[53]除了諷刺挖苦、人身攻擊，公開信指責林語堂「賣國賣民」，主要有以下幾點批評。首先，林語堂披露國民政府的缺陷與失敗，取悅在華外國人和外國媒體，他們一向敵視中國國民政府及其重建工程，該書在外文媒體得到追捧反而證明這一點。「一個中國人」挖苦道：林語堂應該建議出版商把書送到日本或「滿洲國」，可以為他們蔑視中國添磚加瓦。[54]再者，林語堂為國民政府治下的中國描繪了一幅黑暗、絕望的圖像，且沒有任何改進建議，但作者自己其實從國家領薪擔任重要的半官方性職位。尤為甚者，林語堂對國民政府的輕蔑指責故意扭曲事實，不僅不負責任，而且居心叵測。比如，有關農民稅收問題，林語堂書中加了個注腳，引了一段汪精衛的聲明作為佐證。可是他應該另外再加一個注

50 John C. H. Wu, "Book Reviews: *My Country and My People* by Lin Yutang", *T'ien Hsia Monthly*, Vol. I, No. 4 (November 1935), pp. 468-473.

51 Yao Hsin-nung, "An Open Letter to Dr. Lin Yutang", *The China Critic*, (November 14, 1935), p.152.

52 同上。這種評論很像對賽珍珠的爭議，只是指責對象倒過來而已。參見Qian Suoqiao, "Pearl S. Buck/賽珍珠As a Cosmopolitan Critic."

53 "Junius Sinicus, The Letters of Junius Sinicus: To Dr. Lin Yu-Tang, Shanghai," *People's Tribune*, Vol. XXIV, (Dec 16, 1935), p. 421. "Junius Sinicus"可以譯成「一個中國人」，但很明顯該文出自《國民新報》主編湯良禮（一九〇一－一九七〇）之手。湯良禮是印尼華僑，時任汪精衛祕書。抗戰時汪精衛叛變，組汪偽政府，湯良禮任宣傳部長，一個高調的「愛國者」變成漢奸，不知林語堂對此如何想的。英文《中國評論週報》和英文《國民新報》當時應該代表兩個說英語的知識群。

54 一九三七年十月十三日，莊台公司紐約辦公室進來一位客人山岡（G. Yamaoka）先生，他是美國日本商會主任，他來要求允許引用《吾國與吾民》中兩段文字。這兩段文字用於一本小冊子，就幾頁，名叫「問與答」，由西雅圖日本商會和北美日本人協會發行。小冊子已經發行在用。這兩段引文是這樣的：

問：中國是世界上稅務最重的國家嗎？

答：中國農民不需要賣妻賣女來交稅……就讓他們做乞丐吧！

（引自《吾國與吾民》三五二頁第三行至倒數第八行，正是如上所引）

問：中國官員和軍閥貪汙嚴重，這種指控是真的嗎？

答：這樣的國家當然是瘋了……中國，作為一個民族，一定喪失了道德價值和是非觀念。

（《吾國與吾民》三五三頁第九行至倒數第五行）

華爾西第二天馬上回覆：很遺憾我們不能答應你們的引用要求。林博士保留起訴你們侵權的權利。如果你們現在即刻停止散發小冊子，林博士也就算了。（Richard Walsh, Letter to G. Yamaoka, October 14, 1937.）

腳，引用次年十二月孔祥熙財長的聲明，以示政府如何採取措施來改變這一狀況。

林語堂致華爾西信中說到該評論：「我早就料到這種東西，自卑感強盛的中國『愛國者』專利」，並稱這是一種「梅毒」。[55]對此林語堂沒做任何回應。林語堂赴美後，於一九三七年二月二十三日寫了一封長信給友人劉馭萬，回覆有關對《吾國與吾民》的指責。林語堂申辯道：

國人對我的非議，主要來自受過西洋教育、會說英文、自我意識極為敏感脆弱的「愛國人士」，我不奇怪。他們就像鄉村的學童，被送到大都會洋場教會學堂上中學，卻特別害怕他的母親來訪，被別人看到。但有一種反應我沒料到，說我寫《吾國與吾民》是「賣國賣民發大財」，說這種話的人無恥。他們腦袋裡怎麼就只有個人私利，他們怎麼就不能相信有人可以對自己的民族與文化做一番誠懇深入的剖析和解讀？這種動機論指責太下賤。怎樣才算為中國做真實而明智的宣傳？西人又不是傻瓜，你把中國包裝成個大美人，完美無缺，誰信啊？我的態度是實話實說，著重強調中國是個正在發展中的國家，正從多年混戰和貧窮中慢慢地走出來。容不得對當下中國做任何批評，這種自卑心理要不得。假如你的「愛國」朋友擔心《吾國與吾民》在海外給中國帶來不良形象，可以請他們放心，因為事實恰恰相反。其實我畫的中國也是個美人，不過臉上有個黑痣，西人卻懂得欣賞，不棄反愛。我寫此書不是為了給中國做政治宣傳。我要寫出中國的真善美醜，這是藝術創作。別老看那個痣，要看整體的美。我在書的最後一章坦誠寫出當下中國人的痛苦與悲哀，如果你的朋友在一九三四—三五年感覺不到廣大民眾的怨憤，要戰不能，要活不得，他們還算是「愛國者」嗎？這些人養尊處優，根本不體察民情。其實我也不在乎國人怎麼看我的書。我的書寫完了，讀者各種各樣，他們愛怎麼看怎麼看。反正有許多西方讀者告訴我他們讀了一遍又一遍。可惜的是，該書沒有引起國人好好反思。[56]

另一方面，林語堂為美國輿論的熱評深受感動。他對華爾西坦承：他自己的國人不了解他，「也許美國讀者比我自己的同胞更能了解我，畢竟我整個思維架構和學術涵養都是西式的，儘管我基本性情是中式的。」[57]

《吾國與吾民》在美國的成功，對林語堂踏上赴美旅程發揮了重要的助推作用。

55 Lin Yutang, Letter to Richard Walsh, December 20, 1935.

56 Lin Yutang, Letter to Liu Yuwan, February 23, 1937. 劉馭萬（一八九六—一九六六）畢業於奧伯林學院（Oberlin College），時任太平洋關係協會（Institute of Pacific Relations）中國分部執行祕書。

57 Lin Yutang, Letter to Richard Walsh, December 14, 1935.

# 第七章　「中國哲學家」的誕生

「夫雪可賞，雨可聽，風可吟，月可弄，山可觀，水可玩，雲可看，石可鑑，本來是最令西人聽來如醉如痴之題目……實在因賞花弄月之外，有中國詩人曠懷達觀高逸退隱陶情遣性滌煩消愁之人生哲學在焉。」

林語堂，〈關於《吾國與吾民》〉（一九三七年）

## 去美國

林語堂決定赴美，既有「推」也有「拉」的因素，最後「拉」的因素起了關鍵作用，而且是花了一段時間斟酌後才決定的。林語堂原本打算去美國暫住一年，或許接下來再去歐洲待一年，沒想到這一走，改變了他日後的整個人生。往後三十年，他基本上以紐約為居所，以英文寫作，成為一個知名的「美國作家」。

一九三五年一月，《吾國與吾民》手稿差不多完成時，華爾西和賽珍珠（此時兩人已結婚）第一次邀請林語堂赴美。林語堂一月十二日的回覆未置可否，只是說，他是該躲避一下，中國有些「神經脆弱的」人討厭他的創作，但他不急，等找個好機會再說。考慮到即將出版的

《吾國與吾民》對國民黨政府有尖銳的批評，華爾西建議他在出版前離開中國，以免麻煩。他請林語堂到他們在賓夕法尼亞州的新家作客，在美國待一年，可以演講，甚至給某個報刊雜誌寫專欄，因為他確信林語堂的新書會為他帶來許多機會。但林語堂還是婉拒了華爾西的邀請，覺得該計畫欠妥，不夠具體。他列了幾點顧慮：一方面，他經濟上雖然「足夠」但並不富裕，要走就得全家一起走，來回旅途開銷可得要好幾千美元。另一方面，他到了美國，假如書銷得很好，要有很多應酬，他就沒得安寧了：「我不介意成千上萬的人讀我的書，但我不喜歡拋頭露面。」[1]

華爾西看完最後一遍書稿付梓印刷之後，又寫信給林語堂表達關切，生怕出版該書會為他在中國帶來麻煩。他向林語堂表示：一旦林語堂決定離開中國，一定會受到美國這邊的朋友熱烈歡迎，而且，只要他願意演講，一定會有很多觀眾紛至沓來。十月一日林語堂回信華爾西，請他不用為自己的安全太過操心，因為他已經採取措施做好自我保護。在中國，一切都要靠關係，他也很清楚，一旦出現什麼麻煩，只要「上面」有人，一切都可以保過去。他擔任《天下》月刊編委，就是為了找個「保護傘」，因為該雜誌由「中山教育文化基金會」主辦，孫科是該基金會的頭，[2]而林語堂已經知道孫科本人挺喜歡他的書。再說，他現在實在太忙，根本走不開：「我要打理三份中文雜誌、兩份英文雜誌，每月要寫八至十篇文章。」但他答應華爾西會多抽出時間給美國雜誌寫稿。[3]

確實，一九三三年至一九三六年是林語堂最繁忙、最多產的時期之一。除了撰寫《吾國與吾民》一書，他是《中國評論週報》「小評論」專欄作家，還擔任《天下》月刊編委，同時還創辦了三份中文刊物——《論語》、《人間世》和《宇宙風》。一九三六年一月，他告訴華爾西，他正忙著搞一件大工程：編撰一本中文字典（不是中英詞典），起碼到夏天都沒空。而且，一九三六年二月至五月，林語堂還寫了另一本英文書：《中國新聞輿論史》。該書受太平洋國際學會（Institute of Pacific Relations）之邀而作，彙報中國新聞界狀況，分別由上海別發洋行（Kelly & Walsh Ltd.）以及美國芝加哥大學出版社先後出版。《中國新聞輿論史》不僅是最早探討中國新聞史的專著之一，而且是現代中國知識界首次以有系統的方式探討中國文化與民主之路的專著。該書是林語堂少數幾部學術著述之一，至今在西方學界都是研究中國新聞史的重要參考書，而中文譯本也首次於二〇〇八年出版。[4]

誠如林語堂自己所稱，他是以歷史學家的角色來撰寫《中國新聞輿論史》。不過，林語堂開卷便表明，他所關注的歷史事實得說明一個問題，即公共輿論如何在中國的歷史長河中埋下民主的種子，因而他所寫的中國新聞輿論史是「公共輿論和威權在中國如何競爭、爭鬥的歷史」。[5]

---

1 Lin Yutang, Letter to Richard Walsh, March 25, 1935.

2 孫科（一八九一—一九七三）是孫中山的兒子，一九三二年至一九四八年任國民政府立法院院長，當然是高層很有影響力的人物。

3 Lin Yutang, Letter to Richard Walsh, October 1, 1935.

4 參見林語堂，《中國新聞輿論史》，劉小磊譯，上海：上海人民出版社，二〇〇八。

5 Lin Yutang, *A History of the Press and Public Opinion in China*, Chicago, Illinois: The University of Chicago Press, 1936, p. 2.

本書分兩大部分：古代部分和現代部分。古代部分著重闡述了南宋和晚明的儒士抗爭運動，特別是東林黨人和魏忠賢的長期抗爭。林語堂總結道，中國歷史表明，再多儒士剛正不阿、不畏強暴、大義凜然，這都沒用，關鍵是要有一部能夠保護人權、保障言論自由的憲法。不然，死了這麼多仁人志士，最終還是宦官專權。現代部分的史料，林語堂主要參考戈公振的《中國報學史》和白瑞華（Roswell S. Britton）的《中國近代報刊史，一八〇〇—一九一二》（*The Chinese Periodical Press, 1800-1912*）。[6]

晚清中國政經陷入嚴重危機，新聞輿論卻同時得到茁壯發展的空間，林語堂稱之為「黃金時期」。這一時期的報刊呈現了一種強烈的憂國憂民責任心，有一種神聖的使命感。作者特別介紹梁啟超，稱他為「中國新聞史上最偉大的巨人」。梁啟超博學多才，有深厚的國學素養，又激情澎湃，極力提倡引進西方的自由、民主、憲政改良觀念，他在報刊上發表的大量文字深深影響了整整一代人。

民國時期，中國新聞開始走下坡路。這時政府的態度開始強硬了起來，公共輿論空間越來越小。尤其是一九二七年大革命之後，新聞審查是一九〇〇年以來最糟糕的。林語堂舉了許多例子：比如《世界日報》編輯成舍我從軍閥張宗昌的魔掌中逃脫出來後，卻因刊登國民黨醜聞，被汪精衛關進監獄。還有王韜的《生活週刊》也屢遭查禁，共產黨的刊物就更不用說了。一九三一年二月七日，五名共產黨作家遭酷刑致死，女作家丁玲於一九三三年五月遭綁架，楊銓被暗殺——清單一長串，林語堂在此一點都沒留情面。[7]

如此高壓下，中國的新聞呈現一種極端扭曲的狀態。其中一個怪象便是各種小報充斥市場，各種矇混拐騙的「醫學廣告」漫天飛，聲稱醫治各種性病。再加上當時中國國共黨爭激烈，任何文章觀點馬上遭泛政治化處理，非左即右，所以很難產生中肯、理性的自由評論，在此背景下，「我提倡幽默，兩派都不參與，感覺自己一個人在黑暗中吹口哨。」[8]

林語堂最後指出，寫此書是要將歷史當作一面鏡子，為中國的民主一搏：「今天我們一定要力爭把新聞自由當成憲法原則，把個人人權當成憲法原則。民主簡單來講就是要讓普通大眾對其生活有發言權，這是歐洲帶給人類文化最寶貴的禮物，人類進步的旅程中需要的一定是有智慧、有思想的個人，而不是馴良、無知的羊群。」[9]

當初論語社成員之一章克標曾於一九八八年和一九八九年兩次撰文回憶林語堂，兩次都提到林語堂移居美國，是為了避開國難，說他們的朋友邵洵美有一個家訓，預言不久將有世界大戰，中國會成為列強殺戮戰場，要避難只能到美國去。林語堂可能想到此事，於是最後決定赴美。[10]然而，林語堂和華爾西的通信所披露的資訊則不盡相同。一九三五年十月二十五日，林

---

6 參見戈公振，《中國報學史》，上海：商務印書館，一九二七，以及Roswell S. Britton, *The Chinese Periodical Press*, Shanghai: Kelly and Walsh, 1933.

7 林語堂給劉馭萬信（一九三七年二月二十三日）中寫道：「《中國新聞輿論史》是本歷史書，我是以一個歷史學家的角色來寫的。假如太平洋國際學會的朋友不喜歡，要我筆下留情，掩蓋或粉飾中國（尤其是北方）糟糕的狀況，那我只能對不起太平洋國際學會了。誠實！多麼令人討厭的東西！」

8 Lin Yutang, *A History of the Press and Public Opinion in China*, p.166.

9 同上，頁一七九。

語堂告訴華爾西，他收到英國的大學中國委員會（Universities' China Committee）赴英演講的邀請，但他婉拒了，等到明年秋天再說。同時，明年秋天太平洋國際學會在洛杉磯開年會，他也受邀。如果他去洛杉磯的話，他便可訪問紐約，然後再去歐洲，假如「到那時歐洲還在地圖上的話」（即假如歐洲還沒有被戰爭而吞噬）。然後，林語堂說中國情況很糟糕，戰爭不可避免：「我們會以人類歷史上（包括中國歷史上）最奇特的方式被征服，嚎都不會嚎一聲……我們現在正在親吻、擁抱我們的征服者。你現在讀中國的報紙，會覺得什麼事也沒有。這就是我們被絞死的方式。」[11]

很顯然，雖然林語堂預知中國的前景黯淡，但根本沒有決意要去美國。相反地，他忙著編中文字典，又要寫《中國新聞輿論史》，所以他邀請華爾西夫婦到上海來訪問，並說他們永遠都不會去歐美住很久，最多就是做短暫訪問，散一下心而已。[12]

但是，《吾國與吾民》出版後銷量一路走紅，「拉」的因素隨之增加，更為具體的邀請也接踵而至。位於芝加哥的演講經紀公司「愛默生事務所」（Emerson Bureau）去信莊台公司，邀請林語堂到美國巡迴演講，和讀者見面。[13]華爾西把信轉給林語堂，他還是請華爾西婉拒之：「我當然需要錢，但我不想用這種方式掙。演講的效果如過眼雲煙，可著述則不一樣，再薄的書，其效果都是永久性的。也許我應該聰敏地故意躲起來，以便營造高深莫測的形象。」[14]到一九三六年三月二十日，林語堂又告訴華爾西，夏威夷大學提供一個職位給他，他正考慮是否接受。《吾國與吾民》銷量十分火爆，他現在可以丟下中國的一切事務，找一個有森林與陽光的安靜地方待一陣子，如南加州或歐洲的布達佩斯，但他不想去紐約。檀香山可能特別適於孩子成長：「我聽說小孩在那兒長大，天天陽光雨露，個個像朵花一樣。」[15] 華爾西接到信後即刻回覆，敦促林語堂到紐約來，到他們家作客。但林語堂還是回絕了：「難度在於：這次我要走得全家一起出動，出來遊逛則不得不考慮花銷。一位已婚男人很難做浪人了。」[16]

然而，到一九三六年五月，華爾西夫婦持續不斷的請求終於產生效果。林家本來打算去夏威夷待一陣子，但林語堂不喜歡演講，而孩子們也想去美國本土，於是他們認真考慮去看華爾西夫婦，先在美國待一年，然後或許再去歐洲待一年。只是不能確定全家住哪兒，他想儘可能找個安靜的居所，肯定不想住紐約市，或許可以在紐約卡茨基爾山區某個地方躲起來。一九三六年五月十六日，林語堂去信華爾西，說他已經決定赴美一年，並且拒絕了夏威夷的邀請：「這趟旅程的目的是要離開中國一陣。全家、特別是孩子們、也可以換一下環境。我可以遵循老子的教誨，在中國的公眾視線中消失一陣，所謂退一步海闊天空。」林語堂的計畫是在美國

10 章克標，〈林語堂與我〉，《明報月刊》，一九八八年三月，頁一〇五—一〇八；和〈林語堂在上海〉，《文匯月刊》，一九八九年十月，頁三四—三九。

11 Lin Yutang, Letter to Richard Walsh, October 25, 1935.

12 Lin Yutang, Letter to Richard Walsh, January 17 and February 7, 1936. 林語堂信中告訴華爾西他對英國的演講邀請沒有跟進。

13 Emerson Bureau, Letter to the John Day Company, January 20, 1936.

14 Lin Yutang, Letter to Richard Walsh, February 28, 1936.

15 Lin Yutang, Letter to Richard Walsh, March 20, 1936.

16 Lin Yutang, Letter to Richard Walsh, April 2, 1936.

待一年寫第二本書，同時再打點零工，諸如為雜誌撰文、做有限的演講，以便維持開銷而不用自己的儲蓄。另外，林語堂還有一系列機器發明的點子：「旋轉剪刀、中國式組合書架等等，有些我應該可以在美國做出來，另外還有中文打字機，我已經造了一個初步模型。」林語堂想像自己在美國待一年，或許在歐洲再待一年，回來後自己可以成為一個詩人和畫家。但他還是不知道他們可以住哪兒，只知道想住在華爾西夫婦家附近，周邊風景要優美，生活消費水準不能太貴。

華爾西夫婦收到信後非常興奮，立刻邀請林家先到他們在賓夕法尼亞的農莊住幾個星期。他們建議林家可以住在普林斯頓，這是一座大學城，離紐約和他們位於賓夕法尼亞的家都很近，並計畫把林語堂介紹給紐約的文學界。得到這一保障後，林語堂開始準備行李，把寫第二本書所需的資料都帶上了，並把自己的車（福特V8）也賣了。林語堂當然很興奮：「我現在感覺要放假了，從此以後就自由了，像百靈鳥一樣自由放飛，只是寫我想寫的東西……我們預計至少在美國住一年，如果幸運的話再到歐洲待一年，到時我們肯定想家得要死，在外不可能超過兩年的。」[17] 一九三六年八月十一日，林語堂一家五口人登上豪華的美國客輪「胡佛總統號」，當場有很多朋友送行，好不熱鬧。

林語堂一家於一九三六年八月二十五日抵達舊金山，轉道好萊塢訪問後，於九月九日抵達紐約。儘管林語堂不想「拋頭露面」，但紐約著名的《先驅論壇報》（*Herald Tribune*）第二天就派記者到位於曼哈頓四十九街東四十號的《亞洲》雜誌辦公室對林語堂進行了採訪。該報報導稱，《吾國與吾民》作者林語堂博士要到普林斯頓旅居一年從事寫作，寫一本哲學書。林語堂對記者說：「哲學現在被認為是一門科學，把簡單的事情弄得特複雜。我認為哲學應該是一門藝術，要把世事化繁為簡。」[18]

在華爾西夫婦的農莊短暫逗留後，華爾西便開始把林語堂介紹給紐約的知識界。首先，華爾西帶著林語堂和一些名流朋友共進午餐，比如像克利夫頓．法迪曼（Clifton Fadiman）等。席間林語堂談吐風趣幽默，性格開朗儒雅，所有來客都為之傾倒，關鍵是林語堂有太多中國的故事，太多奇文異趣，美國人聽來個個津津有味。一九三六年九月二十二日，華爾西寫信給《紐約客》主編哈羅德．羅斯（Harold Ross），說他在寫一篇「林語堂簡介」，希望《紐約客》不會錯過，因為「我敢打賭，不要幾週時間，林語堂一定會成為紐約的『一個傳奇人物』」。[19]

到了美國，林語堂發現很難躲開公眾視線。事實上，他也沒在普林斯頓安居，而是在曼哈頓中央公園西路五十號租了一間面向中央公園的公寓。下面一系列林語堂初到美國參加的公共活動也許可以解釋這一決定。

十月六日，林語堂在紐約華道夫．阿斯多里亞酒店為美國中國協會（The China Society of America）發表演講，題為「民主在中國」。十一月五日，紐約全國書展開幕，市長拉加迪亞（La Guardia）親自主持開幕，林語堂獲邀作為嘉賓參加首日活動，和希莉斯（Marjoris

---

17 Lin Yutang, Letter to Richard Walsh, June 19, 1936.
18 "Dr. Lin Yu-tang To Do Book on His Philosophy", *Herald Tribune*, September 10, 1936.
19 Richard Walsh, Letter to Mr. Harold Ross, September 22, 1936.

Hillis）、埃德曼（Irwin Edman）、卡莫爾（Carl Carmer）共同主持第一場作家論壇，並和賽珍珠共同主持了一場介紹中國書籍史的論壇。十一月二十三日，林語堂又受美國婦女協會之邀，出席一場晚宴，林語堂由賽珍珠介紹，做了有關中國婦女的演講。十一月二十五日之後的一週，林語堂有四場演講，分別是給《柯夢波丹》（*Cosmopolitan*）雜誌、戰爭起因與防治全國委員會、布龍科斯維爾小論壇（這是應林語堂兒時駐漳州的苑禮文牧師之邀），以及哥倫比亞大學中國學生會。一九三七年一月十八日，林語堂又應全國共和黨女性俱樂部之邀演講「從中國人角度看遠東局勢」，二月五日在瓦薩學院（Vassar College）、二月九日在紐約殖民俱樂部分別有一場演講，二月二十三日則在紐約市政廳為政治教育聯盟演講。

林語堂往後在美國將近三十年的傳奇活動，主要包括三個方面：首先是他的暢銷書籍創作，以及為各大報刊雜誌（特別是《紐約時報》）撰文，還有出席各種場合（包括電臺和市民集會）發表演講。林語堂的暢銷書籍主要著重中國文化和哲學，而在美國報刊雜誌發表的文章和演講大多是有關當下中國的時事政論。正是他的第二本書——《生活的藝術》——使林語堂成為美國人家喻戶曉的名字，使他成為美國人眼中的「中國哲學家」。

## 《生活的藝術》

林語堂在紐約撰寫《生活的藝術》時，曾寫過一封信給中國讀者，刊登於一九三七年十月十六日的《宇宙風》雜誌，信中對《生活的藝術》創作過程有較為詳細的描述：

現在寫的是講生活之藝術，名為The Importance of Living。起初我無意寫此書，而擬翻譯五、六本中國中篇名著，如《浮生六記》、《老殘遊記二集》、《影梅庵憶語》、《秋燈鎖憶》，足以代表中國生活藝術及文化精神專書，加點張山來的《幽夢影》格言、曾國藩鄭板橋的《家書》、李易安的《金石錄後序》等……然書局老闆意見，作生活之藝術在先，譯名著在後。因為中國人之生活藝術久為西方人士所見稱，而向無專書，苦不知內容，到底中國人如何藝術法子，如何品茗，如何行酒令，如何觀山，如何玩水，如何看雲，如何鑑石，如何養花、蓄鳥、賞雪、聽雨、吟風、弄月……夫雪可賞，雨可聽，風可吟，月可弄，山可觀，水可玩，雲可看，石可鑑，本來是最令西人聽來如醉如痴之題目。《吾國與吾民》出，所言非此點，而大部分人注目到短短的講飲食園藝的「人生的藝術」末章上去，而很多美國女人據說是已奉此書為生活之法則。實在因賞花弄月之外，有中國詩人曠懷達觀高逸退隱陶情遣性滌煩消愁之人生哲學在焉。此正足於美國趕忙人對症下藥。因有許多讀者欲觀此中底奧及一般吟風弄月與夫家庭享樂之方法，所以書局勸我先寫此書。不說老莊，而老莊之精神在焉，不談孔孟，而孔孟之面目存焉。這是我寫此書之發端。

三月初動手，寫了二百六十頁，忽然於五月初一夜在床上作起序來，乃覺今是昨非，將前稿盡行毀去。因原來以為全書須冠以西方現代物質文化之批評，而越講越深，又多論辯，至使手稿文調全非。自五月三日起乃重新編起，至七月底全書七百頁，所以在這三月裡如受軍事訓練，一切紀律化、整齊化、嚴肅化。要在早睡早起，夜眠必足，眠足則翌晨坐在明窗淨几，一面抽菸，一面飲茗，清風徐來，鼻子裡嗅嗅兩下，胸部軒動，精神煥發，文章由口中一句一句一段一段念出，叫書記打上，倒也是一種快樂。夜眠不足，文章便吐不出來。《吾國與吾民》是在打字機上自己打出的，而這書是口述而由人筆記的。平常也無甚腹稿，只要菸好茶好人好，便可為文。」[20]

林語堂這段描述基本屬實，但也過於戲劇化。它既過分強調、同時又壓低了華爾西（以及賽珍珠）在他們的合作中所扮演的角色。林語堂在該書序中曾明確致謝：「我要再次感謝華爾西夫婦，是他們首先建議我寫此書，而在寫作過程中，他們給了我誠懇的批評意見，使我受益匪淺。」[21]事實上，從他們的通信來看，寫這本書並不是華爾西單方面的意願，而華爾西夫婦的批評意見，在釐定「一個中國哲學家」在美國所能扮演的角色方面發揮了重要作用。

其實，林語堂《吾國與吾民》書稿一寫完便開始準備下一本書。在一九三五年四月十二日給華爾西的信中，林語堂討論了幾個方案。他首先想到的是翻譯《紅樓夢》，得到賽珍珠的鼓勵，但他自己猶豫不決。《紅樓夢》是世界名著，理應被譯成英文，但他要確保第二本書不能比第一本書差（亦即他懷疑《紅樓夢》在美國不會有銷量）。同時，他在編一本中國短篇小說集，可以更具體地展現中國人的生活，以彌補《吾國與吾民》中的抽象描繪，林語堂把集子擬題為「中國人生活面面觀」（Glimpses into Chinese Life）。一九三五年五月十五日，林語堂又去信華爾西，告訴他第二本書已經成形，是一本譯文集，題為「生活方式」（A Way of Life），選譯《老殘遊記》、《浮生六記》、《閒情偶寄》、《冥寥子遊》，以及鄭板橋家書，漲潮警句，並配有李清照、李香君、馮小青肖像畫。林語堂向華爾西保證：「所有譯文材料都能十分貼切地展示中國人的生活方式。」[22]因為那時華爾西已經胸有成竹，《吾國與吾民》出版後一定會暢銷，所以一口就答應出版林語堂的第二本翻譯集，只是說他可能會對編排順序之類提出意見。

一九三五年十一月二十九日，林語堂去信賽珍珠，告訴她，自己的「小評論」文章集結為兩冊，已由上海商務印書館出版，他也想用這些「小評論」文章為美國讀者編個集子，書名可以稱作「我的哲學」（My Philosophy）或「我看世界」（My Personal Point of View），因為生命的意義正是通過這些生活「瑣事」體現出來，而不是通過任何高深的「形而上學」。但是，到了一九三六年三月二十日，他已經改變了想法。他告訴華爾西，用「小評論」文章編集出版銷量應該不錯，但是分量不夠，不會成為鉅著；「我真的應該寫一本書，名叫『我的哲學』或『我的世界觀』（My Views of Things）。我真的認為，我對人生各種問題都有自己獨到的看法，從生活的習慣和藝術到小孩的教育、作家的祕密，從各種藝術創新的祕密到各種瑣事，比如握手、躺在床上、看電影流淚、社交儀式的愚蠢、花兒鳥兒在我們生活中的重要性，等等。自然、藝術、宗教、上帝、永生、社交、婚姻、幸福、離愁、死亡——所有這些都可以用既辛辣

---

20 林語堂，〈關於《吾國與吾民》〉，《宇宙風》，一九三七年十月十六日，頁三〇—三一。

21 Lin Yutang, *The Importance of Living* New York: John Day, 1937, p. xi.

22 Lin Yutang, Letter to Richard Walsh, May 15, 1936.

又溫和、既深刻又天真、既歡快又嚴肅的筆調娓娓道來。我覺得我可以幹這個活，可以輕鬆地寫出來，而且最主要的是，幹起來自己會很樂意。我一向認為，只有作者自己樂意寫的東西讀者才會中意看。」[23]

林語堂決定赴美後，便婉拒了夏威夷大學的邀請，聲稱他已經和莊台公司簽訂了合約（其實當時合約還沒正式簽署）寫一本「我的人生哲學」（My Life and Philosophy）。而他給華爾西的信也正是這麼說的。只是沒有確定先編譯書還是先寫哲學書，林語堂和華爾西同意等見面後再商討決定。

顯然，華爾西更傾向於先寫哲學書。[24]但是，我們只要仔細閱讀《生活的藝術》便會發現，其實該書是林語堂來美前所斟酌過的三本書的綜合體。當然，它是林語堂個人哲學觀的闡述，或者說是林語堂對中國人生哲學觀的闡述；但它也是一部譯書，許多林語堂曾想選譯的文章都融入了本書。

同時，《生活的藝術》也是「小評論」小品文的彙總和集錦，其核心思想正是《論語》時期開出的中西合璧美學思想。林語堂只是把「小評論」適當發揮，做成了有系統的「大評論」。我們只需瀏覽一下一九三四年至一九三六年赴美之前的一些英文小品題目：〈自我享受的權利〉（The Right to Enjoy Oneself）、〈孟子的幽默〉（The Humor of Mencius）、〈英譯張潮警句〉（Epigrams of Chang Ch’ao）、〈英譯唐琵琶〉（T’ang P’ip’a）、〈摩登女子辯〉（In Defense of Gold-Diggers）、〈論裸體運動〉（Confessions of a Nudist）、〈論握手〉（On Shaking Hands）、〈蘇東坡的幽默〉（The Humor of Su Tungp’o）、〈論躺在床上〉（On Lying in Bed）、〈論看電影流淚〉（On Crying at Movies）、〈女人的魅力〉（On Charm in Women）、〈英譯陶淵明「閒情賦」〉（T'ao Yuanming's 'Ode to Beauty'）等等。也就是說，本來林語堂的《生活的藝術》不是針對西方讀者的。林語堂的幽默／性靈／閒適美學風格在三〇年代的中國也獲得一定成功，特別受到新興中產市民階層的首肯，但也遭到左翼文人的辛辣諷刺攻擊，被斥為「小擺式」。

林語堂以同樣的幽默／性靈／閒適美學思想，經過一番中西文化交流的對象處理（或曰「包裝」），獲得了以中產階級為主的美國讀者狂熱般的追捧。林語堂的名字等同於親切可愛的智者——一位「中國的哲學家」。

但是，「包裝」也是很重要的，在此華爾西（和賽珍珠）在編輯角色上發揮了重要的作用。這倒不是說是他們建議林語堂寫此書，而是說，他們提供林語堂自己對美國市場的經驗，從而對書稿提出建議。比如，華爾西看過林語堂為該書所勾畫的梗概時，便建議林語堂應該「儘早在書的前面幾章就讓讀者清楚看到，該書講的是日常家庭生活體驗，而且要讓讀者隨時都能意識到，他們讀的是四千多年來中國哲學智慧的集錦」。[25]而讀完前幾章後，華爾西夫婦

23 Lin Yutang, Letter to Richard Walsh, March 20, 1936.

24 林語堂花了一段時間才在紐約安頓下來，要到一九三七年三月才正式開始寫此書。除了演講應酬，林語堂還嘗試給報刊寫稿。比如，他曾經想寫一系列「孔夫子在美國」的文章，讓「孔夫子」專訪美國名人如梅倫（Mellon）、曼寧（Manning）、卡洛爾（Carel）、羅斯福太太（Mrs. Roosevelt）、莫雷（Christopher Morley）等。顯然，這一想法沒有實施。參見Lin Yutang, Letter to Richard Walsh, October 26, 1936.

25 Richard Walsh, Letter to Lin Yutang, January 27, 1937.

有點著急，覺得這樣下去沒達到林語堂應有的水準，於是他們便直率地寫信告訴他：

> 總的來說，你對西方生活、西方作家和哲學家著筆太多，而對中國的來源著墨不夠。我想你肯定知道，用中國人身分說話，用中國人的坦率觀點，引用中國典籍和例子，這樣你就可以成功避開許多批評——而如果嚴格地從美國的角度寫出來，好多觀點人們會覺得平庸、輕率或者站不住腳。我真心希望全書要多增加直接援引中國經驗。比如，你在文中用「啤酒屋」做比喻，但如果你用「茶館」，那感覺會好得多。我們美國大眾其實已經很討厭各種「家常哲學」，但我相信，他們會如饑似渴地吞下一個中國人的批評和思想，只要你時時刻刻都牢記你是一個中國人、你援引的是中國的資源和你自己在中國的生活體驗，而不是西方資源和你在這兒的觀察。[26]

有關「你時時刻刻要牢記你是一個中國人」、應該從中國人的角度言說這一問題，在林語堂和華爾西長期的合作中將是一場拔河運動，因為林語堂經常忘掉這一點，雖然他通常都儘量遵循華爾西的提醒。其實，林語堂還在中國時，當時剛寫完《吾國與吾民》，他寄了許多篇幽默散文給華爾西，希望在美國雜誌發表，但是成功發表的沒幾篇。林語堂當時就告訴華爾西，假如美國雜誌只要嚴肅文章，他寧可不投：「為什麼我在美國必須板著面孔、為什麼不能輕鬆自在？難道我永遠都得擺出一幅長鬚髯髯的東方智者的尊顏？我想這不值得。我寧願做我自己，我本來就沒什麼抱負要做偉人。」[27]儘管如此，林語堂對華爾西強調的中國視角還是儘量通融。他向華爾西解釋，開頭幾章主要是統領全書的泛論，等到主幹部分講生活的藝術，一定會引用很多中國典籍。完整書稿於一九三七年八月四日完成，共八三〇頁，林語堂很自豪整個工程在三個月內搞定。

他把書稿寄給華爾西之後，便飛到古巴哈瓦那度假，在那兒待了一個月。在他回來之前，華爾西已經通讀全稿並做了一些修改，主要是刪減和重組某些句子與段落。華爾西告訴林語堂：他和賽珍珠一致認為，林語堂寫了一本「比《吾國與吾民》更偉大的書」。[28]林語堂對華爾西的修改意見大部分都同意，並承認他依賴華爾西的感覺，哪些對美國讀者來說是司空見慣的東西，應該刪去。因為手稿是林語堂口述、打字員聽寫打出來的，所以需要做些刪減和重組功夫，林語堂自己又做了一遍全面修訂。

《生活的藝術》於一九三七年十一月出版，正好趕上聖誕季，標價三美元，一下便獲得巨大成功。我們看看當時的廣告：「兩週內林語堂的新書《生活的藝術》賣出八萬七千四百六十九本」、「五週內興奮的讀者買了十四萬一千本」、「出版兩個月以來，美國人一週六天一天二十四小時每秒買兩本」、「連續五個月非小說類暢銷書榜排名第一」；連續七個月美國暢銷書

26 Richard Walsh, Letter to Lin Yutang, June 3, 1937.
27 Lin Yutang, Letter to Richard Walsh, December 20, 1935.
28 Richard Walsh, Letter to Lin Yutang, September 2, 1937. 華爾西隨信附了一份兩頁的「華爾西就《生活的藝術》重組和刪減建議備忘錄」。

榜排名第一」。[29]如果說《吾國與吾民》是林語堂在美國的成名作，那《生活的藝術》不僅使林語堂成了美國普通百姓家喻戶曉的名字，而且也奠定了他在美國知識界的尊崇地位。

《生活的藝術》獲得如此成功，最主要的一環是獲得「每月讀書會」（Book of the Month Club）推薦為「當月之書」。

《生活的藝術》行銷宣傳單。臺北林語堂故居藏。

「每月讀書會」在二十世紀美國文化的生產過程中扮演了至關重要的角色。它有一個評審委員會，委員由文化界一些名流組成，這些文化界名流並不是現今所謂的專家，而是像克利夫頓・法迪曼那樣百科全書式的公眾知識分子。評審委員會主席坎比（Henry Seidel Canby）是位教師、傳記作家兼記者，其他委員包括：作家、編輯和政治家懷特（William Allen White）、小說家費雪（Dorothy Canfield Fisher）、著名新聞媒體人布朗（Heywood Broun），以及作家莫雷（Christopher Morley）。[30]評審委員會每月都會收到各書局推薦即將出版的新書，從中評出一本「當月之書」，然後推薦給讀書會會員。「每月讀書會」擁有大量中產階級會員，遍布全美。

二十世紀是美國的世紀，從某種意義上說就是美國中產階級茁壯成長之際，他們工作辛苦、閒暇不多、文化有限，但已有一定經濟基礎，對文化也開始有一定要求。「每月讀書會」便讓一些文化名流先評出當月之書，再推薦給會員，並且打折郵購。這樣，被選為當月之書，就意味著成功。據林太乙回憶，某一天下午，華爾西打電話給林語堂，告訴他《生活的藝術》已被「每月讀書會」選中，林語堂聽後「高興得雙足亂跺，狂叫起來」。[31]

「每月讀書會」發給會員的推薦函中，都附有一篇書評。為《生活的藝術》寫書評的正是坎比——評審委員會主席。坎比開頭便稱，《生活的藝術》充分展示了林語堂的才華，林語堂是有教養的中國人，也是有文化的世界公民。

> 《生活的藝術》不是稱讚中國的書，他是一個東方文化人，卻對我們西方人瞭若指掌，坐在火爐邊和我們清談人生故事。這故事不是他自己的故事，不是傳記，而是他對中國文

---

29 僅這一本書的版稅就足夠使林語堂成為一名十足的富人（按美國標準）。寫書之前林語堂和華爾西談好了合約條款。林語堂要求提高一萬本或二萬本以上的版稅，而不是像上本書一樣一律是百分之十五。華爾西回覆道，這對美國出版商財政上是不可行的。英國出版商可以提供更高的版稅，是因為他們不做宣傳行銷，而美國出版商要花很多資源做行銷，而且市場也更大。但基於第一本書的成功，華爾西同意把版稅一律定為百分之十五，而不是以百分之十起步。參見Richard Walsh, Letter to Lin Yutang, March 9, 1937.

30 有關「每月讀書會」的情況，可參見Charles Lee, *The Hidden Public: The Story of the Book-of-the-Month Club*, New York: Doubleday & Company, 1958.

31 林太乙，《林語堂傳》，頁一七五。

化精髓的親身體會和提煉，他用這個故事來對照我們美國人：整天忙忙碌碌，充滿活力，活潑可愛，但就是不知道成功和幸福的區別在哪。沒錯，這是有關中國文化的書，書中選錄了許多中國哲人的至理名言，它們可是價值連城，光憑這些，就值得買下它。不過，我一邊讀一邊在想，這可真是為我們美國人寫的書。好像作者在美國住了很久，知道市場上充滿了各種講如何成功發達、如何交友、過日子之類的生活指南「自助」（self-help）書籍，作者知道這些書陳詞濫調、庸俗不堪，但靈機一動，為什麼不寫一本真正講閒情逸致、修身養性的書呢？而且既有中國文化的視野、又合我們的口味！[32]

《紐約時報》一九三七年十二月五日發表伍茲（Katherine Woods）的書評，題為〈中國人及其豐富的人生哲學〉。和《吾國與吾民》一樣，《紐約時報》的書評仍是最權威的評價，後來被各種宣傳廣告頻頻轉載。作者稱，該書副標題「享受生活的個人指南」完全是誤導，也無法想像書商的廣告宣傳怎麼能說該書「希望能給眾男眾女提供人生指南」。謝天謝地這不是一本「自助」輔導書。林語堂的《生活的藝術》和該類書籍有天壤之別。它是幾千年中國文化精髓的提煉，用個人的筆調傾談中國人的人生哲學，不僅學識淵博才華橫溢，而且充滿睿智與幽默，更能切入現代生活實際，縱橫於東西方文化之間，遊刃有餘、妙語連珠。他講個性與集權、邏輯與常識、成功與休閒，講吃飯穿衣、花鳥樹木、住房裝修，講如何談天說地，講文學與性，講幽默格調，講現實與夢想，講自由與尊嚴，講效率與耐力，總之，就是講實實在在的生活本身。林語堂把「合理」（講情理）和「理性」（講計算）區分開來，並警告我們不要到字典裡面去查這些概念的定義，而要從自己的生活中去體會。他說：我要極力頌揚浪人的精神，這個世界需要一種睿智而快樂的哲學。這是什麼哲學呢？當然是中國哲學。林語堂說：中國哲學首先把生活看成一個藝術整體，它要求人們有意識地回到簡單，並提倡一種合情合理的中庸理想境界。其結果是，整個文化崇尚詩人、農人、浪人。所以，崇尚浪人不是隨便說說，背後有整個中國文化哲理支撐，而且林語堂認為我們現代生活正需要浪人精神。我們現代社會越來越理性化、規範化、紀律化、集權化，要求我們都變成有效率的、標準化的「愛國苦力」，國家派你到哪兒就在哪兒做一顆螺絲釘。所以，提倡浪人精神不僅要反對國家崇拜和集權專制，而且要反對一切缺乏人性的條條框框、看似完美的體系、漂亮的經濟資料。林語堂調侃道：我們天天在進步、在爭先恐後爭做螞蟻；也許我不懂經濟學，但經濟學也不懂我。林語堂告訴我們，中國人科學上不行，也不太善於烏托邦式的幻想，但他們知道踏踏實實生活，知足常樂，講情理講中庸之道，不願過勞碌命，也看不上整天遊手好閒、碌碌無為；生活中崇尚自然簡單，充滿動物本能，也多愁善感，但更多是看破紅塵、笑傲江湖。生活一定要笑、要有幽默。林語堂稱美國人的幽默感是美國民族最大的財富，而美國三大罪惡是：效率、準時、成功欲望。林語堂說：美國人整天想成功發達，結果弄得神經緊張，生活也沒樂趣。書中還引錄中國文化歷史上許多文人雅士的至理名言，這些精神財富全都集中在一本書，從任何意義上講，

---

32 "*The Importance of Living* by Lin Yutang, A Review by Henry Seidel Canby," The Book-of-the-Month Club Newsletter, date unknown.

這都是一本「鉅著」。最後，作者寫道：難道林語堂講的都是中國哲學嗎？其實希臘人不早就講和諧、合理，講中庸之道。林語堂也不是第一個指出中國文化與法國文化心心相印。林語堂還特別讚賞梭羅、惠特曼、詹姆斯，並指出美國還很年輕，其性格還有待塑造。如果我們的民主理念要在千瘡百孔的現代社會長久不衰，難道我們不需要學點「簡單」、學點「豁達的寬容」？[33]

「中國很幸運，在這國難當頭之時，她的『東西合璧精神之子』林語堂滯留在西方世界，用西方人聽得懂的方式把東方介紹給西方；此時此刻，林語堂對中國文化、習俗、生活方式的闡釋，真是一字千金啊。」[34]紐約《先驅論壇報》一九三七年十一月二十一日由愛斯考（Florence Ayscough）所撰、題為「一個充滿靈氣和睿智的中國人」的書評，開頭如是說。文章稱，長久以來，中國人被認為不可理喻、只重現實，而且愛吐痰，很少有人了解中國人豐富的情感世界，如此細膩、如此敏感。《生活的藝術》的啟示意蘊是全方位的，不僅展示了一個文明，而且凸顯了一種個性，當然這就是作者的個性，充滿靈氣和睿智，幽默又反諷。書中到處都是漂亮的警句，發人深省。最後，作者引了書中一句結尾：「東方要向西方學習整個植物學和動物學，但西方應向東方學習如何欣賞花草樹木、魚鳥動物，以了解不同生命的全貌，並賦予它們相應的情感。」

《芝加哥論壇報》一九三七年十一月二十七日也發表書評，稱《生活的藝術》「是部奇書，睿智過人，靈氣芬芳，是床頭最佳文學伴侶」。[35]《吾國與吾民》已是美國迄今為止講解中國文化思想和生活習俗最好的書，而這次作者把讀者帶入了細微處，用望遠鏡和顯微鏡同時照射東西方兩個文明，得出的結論是：我們需要一種快樂的人生哲學。作者也引用林語堂的一句名言結尾：「四千年有效率地生活，任何民族都得垮掉。」（這句話書評者引用最多）《紐約新聞》一九三七年十二月五日也有一篇書評，作者稱，我對「躺在床上」、如何飲茶等生活藝術無甚興趣，但林語堂先生寫該書要達到的目的可能是：要我們永遠拋棄這樣一種傳說，即中國人和說英語國家的人之間存在一條不可逾越的心理鴻溝。這一點，林語堂當然做到了。他能寫出這樣一本書，對美國人的心理如此瞭若指掌，本身就說明了這一點。林語堂為我們證明：「東方的理智也就是西方的智慧，人類世界從根本意義上同根同源。」[36]

林語堂應該收到許許多多熱情讀者的來信。其中一封信被莊台公司用來做廣告：「《生活的藝術》是我所讀過的書中最令我滿意、讀來最津津有味的書。讀此書時，正是我生活中最重要的夢想遭到破滅之時。你的哲學給了我生活的勇氣，讓我意識到生活可以這麼多姿多采、盡情享受。謝謝你，林語堂。」

不過，不是所有美國的書評都買林語堂的帳，也有一些既肯定又保留、甚至質疑批評的。位於肯塔基州的一份報紙在一九三七年十二月十九日發表了一篇題為「中國哲學」的書評。文章稱，林語堂寫了一部「抒情哲學」，寫得很可愛。他說他沒讀過洛克、休謨、伯克萊，他的

---

33 Katherine Woods, "The Chinese and Their Rich Philosophy of Life", *The New York Times Book Review*, December 5, 1937.
34 Florence Ayscough, "A Wise, Whimsical, Witty and Gay Chinese", *New York Herald Tribune*, November 21, 1937.
35 "Chinese Author Mixes Wisdom With His Wit", *Chicago Tribune*, November 27, 1937.
36 "Thoughts on Life, by a Chinese Commentator", *New York News*, December 5, 1937.

教育都來自中國聖賢，而中國完全討厭邏輯，他們的哲學都是文學散文、詩歌、警句，但書中到處對西方哲學指指點點。林語堂的著述和思想太游離，無法做嚴謹的反駁。林語堂是位非教徒，也很有智能，林氏哲學大概意思是，人有美妙的身體，活在這美妙的世界，這就夠了，過分追求只會導致身心疲憊，不如放寬心，用一種自由自在的「創造精神」，享受世界、享受人生，這就夠了。可是，在西方的思維看來，這還遠遠不夠。林語堂拒絕一切教條，也拒絕啟示，這使他的「抒情哲學」聽起來很漂亮，但其實「很膚淺，沒有深度」。[37]

一九三七年十一月二十八日《先驅論壇報》刊載另一篇書評，首先介紹了林語堂的「浪人精神」——所謂浪跡天涯的流浪藝術，並轉述了林語堂介紹的「塞翁失馬安知非福」的故事，然後筆調一轉，說：這些當然很文雅、很有魅力，但「我不禁懷疑林博士的『東方主義』（Orientalism）。我懷疑他對中國文化哲學的把握是西方式的，而非真正中國式的。這是一個在美國教會學校長大的孩子對西方文化的一種反動，因為他感到擺脫不了西方文化，而非對中國文化出自肺腑的真正熱情，因為其實他從來也不曾是真正中國文化的一部分」。[38]他到處講愛花愛鳥，西方應如何學習。好在他沒講樹葉，他應該不會忘記他的福建老家，那兒山上哪還有多少樹啊，都被饑餓的中國苦力砍了燒了。林語堂躺在紐約的床上高談浪跡天涯，中國的苦力哪有像樣的床啊。林語堂寫此書好像他根本不在今天的中國。他聲稱自由自在的浪人是專制獨裁者最好的敵人，但對現今蘇州河畔的中國人來說，他們肯定覺得中國文化文學浪費太多精力崇尚這種浪人，因為他們現在需要的正是有紀律的戰士。

《芝加哥每日新聞》一九三七年十二月一日所刊載的一篇書評開頭就寫道：「林語堂，

中國派到不開化的西方世界最重要的傳教士，認為美國人有三大罪惡：效率、準時、成功欲望。」接著作者歷數林語堂講的美國人的不是：我們整天只想成為百萬富翁上天堂，我們不會讀書、不會旅遊、不會飲茶、不會賞月，也不會躺在床上、和朋友聊天、更不會安老。然後筆鋒一轉：我無意貶低中國聖人三千年來的教誨，但要指出，林語堂的哲學根本上是「對一個占統治支配地位的男性的辯解」。養花弄草當然舒服啦，可那要多少苦力來養活這樣一個東方的花花公子？妻妾成群當然方便，可在西方人的價值裡，女性並不那麼唯唯諾諾，她們也寫詩、養花、玩遊戲，還買林語堂的書，而「她們的丈夫又當苦力又當男妾」。這種情況東方人是沒法想像的，「就像他覺得我們的接吻、握手很噁心一樣」。[39]

就「握手」的問題，《新共和》一篇書評也有話說。書評寫道：林先生把他的書叫作「享受生活的個人指南」。這個指南太長，說教意味濃厚，沒有《吾國與吾民》自然可愛。他極力批評美國人的行為：準時、回信、握手。不回信就沒有交流，哪還來享受呢？至於握手，林語堂可能沒讀過白朗寧（Browning）的詩——〈失去的情人〉（Lost Mistress）：我願一直握著你的手／再久一點、再久一點（I may hold your hand but as long as all may／Or so very little

37 Rosamond Milner, "Chinese Philosophy: Dr. Lin's World Is Full of Things To Make Us All As Happy As Kings", Louisville, Kentucky: *The Courier-Journal*, December 19, 1937.

38 Untitled, "a review on *The Importance of Living*", *Herald Tribune*, November 28, 1937.

39 "The Wisdom and Humor of China—A Lesson for the Western World," *Chicago Daily News*, December 1, 1937.

longer）。[40]

一九三八年十月三日，莊台公司還收到這樣一封讀者來信：「編輯先生：這個夏天我讀了你們出版的《生活的藝術》。我想要知道的是：這樣一本書怎麼可以在一個基督教國度出版？你知、我也知，這本書充滿自相矛盾。你知、我也知，雖然這本書對基督徒的描述和刻畫有些也還算像樣，但他們不是真正的基督徒，有很多人可以證明。我是一個小人物，一個微不足道的基督徒，但請你把我的信轉交給林語堂，我要向他證明：我為我是一個基督徒感到自豪。」[41]

總之，《生活的藝術》成為一九三八年整年度全美國非小說類暢銷書榜第一名，就中國作家在美國的成就來說，這一紀錄乃前無古人且至今仍後無來者。從各個方面來講，林語堂在美國可算是「成功了」。也正是此時，國內抗戰已經全面爆發。林語堂決意要回國參戰。林語堂一家在一九三八年二月五日乘船離開紐約去義大利。

---

40 "A Way of Life", *New Republic*, December 15, 1937.

41 Janet M. Speirs to Editor of the John Day Company, from 1243 W. Erie Avenue, Philadelphia, September 28, 1938. 華爾西一九三八年十月三日回信道：「來信收到，也已經轉交給了林語堂。你來信問：這樣一本書怎麼可以在基督教國度出版。不過，我敢肯定，你的意思不是要求我們，或任何人，在一個忠實於言論自由、出版自由、信仰自由已有一百五十年的國度，來進行出版審查吧？」

# 第八章　闡釋中國為抗戰發聲

「一群日本兵嘻嘻哈哈，把一個嬰兒拋向空中，大家爭著看誰能用刺刀尖頂剛好托住從空中落下的嬰兒——這種場景，自上帝創造人類以來，還從未見過。」

林語堂，《風聲鶴唳》（一九四一年）

《先驅論壇報》評論林語堂崇尚「浪人」不免陷入「東方主義」嫌疑，這就《生活的藝術》來說或許也算一家之言。但如果就林語堂在美國的整個文學文化實踐來說，這就完全沒道理了。事實上，林語堂一踏上美國之土，便擔當了當下中國時政的詮釋者、評論家。

比如，林語堂於一九三六年八月二十五日抵美後不久，便於同年十一月二十二日的《紐約時報》上發表文章：〈一個中國人給我們指出中國的希望〉。他說：「一個我們不了解的民族正在努力為進步而奮鬥，未來成功與否完全要看事態發展。」文章一開頭便稱：美國對中國的了解是一團迷霧，懵懵懂懂。這主要歸咎於傳教士的誤導。傳教士要到中國去傳教，預先就假設不信基督教的中國人都得進地獄，所以他們對中國的報導必定都是些無稽之談，什麼中國人裹腳、吸鴉片、吃老鼠之類。這和義和團說外國人挖小孩的心臟來吃一樣愚昧。當今中國已經不是義和團時代，但美國對中國的了解仍處在傳教士時代。現代中國早已不是馬可波羅的中國。恰恰相反，現代中國正經歷前所未有的社會文化變革，往往亂象叢生，新舊交錯並存。因而不能再用簡單的歸納法來講中國，這樣只能形成一些有害無益的刻板印象，讀中國也就只能像讀花邊新聞一樣，得到一點「人咬狗」的故事。

林語堂進而闡釋道：中國好像一座山，遠看山峰高聳，近看卻發現其實還有一大塊平地，芸芸眾生生活於此，自成一體，他們的生活從根本上和美國人的生活是一樣的。中國人的生活習俗、價值觀念和美國人有所不同，但這種差異沒有達到不可理解的地步。同樣都有喜怒哀樂、說謊的政客。而目前中國最大的罪惡則是貧窮。正在經歷巨變的中國，就像一個老人，他女兒給他買了一頂新帽子，他今天戴上，明天又脫了，後天又戴上。更有甚者，他女兒給他買了三頂新帽子：民主、法西斯主義、共產主義。林語堂說，要是他能做主，他當然希望中國選擇民主。民主的觀念已經在中國生根發芽，這是指自由平等的理念、人權信念、當官即為「公僕」等概念。但同西方國家一樣，法西斯主義和共產主義在中國也有很大市場。中國的自由民主派往往要兩邊作戰，既反共又反法西斯——很忙、很累。「不過有時民主派也得抽出身來隔岸觀火，看法西斯和共產黨兩家打架。如果我們用大歷史眼光看，等法西斯和共產黨打得頭破血流之後，最終的贏家一定是民主派。」[1]

林語堂寫道，總體來說，南京政府十年來政局相對穩定，中國的發展取得了長足的進步，中國統一的格局已經確立，這與其說是蔣介石的功勞，不如說是新修的公路和飛機的功勞，因為現代化進程已經使分封獨立越來越困難。可就在中國已經看到現代化曙光之時，日本人突然硬要插一腳，竭力阻撓、破壞中國的發展。日本一心想要趕在中國發展壯大之前遏制住中國，使中國成為日本的傀儡、為日本提供資源的「生命線」。這是一場時間的賽跑。日本人忘了，中國也有自己的「生命線」，也有自己的民族情感。日本侵占東北，蠶食華北，步步緊逼，這些行為極大地傷害了中國人的民族情感，致使反日情緒極為高漲。「所有關於『中日友誼』的言論都是廢話，東亞兩個鄰居沒什麼『友誼』可講的。」[2]

而當今中國政府則面臨極為棘手的局面：它知道全體民眾都要抗日，但同時也知道此時同日本開戰還未準備好，於是便到處「滅火」，壓制民眾的抗日示威。林語堂進而指出，中國的仇日情緒甚至會決定中國今後是走資本主義還是共產主義。國民黨要是能夠帶領中國抗日，人民就會支持它，不然，人民便會擁共抗日拯救中國。日本人說入侵中國是來幫中國政府剿共，其結果只能是：所有中國人都把共產黨當成民族英雄，奔向共產黨的懷抱。

這篇文章是林語堂赴美後第一次在《紐約時報》以「當下中國」的闡釋者撰文。在以後的居美歲月，林語堂一直都會擔當這一角色。林語堂在美國被奉為「中國哲學家」之時，正逢國內抗戰全面爆發。在以後的三十年中，林語堂多多少少是身不由己地在紐約逗留。在此期間，他和賽珍珠一起成為美國最具影響力的中國聲音，無論是文化上還是政治上，為西方世界言說中國。本章先討論林語堂「美國歲月」的第一階段，即從林家自一九三六年八月二十五日抵美至一九四一年十二月七日日本偷襲珍珠港把美國拖入二戰。之後林語堂的批評焦點有所變化，

---

1 Lin Yutang, "A Chinese Gives Us Light on His Nation", *The New York Times* (November 22, 1936), p.11.

2 同上，頁一九。

待下幾章探討。

在此第一階段，可以從三個方面來追尋林語堂的人生旅途與著述：首先，對戰時中國的即時報導（例如透過向《紐約時報》「讀者來信」專欄投稿），同時伴隨其回到戰時中國前線後又返回美國的經歷；第二，他對現代中國、對戰火中重生的新中國的詮釋和憧憬（透過為報刊雜誌撰寫的文章，尤其是《吾國與吾民》一九三九年擴充版新加的跋「新中國的誕生」）；第三，他的兩部戰時小說《京華煙雲》和《風聲鶴唳》，透過藝術創作為抗戰發聲。

## 戰時中國前線報導

林語堂發表於一九三六年十一月二十二日《紐約時報》上的文章有個副標題：「一個我們不了解的民族正在努力為進步而奮鬥，未來成功與否完全要看事態發展」。二十天以後，「西安事變」發生，張學良、楊虎城逼蔣抗日，國內局勢一時撲朔迷離，美國新聞界同時聚焦中國。林語堂此時正在寫《生活的藝術》，但還是抽空在《紐約時報》一九三六年十二月二十日發表時論文章：「中國正團結起來一致抗日：林語堂說蔣介石只要肯領導，國家就會聽從他的指揮。」文章指出，「西安事變」是對國家凝聚力的測試。目前國內局勢相當微妙，但有一點很清楚：為了抗日的目標，該事件反而使國家空前團結一致，因為全國輿論一致挺蔣。以前被認為三心二意的地方大將，如韓復榘、李宗仁等，現在都出來表態擁蔣。當有謠言說蔣介石已死時，北平、天津、上海、廣東等各地報刊都瘋狂指責張學良。這種狀況是「九一八」以來中國國情必然發展結果。這幾年來國家相對穩定，統一格局已經形成，經濟有所發展，國民黨壯大，抗日民族情緒高漲。此時，中國輿論一致認為蔣介石是擔當抗戰重任的最佳領袖人選，而且認為蔣也正在備戰。而這一點，中國輿論以前一直不敢確定，但最近日本加緊指責國民政府，並聲稱蔣介石不稱職，於是中國輿論知道蔣是要抗日的。林語堂指出，蔣介石是個「絕頂聰明的人」，他會掂量自己在歷史中應該扮演的角色。在他的腦海中，個人榮譽和國家興亡應該合而為一。但如果形勢發展有所不測，蔣介石在中國政局中消失，當下中國最有可能當頭的勢力是共產黨將領朱、毛，其次是馮玉祥，再次是白崇禧。不過，按林氏幽默的說法，到時最能統一中國各種勢力的恐怕只有宋氏三姊妹：孫夫人代表左翼、蔣夫人代表「蔣系」、孔夫人代表銀行財團。[3]

西安事變和平解決，中國躲過一劫。蔣介石亦安然無恙，這要感謝史達林的介入，其實中共領袖恨不得殺之而後快，但蘇聯有戰略考量，需要蔣介石領導中國抗日，以緩解日本對蘇聯的威脅。[4]蔣介石獲釋之後，時局開始明朗，南京政府不會對日本的蠶食再作任何讓步。其實，西安事變之前，中國政府處理日本的態度已經發生了很大變化。林語堂一邊撰寫《生活的藝術》，一邊為《外交事務》（*Foreign Affairs*）（一九三七年四月）撰文〈中國準備抵抗〉，介

---

3 Lin Yutang, "China Uniting Against Japan", *The New York Times*, December 20, 1936.

4 有關西安事變，可參見Jay Taylor, *The Generalissimo: Chiang Kai-shek and the Struggle for Modern China*, Cambridge, Mass.: The Belknap Press of Harvard University Press, 2009, pp. 117-137.

紹分析最新的時局動態。林文解釋道，自一九三一年九一八事件侵占東北以來，日本就沒有停止過進一步蠶食華北地區，而國民政府卻採取嚴厲的新聞審查，不允許出現任何反日聲音。整個氣氛極其壓抑，林語堂把一九三五年夏天稱為「中國政治歷史上最黑暗的時期」，因為看不到任何抵抗的前景。

然而正是此時，局面開始變化。那年夏天，日本關東軍公開譴責蔣介石，叫囂要他下臺，於是中國人開始明白，蔣介石肯定在準備抵抗。那年秋天國民黨召開全國代表大會，會議期間代表一起拍合照時，汪精衛遭刺殺（差點喪命）。汪精衛一直主張與日本交涉，被公認為政府中的親日派。之後，蔣介石走上前臺。他重組內閣，一改以前對日交涉語氣：「中國說話開始顯示一種自信，把日本當作平等的對手……蔣介石開始直接面對日本問題，帶著一種自信和自尊，但也沒有魯莽與草率。」[5] 換句話說，日本不斷提出領土要求，其最終目的無非是要澈底占領中國，它的政策沒有變，但中國的政策從「合作」變成了不合作。中國很清楚，這樣就意味著要全面開打、全民抵抗。但日本也得三思，掂量一下自己的能量，能不能「打一場持久戰——一場各方都無法絕對打贏的仗」。[6]

一九三七年七月七日，中日軍隊在河北盧溝橋發生衝突，這次，中國不再退讓，全面抗戰終於打響。此時，林語堂正在趕稿，《生活的藝術》還沒寫完。八月三日寫完後，林語堂把書稿寄給華爾西，隨後便去古巴待了一個月。（哈瓦那林氏宗親會負責接待，林語堂在那兒也拜了林氏廟堂。「海外華人社團就是這樣，比國內還保守抱團。」他信上對華爾西說。）因為在古巴很難得到中國消息，所以他準備九月三日就回紐約。[7] 這時候，《紐約時報》打電報來約稿，要林寫一篇文章，談談日本是否能征服中國。《紐約時報》認為中國很快便會被征服，然後採取一種「哲學的態度」泰然處之；林語堂則強烈反對，堅稱「一定會是一場持久戰」，「兩邊來回發電報好幾次，最後才定下文章的梗概。」[8]

一九三七年八月二十九日《紐約時報》刊登林語堂文章：「中國能阻止日本侵占亞洲嗎？」答案當然是肯定的，林語堂給出的主要理由是中國民族主義的興起。從技術上講，「中國的軍事裝備當然要比日本差許多。她有長程哲學，卻沒有短程炸彈。」但林語堂指出，這只是一方面，還有其他關鍵因素能使中國贏：蔣介石卓越的領袖才能、中國士兵的英勇善戰，以及「比日本多得多的疆土，日本想都別想能在軍事意義上全面占領之」。最後，林語堂總結道：「只要戰爭打成僵局，中國就實際上贏了。」[9]

戰爭一爆發，林語堂便在美國對中國抗戰的可行性提出了自己的論斷：中國民族主義的興起、中國人民的士氣、蔣介石的領導，以及打持久戰中國擁有遼闊疆土的優勢。林語堂及時發聲，指出抗戰會打入僵局，中國最終必勝，這和當時西方流行的觀點背道而馳。不是只有《紐

---

5 Lin Yutang, “China Prepares to Resist”, *Foreign Affairs*, XV (April 1937), pp. 475-476.

6 同上，頁四八三。在此，林語堂已經預測將會是一場「持久戰」（protracted war）。

7 林語堂一家到古巴轉一圈很可能是出於簽證緣故。林語堂此時持有訪客簽證，待一段時間必須離開美國。

8 Lin Yutang, Letter to Richard Walsh, August 25, 1937, from Havana, Cuba. 信中林語堂還說：「我敢肯定他們會做很多編輯功夫。」

9 Lin Yutang, “Can China Stop Japan in Her Asiatic March?” *The New York Times Magazine*, August 29, 1937, pp. 4-5.

約時報》一家認為中國會「哲學地」接受被征服的事實，繼續現實地過日子。比如，英國外交家邁克基洛普（Douglas MacKillop）在戰爭爆發時說：「現在對我們來說真正的問題是……他們是否能生存……在我看來，他們一旦被迫離開武漢便馬上會崩潰……我說的是中國政府，而不是中國。後者和前者不同，恐怕是無法被摧毀的。」[10]正如米德（Rana Mitter）在最近的研究中總結道：「『中國』會生存下去，而她的政府則不能，這種觀點和西方一貫的看法——即現代政府和更為傳統的、永恆的『契丹』不相符——一脈相承。」[11]林語堂對抗戰的論述正是要反擊在西方廣為流傳的「中國」／「契丹」（Cathay）這種東方主義論調。林語堂的主要論點將在下節詳加討論。

林語堂原來的計畫是至少在美國待一年寫他的哲學書，然後再赴歐洲（假如到時歐洲還在地圖上的話）。現在書已寫完（雖然要一年以後林語堂才知道他的創作有多麼成功），林語堂開始考慮下一步怎麼辦。現在歐洲還在地圖上，而全面抗戰已在中國爆發。林語堂從古巴回來後一邊修改《生活的藝術》書稿，一邊密切關注國內局勢發展，同時向美國媒體（尤其是《紐約時報》）發表自己對時局的看法。但他必須決定下一步怎麼辦。當華爾西以及其他林語堂的朋友和「崇拜者」得知他的決定是先到歐洲待半年然後回中國時，他們開始背著林語堂，運用關係，試圖在美國為他找份大學教職，讓他留在美國。華爾西在寫給紐約國際教育學院達根（Stephen T. Duggan）博士的信中說，他和其他一些林語堂博士的朋友和崇拜者都覺得，如果現在林博士回到中國，必定是個「真正的悲劇」：

> 林博士已經在美國待了一年半，我們都覺得，林博士要是現在回國，一定是一場悲劇。我們擔心日本人會把他幹掉，甚至中國某些忌恨林博士說實話的人也會陷害他。林語堂自己愛國心切，覺得這種時候應該回國。我們理解他的愛國心，但我們是他的朋友，我們要盡最大努力說服他，他現在留在美國或歐洲，繼續為西方講解中國，這對中國更有用，也是他的責任。他現在的計畫是二月離開美國去義大利和法國，度過夏天後再去英國做短暫訪問，早秋回到中國。[12]

當時不只是華爾西這幫朋友有此看法，許多林語堂的讀者也有同感。一九三八年二月十二日，有位麻薩諸塞州的布魯克斯太太（Mrs. Walter D. Brooks）寫信給莊台公司：

> 懇請告訴我林語堂先生現在安全嗎？他在哪裡？我剛讀完《生活的藝術》，想到這樣一個精靈，具有為芸芸眾生指點迷津的睿智，卻可能在中國的戰亂泥沼中遭罪，心裡非常沮喪。我們這個時代需要林語堂這樣的人照亮我們的心靈，展現人間的美。真不能想像他要在瘋狂殘酷的戰爭中慘遭不幸。

---

10 Douglas MacKillop, in Rana Mitter, *China's War With Japan, 1937-1945*, London: Allen Lane, 2013, p. 109.

11 Rana Mitter, *China's War With Japan, 1937-1945*, p. 109.

12 Richard Walsh, Letter to Dr. Stephen T. Duggan, January 17, 1938. 華爾西在二月二日的另一封信中進一步解釋道：「一份重要的教職也許能誘使他克服他那種愛國的、而我們認為完全是錯誤的衝動決定。他自己不知道我們在為他做這些努力。」

懇請你能給我回覆。[13]

謝謝你的來信及你的真情表露。很高興告訴你，林語堂一家十天前離開紐約，現已安全到達南歐。他們正打算回中國，就是為了愛國，而我們許多朋友都勸他不要冒這個險，因為他在歐美更有用。我會把你這封信轉寄給他，證明我們的觀點。

二月十六日華爾西回信道：

通過許多聯絡交涉，華爾西最終讓卡爾頓學院（Carleton College）提供林語堂一份教職，從一九三八年秋天開始。但顯然林語堂沒有被說服，起碼當時還沒有。林語堂一家在一九三八年二月五日離開紐約乘船赴義大利，三月到了法國。他們先在法國南部小鎮芒通（Riviera at Menton）住下，一個月後又轉往巴黎，因為林太太覺得住小鎮太偏僻，而且三個孩子也要上學。一開始，林語堂應「現代圖書文庫」之邀，集中精力撰寫《孔子的智慧》一書，於一九三八年出版。一九三八年四月十八日，上海英文《大美晚報》報導林語堂已經到達法國芒通，並計畫在那兒待十個月寫部小說——也就是《京華煙雲》，林語堂的第一部戰時小說。很顯然，到一九三八年春天，林語堂已經決定暫時先不回中國。

林語堂計畫一九三九年六月寫完小說，然後再決定下一步行程。那年夏天林語堂告知華爾西他要回美，華爾西吃了一驚。按照莊台公司紀錄，一九三九年三月二十一日華爾西曾答覆一位詢問者：林語堂在巴黎，「沒有回美的可能」。五月二十六日，華爾西回覆全美英語教師協會邀請林語堂演講時又說：「要讓林語堂十二月演講基本上不可能。」華爾西致電林語堂詢問回美原因，林語堂回覆了三個字：狄克、木蘭、希特勒。[14]狄克當然是華爾西的名，華爾西的勸說似乎起了功效。「木蘭」本來是林語堂給《京華煙雲》書稿起的名，他需要進行最後編輯校對工作。「希特勒」顯然是林語堂決定逃離巴黎的主要原因，因為到一九三九年夏，「歐洲眼看就不會再在地圖上了。」林語堂一家坐二等艙跨大西洋海輪回美。莊台公司通信紀錄顯示，一九三九年八月二十五日，林語堂已經回到紐約，他的信件可以從莊台公司轉交。

一九三九年八月至一九四〇年三月十六日，林語堂租住紐約曼哈頓東八十六街十二號（The Croydon）寓所。除了《京華煙雲》收尾事宜（小說趕在一九三九年聖誕季出版），他還做了許多宣傳功夫，為中國的抗戰發聲。在巴黎時，林語堂曾告訴華爾西，他透過宋慶齡的保衛中國同盟捐款支援八路軍；同時還支援由斯諾宣導的中國工業合作社，因為他認為這是持久抗戰的基礎。另外，早在一九三七年十月二十八日，他曾去信中國駐英國大使郭泰祺，建議在國際上呼籲對日本實施郵電封鎖。顯然林語堂沒有得到回覆，於是一九三九年七月二十六日又投稿《紐約時報》「讀者來信」，題為：「封鎖計畫概要：敦促停止給侵略者的郵政服務」。另外，林語堂在美國巡迴演講，比如，應「婦女大學會」（其成員包括西北大學的婦女以及當地

---

13 Mrs. Walter D. Brooks, Letter to John Day, Feb. 12, 1938.

14 參見林太乙，《林語堂傳》，頁一五八。

埃文斯頓社區的婦女）之邀到伊利諾州埃文斯頓演講。

一九四〇年二月，林語堂已經決定帶全家回國——沒有再回美的打算。臨走前林語堂對華爾西解釋道：「就我自己來說，我就是作為一個普通個人回國，在後方從事建設工作，仍然保持一個作家的自由……我還不知道我要做什麼，也許在《大公報》開一個英文專欄……也不知道《大公報》會不會要我。不管怎樣，我的論語社那幫人都在重慶。我已經有個主意，可以用英文寫個系列，叫作『來自重慶的幽默』。我想戰時肯定管制更嚴，但我可以接受，一切為了戰爭。不管怎樣，我也會用中文寫作了……」[15]

處理好美國的事務（比如郵件如何轉送）後，林語堂一家於一九四〇年三月十六日乘船離開紐約，途經墨西哥、洛杉磯、舊金山、檀香山，於五月初抵達香港，再北上於五月底到達重慶。

儘管林語堂把自己看成一個「普通個人」，回國參加戰時建設，但事實上，他已經是國際知名作家，是一舉一動都受公眾關注的名人。林語堂一到重慶便被一群記者包圍，第二天便受邀覲見蔣委員長和蔣夫人宋美齡。[16]從那時開始，林語堂和宋美齡便保持了長期的通信（用英文）關係，並在抗戰時期多次給蔣介石上書（用文言文）。林語堂覲見蔣委員長和夫人以後，曾去信寒暄，宋美齡於一九四〇年五月三十日「在防空洞外面的小山上」、「當敵機在上空嗚嗚盤旋時」親筆手書回覆。信中宋美齡關切之心躍然紙上，詢問林家的安全，因為北碚也剛遭到轟炸，如果需要的話，宋美齡答應協助林家在重慶附近找一間竹屋。[17]林語堂確實試圖在北碚安家，還買了一棟房（即現在位於重慶北碚中心地帶的「老舍故居」）。

林語堂一家到達重慶時，正值日軍對重慶實施狂轟濫炸，亦即二戰有名的「重慶轟炸」，以其殘酷與瘋狂試圖壓垮中國人的抗戰意志。林語堂在北碚的房子也沒有倖免。[18]也許此時林語堂想起美國友人的觀點：他留在美國為中國做宣傳比回到中國做日本炸彈的炮灰要有用得多。他把自己在戰時中國應該扮演什麼角色的問題問之於宋美齡，蔣夫人立即批准同意，並委以「蔣介石侍衛室官員」的虛職頭銜，以便林語堂可以持外交簽證赴美。這對蔣委員長和宋美齡來說，當然是很聰明的一著棋。林語堂當時經濟上即使按美國標準都是相當富裕的，他不需要政府的工資。顯然，雙方同意，林語堂回到美國繼續當作家，擔任戰時中國的民間發言人。[19]

華爾西得知林語堂即將回美，當然很高興。《紐約時報》書評專欄九月十五日登了一個簡短聲明，說林語堂即將回美為中國人民發聲。林語堂一家於一九四〇年九月二十四日到達洛杉磯。林語堂選擇居住洛杉磯可能和好萊塢有關，但顯然林語堂和好萊塢沒有達成任何合作關係。而且林語堂的朋友圈都在東部，於是半年後全家又搬到了紐約。他們先租住哥倫比亞大學附近的90 Morningside Drive，隨後在曼哈頓上城靠東河邊的7 Gracie Square買了一套公寓，林語堂在此一直住到一九四八年，這要算林語堂在美國最為「永久」的居所。

---

15 Lin Yutang, Letter to Richard Walsh, February 26, 1940.

16 參見林太乙，《林語堂傳》，頁一六六。

17 Meiling Song Chiang to Dr. Lin, May 30, 1940 , Dr. Lin Yutang House, Taipei.

18 林語堂回美後，《誰》（*Who*）雜誌刊登一篇專訪，內附一張林語堂和女兒們一起爬山，躲避日機轟炸。

19 這一決定，林語堂時年十七歲的長女林如斯無法理解，她一心想留在中國和其他人一起參加抗戰。參見林太乙，《林語堂傳》，頁一六六—一六七。

林語堂回美後繼續和宋美齡保持通信聯繫。比如，他在一九四一年四月二十四日去信蔣夫人，提到亨利・盧斯（Henry Luce）夫婦即將訪華，有可能邀請蔣夫人訪美。林語堂敦促蔣夫人對此持開放態度：「你知道美國是由女人統治的，美國人對那些能和男人一較高下的女名人趨之若鶩。」然而，假如蔣夫人同意訪美，林語堂建議：邀請函必須由白宮發出，而且「訪問的安排應該是皇家或半皇家式的級別，和伊莉莎白女皇一個檔次。我可以想像：到時整個第五大道都會沸騰起來」。[20]另一封信寫自佛蒙特州，當時林語堂把自己關在一個避暑勝地撰寫小說《風聲鶴唳》，信中林語堂自比所處的環境和國家正遭受的磨難：「在這兒，我們每天都讀到重慶又遭轟炸，老百姓整日整夜都要躲在防空洞裡。而我們卻有特權在和平中工

林語堂（右起第三位）一行在重慶躲避日機空襲，1941年。左起第三位是林語堂長女林如斯。臺北林語堂故居藏。

作和睡覺，感到既內疚又無能為力。」[21]

當日機對重慶不斷狂轟濫炸、而他自己在佛蒙特州避暑勝地撰寫戰時小說，林語堂覺得是一種特權。但他在美國擔任戰時中國的民間發言人角色，也沒閒著。回美後他寫了一系列時政文章，很多是投給《紐約時報》「讀者來信」專欄，為中國的抗戰發言。其實林語堂還在重慶時，便給《紐約時報》發了一封快報，揭露日機轟炸的殘忍。林語堂披露：自己在重慶逗留三個月，經歷了四十次空襲，上個星期一至星期二的一次最嚴重。他從上午十一點至下午三點躲在防空洞裡，有兩次炸彈直接炸到防空洞上，有三次就炸到防空洞前面一點。林語堂說，這些轟炸顯示「日本人竭盡全力要摧毀中國人的財產、讓中國人膽寒」——他們達到了前一個目的，但沒有達到第二個目的。星期二上午，轟炸後的濃煙未消，林語堂上街逛了一逛，看到有商鋪已經在街上擺出瓷器在賣。林語堂寫道：「這兒擺的不是中國的瓷器，而是中國人的膽量。」他確信：「戰爭一定會贏，靠的就是這種中國膽。」[22]

---

20 Lin Yutang, Letter to Meiling Song Chiang, April 24, 1941.

21 Lin Yutang, Letter to Meiling Song Chiang, August 18, 1941.

22 Lin Yutang, "Japan Held Foiled by China's Courage: Lin Yutang Says Nightly Raids on Chungking Have Failed to Overawe People", *The New York Times,* August 23, 1940. 有關「重慶轟炸」的研究，可參見Edna Tow, "The Great Bombing of Chongqing and the Anti-Japanese War, 1937-1945," in Mark Peattie, Edward J. Drea and Hans van de Ven eds. *The Battle for China: Essays on the Military History of the Sino-Japanese War of 1937-1945*, Stanford: Stanford University Press, 2011, pp. 256-282.

林語堂回美後不久，日本和德國、義大利簽訂了三國結盟條約，林語堂寫了一封長信給《紐約時報》，敦促美國在即將來臨的同盟國與軸心國之間的世界大戰中，把中國當成一個實際有效的同盟。中國已經在既沒有空軍、又沒有坦克彈藥的狀況下和世界一流強國作戰，並單方面成功拖住了日本，所以中國也應被視為世界一流強國。因而，中國應該得到美國的支援以擊垮日本。而且「在中國和日本打仗令人難以想像地便宜」，林語堂估計，只需兩億五千萬美元就能搞定。[23]在發表於《新共和國》的〈中國對美國說〉和發表於《亞洲》雜誌的〈抗戰四年綜述〉兩文中，林語堂詳細報導了中國戰場實況，呼籲美國要有一個「持之以恆、條理清晰的長期援助政策」。林語堂早就預測，戰爭會是一場持久消耗戰，如此則最終勝利在中國。

事實是，自一九三八年漢口保衛戰以來，戰事已經陷入僵局。但這個僵局不是說「前線無戰事」，而是前線戰士——特別是正規軍——打了無數場戰鬥、英勇奮戰而形成的。[24]然而，持久消耗戰要取得最終勝利得依靠幾個因素：士兵的戰鬥士氣、領導能力以及後勤支援。中國已經證明能夠、也堅定地抗戰到底，中國一定能贏，但中國需要美國物資支援才能完成任務。當時希特勒正要發動入侵英國，林語堂並沒有要美國放棄優先考慮英國，而只是一再強調在中國的戰爭成本「令人難以想像地便宜」：「平均給英國援助的百分之五就夠了。也就是兩、三艘現代戰艦的錢，用來給中國買戰機和轟炸機，中國就一定能把日本幹掉。」[25]

即使不給中國提供貸款援助，起碼美國不應該繼續支援日本打擊中國的抗戰。林語堂在給宋美齡的信中寫道：「我對整個噁心的石油生意真是火冒三丈。我已去信紐約時報揭露整個真相。」[26]林語堂為此寫了兩封「讀者來信」：「林語堂稱日本已絕望：說中國人嘲笑日本長達四年的『閃電戰』，但需要物資才能把日本幹掉；質疑美國政策，比如與東京的石油買賣」（一九四一年六月八日）；「給日本戰機燃油：林語堂擔心我們的『綏靖』政策還會繼續」（一九四一年七月三十一日）。美國確實在道義上支持中國，物質支援也正在考慮中，「但直到現在，美國持續每週運兩船原油到日本，而中國人沒吭一聲，起碼官方沒有任何抗議。這種美國友誼是不是很滑稽？過去四年，美國一直輸送原油給日本，輸出鼓勵性言詞給中國。這對我們可沒什麼屁用。別再讚賞中國了，賣給我們槍和戰機。別再仇恨日本了，宣布對日本禁運石油吧。」[27]

在日本於一九四一年十二月七日偷襲珍珠港之前，日本駐美大使在華盛頓和美國進行祕密談判。美國有可能和日本簽訂友好條約，只要日本答應不向東南亞地區擴張。林語堂及時向《紐約時報》寫信，以「一個中國普通老百姓——他現在是遠東最重要的個體」的身分，闡述「中國的民間意見」。林語堂警告，日本此時的談判只可能是策略性的，任何出賣行為都會遭

---

23 Lin Yutang, "China Viewed as Strong Ally for Us: We Shall, However, Have to Extend More Than Passive Assistance, Well-Known Author Asserts", *The New York Times*, October 20, 1940, p. 8.

24 林語堂指出，「游擊戰的價值雖然重要，但已經遠遠高估誇大了，而正規軍的戰役和戰鬥卻很少有人提到。」他進而詳細列舉了「未被英語世界完整描述的一九三九年取得的七場重大勝仗」。參見Lin Yutang, "The Four-Year in Review", *Asia*, vol. 41 (July, 1941), pp. 334-341.

25 Lin Yutang, "China Speaks to America," *The New Republic*, CIV, January 27, 1941, p. 108.

26 Lin Yutang, Letter to Madame Chiang, August 18, 1941.

27 Lin Yutang, "Lin Yutang Deems Japan Desperate", *The New York Times*, June 8, 1941, p. 19.

到四萬萬中國人的唾棄，他們在這場戰爭中已經付出了無法想像的犧牲。華盛頓的外交家最好清楚了解此一中國民間立場，除非日本完全撤出中國，一切方案都會無效。「用中國人的話說叫『對不住』，意思是說，活著的中國人對已經為國捐軀者有一份責任。」[28]

一九四一年十一月二十五日，美國書籍銷售商協會和紐約《先驅論壇報》在紐約阿斯特酒店舉辦「讀書與作者」午宴，林語堂應邀演講。據《紐約時報》報導，林語堂在演說中談到，他感到很「困惑」，中國的抗戰究竟是不是為民主或民主國家而戰？「因為此時民主國家都還沒決定到底要不要戰。」林語堂告誡說，日本人說的話、日本天皇簽的字，和希特勒說的話、簽的字一樣可靠，美國必須準備好和日本開戰。「林語堂明確表示，美國

林語堂1941年在紐約「讀書與作者」午宴上發言。臺北林語堂故居藏。

已處於和日本交戰前夜，他敦促美國人不要再三心二意，而是要接受這個冷酷的事實。」[29]

一九四一年十二月七日，日本偷襲珍珠港那天，林語堂受邀到亨利．盧斯夫婦家參加午宴。盧斯當然一向支持中華民國。盧斯的傳記作者斯旺柏格這樣描述當天午宴賓客聽到這一突發新聞時的情景：

> 參加家宴聚會的包括辛恩（Vincent Sheean）、美國駐莫斯科大使斯泰恩哈特（Lawrence Steinhardt）、林語堂博士、考爾斯（Virginia Cowles）、卡斯（Margaret Case）和《生活》雜誌的索恩黛克（Joseph Thorndike）。二十二位嘉賓和主人於下午兩點半各就各位開始午宴。盧斯家有個家規，吃飯時不接任何電話。然而，吃甜點時，有個電話打進來，管家覺得此事非同小可，便把資訊寫在紙上，放在小盤裡遞給餐桌上坐著的盧斯夫人。她看了一眼，隨即用湯匙敲了敲玻璃杯。

28 Lin Yutang, "Present Negotiations With Japan Regarded as Futile", *The New York Times*, September 21, 1941, p. 6. 有意思的是，最近有學者提到這一段歷史時，舉例（只是）提到：「一九四一年十月十四日，陸軍大臣東條英機拒絕了美國對日本從中國撤軍的要求……他說時很激動，稱日本陣亡將士的英魂不會答應這種投降外交。」參見Edward J. Drea and Hans van de Ven, "An Overview of Major Military Campaigns during the Sino-Japanese War, 1937-1945, " in Mark Peattie, Edward J. Drea and Hans van de Ven eds. *The Battle for China: Essays on the Military History of the Sino-Japanese War of 1937-1945*, p.42.

29 "Lin Yutang Sees US-Japanese War", *The New York Times*, November 26, 1941.

「所有孤立主義者和姑息者，請聽著，」她說，「日本人轟炸了珍珠港。」現場一片騷動、驚訝，大家都搶著去聽電臺、打電話，想獲取更多細節。賓客中只有一人神情鎮定，一動沒動。林語堂先致歉——他得把甜點吃完了，然後說：「瞧，這種事早就注定的啦。」[30]

## 新中國的誕生

除了及時報導戰時中國狀況、站在民間的角度為中國抗戰搖旗吶喊，林語堂在這階段的著述中還著重對「現代中國」的興起進行闡釋，刻畫出一個清晰的輪廓。林語堂在美國以「中國哲學家」的形象為美國中產階級讀者闡釋「中國智慧」而家喻戶曉，但從林語堂自己的角度來說，他要描述的不是一個「遠古契丹」，而是一個活生生的、正處於巨變中的現代中國。他的新聞著述和小說創作都體現了這一精神。林語堂對現代中國的闡述主要圍繞現代中國民族主義之興起的軌跡與背景。

林語堂肯定對《紐約時報》對中國時局的假定頗感震驚——因為中國人是個有文化的民族，會坦然接受日本的征服，再以文化上的優勢慢慢消耗日本人，就像他們對待滿人的征服一樣。這種觀點完全缺乏對中國現代性的理解。《吾國與吾民》一九三九年再版時，林語堂寫了一篇長文——〈新中國的誕生〉——作為該書第十章，莊台公司還同時發行單行本。該文一開始便提出核心問題：「我們古老的文化能夠拯救我們嗎？」林語堂的回答非常乾脆：「不行，只有現代化會救中國。」[31]而且只有中國從外部威脅被拯救出來以後，我們才可以來談保存古老文化的問題。其實在抗戰全面爆發之前，林語堂曾在《美亞》雜誌撰文，呼籲能夠「更好地了解中國」。他曾提出應該多關注用白話文創作的中國現代文學：「我很高興看到有一些年輕的漢學家已經朝此方向努力，花更多的時間去研究當代中國事務。」[32]

「中國別無選擇，只能走向現代。『現代性』不請自來。」[33]林語堂如此解釋抗戰之前中國的現代化過程。中國傳統文化本質上是一種生活方式、一種文明，而中國人以前並不知道世界上還有其他文明，以為自己的生活方式就是唯一的文明。但這種情況已經改變了，因為十九世紀以來，西方敲開了中國的大門，中國被迫要面對西方世界。中國人的世界觀慢慢發生痛苦的轉變，認識到自己乃世界萬國之一國。中國現代性由此而來。而現代性來到中國是個雙面神。一方面講，西方是用軍事武力敲開了中國的大門。它送給中國的是軍人，乘其船堅炮利使中國慘敗蒙羞。隨後來的是商人，他們為逐利而來，賺了錢還要掙更多的錢。中國人花了慘重的代價，終於認清這個新世界：這個西方列強操控的世界用實力說話，如果中國不跟著玩這個新遊

30 W. A. Swanberg, *Luce and His Empire*, New York: Charles Scribner's Sons, 1972, p. 189; also in Diran John Sohigian, "The Life and Times of Lin Yutang," p. 610.

31 Lin Yutang, "The Birth of a New China*: A Personal Story of the Sino-Japanese War*", in *My Country and My People*, New York: The John Day Company, 1939, p. 359.

32 Lin Yutang, "A Better Understanding of China", *Amerasia,* I (June 1937), p. 163.

33 Lin Yutang, "The Birth of a New China", p. 355.

戲，她只能被無情地征服變成殖民地。實際上，中國已經被西方列強瓜分成不同的勢力範圍，而這次同日本的抗戰，就是民族存亡的大考驗。

另一方面，現代性也帶來機遇，使中國得以進步發展。從火炮船艦和機關槍背後，中國人看到了科學家和工程師，成百上千的學生出國留學探求新的知識。更有甚者，各種新思想引入中國，澈底改變了中國學人的知識結構。一九〇五年科舉廢棄之後，中國學生紛紛出國求學，不僅帶回了科學知識，而且引入了政治、文藝新思想。報刊雜誌像雨後春筍般出現，也大大開闊了中國人的視野。新文化運動帶來了新的語言（白話）和新的文學。現代性波濤洶湧，不可阻擋，在政治形態上，一九一二年推翻滿清，建立了亞洲第一個共和國：中華民國，隨後於一九二七年又建立了中華民國南京政府。林語堂指出，南京政府的管理層已經是新一代的菁英：「新一代受西式教育的金融家和大學教授已經取代了北京政權的舊式官員。有一段時期，南京內閣成員包括三位北大的教授：一個地質學教授、一個經濟學教授，都是留德出身，還有一位教育學教授兼校長，是留美出身。」[34]

南京十年，新一代受西式教育的專家治國，中國在現代化進程中取得了長足進步。「進步」是個雙面獸，它一面是戰爭一面是國力、一面是商業化一面是物質財富、一面是工業化一面是剝削，中國人早已知道他們沒有選擇，必須擁抱進步的兩面，因為這個世界只獎賞強者，而中國人不想被這個世界吞噬。中國毅然踏上了「進步」之途，步伐雖然躊躇，方向卻是堅定的：「我們可以看到，學校和大學越建越多，報紙和書的印量越來越大，公路鐵路發展迅速，婦女解放、婦女參政得到認可，統一的國語逐漸形成，『釐金稅』被取消，國家財政狀況得以穩定，腐敗也逐漸得到控制，最重要的是：國人精神面貌煥然一新，熱切投身於國家重建事業，對未來滿懷希望與憧憬。」[35]

向「進步」邁進，其主要標誌就是現代中國民族主義的興起。現代中國的民族主義當然是西方的舶來品，其火焰借助日本的侵略而熊熊燃起。其生機與力度正在經歷抗戰的考驗。林語堂特別強調，當代中國已經不再是一個「文明」，而是一個民族／國家，愛國主義情感高漲。西學東漸已有好幾十年，印刷媒體和公共教育體系也都得到推廣，中國人的世界觀已經大為改觀，中國既為萬國之一，起碼應該與萬國平起平坐。所謂現代中國民族主義，首先就是指從傳統的生活方式（文明）轉化為對國家的歸屬與情感。林語堂還指出，「愛一種文明」或「愛整個世界」，這種情感和愛自己的祖國無法比（假如我們受到「火星人」的威脅，有多少美國人會出於「愛世界」或「愛文明」而戰？），相反地，民族主義情感的感召力要強得多，尤其是中國的民族主義幾乎和反日情緒是同義詞。

日本的入侵是煽動現代中國民族主義情緒高漲的最關鍵因素。經過幾代知識分子（包括梁啟超、孫中山、新文化運動領袖人物等）的啟蒙教育，作為一個民族／國家的新中國的觀念已經深深嵌入現代中國人的意識。但民族／國家的建立並非一帆風順。滿清皇朝推翻後，緊接著是一系列內戰，一九二七年北伐成功後終於建立了統一的南京政府，儘管內部衝突遠沒有停

34 同上，頁三六一。
35 同上，頁三六一。

止，但中國終於看到進步的曙光，在民族／國家建設的各個方面都方興未艾、加速前進。可就在這個時候，日本人進來橫插一足，決意要制止這一現代化進程，把它扼殺於襁褓之中，以便使中國淪為大日本帝國的附庸國。「這太不公平。」林語堂說。還有一點必須說明：日本的入侵不是在一九三七年，而是一九三一年，日本關東軍突然出兵中國東三省，並扶持了一個偽滿政府。九一八事變讓舉國震驚，民間抗日情緒（特別在知識青年中）不斷高漲，整個中國政治氣氛為之一變。

但日本人的胃口不只限於東北。緊接著，日本的滲透擴張蔓延至整個華北，局勢已經再明顯不過：日本人不把全中國吞下絕不會罷手。也許是屈服於日本的壓力，也許是出於策略考量（中國在軍事上還無法和日本全面開戰），不管怎樣，南京政府採取嚴格的新聞審查，禁止所有抗戰的聲音。其結果是：中國民族主義就像一座活火山，被嚴密封蓋壓迫之後，隨時都會井噴式爆發。在軍事上有沒有準備好，反而成了次要問題。全體國民的精神狀態才是關鍵所在，因為整個國家快要變「瘋了」。

於是中國就這樣被逼入全面抗戰。從軍事角度看，開戰的條件根本沒有成熟。中國抗戰最重要的支撐點就是全民抗戰的意志。它意味著整個民族所有國民要承受巨大的犧牲，但同時意味著一個新的中國必將從戰爭中像鳳凰浴火一樣得以重生。

日本的武器彈藥、軍事實力遠遠超過中國，但日本要征服的是一群現代的、具有強大民族認同感的中國人。日本政客揚言要用坦克攞平反日情緒，林語堂譏諷道：任何一個頭腦清醒的人都不會想用武力來掃除某種情感。中國現代西學東漸，有一種新觀念已經深深影響現代社會結構：即對軍人的尊重。而且，林語堂解釋道：「我相信，這場戰爭最有價值的禮物是中國人學會了紀律的重要性，這一點以前不能算作中國人的品質。」[36]但是新的民族主義也不是全仰仗西方引進的品質。中國人長期積累起來的傳統品性也是抗戰寶貴的資源。林語堂曾在《紐約時報》撰文〈決定中國命運的關鍵人物：「苦力」〉，批評西方用帶有歧視意味的「苦力」一詞來泛指中國的勞工階層。「苦力」可以指家庭傭人、卡車司機、鐵路工人、酒店招待、園藝工、木匠、鞋匠以及各種手工藝人，甚至農民。林語堂指出，中國老百姓每人都有自己的個性，就像他自己曾經的傭人「阿青」——「他是個農家孩，和我一樣。」他來林家之前是個人力車夫，可「人力車夫是個受人尊重的正經職業，和世界上其他職業一樣。我還希望我能像阿青一樣做人既正派又守規矩」。把這麼多不同職業的人群統稱為「苦力」，抹煞了他們的尊嚴和人性，也無法理解當下中國的「關鍵人物」：「現在在前線和日本兵作戰的不是文質彬彬的紳士，而是中國的苦力。他的強壯體魄、精神面貌、道德品質決定了中國抗戰的力度。他勤儉樸素、任勞任怨，也正是日本求之不得的廉價勞力。」[37]

為了凸顯中國老百姓在抗戰中的愛國精神，林語堂還特別指出中國抗戰中「最振奮人心的場景」——戰時大合唱。大合唱也是西方舶來品，中國以前沒有這種藝術形式。一九三四年，上海某大學的一位基督徒中國學生看到美國歌本上寫著「音樂可以使人團結」，於是靈機一

---

36 Lin Yutang, "A Chinese Views the Future of China", *The New York Times Magazine*, January 30, 1938, pp. 6-7, 27.

37 Lin Yutang, "Key Man in China's Future—The 'Coolie'", *The New York Times*, November 14, 1937, pp. 8-9, 17.

動，開始在上海基督教青年會俱樂部組織大合唱。隨後得到基督教童子軍大力推廣，在大學、中小學流行開來，最後迅速傳到大眾，在難民營、游擊隊、前線兵營裡都有大合唱場景。當時最為流行的一首歌叫〈義勇軍進行曲〉，聶耳作曲，田漢填詞，林語堂把它譯成了英文：

起來！不願做奴隸的人們！
把我們的血肉，
築成我們新的長城！
中華民族到了最危險的時候，
每個人被迫著發出最後的吼聲。
起來！起來！起來！
我們萬眾一心，
冒著敵人的炮火，前進！
冒著敵人的炮火，前進！
前進！前進！進！

Arise! ye who refuse to be bond slaves!
With our very flesh and blood
Let us build our new Great Wall

China's masses have met the day of danger,
Indignation fills the heart of all of our countrymen.
Arise! Arise! Arise!
Many hearts with one mind,
Brave the enemy's gunfire.
March on!
Brave the enemy's gunfire,
March on! March on! On![38]

## 戰時女傑

林語堂在美國闡釋中國文化大獲成功，被譽為「中國哲學家」。國難當頭之際，林語堂用自己的文化資本為國做宣傳，成為民間的獨立發言人。要把「文化中國」和「戰時中國」兩個迥異的形象相結合，並不是件易事。林語堂的策略之一便是用中國文化和人民的溫良恭儉、可親可愛來襯托日本軍隊的殘酷和野蠻。從林語堂在報刊雜誌發表的一系列文章題目，我們也可

38 Lin Yutang, "Singing Patriots of China", *Asia*, February, 1941, p. 70. 眾所周知，這首歌現在是中華人民共和國國歌，林語堂應該是第一個英譯者。

以看到一個「文化中國」在抗戰：〈哲理性中國面臨軍事化日本〉（《紐約時報》，一九三六年十二月二十七日），〈北平淪陷中國靈魂不死〉（《紐約時報》，一九三七年八月十五日），〈中國四城記〉（《紐約時報》，一九三七年十月三日），〈天堂遭毀〉（《亞洲》雜誌，一九三八年六月）。另外，林語堂從散文家變成了小說家，創作了兩部史詩式的抗戰小說：《京華煙雲》和《風聲鶴唳》，用藝術的形式，從文化的角度，為中國抗戰搖旗吶喊。

《京華煙雲》扉頁寫道：「本小說寫於一九三八年八月至一九三九年八月，謹此獻給英勇的中國戰士，他們用自己的生命，為我們子孫後代的自由而戰。」但小說並不是直接描述戰爭本身，而是著重描繪戰爭的現代歷史背景，用長達八百多頁巨幅勾勒出現代中國的圖畫，從一九〇〇年「義和團」起義至當下抗戰，四十年彈指一瞬間，透過姚家和曾家的興衰起伏，襯托中國從一個「文明」到一個「民族／國家」的現代轉型。《吾國與吾民》和《生活的藝術》從哲理上闡釋中國人與中國文化，《京華煙雲》則以小說形式具體展現中國人生活的各個方面。但它也是一部戰時小說，創作於中國全面抗戰爆發之時。林語堂的策略是重點描述戰爭爆發的背景，強調新舊文化的現代轉型，以調和多姿多采的中國生活方式和血腥戰爭場面之間的緊張。

「按我自己的想法，寫這部小說就像在一個巨大的畫板上畫畫……我是以《紅樓夢》作為我的範本。《紅樓夢》有取之不盡的靈感。」[39]林語堂曾對華爾西和賽珍珠如此解釋。林語堂喜歡「直敘講故事」的敘事模式，有如托爾斯泰和曹雪芹的敘事風格，作者無需加很多旁白和評論：「中國文學傳統強調『微言大義』，話不說盡、不說滿，留有想像空間，這樣評論者得以施展手腳，還原作者的意圖。這也叫『太史公筆法』。」[40]和以前一樣，出版商總是喜歡把小說形容成「純正的中國貨」來推銷，無論是其敘述風格、情節設計、人物刻畫，都是模仿中國文學名著《紅樓夢》，莊台的推銷策略也得到《紐約時報》書評者的回應：「這的確是一本純中國式的小說——中國色彩如此純正，讀起來好像是讀翻譯一樣。賽珍珠已經指出……（小說敘述的）瞬息京華……映照出幾千年經久不變的文化積澱。」[41]如果這種評語讀起來有點東方主義的味道，出版商的導讀肯定有一定效果。莊台公司有一份宣傳單，把小說「序言」最後一句著重注明：「這部小說講的故事，也就是當代中國男男女女……如何適應現實生活環境，**其死活存亡，聽天由命去罷**。」宣傳單解釋道：「最後一句話可以解釋中國人習以為常的知足天命觀，也可以解釋為什麼木蘭願意嫁給新亞。」[42]也有其他評論者看到小說的主題是體現中國的現代轉型，比如《紐約時報》的湯姆遜寫道：「《京華煙雲》是由身臨其境的人根據轉型中的中國所撰寫的實錄，它是一個報導，而不是解釋，因為林先生沒有刻意去評價是非對錯。」[43]

《京華煙雲》和《紅樓夢》有一點很相似：林語堂塑造了一群多姿多采的女性人物——從

---

39 Lin Yutang, Letter to Richard Walsh and Pearl S. Buck, March 1, 1939.

40 Lin Yutang, Letter to Richard Walsh and Pearl S. Buck, March 7, 1939.

41 Katherine Woods, "Forty Crowded Years in China's Forty Centuries: Lin Yutang's Novel, 'Moment in Peking,' Presents a Story and a Picture Rich in Humanity", *The New York Times*, November 19, 1939.

42 "Lin Yutang and His Moment in Peking", The John Day Company files, Princeton University.

43 Ralph Thompson, "Book of the Times", *The New York Times*, November 16, 1939.

比較傳統的「淑女」到較為現代的「女兵」形象，濟濟一堂，應有盡有。從這些女性形象的塑造中，我們可以看到林語堂如何著重描繪中國現代性的轉型，以及如何把文化中國和戰時中國相結合的敘述策略。

《京華煙雲》要為中國現代性的起源與進程畫一幅多視角的全景圖，「既非崇尚舊的生活方式，也不為新的生活方式辯護」。[44]這幅全景圖中最主要的亮點就是中國社會現代轉型中的婦女生活面面觀。林語堂塑造的女性人物豐富多彩、個性鮮明，都是大時代變遷中有血有肉的角色。小說一共有三十多位女性人物，從傳統型到現代型，或介於兩者之間，從激進叛逆的黛雲到古典優雅的曼娘，當然，林語堂著意塑造的理想型現代女性則是女主角木蘭。

我們可以看到，女兵型黛雲和貞女型曼娘在小說中的形象都比較正面，值得同情和理解。黛雲出身於官宦人家，但她堅定地走上了反叛之路，公然譴責自己的家庭腐敗、「封建」。她「說話聲音粗獷，一點都不像女孩子，剪了個短髮，穿一件白夾克衫，黑色的短裙恰好只遮到膝蓋」。[45]但她代表年輕中國的朝氣和活力，最終她加入了「陝北」的抗日游擊隊。林語堂寫道：「那是一群勇敢的、愛國的年輕人，物質環境越惡劣，他們的意志越堅強，他們樂觀和英勇的氣概堅不可摧。」[46]

同時，作者對曼娘也是充滿同情。曼娘的「貞潔」具有雙重的悲劇意義，她的婚姻是傳統「沖喜」習俗的犧牲品，婚後不久丈夫便去世。曼娘是傳統女性的典範，一生恪守舊的禮俗。但曼用一位貞潔寡婦來代表古典女性，其實也從另一方面說明舊的秩序無可避免地即將消逝。但曼娘並不是舊傳統的犧牲品，可憐兮兮，一籌莫展，像個活死人一樣。林語堂塑造曼娘的形象並不是要把它用來譴責整個傳統文化。小說的情節安排賦予曼娘一個關鍵作用——由她來決定中國該不該進行抗戰：

「你覺得中國應該和日本打嗎？」木蘭問道。

「如果像這樣發展下去，還不如打一仗，」曼娘說，「怎麼能讓阿軒赤手空拳和鬼子打呢？」

木蘭記得她爸說過：「**你問曼娘。如果曼娘說中國必須戰，那中國就會勝。如果曼娘說中國不能打，那中國就會敗。**」

「你認為中國可以和日本一戰？」木蘭又問道，一個字一個字說得很慢。

「不管中國願不願意，都必須去戰。」

好了，曼娘把話說了！[47]

抗戰一打就意味著中國老百姓要付出巨大的犧牲，而小說中曼娘的死正是這種犧牲的悲壯象徵。慘遭日本兵蹂躪姦汙之後，曼娘上吊自盡：「她的身體從來沒被男人的眼睛看過，如今

44 Lin Yutang, *Moment in Peking*, New York: John Day, 1939, p. i.

45 同上，頁五七六。

46 同上，頁七六一。顯然，林語堂這裡指的是中共指揮的八路軍。

47 同上，頁七三七。

半裸著吊在那兒。」[48]

《京華煙雲》女性人物各種各樣，但林語堂心目中現代女性的典範當然是他精心塑造的女主角木蘭。其實，林語堂的手稿就命名為「木蘭」。把小說女主角命名為「木蘭」當然是有涵義的：

木蘭是中國的聖女貞德，中國古代有一首著名的詩專講木蘭的故事，她女扮男裝代父從軍十二年未被發現，回家後重新換上女兒裝，孝敬父母。[49]

抗戰時期花木蘭的傳奇以多種藝術形式重新得到關注，林語堂重提花木蘭傳奇當然也是受當時抗戰環境影響，但同時他要透過木蘭的形象塑造來說明中國現代性中婦女解放這一主題。對林語堂來說，木蘭並不一定要親自上前線打仗，才能體現她的「尚武精神」，只要個性鮮明，一樣可以是一個「女戰士」。

木蘭是新、舊的綜合體，既是一個「戰士」，也是一個「女人」，或曰「女性戰士」。童年時她性格就很活潑，不是一個「乖乖女」。信奉道家思想的父親要把她培養成一個「新女性」，不纏足，上新式學堂。一雙天足讓她踏上遠離家鄉的求學之途，上了一家新開的女子學院，但木蘭還不滿足，她幻想自己是個男孩，因為男孩「什麼便宜都占了」。[50]她的想法像個男孩：她對妹妹莫愁說「長相根本不重要」；[51]她的行為舉止也像個男孩：和男孩一起爬樹，摔下來弄得身上青一塊紫一塊的。她還有三樣愛好：吹口哨、唱京劇、玩古玩——都不是淑女該有的品味。她做新娘也不是羞羞答答、弱不禁風的樣子。她在婚禮上公然和鬧新房的賓客鬥智鬥勇、說說笑笑。婚後也不是一個宅家媳婦，經常要出外郊遊，以致她公公覺得這個媳婦多少有點輕率、不夠體面。

但另一方面，木蘭是個很有修養、知書達禮的女性。在林語堂看來，理想的現代女性一定要有鮮明的個性。個性是透過扮演家庭和社會的不同角色一步一步培養起來的，木蘭的個性體現在做好女兒、姊姊、妻子、媳婦、當然最主要的是做好母親的角色。而要扮演好不同角色，木蘭做出了許多自我犧牲。這種自我犧牲也許就是一個象徵性的姿態，比如剛做新娘的木蘭主動把自己的金錶送給婆婆，從而表現出「禮讓的風格」。[52]但自我犧牲也可能導致終生遺憾，比如木蘭不和妹妹爭搶共同心儀的戀人，只能把對立夫的愛深深埋在心裡。自我犧牲也可以是用來自娛的一個念頭，比如木蘭要把自己的貼身傭人嫁給自己的丈夫做妾，因為她「特別仗義，熱衷交友」，也能欣賞「其他女人的美」，而且覺得「妻沒有妾，就像鮮花沒有綠葉一樣」。[53]木蘭的個性在中國現代轉型的陣痛中逐步發展，從某種意義上說，都是為了木蘭最後的終極自我犧牲做鋪墊：把她的獨子送上戰場為國而戰。當木蘭意識到國難當頭、她的獨子亦

48 同上，頁七六八。
49 同上，頁十六。
50 同上，頁七〇。
51 同上，頁二〇九。
52 同上，頁三三五。

不能置身度外時，她發呆許久、不出一聲，但最終毅然同意兒子出戰。正是這樣一個平常又勇敢的行為，木蘭的個性達致完美的境界：「人生的秋季」。[54]在此意義上，木蘭代表了林語堂所謂的「理想女性」——充滿智慧、溫柔而堅定的母親形象。小說結尾寫道，木蘭加入大遷移的人群，兩天內領養了四個孩子，一路走來還不時發出爽朗的笑聲。林語堂要表達的意思應該很明確了——如果日本人要想征服中國，他們的刺刀首先得壓垮這種母性精神。

一九四一年五月初，林語堂和《紐約時報》記者羅伯特·馮·蓋爾特做了一次訪談，講到自己正準備去佛蒙特州，找「一間沒有電的小木屋」，在那兒寫一部小說：「這部小說要寫當下中國的實況，這個國家面臨極其殘酷的環境，可就是打不敗，而且還越來越堅強。別以為日本沒有盡力。他們一次又一次從北向南圍剿重慶。每一次我們都是讓他們長驅直入，然後掐斷他們的供應鏈，他們便不得不無功而返。每一次我們都有反圍剿殲敵，消耗他們的兵力，破壞他們的供給。」[55]《風聲鶴唳：一部戰火硝煙中的中國小說》於一九四一年底出版，又登上暢銷書榜，雖然其轟動效應要比前幾本書遜色許多。《京華煙雲》為現代中國勾勒出一幅巨畫，橫跨四十年，《風聲鶴唳》的故事情節定在全面抗戰的頭兩年，即一九三七年至一九三八年。雖然副標題明確表明這是一部戰時小說，但整個小說情節圍繞一個三角愛情故事展開：女主人公梅玲，「戰火風雨中的一片葉子」（英文書名直譯），和她的情人博雅，以及老彭。有評論指出：用悠閒的筆調來寫一部浪漫小說，背景卻是硝煙彌漫、慘不忍睹的戰爭環境，這個難度可不小；小說中三個人物形象似乎都不夠豐滿。儘管如此，大多數評論都看懂了林語堂所要表達的資訊：愛好和平的中國正在勇敢地拚命抵抗野蠻的日本。

「說這本書不是林語堂最好的書，也許都沒什麼意思，因為對林語堂崇拜者來說，林語堂的書沒有哪一本是『較差的』。更重要的是，林語堂在書中為我們展示了……什麼叫種族大屠殺。」美國一份報紙的書評如是說，用了英文Holocaust（大屠殺）一詞來界定林語堂小說中所揭示的日軍暴行。[56]確實，《風聲鶴唳》今天讀來在於其文學歷史價值：是該部小說第一次記錄、揭露並譴責了日軍在「南京大屠殺」中所犯下的罪孽。正如林語堂指出，造成「人類歷史上最大的一次遷移」的原因並非戰場上的恐怖（諸如空襲炸彈或槍林彈雨），而是由於日軍攻占南京後那些喪盡天良的行為：

> 一群日本兵嘻嘻哈哈，把一個嬰兒拋向空中，大家爭著看誰能用刺刀尖頂剛好托住從空中落下的嬰兒——這種場景，自上帝創造人類以來，還從未見過。也沒見過把俘虜眼睛

---

53 同上，頁四一七。林語堂曾把《浮生六記》譯成英文，並十分推崇其主人公芸。木蘭這裡的表現顯然帶上了芸的烙印。但林語堂還是十分注意兩者的區別，以凸顯木蘭形象的現代性：木蘭對納妾，也就是閃過一念，略加玩味，並沒有真的去實施；她對纏足也好奇，要把玩一下，一天晚上試了一下，結果「更加堅定要有一雙和男孩一樣的腳」。*Moment in Peking*, p. 71.

54 同上，頁七九八。

55 Robert von Gelder, "An Interview With Doctor Lin Yutang: Who Is at Work on a Novel That Will Describe the Tremendous Effort of the Chinese In Their War Against the Invader", *The New York Times Book Review*, May 4, 1941.

56 James E. Helbert, "A Book A Day", Durham, North Carolina: *Sun*, December 4, 1941.

矇起來，讓他們站在壕溝邊立成一排，當作日軍練刺刀的標靶，以訓練他們進行大規模屠殺的技能。兩個日本兵由蘇州到南京一路追殺中國潰兵，互相打賭看誰先殺滿一百個中國人，他們的戰友則在旁邊起鬨、鼓勵、給他們做紀錄。武士道精神可以讓封建的日本人自圓其說，可是其他民族無法理解。這種事情正常的人是做不出來的。中世紀封建時代的歐洲人做不出來。原始部落時代的非洲人做不出來。就算我們人類還只是猩猩的遠親、還在森林裡蕩來蕩去時，也做不出來。就是猩猩也做不出來。猩猩只為找雌伴而爭鬥。即使在文明最原始的階段，人類學家也沒找到人類為自娛而殺人的紀錄。

是的，這種恐怖創下了人類的紀錄，一個民族的人可以對另一民族的人做出這種事情。猩猩也不會把牠們的囚徒聚在一起，旁邊堆滿乾草，澆上汽油，看著牠們被活活燃燒而呵呵大笑。猩猩在光天化日下性交，但牠們不喜歡看其他猩猩性交，還站在旁邊嘻嘻哈哈，等著下一個輪到自己上；牠們幹完後也不會用刺刀對著雌猩猩的性器官直插進去。牠們取樂的手法還不夠精緻，不會一邊強姦雌猩猩，一邊強迫雌猩猩的男伴在旁邊看。[57]

林語堂進而把日軍的大屠殺和「中國歷史上絕無僅有的」張獻忠四川大屠殺相比擬。作為明末農民起義軍領袖之一，張獻忠占領四川後大開殺戒，濫殺無辜，使整個四川白骨遍野，人口大規模銳減。林語堂評介說，日本人的南京大屠殺和張獻忠的四川大屠殺有得一比，都極其瘋狂、極其變態，不過有一點不同：張獻忠「沒有一邊屠殺老百姓，一邊還嚷著要建立『新秩序』。他殺別人，也清楚知道自己會被別人殺掉」。[58]

林語堂斷定，正是由於日軍這種殘暴獸性，日本想征服中國注定要失敗，因為你想要征服的人民蔑視你，你怎麼征服？相反地，中華民族越戰越勇，團結一致，抗戰到底。小說有一段描寫，日軍飛機轟炸漢口以後，蔣宋美齡「身穿一件藍色短毛衣和一件黑色長衫，毛衣袖子捲得高高的」，出現在人群之中，安慰遭轟炸的平民，鼓勵人們的士氣：

「你看，蔣主席夫人親自來看我們老百姓了，」一位農人樂呵呵地笑道，「呵，有這樣的政府，誰不願意拚死到底？」

「現代女性還真不錯。」另一位路人笑著說道。[59]

57 Lin Yutang, *A Leaf in the Storm: A Novel of War-Swept China*, New York: The John Day Company, 1941, p. 215.
58 同上，頁二一七。
59 同上，頁二四七。

# 第九章 東方智慧與世界和平

「現代知識已經支離破碎，在其廢墟上一個新世界必須重建，必須由東西方共建。」

林語堂，《中國和印度的智慧》（一九四二年）

上一章講到，林語堂在美國獲得「中國哲學家」殊榮之後，馬上利用其文化資本為中國抗戰發聲，闡釋「現代中國」，扮演中國的民間發言人角色。在日本偷襲珍珠港之前，林語堂的著述與活動基本上都是圍繞中國、中國的抗戰。但他也從「世界公民」的角度寫過幾篇文章，比如，一九三九年十一月十二日發表於《紐約時報雜誌》的文章：〈真正的威脅：不是炸彈，而是思想〉。

在三〇年代中國，林語堂為謹防「布爾什維克主義和法西斯主義的雙重危險」而兩面作戰。來到美國後，更是在世界舞臺上闡明其自由主義的理念。比如，《吾國與吾民》譯成德文時，德國出版商不得不做適當刪節（加起來一共有好幾頁），因為書中有許多「小評論」，「冒犯德國領導人」。[1] 當歐洲遭到納粹德國狂轟濫炸之際，林語堂撰文表示：「真正的威脅不是「炸彈」，也不是希特勒。現代文明真正的威脅是集權國家的興起，屈服於集權國家的統治，從而喪失個人自由。歐洲瀰漫著硝煙戰火，但林語堂要讀者用歷史長鏡頭看問題，炸彈本身是無法摧毀文明的——中國儒家還經歷過秦始皇的「焚書坑儒」。真正的威脅來自對現代核心價值——個人自由信念之侵蝕：「假如我們不去珍惜、不去捍衛人生中一些基本的價值、一些看似普通的自由權利，那我們的文明真有可能被銷毀。在我們當今的思維和生活中，有各種跡象表明，確實存在這種危險：『國家』這一怪獸正在不斷侵蝕我們生活中這些普通的自由權利。」希特勒的納粹德國只是這種危險結下的一個果子，而且也不是唯一的果子。在此，林語堂沒有具體指明還有那些國家，也沒有具體說明侵蝕到哪些個人自由權利，但珍珠港事件後，他會有很多話要說。在此，他只是明確表明自己的自由主義立場：「現在我更加堅信：只有超凡浪人才是我們這個世界的救世主，因為他堅守自己的自由，絲毫都不妥協。」[2]

這篇文章可以看成是林語堂的批評鋒芒轉向全球舞臺的前奏。珍珠港事件正好是其知識評論發展的分界線。珍珠港事件以後，美國被拖入二戰，世界局勢為之一變。林語堂的批評焦點也從「中國哲學家」的角度轉向對整個世界現代性的普世批評，其批評議題集中於世界範圍內的戰爭與和平。一九四二年是林語堂整個知識思想發展的高峰，在往後的日子裡，其批評關注都將延續同樣的全球性議題。中國則是林語堂的全球視野與批評的一部分。

第二次世界大戰以同盟國戰勝軸心國而告終。但是二十世紀的麻煩遠未就此終止，相反地，它開啟了更多的困境與緊張，一直延續至今。正如二戰在軍事上有好幾個戰場，在意識型態、知識層面上，二十世紀的三大毒瘤——納粹主義、共產主義和帝國主義，三者糾纏在一起，既有對抗又有尷尬的聯盟。林語堂在這個階段的著述與實踐直接面對當今人類所處的現代性困境，凸顯一個自由主義跨文化思想家的創造性思維與理念。這一章試圖勾勒出林語堂以探尋世界和平哲學的努力批評極權主義和帝國主義，這種世界和平哲學，林語堂認為必須由東西方共同合建。

林語堂一家於一九四一年四月從加州搬到紐約後，先於哥大附近租了一套公寓，住到一九四二年六月後便搬到曼哈頓上城東區東河旁的高級公寓，紐約市長拉・加迪亞是其鄰居，鄰里名人還有著名樂隊指揮考斯特藍尼斯、女高音歌唱家及演員邦絲、樂隊指揮斯托考夫斯基、美國藝術家及社交界名人范德比特，以及電影明星馬希等。[3] 除了林語堂一個人於一九四三年九月至一九四四年三月回國一趟以外，林家在此一直住到一九四八年赴法為止。

從一九四一年底完成小說《風聲鶴唳》至一九四三年九月回國之前，林語堂的著述包括：一九四一年底至一九四二年初創作一部長詩書稿，擬名為《思索》（*A Man Thinking*）；一九四二年編撰鉅著《中國和印度的智慧》，一九四三年撰寫《啼笑皆非》。林語堂曾把自己的長詩書稿看成自己的「代表作」，但因華爾西（以及賽珍珠）堅持認為在美國出一本詩集根本沒有

1 Deutsche Verlags-Anstalt, December 3, 1937. 華爾西代林語堂於一九三七年十二月二十一日回信給德國出版商道：「林語堂當然不願意看到書中有些說法傷害到德國讀者的善意，因此允許你做適當刪節……他還說，他批評德國哲學家『最為無聊』，這個不要刪。」另外，據《紐約時報》一九四二年六月十六日報導，《生活的藝術》義大利文版遭禁，這是應羅馬的德國大使館要求，因為書中有許多地方「對最高領袖希特勒不敬」。

2 Lin Yutang, "The Real Threat: Not Bombs, But Ideas," *The New York Times Magazine*, November 12, 1939, p. 2.

3 參見林太乙，《林語堂傳》，頁一七八。

市場，經商量後最終沒有出版。[4]但是詩中所表達的觀點應該在《啼笑皆非》得到重述。另外，林語堂還在報刊雜誌發表許多文章，到各處演講，上電臺節目等。其中很多文章或演講的主題都是圍繞印度獨立問題。

## 種族與帝國：印度問題

珍珠港事件之後，戰爭的性質和規模都發生了巨大變化，而印度問題隨之在西方成為焦點議題。四年半以來，中國的抗戰撐起了東方戰場，直至整個歐洲捲入戰火仍然如此。現在日本不僅偷襲珍珠港把美國拖入戰爭，而且長驅直入東南亞，占領大英帝國的領地，把戰火一直燒到印度的大門口。同盟國方面，邱吉爾與羅斯福於一九四一年八月會面，發表了一份聲明——後來稱作《大西洋憲章》，承諾所有民族享有自決權利。但一個月以後，邱吉爾又在一次公開演講中重新闡

林語堂一家在紐約，1942年。臺北林語堂故居藏。

釋「自決」的範圍，聲稱只有被德國統治下的民族有自決權，當然不包括英國殖民地民族。美國正式宣布參戰以後，邱吉爾趕到華盛頓，和羅斯福確定了所謂「歐洲優先」的盟國大戰略。然而，甘地領導的印度獨立運動已經抗議多年，使英國殖民政府承受很大壓力。一九四一年三月，英國派特使斯達弗德·克里普斯出訪印度，遊說印度國大黨人，尋求他們能夠保證在戰爭期間保持合作。在這種時候團結是最重要的，但使團糾纏於印度教與穆斯林之間的分離政治，結果以失敗告終，英殖民政府把印度國大黨的領導人物統統關進了監獄。

林語堂看到同盟國在亞洲戰線的策略，可謂心急如焚。從現代中國知識分子的立場出發，林語堂對印度獨立的立場早在二〇年代就已經很清晰，這從他對泰戈爾訪華的態度可以看出。現在林語堂在國際舞臺上又為印度獨立大聲疾呼。他於一九四二年二月二十二日《紐約時報雜誌》撰文〈一個中國人對西方的挑戰：林語堂說英美若對亞洲人全面實施平權就會得到他們全面支援〉，為印度獨立向西方提出一系列「挑戰」。文章先把盟國在東南亞的潰敗和中國在長沙戰役的勝利做對比。林語堂解釋道，四年半以來，中國人一直在和比自己強大數倍的日本軍隊作戰，已經成功把戰爭拖入僵持狀態。這裡有幾個關鍵因素。首先，中國人採取了一種特殊的策略來對付敵軍。因為中國軍隊無法正面和日軍比彈藥，所以他們總是敵進我退，一直退至約八十英里，此時敵軍的糧食彈藥供應鏈開始脫節，於是中國軍隊便在側翼發起反攻，一直把

4 沒出版的其中一個主要原因牽涉到林語堂和華爾西／賽珍珠之間，有關林語堂在美國身為「中國哲學家」的形象問題的不同認知。參見 Qian Suoqiao, *Liberal Cosmopolitan*，p. 182-196.

敵軍又趕回起步點。這種遊戲其實雙方都心知肚明。然而，這種策略要能成功執行，必須依賴一個極端措施：所謂堅壁清野，或焦土政策，即燒毀自己的一切財物，給敵軍留下一片荒野；然後還要確保能夠切斷敵軍的後援。這些都需要人民的合作以及巨大的犧牲。人民要能夠合作、勇於犧牲，那他們一定得清楚他們為什麼而戰，戰鬥士氣必須高漲。「焦土政策說起來容易，可是要把自己家裡的東西付之一炬而無怨言、在所不惜，這可不是件容易的事。換句話說，這種性質的戰爭必須是一場人民的戰爭，來自人民、由人民主導、為了人民。」[5]中國人能夠打贏這種戰爭，因為他們知道為何而戰——為了自己國家的存亡和自由。

顯然，印度人不能這樣打仗，東南亞人民也無法這樣打。林語堂的「挑戰」也就是把這種窘境挑明而已，但由一個中國人來揭穿帝國主義的利益及其隱含的種族歧視，即使他也是同盟國的一員，在四〇年代都被認為是對西方的「挑戰」。

同盟軍在東南亞的防禦不堪一擊，主要是因為當地亞洲人根本不想打。菲律賓人、馬來人、緬甸人等都沒有給足支持，因為他們還都處在白人殖民統治底下。相反地，日本人宣揚「大東亞共榮圈」卻得到許多當地亞洲人民的支援。如果印度人不能獨立自由，他們為什麼要為英國殖民者賣命——難道是為了自己繼續被殖民統治？這場戰爭已經使殖民邏輯變得十分荒唐，林語堂呼籲英國人「別再自欺欺人了」：「在今天白廳裡還坐著個布林普上校，那是要致命的。」[6]亞洲人民無法理解邱吉爾的聲明，說《大西洋憲章》只適用於德國占領區。「拒絕面對印度問題，那正是日本的『大東亞共榮圈』宣傳和柏林『哈哈爵士』的宣傳所求之不得的。我們怎麼能夠在蘇伊士河西邊為民主和自由而戰、而在蘇伊士河東邊為殖民地和既得利益而戰？這有沒有搞錯啊？」林語堂再次告誡道：要想讓亞洲人民像中國人那樣抗戰，「除非允諾他們自由，除非《大西洋憲章》對白人和亞洲人同樣適用。」[7]

一九四二年三月十五日，《紐約時報雜誌》刊登一封讀者來信，回應林語堂的文章，聲稱林語堂應該很清楚：不是英國不讓印度自由，而是印度「沒有能力成為一個獨立自由的國家」，因為「印度存在不可調和的宗教矛盾。從目前勢態來看，一旦印度獨立，他們自己內部必定先打起來，而不會團結起來打軸心國」[8]。這當然是殖民政府一向的觀點，但林語堂一點也不買帳。他直指特使克里普斯出訪很虛偽，根本就沒真心想讓印度獨立。殖民主義者總是拿宗教矛盾說嘴，聲稱印度沒有自治能力，這其實就是殖民者慣用的「分而治之」的策略，因為「克里普斯沒有提出任何組成聯合國民政府的提案。他提出的方案讓王子們和穆斯林可以隨意脫離聯盟。一切都是為了瓜分印度，卻沒有做出任何努力去建立一個戰時聯合政府」[9]。

對林語堂來說，印度獨立的主要障礙是西方的慣性思維作怪，亦即西方對亞洲人的帝國主義和種族主義態度。西方人還沒意識到，這場戰爭已經對世界各民族之間的關係產生了根本

---

5 Lin Yutang, "A Chinese Challenge to the West", *The New York Times Magazine*, February 22, 1942, p. 38.

6 同上。布林普上校（Colonel Blimp）是當時很流行的一個卡通人物，態度傲慢、盛氣淩人，典型的「大英帝國個性」。

7 同上。哈哈爵士（Lord Haw-Haw）原名William Brooke Joyce，美國出生、愛爾蘭長大的英國法西斯主義政治人物，二戰期間為納粹德國對英國廣播的播音員。

8 T. W. Niblett, "To the Editor", *The New York Times Magazine*, March 15, 1942, p. 36.

9 Lin Yutang, "India and the War for Freedom", *The New Republic*, CVII, August 24, 1942, p. 218.

性變化。就亞洲來說，不管戰爭結果如何，無論日本被打敗還是整個亞洲被日本征服，有一點是肯定的：原先的白人帝國主義者將被趕出亞洲。被日本人的刺刀戳破的東西不可能戰後再補回來。問題是，在西方，尤其是決策層的人，沒幾個搞得清楚亞洲的現狀。德國人和日本人都公然宣稱自己的種族歧視政策，但如果我們認為「只有納粹才有種族優越感」，那也是一種幻覺。林語堂希望美國能夠帶頭喚醒全世界，為全世界各民族的平等搖旗吶喊，只有如此，「這場戰爭才會逐步轉變成為道義和精神原則而戰，『種族優越感』也就遲早會消滅。」[10]林語堂希望西方政治家能夠達到林肯的高度，因為只有一個林肯才能給今天的民主一個機會：「民主在當今世界有成功的可能，也有失敗的危險。大西洋憲章只允諾給被希特勒征服的國家。大西洋憲章必須同樣適用於被英國殖民的所有國家，否則，我們將遭遇另一個更慘重的世界災難。」[11]

林語堂所謂的「另一個更慘重的世界災難」，指的就是「第三次世界大戰」。據《紐約時報》一九四二年五月十日報導，於一九〇五年由諾曼・湯瑪斯（Norman Thomas）、傑克・倫敦（Jack London）、阿普敦・辛克萊（Upton Sinclair）等美國社會主義分子創辦的「工業民主公司聯盟」召開春季年會，林語堂沒有參加會議，但遞交了一份書面聲明，由麥康奈爾主教（Bishop Francis J. McConnell）宣讀，聲明警告說：當前的形勢「正在把我們引向以種族為陣線的第三次世界大戰，很可能是德意志和盎格魯—撒克遜民族站在一邊，針對人口眾多的黃種人和黑人」。[12]另外，紐西蘭駐美國大使、太平洋戰爭議會成員華爾特・納什（Walter Nash）也在會上發言，表示紐西蘭賦予完全平等地位給毛利人，替整個世界的種族問題樹立了一個好榜樣。我們可以看到，林語堂對印度獨立的支持是戰時美國有關種族問題大辯論的一部分。林語堂不僅參與其中，還是個積極分子；不僅為美國報刊雜誌撰文，還參加各種社會活動，比如發書面聲明給大會、去各種集會發表演說、參加市民會議、上電臺擔任嘉賓等等。

一九四二年三月十四日，林語堂參加了由東西方協會在紐約華爾道夫酒店舉辦的印中友誼日慶祝活動，並發表演講：「第二次世界大戰的悖論」。林語堂告訴聽眾，大戰打到現在不知道在打什麼，一堆矛盾。首先是俄國的悖論。同盟國和俄羅斯站在同一陣線，而以前雙方都是互不信任的。其次是亞洲的悖論。在亞洲，日本打著「東亞共榮圈」的口號，聲稱要趕走白人帝國主義；而中國為了自己的自由和獨立奮力抵抗日本的野蠻入侵。但只要一提到印度問題，它一下就成了我們這個世界悖論的試金石：我們到底是站在種族陣線上作戰、還是為全世界所有民族的自由和民主而戰？林語堂講道，「戰爭把我們逼進一個人類種族關係的新時代」，他呼籲聽眾一起用民主的方式去向他們的領導人物施壓，讓他們能夠理解新的人類種族關係：「作為一個真正的民主派，我一向覺得施壓這種事很有趣。如果我們大家一起施壓，力度大一點，我們的領袖就會往我們這邊靠一點，我們就會把他奉為偉人。如果邱吉爾現在就讓印度獨立，他就是個偉人。讓我們大家一起幫助邱吉爾成為一個偉人。」[13]

---

10 Lin Yutang, "East and West Must Meet", *Survey Graphics*, November 1942, pp. 533-534, 560-561.

11 Lin Yutang, "Union Now with India", *Asia*, XLII, March, 1942, p. 149.

12 "Lin Yutang Warns of 3D World War", *The New York Times*, May 10, 1942.

13 Lin Yutang, "The Paradox of the Second World War", *The China Monthly*, III・May, 1942, p. 8.

一九四二年八月六日，「戰後議會」在紐約市民會議廳舉行集會，主題是：「現在就給印度自由！」賽珍珠、林語堂、希里達拉尼（Krishnalal Shridharani）、諾曼・湯瑪斯等出席並發表簡短演講。林語堂的演講單刀直入：美國公眾輿論對印度充滿偏見，完全偏向英國的宣傳。林語堂強調，我們兩個同盟國之間的矛盾確實存在、不可調和：要麼英國延續其帝國，要麼印度獲得自由。美國輿論說印度不團結、印度國大黨不代表整個印度、「甘地是個陰險狡猾的政客」——全都是謊話。林語堂引用美國歷史說出實話：「甘地是個傻瓜，因為他要爭取的就是華盛頓為之奮鬥的——為他的國家從英國獲得自由和獨立……對印度的不公就像以前英國對美國殖民地和愛爾蘭殖民地的不公一模一樣。現在美國人自由了，他們忘了沒有獲得自由的民族對自由有多麼嚮往。印度問題就是這麼簡單。」[14] 英國殖民政府拘押上千名印度獨立領袖人物一周年之際，林語堂和費希爾（Dorothy Canfield Fisher）、查斯（Stuart Chase）、湯瑪斯（Norman Thomas）、鮑爾德溫（Roger Baldwin）和岡瑟爾（Frances Gunther）等聯名致信《紐約時報》，抗議英殖民政府持續羈押獨立運動領袖人物，呼籲立即釋放所有在押人士。[15]

一九四三年八月二十九日，林語堂應邀參加由芝加哥大學舉辦的電臺討論，節目內容是探討「大戰的意義」，一同參加討論的還有芝加哥大學社會學教授布魯默（Herbert Blumer）和希臘文、哲學教授麥吉恩（Richard P. McKeon）。主持人請林語堂為「大戰的意義」下個定義，林語堂給了二個詞：帝國抑或自由：「所謂『帝國』，我不是指某個特定的帝國：大英帝國、荷蘭帝國、比利時帝國或西班牙帝國。我指的是帝國主義體系，亦即世界上一半是自由人一半是奴隸。所謂『自由』，我指的是民族／國家的獨立。」[16]

一九四三年九月，林語堂被選為美國印度聯盟名譽主席。林語堂致信聯盟主席莘（J. J. Singh）接受這一「非同尋常的榮譽」，並再次闡明其對印度的立場：

> 我堅信，印度的自由是我們大家共同的責任，因為印度的自由和世界的自由不可分割。這個世界不能一半自由一半被奴役。
>
> 我知道印度有自己的民族問題和困難，就像中國和其他國家一樣。但我要每一個印度人都有自己解決自己的問題的自由。解決自己國家的問題的政治自由的機會都被剝奪了，這是何等的羞辱。這是你們要爭取的首要權利——解決自己問題的權利，如果你們得不到這個權利，其他權利對你們來說都是沒意義的。我無條件支持印度的自由，我願意向全世界宣告我的立場。[17]

---

14 Lin Yutang, "India Is United for Freedom", in *Freedom For India—Now!* By Pearl S. Buck, Lin Yutang, Krishnalal Shridharani and others (New York: The Post War World Council, 1942), p.15.

15 "Injustice in India Charged", *The New York Times*, August 10, 1943.

16 Lin Yutang, "The Meaning of the War", *The New York Times*, August 10, 1943, p. 8.

17 Lin Yutang, Letter to Mr. Singh, September 13, 1943.

## 「革命外交」

從林語堂對印度獨立問題的關注和投入可以看出，自珍珠港事件以後，林語堂的批評活動範圍轉向全球舞臺。中國當然也是全球舞臺的一部分，但林語堂對中國問題的發言，其語氣和策略也有較大的變化。其態度變化可用一個關鍵字來說明：平等，即中國必須被視為同盟國裡一個平等的夥伴。林語堂為《美國雜誌》撰文：〈中國的槍指向日本的後背〉，還有一個長長的副標題：「幾個月前，我們還在海闊天空似地談論美國怎樣給中國提供援助。現在最主要的問題是中國如何能幫助美國。中國軍隊有三百萬人，由世界上最偉大的將領指揮作戰，在長達兩千八百英里的戰線上，時刻威脅著日本。預備軍還有五百多萬，隨時準備好加入戰鬥，給敵軍最後一擊。」[18]林語堂要表達的是：只要給與中國軍隊足夠的武器彈藥和空中支援（沒有這些支援中國已經和日本打成了僵局），中國戰場可以在全球戰略中發揮主導作用。

當然了，二戰的大戰略已經由邱吉爾和羅斯福兩人制定，不關中國人什麼事。用林語堂的說法，因為「歐洲優先」的戰略，導致「中國被同盟國可恥地無情地出賣了」。[19]在林語堂看來，珍珠港事件以前，西方同盟國對中國戰事袖手旁觀，現在也沒有把中國當成真正的同盟國。「優先打敗希特勒」的戰略也不僅僅是忽略中國的問題——這一戰略並沒有阻止同盟國提供支援給所羅門群島，當然也不應該阻止給中國的支援。忽視中國有其心理上的原因：「根本上是一種十九世紀的中國觀在作祟，不願意認可中國作為大戰中的平等夥伴……因為那些五十歲以上的決策者根本搞不清現在的中國人是什麼樣的人，他想什麼、有什麼情感，當今中國的官員和領袖都有什麼品質；因為他們只是因循守舊，按自己的方式來指導戰事，還自以為中國人都會喜歡。換句話說，我們現在看到的是一種過時的十九世紀大班心理。」[20]

然而，令林語堂更為沮喪的是，中國人自己也沒有把自己看成是同盟國的平等夥伴。他覺得中國的領導層在和西方盟國處事時也沒有恰當的心理準備。一九三八年，胡適出任中國駐美大使，成為中國在美的官方發言人。一九四〇年，蔣介石又派宋子文作為他的個人特使赴華盛頓，珍珠港事件以後，宋子文被任命為外交部長，停留在華盛頓為美援做遊說工作。[21]另外，蔣介石還派熊式輝將軍率領中國軍事代表團赴美參與同盟國的戰略策畫。代表團自一九四二年春天開始在美國待了九個月，基本上無所事事，完全被美方忽視。

林語堂對中國的外交努力非常失望。他寫信給《紐約時報》抗議「中國已被出賣」後，給華爾西去了一封信，信中有一連串自言自語式的質疑：「珍珠港事件對美援問題沒起任何作用。但這是誰的錯呢？假如俄國、英國、中東、澳大利亞、甚至印度都得到了美國的支援，為

---

18 Lin Yutang, "The Chinese Gun at Nippon's Back", *The American Magazine*, vol. CXXXIII, January-June, 1942, p. 24.

19 Lin Yutang, "China Needs Help—Praise Is Pleasant but Arms Would Be Better", *The New York Times*, Letter to the Editor (May 31, 1942), p. 7.

20 Lin Yutang, "China Needs More Help To Avert Collapse", *PM Daily*, Vol. III, No. 157, December 17, 1942, p. 3.

21 有關宋子文在戰時中美關係所發揮的角色，可參見Tai-chun Kuo and Hsiao-ting Lin, *T. V. Soong in Modern Chinese History: A Look at His Role in Sino-American Relations in World War II* (Stanford: Hoover Institute Press, Stanford University, 2006)

什麼就是遺忘了中國？確保中國不能被遺忘到底是誰的責任？我們的外交人員盡職了嗎？」當然沒有，而且問題的根源更嚴重，林語堂在信中坦率地道出自己的想法：

> 你現在明白我的意思嗎？就是整個曹錕時代北京政府的心理在作怪。宋子文在中國誰都不怕得罪，可是在美國那樣謹小慎微，生怕得罪美國政府，哪裡敢把中國當成平等的同盟國，只顧著到處磕頭，只是搞定了三十架飛機（還是明年才能交貨），那個千恩萬謝啊。我們的外交家在這裡慷慨儒雅，而我們十七、八歲的小夥子在付出自己的生命，我們坐在這兒唱高調兒。我每次和人講起這事，往往一下就火冒三丈，控制不住，甚至當著夏（××）的面也大發雷霆。美國在許可證制度下每月給日本輸出成千上萬噸原油，而中國則被忽視，到底是誰的責任？為什麼中國會被遺忘？胡適敢抗議嗎？如果我們自己把自己當成被殖民的人，那也不要怪別人把你當成殖民地的人，這些人就是被閹割了的殖民地人，都有白人情結。要是中國人自己不能擺脫這種心理、以平等者自居，那有誰會平等待你呢？和人民太脫節了，就是這些人的糟糕之處……
>
> 我知道我在這個星期天《紐約時報》上寫的區區小文已經要得罪胡適了，可我管得了這麼多？我相信，你和賽珍珠可以做點功夫，比中國人自己做效果要好多了。我們可以做個遊戲，你去試試，讓胡適或宋子文做個公開呼籲，給中國多要幾架飛機。你還不把他們嚇死。[22]

既然林語堂對胡適和宋子文在美國搞的外交非常不滿，他便一不做二不休——直接上書給蔣委員長。林語堂一九四二年六月十六日給華爾西的信中說：「我還給蔣本人寫了一封長信，談論『革命外交』，對華府這幫人讚許一番，但同時表達必須在精神上有所改變。」[23]其實這封信不是很長，手書文言文三頁，其中林語堂提出：革命的時代需要有革命的外交，其要點包括：「如果需要抗議時就必須抗議」。西方媒體已經把中國稱為「四強」之一，但實際上並沒有平等對待中國，我們的外交必須改變——老是說「早晨好」、「非常感謝」沒一點用。信尾林語堂指出外交的基本原則應該是：只有當你夠資格做敵人時，你才有資格被當成朋友。[24]一九四二年七月二十六日，林語堂收到蔣介石發的電報，電文說同意他的觀點，希望繼續給予「指教」。[25]

一九四二年九月，胡適離任，由魏道明出任新的駐美大使（胡適離任後一直住在紐約，直至二戰結束）。林語堂和新任大使以及宋子文、熊式輝多次暢談外交，也許受到蔣介石「繼續給予指教」的鼓勵，林語堂於一九四二年十月十日又去信蔣介石。這次確實是一封長信，文言文三千多字，題為「上蔣委員長外交方策意見書」，顯然，林語堂擔當起了「國策顧問」的角色。

---

22 Lin Yutang, Letter to Richard Walsh, May 29, 1942.

23 Lin Yutang, Letter to Richard Walsh, June 16, 1942.

24 林語堂致蔣介石函（草），一九四二年六月十二日。

25 Lin Yutang, Letter to Richard Walsh, July 27, 1942.

林語堂的「意見書」提出了二十項建議，其主旨就是要擺脫磕頭式外交、要以四強之一的姿態向同盟國爭取中國的權利。林語堂用儒家術語向蔣介石闡釋當今西方現代性邏輯：「天下有道以誠，天下無道以術。今日西方天下無道之天下也，即為周末戰國之天下。此為根本覺悟。列強皆以術，我國但以一片丹誠，此所以失敗也。」林語堂確實有很多「指教」，比如：外交就是「布迷陣之道」，宋子文要訪美，他應該先路經莫斯科轉一下，即使他在蘇聯啥事也沒有：

> 欲布迷陣，必須澈底剪除自卑心理。外圓內方又一方，澈底覺悟禮讓二字不宜於西方。西人夫婦之間亦爭，兄弟之間亦爭。爭者讓之，讓者欺之，愈爭愈敬，愈讓愈欺。吾豈不欲以孔道君子之風感化西洋？而西人氣骨實非一時所能感化。與其變齊就魯，不如以齊待齊之為得失也。但明西洋心理此點，凡事以平等自居，則人無不以平等待之。

而且，林語堂敦促蔣介石表現出一個世界強國領袖應有的風範：

> 今日委員長既成世界領袖，說話著想即應以世界為範圍，為世界民族著想，為世界存心。尚未聞有世界大戰及戰後和平宗旨之具體宣言。

林語堂建議道，該宣言應該包括以下內容：

第一，宣布禮運大同天下為公主義，直截痛快聲言此戰為帝國主義之收場，如美國外交次長威爾士所言；指出此戰爭之革命性，如美副總統瓦雷斯所言。第二，宣布世界種族平等主義，又特指出亞洲一切民族之自由解放，綏以士運河不得作為平等自由畛域，再指出中國歷史向無壓迫弱小民族事實。此節蘇俄亦有資格說話，因蘇俄內部種族平等業已做到。第三，宣布全民戰爭，此節亦只有中俄二國確已做到，他國所未做到。又加以東方哲學民為邦本之東方道地民主思想，為平民說話。第四，始言經濟平等自由合作，而以老子佳兵不祥果而忽矜之意收之。[26]

意見書由宋美齡轉送蔣介石，林語堂同時也寫了一封信給宋美齡（用英文），信中林語堂強調，意見書是宋子文授意鼓勵下而寫，為了表明他沒有任何其他（想當官）的念頭，林語堂對宋美齡說：「我確實有點擔心，有人會覺得我寫這份意見有其他想法。我想再次表明：我對中國的用處完全基於我可以自由發言，作為一個非官方民間發言人，為中國普通民眾發言。一旦戴上任何官方色彩，我的用處就會毀掉。」[27]在意見書中，林語堂也表明他是本著天下事「匹夫有責」的精神而作，並無其他想法，如果說有任何私念，蔣介石如能賜四個字：文章報

---

26 林語堂，〈上蔣委員長外交方策意見書〉。

27 Lin Yutang, Letter to Madam Chiang, October 11, 1942.

國，他會備感榮耀。

一九四二年十二月三十一日，《芝加哥論壇報》報導，熊式輝將軍率領的中國軍事代表團被蔣介石召回國，因為重慶方面對代表團所受待遇極度不滿。

## 東方智慧與現代病

一九四二年，美國聖誕季節，書市推出林語堂選編的《中國和印度的智慧》一書。出版商蘭登書屋的宣傳單寫道：「一一〇四頁的寶庫蘊含永恆的亞洲智慧、真美與靈性，集印度教、佛教、儒家和道家之精華，融寓言、諺語、警句、詩歌、小說、書信、小品、詞語表和引文解釋於一體，另有林語堂親自操筆的新譯文。」[28]該書一出版，好評如潮，僅舉幾例：「每一個圖書館的必備書！」；「一個里程碑式的選本……一本應時代而出、為永世而存的書」（《費城記事報》）；「一部精彩無比的書。頁頁珠璣妙語……至今為止為普通讀者編選的東方智慧最佳讀本。」（《紐約時報書評》）；「既可作為上佳禮物，又能陶冶性情……我喜歡林譯的《道德經》，比我讀過的其他譯本都要好」（賽珍珠於《芝加哥新聞》）。這部一一〇四頁的選本售價三．九五美元，據《紐約時報》一九四三年一月十一日一份通知：「第一次印刷：一〇〇〇〇本，兩天售罄；第二次印刷：一六五〇〇本（用盡了我們所有的紙張！），第三次印刷：二五〇〇〇本，已經開印。」美國戰時用紙有配額。林語堂的「東方智慧」讓當時美國用紙緊張，真是「洛陽紙貴」了。

林語堂在美國出版的書，每一本都登上暢銷書榜，這本《中國和印度的智慧》又再次大受歡迎，他也得了一個暱稱：智慧作家，意思是專門推廣永恆不變的、靜態的「東方主義」式的中國和東方文化形象。這當然和出版商與書評者的推銷策略有關，比如把《中國和印度的智慧》說成蘊含「永恆的亞洲」智慧等等。

但仔細考察當時的書評，其實很多書評者已經看到林語堂所呈現的「智慧」的現代性。《中國和印度的智慧》所選譯的東方文化文學經典當然可以說是「永恆的」，但把中國和印度放在一個選集，正說明戰時中國和印度所受到的關注度。林語堂和蘭登書屋老闆貝尼特．瑟夫（Bennett Cerf）於一九三八年在巴黎某次餐敘中，首先討論到出版這樣一本書的想法。[29]林語堂已經和蘭登書屋有過合作，在其「現代圖書館」系列出版了《孔子的智慧》一書，這本書被安排為「現代圖書館鉅著」系列。顯然，這項工程已經醞釀好幾年，最後編譯出版正好趕上珍珠港事件之後的世界戰局，對中國和印度的知識需求應時猛漲。

當時的評論者也已經看到了該書出版的應時性，以及林語堂對中國和印度文本所做的譯文與解釋的現代性。《時代先驅報》的蘇利文（Robert Sullivan）寫道：「老子、莊子、孔子、孟子以及其他先賢的著述，有些是新的譯文，得慢慢地讀，很厚重，讀起來讓人抓耳撓腮的，但同時感覺卻又相當現代。」[30]查理斯．李在《費城記事報》的書評中，稱頌林語堂的鉅著

---

28 A pamphlet dated January 23, 1943, from Dr. Lin Yutang House, Taipei.

29 Richard J. Lewis, Jr., "Speaking of Books", *Times-Union*, Albany, New York, February 1, 1943.

是「一個里程碑式的選集……一本應時代而出、為永世而存的書」，並總結說該書「就是要祛除東方的『神祕性』，讓聯合國兩個偉大的國家展示其文化底蘊，使其成為我們兩個最佳鄰居」。[31]《紐約時報書評》刊登了中國著名學者陳榮捷教授的長篇書評，他寫道：「《中國和印度的智慧》真是一部了不起的鉅著。無論是選材還是編輯方式，這本書都醇厚精美。從這本選集，我們可以再次品味林語堂優雅的書寫風格及其詩意的人生觀，正如他的《生活的藝術》以及其他書中所展現的那樣。」因為選集涉及面廣，很多哲學經典有相當深度，陳榮捷特別讚揚該書的可讀性並強調其現代性：「其他類似選集讀起來總是給人古板的印象，可這本書把中國和印度的智慧變得現代而有活力，本來就應該這樣。林博士的《孔子的智慧》一書出版後，有評論者說他把孔子的思想變得太現代、太人性化，可這些評論者沒有意識到，他們其實沒有理由把儒家智慧看成『稀奇古怪的』。」[32]

林語堂當然同意陳榮捷的觀點，對儒家智慧的闡釋應該賦予現代感。不光如此，林語堂用跨文化的參照物來譯介儒家智慧，並付諸實施。這裡再舉一個例子。一九四一年一月二十日，美國羅斯福總統第三屆任期宣誓就職，國家廣播公司（NBC）為此做了一個特別節目「全國萬眾一心」，邀請幾位國際知名人士共同探討。獲邀的嘉賓有波蘭前總理巴德魯斯基（Ignacy Paderewski）、著名法國作家和鋼琴家居禮（Eve Curie，居禮夫婦之女），以及林語堂。面對千千萬萬美國聽眾，林語堂如此說：「今天我們慶祝美國的民主盛典，我能想到最恰當的頌詞是：兩千五百年前孔子夢想的民主與社會公義正在今天的美國逐步實現，一個和平、自由、人人享有公平正義的夢想。」[33]

然而，到了一九四二年，看到美國民主在戰時之實踐，林語堂已經沒有如此讚頌的心情。《中國和印度的智慧》編撰於一九四二年，之前林語堂一心創作未發表的長詩「鉅著」，之後又撰寫《啼笑皆非》，於一九四三年上半年出版。這段時期林語堂最關心的是面臨當今知識界的現代困境，如何尋求世界和平哲學。也就是說，林語堂的「東方智慧」具有強烈的「功利」導向，要為當今世界政治闡發和平哲學。《紐約郵報》有篇文章，題為〈林語堂博士披露寫作《中國和印度的智慧》的目的〉，文中林語堂自己解釋道：「該書早在當今世界政治聚焦中國和印度之前就開始運作，但時局的發展更堅定了我的信念：世界急需對印度和中國的文化思維背景有個清晰的了解，東西方才能攜手走向和平，否則就是戰爭。我個人認為，現在華盛頓和倫敦的軍事將領和官僚領袖對中國和印度文化可謂一竅不通。中國人的思維模式如何、中國民主文化的哲學背景為何？對這些事實完全無知，那東西方怎能開始共建一個新世界？」[34]

了解了林語堂譯介東方智慧的「功利」目的，我們再來看該書「中國智慧」部分的長篇「引言」（另以「東西方交匯之時」的題目單獨發表），也就不會覺得太古怪了。該文整篇都

---

30 Robert Sullivan, "The Sages of the Orient", *Times-Herald*, Washington, D. C., January 3, 1943.
31 Charles Lee, *Philadelphia Record*, (December 20, 1942).
32 Wing-tsit Chan, "Some Masterpieces from China and India", *The New York Times Book Review*, January 3, 1943.
33 "World Notables Praise Roosevelt", *The New York Times*, January 21, 1941.
34 Lin Yutang, "Dr. Lin Yutang Reveals Why He Wrote His Opus 'The Wisdom of China and India'", *New York Post*, December 2, 1942.

指涉當下的世界政治，用來作為中國文學文化經典薈萃集的「引言」，非常不「學術」，可林語堂就是這麼做的。[35]這篇文章完全可以當作林語堂下部著作《啼笑皆非》的引言，因為很明顯，林語堂急切地要把自己對東方智慧的譯介置於對西方現代性的批評框架之中。

在此引言中，林語堂用儒家人文主義來反襯他所謂的「十九世紀膚淺的理性主義」，或曰「科學唯物主義」。中國哲學本質上是一種人生哲學，關注的是人際關係和人文價值，而不是由條例清晰的邏輯建起的知識體系。中國有沒有哲學這一問題完全要看我們如何定義哲學，因而也完全可以倒過來問西方有沒有哲學。關鍵問題是，科學唯物主義已經入侵人文領域，唯物論和唯物主義方法已經控制了大學教授的思維。反觀中國文化傳統，中國哲學和西方哲學的理路絕然不同，前者強調價值，後者強調事實。在科學方法的影響下，西方思想在處理人文現象時完全沉迷於「事實」，全然不顧人文價值關懷。這種後果很嚴重，林語堂指出當下的政治就充斥著這種迷思。他舉例說：「像建立第二戰線這種問題，西方政治家普遍認為，只有軍人掌握了『所有事實』，這個問題就可以解決，根本無需考慮道義、心理和政治層面的因素。假如中國人的思維完全由這種統計數理學支配，他們永遠不可能拿起武器和日本軍隊打了。」[36]在此，林語堂對西方現代思想的基石展開一系列批評。「引言」是要引導讀者閱讀中國文化經典名著，但該引言以一段詩文結尾，很顯然引自其未發表的長詩，對佛洛伊德主義竭盡諷刺挖苦，並呼籲東西文明相會共建新文明：

**我們的心靈和身體**

再也沒有隱私；這幫精神歷史的學者
撕掉了我們身上的遮羞布，戳破所有神祕，
把我們赤裸裸、戰戰兢兢的靈魂丟進灶房間，
把廁所變成了公共畫廊；
他們讓愛情祛魅、讓浪漫之酒變酸，
拔掉傲骨的羽毛，讓其在光天化日下赤裸
人類神聖的內在心靈，被拋出神殿，
代之以臭烘烘的利比多。
人性的概念被顛覆、被糟蹋。屁股
從人體中打掉，支架不住；
必定得垮。現代知識已經支離破碎，在其廢墟上
一個新世界必須重建，必須由東西方共建。[37]

---

35 其中一個原因：該書出版商是蘭登書屋，不是莊台公司，華爾西沒有參與編輯、出版事務。

36 Lin Yutang, "Introduction to The Wisdom of China," in *The Wisdom of China and India*, New York: Random House, 1942, p. 570. 另參見"When East Meets West", *The Atlantic*, CLXX, December, 1942. 兩個文本之間稍有變動。

37 同上，頁五七五—五七六。

如果說《中國和印度的智慧》充分展示了林語堂作為一個跨文化學者淵博的學識，那麼《啼笑皆非》凸顯出林語堂作為一個自由主義批評家銳利的鋒芒，為探尋人類文明的未來而掃清障礙。前者曾被譽為林語堂的「鉅著」，林語堂自己卻認為後者乃其最重要的作品。兩者確實相關聯。後者可以看作林語堂的一種嘗試，還不能說是嘗試讓東西方共建一個新的世界，而是嘗試讓東方智慧作為資源，對戰時政治以及由「科學唯物主義」（特別是所謂的「地緣政治學」）統領的西方文化現代性展開批評。該書出版後，有評論者稱書名應該改為《介於憤怒與抗議之間》（原書名直譯：介於淚與笑之間），林語堂在美國的形象也為之一變，本來被奉為「雍容文雅的哲學家」，現在成了一個「牛氓」，甚至有人覺得是一個脾氣暴躁、腦子有問題的「牛氓」。因為這本書對西方進行嚴厲的批評與挑戰，不僅譴責戰時的強權政治，而且深挖強權政治背後的思維模式。而他的批評根據借助於東方智慧：佛教、儒家和道家。

首先，林語堂引用佛教報應理論來表達對當下時局發展的極度不滿，對戰後的危局發出警告。「事實崇拜」理論宣揚經濟決定一切，數數炸彈的數量便能決定能否打敗希特勒，但是報應論要求我們用長鏡頭看歷史，要探究事務的來龍去脈。林語堂解釋道：「簡單來說，報應論要我們對自己的道德思維和行為負責，因為思與行和過去及未來構成因果關係，而我們永遠處於因果關係鏈之中。」[38]

東亞文化受佛教影響，報應觀念早就深入人心。中國俗語所謂「種瓜得瓜、種豆得豆」。林語堂指出，按照佛教報應論，邱吉爾的戰爭觀——「先把仗打贏，再講為何而戰」——完全站不住腳。邱吉爾的「先把仗打贏」說就是一個面具，表明他不願擺脫過去又渴望擺脫未來。

報應論告訴我們：一個人當下所經歷之事乃過去所作所為累積效應使然。邱吉爾不想承認這一點，因為他不想承認西方帝國主義和當下的戰爭有任何關係。更為危險的是，他想逃脫歷史發展的必然趨勢，即西方帝國在戰後必將消失。林語堂用再明確不過的語言再次強調，亞洲的崛起是不可逆轉的，這也意味著「帝國主義時代的終結」。十九世紀帝國主義興起，白人征服了全世界，那是「因為白人有槍，亞洲人沒有」。[39]邱吉爾可以不讓印度獨立，但邱吉爾擺脫不了報應。假如西方菁英和決策者拒絕承認這種歷史潮流，那麼，林語堂說得很直白：他們就是在為第三次世界大戰播種，那將是一場恐怖的、白人對全世界有色人種的大戰。

當今世界急需一種和平哲學，可是在二十世紀文化中是找不到的——林語堂稱之為「道德上的惡性腫瘤」。西方奉行「先把仗打贏」再說的政策，可是「所有導致戰爭的根源——權力平衡術、強權邏輯、貿易、種族歧視——一個不少，原封不動」。[40]和平哲學本質上是對人的理解、對人性的理解。二十世紀西方文化把人理解為經濟人。和平的問題、或者說為什麼無法思考和平的問題，就是起源於這種經濟至上思維模式。人的問題都是通過數學百分比來考察，那麼和平的歸宿就是一個如何在經濟上提高人們生活水準的問題。歐洲已經變成一個「屠宰場」，西方的菁英和決策者還在計畫用經濟模式讓全世界歐化，繼續擔負起「白人的負擔」這種十

38 Lin Yutang, *Between Tears and Laughter*, New York: John Day, 1943, p. 11.
39 同上，頁二一。
40 同上，頁五〇。

九世紀帝國主義邏輯。就「白人」而言，林語堂不無幽默：「真的，白人只要去掉他肩上那個『擔子』，還是蠻可愛的。你還可以和他談天說地，討論瓦爾特．巴特（Walter Pater）呢。」[41]就「經濟人」而言，林語堂就沒那麼幽默了：「這世界上如果有一件事讓我充滿變態的虐待衝動，那就是狗屎般的『經濟學』。我這輩子唯一的願望就是能看到『經濟學家』——歐洲的立法者，被推翻、被羞辱、被吊死。我每次一看到百分比圖表，情不自禁地就火冒三丈。」[42]

林語堂認為，只有當我們思考和平元素，而不是戰爭元素，和平哲學才有可能。和平應該是正面的、豐富的、愉悅的。它應該是人類關係的常態。林語堂指出，在這方面，儒家學說有很多寶貴資源。儒家學說主要關注的正是人際關係間和平與和諧的修煉，林語堂特別強調儒家修煉和諧的兩個方式或元素：禮和樂。在西人看來，儒家的樂政聽起來像天方夜譚，然而這正是孔子的智慧。因為儒家強調德政，把人的道德修養視為其主要手段。音樂被視為修身養性以致平和性情之工具。「因此，君子通過重新發現人性以達內心和諧，崇尚音樂以此尋求人類文化之完美。和樂尚，人心正，國運昌。」[43]就禮政來講，林語堂提議說，和平哲學不能以好戰精神為根基，而應建基於紳士精神。按儒家學說，一個理想國應該是「禮讓之邦」。上文提到，林語堂在給蔣委員長的信中曾勸說：與其「以孔道君子之風感化西洋」，不如「以齊待齊之為得失也」。然而，作為全球性批評家，林語堂說的似乎正相反。他是否遵循孔子的教誨：「知其不可為而為之」？無論怎樣，林語堂在此也說了對蔣公的勸告類似的話，只是側重點不同：「和平政治的心理簡單來說如此而已：粗俗的人爭，懂禮的人不爭。爭鬥乃社會與國際間之羞恥。懂禮的人有時也爭，一旦他們也爭，那肯定對方為野蠻之屬，或者他們以野蠻人為鄰，居於一個野蠻的世界，無禮可講。」44

當今世界沒人談和平哲學，國際關係領域的主流話語只講霸權和武力，美其名曰「地緣政治學」，林語堂稱之為「偽科學」、「血腥地球學」。「地緣政治學」正是納粹的指導思想，希特勒《我的奮鬥》一書正是詮釋德國地緣政治學大師卡爾．豪舍夫（Karl Haushofer）教授的理論。但豪舍夫其實並不是地緣政治學的創始人，這個「榮譽」要歸英國人麥金德（Halford MacKinder）。林語堂驚訝地發現，在一九四二年，這個臭名昭著的納粹意識型態居然是最受美國大學教授歡迎的理論，並通過他們深深影響美國公共輿論和政策。林語堂列出一長串市場上有關該理論的書籍，特別指出耶魯大學國際關係教授斯皮克曼（Nicholas Spykman）為其代表人物。斯皮克曼被譽為遏制戰略的「教父」，他預測今後的世界是日、英、美海上列強與歐亞大陸抗衡，而他的地緣政治學是一門嚴格的科學，因為不考慮任何人文價值。林語堂引了斯皮克曼《美國對世界政治的策略》一書中的一段，並問道：下面一段引文讀者讀起來會是什麼感覺呢？

41 同上，頁八九。
42 同上，頁六三。
43 同上，頁七三—七四。
44 同上，頁八六。

從事制定外交政策的政治家不能關注正義、公平、容忍這些價值考量，除非它們有助於或不干涉獲得權力的目的。它們可以被用來當成工具，使權力的追求合理化，一旦這種運用帶來弱點，則必須馬上拋棄。尋求權力不是為了獲取道德價值，道德價值應該用來為獲取權力服務。[45]

林語堂稱這種地緣政治學為「道德賣淫」，和納粹意識型態如出一轍，對世界和平遺害無窮。針對地緣政治學赤裸裸地崇尚強權邏輯，林語堂請出老子給予反擊。約翰・霍普金斯大學校長鮑曼（Isiah Bowman）曾敦促美國負責外交事務的官員「今後二十年內每年都要讀一次」斯皮克曼的書，林語堂則敦促美國人多讀老子的《道德經》，比如以下一段（林語堂在《中國和印度的智慧》專門譯成英文）：

夫佳兵者不祥之器，
物或惡之，
故有道者不處。

兵者不祥之器，
非君子之器，
不得已而用之，

恬淡為上。
勝而不美，
而美之者，
是樂殺人。
夫樂殺人者，
則不可得志於天下矣。

殺人之眾，
以悲哀泣之，
戰勝以喪禮處之。

Of all things, soldiers are instruments of evil,
Hated by men.
Therefor the religious man avoids them.

---

45 同上，頁一五三。

Soldiers are weapons of evil;
They are not the weapons of the gentleman.
When the use of soldiers cannot be helped,
The best policy is calm restraint.

Even in victory, there is no beauty,
And who calls it beautiful
Is one who delights in slaughter.
He who delights in slaughter
Will not succeed in his ambition to rule the world.
The slaying of multitudes should be mourned with sorrow.
A victory should be celebrated with the Funeral Rite.[46]

## 與華爾西夫婦的友誼

無論從批評視野、思想深度還是國際聲譽來看，林語堂的跨文化之旅在一九四二年達到高峰，他在多個層面開疆闢土，我們可以說他是個新儒家、新道家、新佛學家，當然也是後殖民批評家。歷史上還從沒有人像林語堂這樣，作為一個在美中國學人，如此尖銳地批評種族主義和帝國主義，如此強烈地抨擊西方的戰時政治以及現代文化通病。這可不會讓所有人都高興。一般的反應是感到困惑：我們原來那個「溫和儒雅的中國哲學家」，一向「既詼諧、輕快又瀟灑」，現在怎麼突然變成了一個「一本正經的牛氓」，甚至有人會說是一個辛辣的「大嘴巴」。美國媒體菁英階層許多人對林語堂大膽直率的批評頗不以為然。事實上，林語堂和《紐約時報》的合作關係亦隨之破裂（下文詳細講這個故事）。然而，更值得稱道的是，也有很多評論者（如果不是大多數的話）對林語堂的坦率批評表示支持。他們對林氏的辛辣批評持包容態度，並十分欣賞其遠見卓識。一個凸出的例子是哈佛大學霍金（Ernest Hocking）教授的積極回應。霍金也是一位哲學家，曾到過中國參與美國基督教會在華事務，和賽珍珠是老朋友，也是林語堂長期的「崇拜者」。《啼笑皆非》出版後，華爾西按慣例給他寄贈了一本。霍金讀完後寫了一封讀後感給華爾西，華爾西立刻把信轉給林語堂，並回信給霍金，請求讓莊台公司引用信中的內容為該書做宣傳。霍金在信中寫道：

> 《啼笑皆非》一書不厚，卻是一部鉅著……讓人讀起來賞心悅目，讀完更讓人增強信心，因為一邊讀、一邊不斷得到啟蒙。它應該能讓美國覺醒，使美國的政治智慧提高到一個新的水準。

---

46 Lin Yutang, *Wisdom of China and India*, pp. 600-601, quoted in *Between Tears and Laughter*, p. 129.

讀這本書讓人思想自由解放。他敲打我們遲鈍的腦袋，同時讓我們對自己的禁忌自嘲反省。成千上萬的美國人不敢想林語堂所大聲說出的事情，他說得既輕快又嚴肅，而且真是人命關天的事……這本書應該銘刻在「美國心靈」深處。[47]

然而，林語堂在美國批判種族主義、帝國主義這一戰役中，其最有力的支持者乃是華爾西和賽珍珠夫婦。賽珍珠自己也發表了她的名著之一：《美國團結與亞洲》，闡釋自己對種族平等、各民族人民自由解放的信念。我在其他章節提過林語堂和華爾西夫婦曾就林語堂的長詩有不同看法，甚至爭論得相當激烈，最後書也沒有出版。但這並不表示他們之間的友誼出了問題。恰好相反，林語堂和華爾西夫婦的友誼此時也達到一個高潮，因為他們肩並肩站在同一戰線，為美國、乃至全世界的種族平等努力不懈。他們在通信中能自由坦率地表達各自不同的意見，正說明他們的關係很親密。在許多涉及亞洲（尤其是印度）的國際事務上，華爾西、賽珍珠、林語堂都有緊密合作，一起影響美國輿論。鮮為人知的是，在遊說取締排華法案一事上，他們也有合作。排華法案是美國歷史上第一部種族主義移民法案，對美國華人造成很大傷害（比如，當時美國華人社區被稱為「光棍社區」）。林語堂對英殖民主義政策大加撻伐，對美國的排華法案卻保持緘默，讓人覺得奇怪。該種族主義法案也被日本用來大作文章，正如英國對印度的殖民政策一樣。

一九四三年二月十八日，宋美齡訪美到國會演講，親自呼籲美國廢除排華法案。同時，有一幫美國的公眾人物組成民間的「取締排華法案公民委員會」，其領頭人正是華爾西。該委員會在美國公眾輿論方面做了許多努力，積極遊說國會議員，排華法案最終於一九四三年十二月被取締。一九四三年六月十七日，紐約的一份文學雜誌《共同陣線》（*Common Ground*）寫信給林語堂，邀請他寫兩篇文章：一篇寫排華法案的史實情況，著重介紹法律層面的歧視性質；另一篇寫法案對美國華人所造成的危害，側重人性方面闡述。《共同陣線》是一份專門注重美國種族平等、反對歧視黑人的文學雜誌，他們邀請林語堂就排華法案撰文，因為當時要求取締排華法案的聲音已經成為輿論焦點。

林語堂接到邀請後和華爾西商量，結果由華爾西以林語堂的「文學顧問」以及「取締排華法案公民委員會主席」的雙重身分給雜誌回信。華爾西在信中說，他已經勸告林語堂「不要在任何場合就排華法案問題發聲。一方面，我覺得取締這種法案應該由美國人來做，不用中國人出面敦促。另一方面，我覺得如果由中國人出面來講這個問題，最好也不要讓林語堂出面。我自己全面介入這個問題，但身為林語堂的顧問，我真切希望林語堂就更為廣泛的國際問題發聲」。[48]也就是說，按照華爾西的判斷（應該也得到林語堂的認可），讓林語堂就美國針對中國人的種族歧視發聲，在政治上不明智，雖然他可以對邱吉爾和英國對印度的殖民政策和種族歧視公開發言，做一個民主的「牛氓」。即使在一九四三年美國公眾輿論已經傾向廢除排華法案，華爾西還是覺得由一個「中國人」來講美國針對中國人的種族歧視，這種「言論自由」還

47 Ernest Hocking, Letter to Richard Walsh, July 25, 1943.

48 Richard Walsh, Letter to Miss Margaret Anderson.

是太敏感了。

但也不是說林語堂就推動廢除排華法案一事什麼也沒做。他在背後支持華爾西擔任公民委員會主席的工作。從他和華爾西的信函可以看出，林語堂經常會幫忙華爾西校對有關排華問題的演講稿。比如，一九四二年八月三日有致函華爾西，說他已讀了華爾西的文章，寫得「非常好」、「非常精彩」。[49]一九四二年十月二十六日，華爾西去信林語堂，請他校對演講稿，準備要在市政廳圓桌午宴發言，到時電臺也會直播。華爾西信中解釋道，那將是「為修改我們的移民法律而開展的一系列活動的開臺戲」，所以懇請林語堂多提供寶貴意見。[50]一九四二年十一月二日，華爾西又邀請林語堂一起出席十一月十日的市政廳午宴，因為他很想在演講後十五分鐘的討論時段得到林語堂的支持。[51]

華爾西之所以覺得讓林語堂講排華問題太敏感，也許是因為他知道紐約菁英階層已經有很多人對林語堂痛批邱吉爾和英國非常不以為然。有一個例子可以說明：華爾西和《紐約時報》編輯馬克爾（Lester Markel）圍繞林語堂對種族主義和帝國主義的批評，曾私下爭論已久。這個故事是這樣的，林語堂把〈一個中國人對西方的挑戰〉一文投給《紐約時報》，馬克爾收到後擔心文章會「被希特勒那邊利用」，打算退稿。但是和華爾西是老關係，馬克爾還是先去信華爾西徵求意見再做決定。華爾西於一九四二年一月三十日立刻回信說，他和賽珍珠都讀了林語堂的文章，「對其中每一個字都完全贊同。」華爾西坦率地告訴馬克爾，他不同意其觀點，並堅信「發表這種率真地探討問題的文章是對民主國家強有力的支援」，並敦促馬克爾發表全文，「包括林博士說他願意接受刪掉的補充段落。」[52]這篇文章最終於二月二十二日發表了，但這也是林語堂在《紐約時報》發表的最後一篇文章。之後《紐約時報》還發表了兩份林語堂的「讀者來信」，從此林語堂便再也沒有在《紐約時報》發表任何作品了。

轉捩點是林語堂的另一篇文章，曾擬題為「種族政治和世界大戰」。一九四二年八月十三日，《紐約時報》的海伍德（Walter Hayward）向林語堂索稿，要求他寫一篇當今種族政治的文章。林語堂欣然答應，於是海伍德八月二十日又去信林語堂，詳細解釋《紐約時報》想要什麼樣的文章。《紐約時報》覺得印度的局勢象徵整個世界有色人種的騷動，林語堂的文章要探討的問題是：「如果有色人種對政治平等的要求（可具體列出一些）得不到滿足，他們會不會起來造白人的反……白種人能做什麼來阻止可能發生的衝突和災難？要滿足現今由白人所控制的種族，我們應該建立什麼樣的世界？」[53]林語堂完稿比約定的日期稍晚了幾天，文章擬題為「種族政治和世界大戰」，交給華爾西於九月二十三日轉遞給《紐約時報》。華爾西隨即致函林語堂，說他寄稿之前先拜讀了一遍，非常喜歡，並要求林語堂寄給他一份備份，他打算於十月

---

49 Lin Yutang, Letter to Richard Walsh, August 3, 1942.

50 Richard Walsh, Letter to Lin Yutang, October 26, 1943. 信中華爾西還有另外一個請求：詢問林語堂莊台公司應不應該出版亞瑟・韋利節譯的《西遊記》。林語堂的答覆非常正面，說譯文非常好，「《七個哥特故事》都能被選為每月之書，為什麼這個不能？」Lin Yutang, Letter to Richard Walsh, October 31, 1942.

51 Richard Walsh, Letter to Lin Yutang, November 2, 1942.

52 Richard Walsh, Letter to Lester Markel, January 30, 1942.

53 Walter B. Hayward, Letter to Lin Yutang, August 20, 1942.

十六日在WRUL的電臺廣播節目中引用。華爾西想以此文為基礎，在電臺節目中做一個「三人談」，他當主持，再邀賽珍珠和林語堂做嘉賓。

沒想到十月五日華爾西收到馬克爾的退稿函。信中馬克爾說退稿函也可以轉給林博士看，並說「假如他願意」，馬克爾可以和林語堂當面探討這個問題。華爾西和林語堂商量了一下，由華爾西如此答覆馬克爾：華爾西和賽珍珠又讀了一遍林語堂的文章，覺得可以部分同意馬克爾的批評意見，但不能完全同意。他們可以勸林語堂稍作修改，但覺得可能也不行，因為林語堂現在正忙於其他事務（正在編撰《中國和印度的智慧》），再說，印度的局勢不斷在變化。所以華爾西建議不如撤稿，《紐約時報》也不用承擔任何費用。不過信尾華爾西說他可能「基本上按原稿樣子」給其他報刊投寄，相信馬克爾不會介意。[54]接到華爾西的來信後，馬克爾回信說他不會介意，但又補充說：「完全從聯合國的角度看，如果你覺得給我們的文章應該修改，難道給別人就不用嗎？」[55]十月十六日，華爾西回了一封短信，說林語堂最後決定放棄出版該文原稿，而是「把它作為基礎，融入其他他準備寫的東西」，並請馬克爾「記住，他不久還會給你們寫篇文章」。[56]但事實上，林語堂之後再也沒為《紐約時報》寫過文章。

華爾西說林語堂準備把該文融入「其他準備寫的東西」，到底是給馬克爾禮節性的回覆，還是實話實說，現已無從考證。如果這個「其他東西」存在的話，很可能是林語堂的另一篇文章：〈東西方必須相會〉，刊登於一九四二年十一月《全景透視》（*Survey Graphic*）雜誌，文中林語堂向西方敲響警鐘：「白人至上」的優越感必將被摧毀，並毫不留情地揭示美國的種族主義現象：「美國人覺得印度人對賤民的態度不可理喻，嘲笑他們無知落後。可是美國白人假如不是以種姓制度對待黑人，那我就不懂什麼叫種姓制度了。」[57]在華爾西一九四二年十一月二日致林語堂的信中，有這麼一句：「我看到《紐約時報》沒登我的信，也沒有登和我們意見相同的人士的信。」[58]

華爾西提到林語堂準備寫的「其他東西」也可能是《啼笑皆非》。一年後該書出版，馬克爾居然又重提舊事，和華爾西爭辯。一九四三年八月十九日，他致信華爾西，在看完林語堂新書的書評後，禁不住要告訴華爾西：「我早就給你說過。」華爾西回信說：你可能只看了《紐約時報》（平日版和週末版）的書評。可是全國大多數報刊的書評都是正面的，包括《先驅論壇報》、《郵報》、《三藩市紀事報》、《芝加哥論壇報》、《洛杉磯時報》。華爾西還附上哈佛霍金教授的信函作為讀者來信的標本。這些都沒有說服馬克爾。十月十九日他又去信華爾西，說他已讀了林語堂的書，「感覺和以前一樣——如果不是更堅定了我的看法，看來我們只能各說各話了。」[59]這使華爾西相當惱火，回信說的話有點重：「我真不想再和你爭論下去。但讓我再試一次……像你這樣擔當一份重要報刊要職的人，居然看不到在中國人和亞洲各民族中冉冉

54 Richard Walsh, Letter to Lester Markel, October 8, 1942.
55 Lester Markel, Letter to Richard Walsh, October 9, 1942.
56 Richard Walsh, Letter to Lester Markel, October 16, 1942.
57 Lin Yutang, "East and West Must Meet", p. 560.
58 Richard Walsh, Letter to Lin Yutang, November 2, 1942.
59 Lester Markel, Letter to Richard Walsh, October 19, 1943.

升起的獨立自主態度的重要性，我感到非常震驚。你不可以說林語堂的書只是一個壞脾氣的人發發火而已。我可以向你保證，林語堂代表中國說話，不光是代表人民，也代表很多無法任意表達自己的官員。」[60]

這場辯論的最後出場者是馬克爾。他表明他也不想再和華爾西爭辯下去，但最後還是要強調他一貫的論點：「林語堂似乎認為對世界威脅更大的是英國人而不是德國人」，但是可不要忘了：「如果我們輸了這場戰爭，一切也都沒了——包括林語堂和他所有的書。」[61]

《啼笑皆非》扉頁注明：獻給理查·華爾西和賽珍珠，友誼長存。一九四三年九月十七日，林語堂寫信向華爾西告別，因為他要再次回到戰時中國。信尾林語堂寫道：「我不需要再次告訴你：我和你們兩位的友誼非常美好，它是美國生活的最佳體現。」[62]的確，林語堂和華爾西夫婦的友誼在這個階段達到高峰，他們為爭取世界和平和各種族的平等並肩作戰。然而不幸的是，當林語堂從戰時中國返回美國後，他們又要面臨另一個挑戰——決定現代中國政治命運的挑戰，從那時開始，他們的關係將走下坡。

一九四三年九月二十二日，林語堂離開邁阿密，途經非洲和印度飛回中國。這次回中國有幾項「任務」，最主要的是，他需要回到戰事前線，尋找資料和感覺，為他的下一本書做準備。他還告訴華爾西說他「受美國在華醫藥促進局（ABMAC）委託研究一些問題」。[63]林語堂隨身帶了筆記本，一路走一邊做筆記，走遍大半個國軍控制的地區（包括新疆）。

另外，林語堂還擔當了美國人民和中國人民之間的跨文化親善大使。東西方協會由華爾西和賽珍珠創建，成為戰時的一個平臺，以促進美國和亞洲之間的了解，賽珍珠出任協會主席，林語堂也擔任委員會委員。在協會的邀請下，林語堂於一九四三年九月十一日受邀到哥倫比亞廣播電臺上節目，向聽眾說再見，並同時盛邀美國聽眾以個人名義寫信給中國人，以增進兩國人民之間的相互了解，由林語堂把這些信親自帶到中國。林語堂的呼籲得到美國聽眾熱烈的回應，他收到很多來信，最後帶了六百封到中國。一九四三年十一月四日，國民政府舉行儀式，正式接受美國個人的來信，有多個民間團體以及個人代表參加接收儀式。美國戰時情報局重慶辦事處主任菲希爾（F. M. "MAC" Fisher）在當晚的重慶電臺節目中還讀了好幾封來信。以下挑選幾封信的段落，以見證中美關係史上罕見的「民間親善交流」。

> ……我們只能希望這個多災多難的階段馬上就會結束，我們可以在較為和平的環境中發現對方。我們時刻心繫你的同胞。我們也會力盡所能，提供一切可能的援助。請轉告他們……
>
> 馬里昂・阿爾特曼（Marion Altman），326 Wayne Street, Highland Park, N. J.

60 Richard Walsh, Letter to Lester Markel, November 10, 1943.
61 Lester Markel, Letter to Richard Walsh, November 12, 1943.
62 Lin Yutang, Letter to Richard Walsh, September 17, 1943.
63 同上。

……因此我真誠希望戰後中國會成為一個偉大的民主國家；從理論到實踐都是真正的民主，並融合古代和現代的菁華。中國人一向都愛好和平，戰後他們也會是維護和平的重要使者……

凱薩琳・佩特麗拉（Catherine Petrella），222 Sunnyside Avenue, Brooklyn, 7 N. Y.

……你回到你的祖國後，請告訴你的同胞：北美人民和他們心連心、肩並肩。中國應該做的（等他們能做的時候）是：派一些學者過來，在我們的學校、大學和公共機構為我們講解中國文化，多為我們講一些中國人的生活方式……

約瑟夫・古德伯格（Joseph Goldberg），Hotel Carteret, 8 W. 23rd Street, New York, N. Y.

請把我的名字也寫上。等你回到中國後，請去看一下我的兒子，他叫法蘭西斯・萊利（Francis X. Riley），美國陸軍航空隊中尉。請你告訴他，他老爸說的：給我狠狠地打日本鬼子，要他們加倍償還他們給中國人造成的痛苦。我兒子現在在中國幫助你們的宏偉大業。

約翰・萊利（John H. Riley），127 Delaware Avenue, Jersey City, N. J.

我是個黑人。我先要說這個，因為身在美國這個事實是我整個人生最具決定性的因素。我無法逃避這一點。假如我能逃避的話，我是不是會選擇逃避，那又是另一個問題……你說再見的那晚廣播裡，要求美國人寫一些話讓你帶給中國人民。我們一般都是被遺忘的美國人——宴會桌上缺席的客人、不能投票的公民……

……但今天沒有其他美國人能像我們美國黑人一樣，深刻地感受到中國人所遭受的苦難。我們看到中國人遭受長期的苦難時所展現的耐心、堅韌與堅強，內心充滿羨慕。我們明白這些東西意味著什麼……

你為我們增強並堅定了這種信念和希望。告訴你的同胞：我們感謝你在美國所留下、所說的話——句句深切感人、充滿活力。

雪麗・格蘭姆太太（Mrs. Shirley Graham），Hotel Albert, 65 University Place, New York, N. Y.

# 第十章　中國的淪陷與美國的智慧

「當今世界冒牌民主何其多！每次聽到美國記者操著一口純正的美國腔說中國的『民主力量』或伊朗的『民主軍隊』，我都不寒而慄。如果是莫洛托夫這麼說也就算了——可出自美國人的口，天哪！」

林語堂，《美國的智慧》（一九五〇年）

## 《枕戈待旦》

林語堂在戰時自由區七個省巡遊了六個月，於一九四四年三月二十二日回到紐約拉瓜迪亞機場。林語堂現在是常駐美國的國際知名人士，是戰時中國最重要的非官方發言人，和國民黨政府高層人士交遊甚廣。在重慶期間，他主要住在熊式輝將軍和孫科的家裡。熊式輝率領中國軍事代表團駐美期間和林語堂經常見面交談，而孫科和林語堂在上海期間就關係不錯。林語堂在中國逗留半年期間，還覲見蔣委員長六次。

一九四四年，世界局勢已經開始明朗，同盟國的勝利只是時間問題。一九四三年尾，蘇聯紅軍已經開始反攻，德國在東線戰場轉為守勢。到了一九四四年六月六日，盟軍登陸法國諾曼第，從西線發起攻勢。然而在中國戰場，日軍於一九四四年四月發起抗戰以來最大的一次所謂「一號作戰」（中國稱為豫湘桂會戰），以打通中國到東南亞的陸上通道。國軍在豫湘桂會戰中慘遭潰敗，但二戰已是全球性戰爭，同盟國歐洲優先的策略同時也意味著，一旦德國打敗，日本就是下一個，雖然誰也沒料到會用兩顆原子彈的方式結束戰事。

然而，中國面對強敵苦戰八年，勝利在望卻難見曙光。國共兩黨的內鬥局面愈趨嚴重。它將決定現代中國的未來命運。同時，中國未來的命運還將有賴於同盟國戰後的藍圖。一九四三年十一月，羅斯福、邱吉爾和蔣介石出席開羅會議，表面上中國躋身於戰後「四強」，而實際上，戰後世界的地圖主要由羅斯福和史達林兩人劃定。

林語堂離開重慶之前，又一次就國際宣傳問題上書蔣委員長。林語堂感謝蔣委員長親自接見，並建議政府在國際宣傳方面的政策和策略必須改進，才能扭轉國外媒體對政府的負面報導。重慶方面應該儘量滿足西方駐華記者的需求，因為他們的報導在海外影響面甚廣。政府與其限制他們，不如給他們足夠的資訊。記者越受到限制，他們就越會把謠言當事實來報導。政府不應該糾結於記者過多的批評，如果一份報導有百分之二十的批評，那政府已經得到了百分之八十的正面報導。就共產黨的問題，林語堂建議政府應該放棄家醜不外揚的政策，把它公之於世。[1]

事實上，中共當時已經獲得外國記者的青睞，因為中共的外宣把自己塑造成中國的「民主派」、代表「進步」力量。現在不太清楚林語堂的上書是否影響蔣介石最後決定讓美國記者隨美軍觀察團訪問延安，但結果卻引來美國記者對延安的一片頌詞。不過，伯恩斯坦在其最近的研究中提醒我們，即使「在一九四二年，珍珠港事件剛過幾個月、離美軍觀察團訪問延安還有兩年，大衛斯（John Davies）在電文中已經把中共稱為『農村民主派』，而謝偉思（John Service）則寫道，中共只是尋求簡易民主，他們『在形式和精神上都接近美國人，而不是俄國人』」，這種觀念極為流行，以至於「在國務院報導中國的檔案中，都把中共稱為『所謂的共產黨』，把延安稱作『所謂的共產黨基地』」。[2]林語堂回美後要為戰時國民政府做外宣，他應該清楚當時美國輿論的走向。

林語堂一到美國，立即於一九四四年三月二十三日通過莊台公司向媒體發表了一份書面聲明，通報他回中國巡遊半年後已回到美國，並見證了中國軍隊高昂的士氣。對共產黨的問題，他直接闡述己見：

> 但有一件事比重啟滇緬公路還要重要，那就是美國對中國的信念。這種信念正在遭到中共謠言機器的破壞，這些謠言通過美國的管道散播出來，其目的就是要破壞美國人對重慶政府的信念。我在此懇請美國大眾不要輕信這些謠言，即使這些謠言看上去是由可靠的媒體發出，因為我知道這種狡詐的造謠手段從哪裡開始……

---

1 參見林語堂，〈林語堂函陳國際宣傳及兵役意見〉，一九四四年二月二十八日，國家檔案，卷（0100.20）/（6060.01-01），臺北，中華民國。感謝蔡元唯為我提供這一資訊。

2 Richard Bernstein, *China 1945*, New York: Knopf, 2014, p. 118.

三、四年前，中共害怕英美勢力在中國擴張，宣稱最好讓中國自己來打敗日本，無需外援。現在英美勢力蒸蒸日上，而且眼看外援真的要來，他們想坐食其果。他們想要著實撈一把，唯有向美國人說他們是「民主派」，而重慶是「法西斯」或「封建派」……這就是為什麼他們在國外一味抹黑重慶政府。我想這不能算作愛國主義，不要忘了國家還在打著仗呢。[3]

林語堂發表這樣一份政治味濃厚的聲明，華爾西很不高興，但還是按林語堂的意由莊台公司代發了。林語堂和華爾西商量過後一致同意，林語堂會儘量少拋頭露面，專心寫下一部書（除了一九四四年四月十一日上CBS電臺「國家報告」節目，閱讀幾封林語堂從中國帶回的中國個人給美國人寫的信）。事實上，林語堂一開始就對寫下一部書非常猶豫，因為整個美國對華輿論氛圍非常糟糕，超乎他的預料。他於一九四四年四月二十九日去信宋美齡，說他幾乎要放棄寫作計畫，是他妻子廖翠鳳鼓勵他繼續寫下去。林語堂給蔣委員長的上書都用文言文，非常正式，而他給宋美齡的信用英文，很隨意，好像和老朋友聊天一樣。這封信寫了滿滿四頁，向宋美齡傾訴他回美國後，發現美國媒體對重慶政府的偏見與不信任。美國共產黨的機關報《新大眾》（*New Masses*）和《美亞》（*Amerasia*）「竭盡全力詆毀重慶」，而自由派的雜誌如《新共和》和《PM》也轉載《美亞》登的文章。斯諾、史沫特萊、宋慶齡把重慶稱作「法西斯」、把延安稱作「民主派」，以致一般善良的美國人也都充滿不信任感。「我對共產黨一直都是公平對待的，但當我看到他們為了一黨之私、竭力抹黑中國政府（唯一代表中國的政府），其結果是讓整個中國的名譽受損，我真的不能再把他們當愛國者看待了。」

在這種環境下，林語堂只要為政府說一句正面的話，他在美國的個人聲譽就會受損。他向宋美齡透露，前晚他應哥倫比亞大學的中國學生之邀去演講，居然有人質疑他的「自由主義精神」。儘管環境惡劣，林語堂還是決定要寫這本書，他向宋美齡傾訴道：「天知道中國多麼需要這本書，它將從中國自身出發誠實地解釋自己，沒有虛飾，沒有扭曲，也沒有謠言和誤解拼湊在一起卻要充當內部消息……是的，我會寫這本書。我希望能寫出一部得意之作，能彰顯中國的靈魂並闡釋一個國家內在變化的過程。我不以中國為恥、不怕說真話，我對中國的領袖還沒有失去信念……我不會做政府的宣傳員；我只會說出實話，我知道美國朋友一旦了解實情，他們還會回來支持政府——一個面臨著要從頭開始重建整個國家、肩負艱鉅使命的政府。」同時，林語堂還告訴宋美齡，他已親自去函蔣委員長，敦促政府儘快給所有政黨賦予憲法應有的權利，除了不願放棄軍事武裝而且還建立獨立政權的政黨，任何民主國家都不可能容忍這種獨立王國的存在，政府不應該繼續把中共的問題看成是「內部問題」，這樣做只會起反作用。如果外國記者想要去延安，就讓他們去，但要設法要求他們在中共根據地待夠半年以上，而不是待幾個星期被人帶著導遊一圈。最後，林語堂感謝蔣夫人「給我這個特權，能和你與總統坦率、誠摯地交談……你們肩負著在此風雨飄搖之時為國掌舵的重任」。[4]

---

3 Lin Yutang, Press Release, the John Day Company, March 23, 1944.

4 Lin Yutang, Letter to Madame Chiang, April 29, 1944.

林語堂的這本書名為《枕戈待旦》（英文名*The Vigil of a Nation*，由林語堂二女兒林太乙建議），為了避免被視為「宣傳作品」，林語堂和出版商特意將它定義為「遊記」，用輕鬆悠閒的文筆，就像《生活的藝術》那樣。林語堂在該書序中寫道：「我可不信宣傳，我這本書寫的只是記錄我身為一個中國人、從內部看自己的國家經過七年抗戰以後所得到的印象以及我巡遊的經歷。它主要是一部遊記。我希望，這些從內部得出的圖像，可以公正地呈現出來，讓我們更能理解中國人民以及他們所面臨的問題……有通貨膨脹問題、軍隊的問題、社會及教育水準的問題，而最重要的是即將來臨的『內戰』問題，我都會以一個中國人的眼光徐徐道來，我既不是國民黨人，也不是共產黨人，我把這些問題都看成是中國成長為一個統一的民族／國家所經歷的問題。」[5]

一旦決定要寫，林語堂於一九四四年夏到緬因州海灘找了間木屋專心寫作。寫作期間，林語堂寄了一份《紐約鏡報》剪輯給華爾西和賽珍珠，並且提出想將它作為該書附件發表的想法，「以此作為一九四四年美國有關中國之輿論的永久紀錄」。雖然這份報導「沒有一句話是事實」，但林語堂認為這不是小事，因為它充分說明美國對中國的報導陷入了什麼樣的陷阱：「美國某些地方某些部門需要進行澈底的清洗。」林語堂對華爾西夫婦如此說。[6]因為這份報導最終沒有出現在《枕戈待旦》一書，在此把全文抄下：

**華盛頓走馬燈**　德魯・皮爾森報導　紐約鏡報

華盛頓——副總統華萊斯不會說，但從外交管道和他周圍的人得知，中國仍然是同盟國的頭號問題，比我們預先想像的還要棘手。

成千上萬的中國人根本不知道他們的總統叫蔣介石。很多人認為蔣夫人是美國人捧出來的新貴，留美出身。中國北方的人和南方的人交流要用洋涇濱英語。蔣的第一任老婆是日本人，他的兒子是留學德國的。

因而，華萊斯（和我們）都要面臨以下事實。

中國現在實施世界上最嚴厲的新聞審查制度。美國的新聞記者在此如同坐監。

美中關係非常糟糕……美國駐華大使克萊倫斯．高斯一直沒有被召見。蔣很「忙」。宮廷爭鬥異常激烈。蔣夾在中間，誰都想控制中國。各路軍閥蠢蠢欲動……他們不喜歡夫人……太親美了……有一段時間，中國由一幫用庚子賠款教育基金留美的歸國學生控制……現在，東風壓倒了西風。軍閥們重新得勢。蔣夫人被狠狠地拽了一下。她沒有孩子。大家都同情委員長找了另一個小老婆……蔣夫人是他的第三任，有一段時間他回到第二任的懷抱。這也是她到美國來的一個原因……現在據說宮廷裡又有一個小姑娘，才十六歲，是一個軍閥的侄女，他想讓蔣離美國的影響遠一點。

美國的彈藥是夫人的主要武器。她必須兌現。有一段時間她做到了。但我們驚醒後發現，

---

5 Lin Yutang, *The Vigil of a Nation*, New York: John Day, 1944, p. 1.

6 Lin Yutang, Letter to Richard Walsh and Pearl Buck, August 1, 1944.

> 美國的武器不是用來打日本人的，而是用來對付正在打日本人的中國人的……就是所謂的共產黨軍隊。
>
> 中國的軍閥對盟國在太平洋的節節勝利頗為擔心。戰爭要打到他們頭上了……他們之中許多人都是在日本的西點軍校畢業的，按他們的心意，應該先打俄國人，其次打英國人，再其次打美國人，最不想打的就是日本人……溫德爾·威爾基來中國時，他根本沒法去到前線。委員長把他安置在自己的私人火車裡送到了前線。最後一程要坐人力車……中國軍隊的士兵也不知從哪裡弄來成百上千個美國紙旗，手舞紙旗歡迎他。對面日本人豎出一個大標語：「歡迎威爾基」……前線沒什麼戰事。
>
> **真正的中國人民**是可以打仗的——但他們得有吃的。中國的士兵從來都吃不飽，他們得去搶、去奪。陳納德將軍的工作就是把他們組織起來。美國主要的問題是要能直達人民。[7]

華爾西一收到林語堂的信以及附上的剪報便立刻回信，要林語堂放心，他和賽珍珠以及東西方協會將嚴肅對待此事，並說他們對這種謠言已經採取反制措施，包括即將出版林語堂正在寫的書。但是，華爾西也指出，他不能同意林語堂把責任都歸咎於華萊斯，覺得「很難相信他，或者與他隨行的約翰·文森特或拉鐵摩爾會說出這樣的話」。不管怎麼說，華爾西不認為這份剪報能夠代表當時美國輿論的狀況，是不是能夠將它作為附件收入書中，要等一等再做決定。其實，他們的歧見遠非僅此而已。從他們的通信往來可以看到，除了圍繞書稿的修改意見，他們之間存在更深層次的政治傾向歧異，正是這種歧異逐漸稀釋了他們的友誼。

華爾西和賽珍珠八月中旬收到林語堂的書稿，他們的第一反應是正面的。他們提了一些建議，林語堂核准後自己又加了一些修改。但主要的問題在於論「內戰」的一章。「我對共產黨可是完全不在乎，不管是中國的還是其他任何地方的。」華爾西對林語堂說，但他非常在乎林語堂的聲譽和未來。在華爾西看來，這一章讀起來好像是中國駐美大使給美國發放的「政府傳單」。他擔心，讀者會覺得該書「到處都提到政府官員、和官員的關係以及官方主張，而你知道美國人是講民主的」。[8]賽珍珠也親自去信林語堂，除了表示和華爾西有同感，並建議林語堂在書中可多加一點和普通民眾交談的場景。幾天後，華爾西重讀了這一章，再次寫信向林語堂表示，他向來一直「都是完全接受你的觀點」，把該章再讀一遍後，覺得不像第一次讀完後感覺那麼糟糕。只要「表述得更平衡一點、更有包容性一點」，問題可以解決，並不要林語堂改變自己的觀點。目前的文本給人的印象是林語堂「把自己賣給了當權者」、在為國民黨做宣傳員：「你的靈魂是擺在正確的位置。但小心使用它。」然後華爾西聲明：「為了我自己的靈魂，或者說更多是為了我和你的關係，我已經決定我不能編輯該章，擔不起這個責任。」他要求林語堂自己校對該章，完成後寄給他。[9]

對於華爾西夫婦的信，林語堂夫婦有回覆，而且不止一封。林語堂的第一封回信是寫給華

---

7 The John Day Company, enclosed in Lin Yutang's letter dated August 1, 1944.

8 Richard Walsh, Letter to Lin Yutang, August 14, 1944.

9 Richard Walsh, Letter to Lin Yutang, August 23, 1944.

爾西和賽珍珠兩人的。林語堂先說可以做點改動，比如刪掉一些文中提到坐汽車、見官員之類的，加一些和普通老百姓的互動，以及「在『內戰』一章再加上一段，特別強調中共的優點及其優勢」。但這封滿滿兩頁的回信，主要是請華爾西夫婦認真考慮打消出版該書的計畫，因為以上改動都是小問題，終究無法改變他們的基本看法——這是一本為政府宣傳而寫的書。華爾西夫婦的回饋意見只是證明了他原先的想法，即他不應該寫這本書。寫作過程也是極其困難、痛苦，因為他必須「學會用長鏡頭看問題，對同盟國要講策略，好多話不能直說」，可最終顯然還是失敗了。無論怎樣在書稿中加補丁，他肯定會被斥為「被收買了的宣傳家」、出賣給政府、為政府賣命的。為什麼僅出於愛國，他就得背上一個宣傳員的罵名？「子曰，不可與言而與之言，失言。」林語堂還引了《論語》英譯。更重要的是，林語堂並不認為他這本書在軍事意義上會幫到中國。「《啼笑皆非》幫到中國什麼忙了嗎？它給我掙了錢，可我不是為了錢寫那本書。現在這本書也會給我掙點錢，但它不會改變同盟國的既定策略，即不用中國的軍隊來打敗日本。」美國人現在深陷共產黨的宣傳迷陣，那也應該讓美國人自己去清掃自己的垃圾。他完全可以關起門來，以「逍遙的態度」來觀望這個世界。[10]

另外，林語堂還同時寫了一封信給賽珍珠。一般來講，林語堂只寫信給華爾西，知道華爾西也會同時轉給賽珍珠看。林語堂的妻子廖翠鳳有時會專門寫信給賽珍珠，聊一些家常事情。這次則不同一般，林語堂的第一封信同時註明是寫給華爾西和賽珍珠的，另外又專門寫了一封給賽珍珠。林語堂先謝過賽珍珠的批評意見後，便單刀直入，還帶著嘲諷而尖刻的語氣：「還有一件更為嚴肅的事情我想跟你談，希望你通過你的關係向華盛頓方面講清楚。一定要讓他們明白，要讓中國一直處於羸弱之狀，最佳的辦法就是讓中國永遠處於分裂狀態；要使中國永遠保持分裂，他們毋須採取敵對政策，只要不採取任何政策就行。我認為現在美國對中共的宣傳和英國人對真納的宣傳如出一轍。」接著他痛斥中共在美國的狡詐宣傳。美國的觀察家現在都想跟重慶幹架，而讚揚中共變得非常時髦。沒人敢說延安是個極權統治。他們就是炒作重慶周恩來辦公室從孔小姐和廖小姐口中得來的資訊，認為那些都是不偏不倚的公正消息。「有沒有一個美國人敢說中共在戰時反叛是錯誤的、他們起碼應對『封鎖』負有一定責任？」

另外，林語堂也對賽珍珠坦率地表達了他對中共問題最終可能得以解決之方案的看法。上文講到，林語堂曾專門去信蔣總統，建議立即實行憲政，這一觀點林語堂在《枕戈待旦》書中也再一次重申，當然也受到賽珍珠的強烈認同（而且林語堂提出該建議很大程度上是考慮到像賽珍珠這樣的美國人士的看法）。但在此私信裡，林語堂告訴賽珍珠，他對這一提議一點都不樂觀，事實上，「如果以為一旦宣告成立憲政政府，麻煩就會自動消失，那是很愚蠢的想法。」因為中共還沒學會民主的首要原則——遵循多數意見。中共一定不會放棄用各種手段奪權，然後遭致祕密警察和以前藍衣社的反制。「我多麼希望中國有一個『農人和勞工黨』，但我根本不認為現在的中共具備真正依循民主機制辦事的工黨特性。」[11]

看了華爾西夫婦和林語堂的往來信函之後，廖翠鳳也忍不住上陣，她也寫了一封信給華爾

10 Lin Yutang, Letter to Richard Walsh and Pearl Buck, August 24, 1944.
11 Lin Yutang, Letter to Pearl S. Buck, August 24, 1944.

西夫婦，希望降低一下緊張態勢。廖翠鳳解釋道，語堂（她用的是林語堂英文暱稱Y. T.）在收到他們來信前心情還滿好的，他只是很沮喪，覺得自己失敗了，因為如果你們倆都覺得他寫的不可信，那一般的讀者就更不用說了。廖翠鳳信中沒有提到林語堂四月寫給宋美齡的那封信，但對照那封信來看，華爾西夫婦當然算是「一般善良的美國人」。不到一年前，林語堂還把《啼笑皆非》「獻給理查．華爾西和賽珍珠，友誼長存」。林語堂感覺到，在新的挑戰面前，他將是孤軍奮戰。廖翠鳳希望能調和他們的矛盾，促請華爾西夫婦給林語堂多一點鼓勵，讓他繼續修改，諸如減少官員的名字之類。「假如全部改完以後，你們還是覺得寫得不可信，那我們倆都寧願暫不出版。」[12]

廖翠鳳的信是晚上寫的，寫完後給語堂看了。第二天清早，林語堂起身後馬上又寫了一封信給華爾西夫婦，因為他覺得廖翠鳳寫信做和事佬，反而把問題弄混淆了，他要再次把自己的立場簡單明瞭地說清楚。林語堂寫道，核心問題是：他們的政治態度存有根本的分歧。林語堂寫的所有東西他們都很欣賞，但只要他一談政治——也就是共產黨的問題，他們就有意見。可是這個問題恰恰是他「最為熱衷關切的信念所在」，他無法改變。如果他寫的是對的，那麼美國的觀察家就是錯的，然而「中美理解之井已經被下了毒藥了」，而到頭來是他要承受「出賣靈魂」的指控。「因為我無法靠詆毀我的國家來充當一個『偉大的自由主義者』，所以這是無解的。」[13]

第二天，在收到林語堂夫婦一連串來函以後，華爾西發了封電報給還在緬因州海灘的林語堂，告訴他，他們無意要他改變其政治立場，只是希望他的論點更有說服力，而這一點通過適當修改是可以達到的。林語堂於九月一日從緬因州回到紐約，兩家人見面傾談。最終林語堂被說服，繼續做點修改，仍然出版該書。九月十五日，華爾西看完修改過的章節後，告訴林語堂：「我覺得你基本上去掉了我們批評的根據，同時又保留了你的觀點，你的觀點說得很清楚，同時也達到了平衡的效果。你不可能期望一點都不會受到攻擊。但我想現在應該沒人會說你是一個國民黨宣傳家了。」[14]一個月以後，華爾西又讀了一遍「內戰」一章的校樣，又寫信給林語堂這麼說道：「我還是覺得你會受到攻擊，文中你對國民黨的偏向太明顯，但也只能這樣了，我不想和你再爭論下去。我會捍衛你寫作動機的誠信和誠實。」[15]

雖然《枕戈待旦》最後出版了，林語堂和華爾西夫婦的緊張態勢也舒緩下來，但繃緊他們關係的那根弦沒有消失。在以後的書信來往中，他們儘量避談政治，儘管時不時還是會扯到政治議題，特別是林語堂的信。在未來十年裡，他們仍然保持朋友關係，但這次的摩擦預示著中美文化交流史上，一段極其獨特而卓著的友誼從此將開始走向終點。

《枕戈待旦》出版後的反響一如林語堂所料。莊台公司有一份「海事書店」寄來的信函，要求取消書店預訂的五本書，其理由是：「根據出版前的宣傳資料資訊，林語堂先生在討論紅

---

12 Hong (Liao Cuifeng), Letter to Richard Walsh and Pearl Buck, August 24, 1944.
13 Lin Yutang, Letter to Richard Walsh and Pearl S. Buck, August 25, 1944.
14 Richard Walsh, Letter to Lin Yutang, September 15, 1944.
15 Richard Walsh, Letter to Lin Yutang, October 13, 1944.

色威脅的問題上完全荒腔走板。有很多其他書，都是由可靠的作者如斯諾、史沫特萊、伊利娜·拉爾夫·蘇斯（Ilena Ralf Sues）撰寫，他們早已證明林語堂的『曲解』荒唐可笑。我們真誠希望以前如此尊敬的作者能寫出更為誠實、不帶偏見的作品。」[16]當時還有各種謠言，比如說林語堂是國民政府派來的代理人。華爾西的兒子還專門去查核林語堂的身分。有一次小華爾西和《PM日報》的編輯約翰·路易士一起吃午餐，路易士答應幫他到華盛頓辦公室查核林語堂的身分。一九四五年一月十六日，他給小華爾西報告核准資訊：「司法部說林語堂沒有註冊為中國政府的代理人。」[17]

有關林語堂和美國記者的辯論，在此僅舉一例，此辯論中林語堂其實不在場，起碼沒有做書面回應。[18]正如林語堂所預料，《枕戈待旦》既出，如果書中他對中共的闡釋是對的，其他一大批美國觀察家的說法就是錯的，其中一位觀察家叫哈里森·福爾曼（Harrison Forman），他的新書《來自紅色中國的報導》幾乎和《枕戈待旦》同時出版。福爾曼給林語堂的新書寫了一篇冗長的書評，不僅質疑林語堂書中舉出的「事實」，而且詆毀林語堂的「人格」。福爾曼指出，林語堂作為一個哲學家，不應該跨入「超出其經歷和知識」的領域。一位客觀的觀察家應該傾聽雙方的意見，而不是做政府的傳聲筒。如果華盛頓採納林語堂的建議——解決中共問題的最佳方案是給戰時重慶政府軍援飛機和坦克，「那肯定是用法西斯的方式來解決九千萬人民的政治要求。」身為一個哲學家，林語堂為政府做出如此偏激的呼籲，「絕對有損其人格尊嚴。」[19]

福爾曼沒有說他自己寫的《來自紅色中國的報導》出自一位夠資格的美國專業記者之筆，

對中共的描繪誠實而可信。有別人幫他說——瓦茲（Watts）為福爾曼的書寫書評，還引用林語堂的指控來做比較。林語堂聲稱有這麼多美國人譴責重慶政府，那「都是狡詐的中共編導的陰謀使然，美國記者不是被矇騙就是他們的代理人」。然而，瓦茲認為福爾曼對中共的描述更為可信：「中共是一個自由而獨立的實體，完全不受莫斯科的操控。」相對於「國民黨中國在軍事上的無能、政治上的笨拙、社會上的昏庸」，福爾曼所描繪的延安正是「中國的未來，而且行得通」。福爾曼對「國民黨中國」和「共產黨中國」兩者的實地考察見證非常重要，因為美國對現時以及戰後中國的局勢有切身利益，該評論者堅信「美國人對中國的局勢走向有發言權」。[20]

蘭多爾．古德（Randall Gould）寫了另一篇書評，他提醒讀者，福爾曼在中共根據地待了六個月之久。「一進入所謂的共產黨中國，福爾曼不禁問自己：『難道這就是共產主義？』」

---

16 Miss Zoerner, Letter to Mr. Walsh, Jr., January 20, 1945.

17 John Lewis, Letter to Richard Walsh, Jr., January 16, 1945.

18 林語堂沒有在平面媒體回應哈里森．福爾曼，但他曾和福爾曼以及其他兩人於一九四七年一起上ABC電臺辯論中國的前途問題。參見Lin Yutang, “America’s Town Meeting of the Air”, audio recordings, broadcasted on ABC Radio in 1947, Library of Congress.

19 Harrison Forman, “The War Behind the War”, review of *The Vigil of a Nation* by Lin Yutang, *Saturday Review of Literature*, February 3, 1945.

20 Richard Watts, Jr., “Inner War”, review of *Report from Red China* by Harrison Forman, *Saturday Review of Literature*, March 10, 1945.

古德寫道。當然不是。福爾曼發現的是「代議制民主」，而中共贏得「廣大群眾支持」，當地經濟保留個人財產所有制並採取「自願合作」制。[21]

不難想像，林語堂對二戰以兩顆原子彈的方式結束不會感到太驚奇。同盟國從來沒把中國軍隊放在眼裡。然而，隨之的後果是，戰後中共的問題越來越凸出。林語堂在一九四五年和美國的政治觀察家公開辯論以後，基本上把自己關在曼哈頓的寓所裡。整個內戰期間，林語堂基本上沒再出面評論中國事務，只在與華爾西夫婦的來往通信中時不時會發洩一下。

但是《枕戈待旦》還有後話。一九四六年該書英國版問世，林語堂在英國版加了五份附件以及「英國版作者序」。序中林語堂重審了自己的立場：「在一個國家面臨外國入侵進行生死抗戰之時，不管意識型態如何不同，我曾經反對——現在仍然反對——武裝叛亂、槍口對準自己同胞、破壞戰備資源以及第五縱隊的行為。」林語堂為英國讀者解釋道，雖然該書是一本「遊記」，但在美國出版後輿論聚焦於講「內戰」的一章。一群美國觀察者，到延安待了三、四個星期，被安排參觀訪問，回來後便自詡為了解長達二十年之久的國共之爭問題的專家，並把中共描述成「民主派」。林語堂打賭道：「那些參與協助這一騙局的作家，不管是有意的還是無意的，將來一定會無地自容。」但現在最重要的是重新界定「民主」一詞的含義，因為該詞已被共產主義政權濫用，受到嚴重汙染。[22]

英國版的五份附件中，有三份是已經發表過的作品：英國記者邁克爾．琳賽寫的書評、林語堂的回應、林語堂對斯諾批評《枕戈待旦》的回應（節選）。另外兩份附件分別為：共產黨手冊《黨的建設》節選，由林語堂翻譯，以及林語堂寫的〈毛澤東《新民主主義論》解讀〉。

毛澤東的《新民主主義論》已由美國共產黨前主席厄爾・布勞德（Earl Browder）譯成英文在美國出版。林語堂寫此文是要揭示：布勞德的譯文故意扭曲、掩蓋了中共的本質以誤導美國大眾。

林語堂的「解讀」要去掉布勞德譯文的屏障，按照延安解放出版社的中文原文重譯，把扭曲、刪節的部分重新復原。比如，布勞德的譯文把中文「專政」一詞有時譯為「ruled（by revolutionary classes）」（由革命階級「管制」），有時又譯為「dictatorship」（專政），林語堂則指出「專政」就是「dictatorship」，沒有什麼歧義。林語堂去偽存真的「解讀」包括四個方面：恢復原文中顯示中共反資本主義立場的字、詞和句子；恢復原文中一切有關中共旨在建立「無產階級專政」的段落，因為這是毛澤東的「新民主主義」之實質所在；恢復所有原文中顯示毛澤東堅定地反對西方民主的段落；恢復所有原文顯示蘇聯是中共真正老闆的段落。林語堂要給中共一個機會，讓他們自己說話，因為「有太多的美國人依賴中共提供的翻譯來為中共說話」。[23]

一年以後，林語堂的「解讀」在《中國雜誌》重刊，他又加了一篇「前言」，其結尾這樣寫道：「美國人反對美共，主要因為它不是一個政黨，而是像第五縱隊一樣效忠於外國。但是

---

21 Randall Gould, "Red China Goes Democratic", *Free World*, April, 1945.
22 Lin Yutang, "Author's Preface to the English Edition," *The Vigil of a Nation*,. London: Heinemann, 1946, pp. vii-x.
23 Lin Yutang, "A Digest of China's New Democracy by Mao Tse-tung", *The Vigil of a Nation*, London: Heinemann, 1946, pp. 273-297.

很奇怪，他們覺得中國人對自己國家內的第五縱隊不應該有同感。這種奇怪現象可能是因為中共的同路人精心製造了一個假像，即美共、法共、南（斯拉夫）共、波（蘭）共、伊（朗）共、朝（鮮）共、蒙（古）共是一種類型，而中共是另一種類型……（但實際上）世界上的共產黨都遵循一條路線，那就是俄國永遠是正確的。」[24]

一九四五年十一月二十六日，林語堂又寫了一封信給宋美齡。該信讀起來像閒話家常一樣，林語堂告訴蔣夫人他的二女兒太乙剛離家去了中國，參軍做陸軍中尉，在陸軍軍醫部門工作，而他的大女兒如斯已經在軍醫處任職兩年，正準備回家。他自己則整天忙著搞他的中文打字機，明年春天應該完成，屆時「將是國家的一個重大好消息」。信尾，林語堂又重提舊願：懇請蔣總統賜四個字：文章報國。「你有沒有看到蘭多爾．古德寫的社評『林語堂的訃告』？就因為我仍然支持重慶、沒有讚揚中共的武裝叛亂，便得出結論說我的每一根道德細胞都腐爛了。」林語堂寫道。如果他能得此賜字，他走到哪兒都會把它掛在屋裡，「它將是一種認可：我在抗戰中也盡了我的一份力……同時，請留意我發明中文打字機的消息。」[25]

## 打字機、蘇東坡和《唐人街一家》

一九四七年八月二十一日，林語堂在曼哈頓的寓所舉辦「開放日」，開放給公眾，在一群記者面前，林語堂和他的二女兒太乙向大家展示了他的新發明：一架中文打字機。林語堂稱它為「明快打字機」，看上去和一臺普通的英文打字機差不多（14x18x9英寸，重五十多磅）。

按林語堂當天散發的新聞稿，它可以打英文、日文、俄文和中文，能列印九萬個漢字。打一個字只需按三次鍵，一分鐘可以打五十個字。《紐約時報》第二天也報導了此事，聲稱「林語堂博士的發明讓祕書一天的工作在一個小時內就完成」，這項發明必將「為中國的辦公和出版事務產生革命性的影響」。[26]在「開放日」之前，林語堂已經先向朋友圈和中文媒體展示了他的發明。林語堂當天釋出的新聞稿列舉了紐約當地一份華文報紙的頌詞：「如果明快打字機能轉化成整行鑄造排字機，林先生的歷史地位將和古騰堡齊名。」另外，還有專家的「證詞」，包括耶魯大學遠東語言所主任喬治・甘迺迪博士（George A. Kennedy）、何應欽將軍，以及哈佛大學中文教授趙元任博士的賀詞：「不管是中國人還是不懂漢字的美國人，很快就能熟悉打字機鍵盤。我看就是它了。」[27]

趙元任一句「就是它了」，真是意味深長。它折射出中國現代語文改良的背景，或許還有趙、林兩位既惺惺相惜又帶競爭意味的關係。趙元任無疑是現代中國語言學界的泰斗，林語堂已經離開古音韻學研究領域，但其實從未停止探尋漢語的現代化。明快打字機的發明是林語堂在此研究領域探尋三十多年的結晶。自林語堂一九一七年在《新青年》提出新的漢字索引制方案之後，中國語言學家便一直致力於探尋為漢字編序的科學體系。並不是說漢字以前一直

---

24 Lin Yutang, "Mao Tse-tung's Democracy", p. 16.

25 Lin Yutang, Letter to Madame Chiang, November 26, 1945. 這一願望林語堂似乎一直沒能實現。

26 "New Typewriter Will Aid Chinese", *The New York Times*, 22 August 1947.

27 "Mingkwai Typewriter", press release, John Day, August 21, 1947.

沒有排序系統，只是最常用的康熙制缺乏科學系統性，顯得非常零亂，卻不規範。關鍵問題在於，如何為一個基本上是表意的文字找到一個科學有效的編序方法。林語堂最初的想法是按漢字筆畫順序來編序。這一提議引起國內同行廣泛興趣，先後出現了好幾種模式。但實際上這一原則很難兌現，因為各地書寫筆畫順序本來就不統一。一九二四年，林語堂又提出另一個數位系統，將漢字的主要筆畫設定一個阿拉伯數字，以便排序。這一想法經王雲五改進，創設了有名的「四角號碼」系統。林語堂解釋道，明快打字機的核心——「上下形檢字法」正是從「四角號碼」系統進一步改良而成。

明快打字機的關鍵在於其鍵盤，共有三十六個鍵代表漢字的上形、二十八

林語堂請二女兒林太乙用明快打字機打一封信，紐約，1947年。臺北林語堂故居藏。

個鍵代表漢字的下形。如此，林語堂等於是用六十四個鍵符創設了一套「中文音標」，即「上下形檢字法」。他解釋道：「我唯一的目的是要找到終極簡化之法。要讓鍵盤能夠自明、無需規則，就必須牢牢盯住漢字的邊角，不能考慮其筆畫而只看其上形和下形，而且必須把上、下形看成一個整體，不用再細究。於是我得出結論，唯有把漢字看成上、下形的組合才能對漢字進行清晰而準確的分類和索引，這一方案是明快打字機的獨創。」[28]換句話說，林語堂終於找到為漢字編序最為科學有效的辦法了。

除了鍵盤設計，明快打字機還有一項獨創的發明：「魔眼」。「上下形檢字法」用三十六個「上」鍵和二十八個「下」鍵把所有漢字分類，但打一個上鍵和一個下鍵還無法得到所需的漢字，而這時會同時出現不超過八個漢字、顯示在打字機上的一個視窗（即「魔眼」），而這些漢字用數字編號，打字員再打一個數字鍵便可得到所需的漢字。[29]

林語堂的中文打字機最近在美國研究以及中國研究領域都獲得研究者青睞。約翰・威廉姆斯（R. John Williams）借用海德格爾的理論，區分出過分技術化而使現代性受困的「技術」以及良性的、不至於捆住人性的「手藝」，提出林語堂的發明構成一種「作為手藝的亞洲」話語。[30]另外，從全球性中國研究角度出發，石靜遠把林語堂的發明和「基礎英語」運動相對

---

28 Lin Yutang, "Invention of a Chinese Typewriter", *Asia and the Americas*, Vol. 46, Issue XLVI (February, 1946), p. 60.

29 目前最常用的中文輸入法——拼音輸入法基本上用的是同一個機制，只是用拼音輸入後一般在視窗會出現一連串漢字供選擇。

比，指出林語堂的中文打字機是對英語霸權主義的一種抗衡，為使中文成為一種「全球性語言」做出了重要貢獻。[31]這些解讀都挺有意思，但從歷史語境來看，林語堂的發明首先可以看成是一種「道家式」的成果。林語堂最關心、最想看到的是戰後誕生出一個新的、現代的民主中國，走上工業化的道路。他竭盡全力試圖讓美國公眾相信國民政府是民主中國的更佳選擇，但遭到美國媒體嘲弄，因為他們認定中共才是代表民主。林語堂只能採取「逍遙的態度」、用「歷史長鏡頭」看世界，關起門來避談政治，重新專注於自己鑽研了三十多年的語言學工程。

林語堂把自己的發明稱為「給中國人民的一份禮物」，對其實用價值期許很高，希望有助於提高中國人的教育水準、大大改善辦公效率和商務效益。「我期望中文打字機的發明能夠為中國辦公商務的現代化扮演重要角色，使中國進入一個新的工業時代。」[32]雖然林語堂對現代社會的「唯物主義」至上現象曾提出尖銳批評，但他從小就著迷於「機器」本身，喜歡把玩各種各樣的「小玩意」，從事發明創造。除了發明中文打字機，他還發明過為一般英文打字機使用的「頁尾指示器」，可以讓打字員知道他打到第幾行，是否接近頁尾」。[33]這是後來林語堂住在法國時專門從事的一項發明，可以整個取代墨帶。[34]而為了這項發明，林語堂還專門赴瑞士考察工藝製造問題。[35]這是後話。現在林語堂為了造出中文打字機這個「大玩意兒」，他得付出一筆沉重的代價。

林語堂曾寫信給宋美齡說打字機一九四六年春即將問世。他於一九四六年四月十七日申請專利，於一九五二年十月十四日獲准批發美國專利號二六一三七九五。按林太乙描述，他們一家於一九四七年五月二十二日從工廠小心翼翼地把打字機抱回家，「就像從醫院抱嬰兒回家一樣。」[36]但當時林語堂還沒準備好公諸於世，因為「開放日」要等到是年八月二十一日。林語堂顯然嚴重低估了製造打字機在工程工藝方面的複雜性以及成本費用。一九四四年末《枕戈待旦》出版後，林語堂便整日整夜傾注於打字機事宜。莊台公司檔案顯示，華爾西和林語堂於一九四五年十月四日便敲定下一本書是要寫蘇東坡傳記，但當時林語堂根本騰不出手來。要一年以後他才開始著手寫蘇東坡傳記，而到「開放日」展示其發明時，蘇東坡傳記已經寫完即將出版。

林語堂僱了一位義大利工程師負責打字機的製造。後來，該工程師覺得這項發明也有自己一份。從林語堂的角度看，即使工程師在製造工藝過程中發揮了一定作用，發明權絕對不屬於他，而且他是被僱傭的，已經付了工資。最終該工程師接受勸解，沒有提起訴訟。[37]林語堂後

---

30 參見R. John Williams, "The *Techne* Whim: Lin Yutang and the Invention of the Chinese Typewriter," *American Literature*, Vol. 82, No. 2 (June 2010), pp. 389-419.

31 參見Jing Tsu, *Sound and Script in Chinese Diaspora*, Cambridge, Mass.: Harvard University Press, 2010, pp. 49-79.

32 Lin Yutang, "China's War on Illiteracy", *The Rotarian*, LXIX (November, 1946), p. 61.

33 "Aid for Typists", *The New York Times*, September 7, 1957.

34 Lin Yutang, Letter to Richard Walsh, March 8, 1950.

35 Lin Yutang, Letter to Richard Walsh, June 17, 1950. 林語堂信中對瑞士和物質進步如是說：「我對機械精密和效率一向頂禮膜拜……瑞士人買郵票和明信片都用機器，買菸也有自動機器……狄克，你肯定在想，我這不是歌頌物質進步嗎？沒錯，我正是讚頌物質進步，在物質進步背後還有人的精神面貌，無論是在美國還是在瑞士……蘇黎世可謂世界上最乾淨的城市之一。街上行人穿著都十分整潔，你要是披頭散髮就上街，哪怕你是個藝術家，都會覺得害臊。」

36 林太乙，《林語堂傳》，頁二〇一。

來得以和默根索拉排字機公司簽約，收回他的一部分投資，但打字機一直沒能大量生產，主要是因為市場不穩定——當時中國正處於內戰，而且不久便整個「淪陷」了。

林語堂發明明快打字機對他個人生活最大的影響是：他欠了一大筆債。這個落差不小，本來是住在曼哈頓上城富人區的公寓，現在入不敷出，要還一大筆債，最後連公寓都得變賣用來還債。雖然最終他靠版稅收入把債還清了，但他一直沒有擺脫個人財務窘境，這嚴重影響了他從事寫作計畫的方式。換句話說，林語堂以後必須靠寫作來勉強維持其生計。

一九五三年十二月十九日，林語堂曾寫信給宋美齡，向她解釋說，之所以一直沒訪問臺灣，是因為發明打字機債務累累——「搞這件事花了我十二萬美元，搭上了我所有的積蓄。」[38]除了賠上所有積蓄，林語堂還從美國大通銀行申請了一筆貸款，並且從他朋友盧芹齋那兒借了一筆錢，他妻子廖翠鳳把珠寶都當了，而且還賣掉了曼哈頓的公寓。林太乙在《林語堂傳》中還提到，林語堂曾向華爾西借錢但遭拒。[39]可是，翻閱莊台公司的檔案，卻沒有林語堂借錢遭拒的紀錄。如果林太乙要暗示林語堂和華爾西夫婦的關係因此而變壞，那是一種誤導。實際上他們之間的關係在這階段還是很不錯的，雖然他們的政治歧見最終導致關係破裂。一九四六年夏天，林語堂一家在賓州度假勝地度過，而八月初，華爾西一家也到此度週末。兩家人相會甚歡，討論了一系列計畫，包括林語堂的大女兒和二女兒現在都是莊台公司的作家了。會面後華爾西和賽珍珠於八月六日都寫了一封信，賽珍珠的信最後寫道：「星期六我們過得很愉快，和你們一家在一起總是非常開心。我覺得，我們兩家的友誼已達到了一個境界，彼此都沒有任何保留。我們和你們在一起完全和在家一樣，我們對你們每一個人都關心備至。」[40]

一九四七年五月六日，華爾西為林語堂申請大通銀行的貸款寫了一封擔保函，並列舉了歷年來林語堂從莊台公司所獲取的版稅收入。華爾西寫道，莊台公司於一九三五年出版林語堂的第一本書，一九三九年之前的準確數字剛好不在手上，但莊台公司「給林語堂的版稅付款，一九三六年是很大一筆，一九三七年大約一萬二千美元，一九三八年三萬八千美元。以後幾年的數額如下：

---

37 這位義大利工程師提出異議應該是後來的事，因為林語堂於一九五〇年五月十八日給華爾西的信中第一次提到默根索拉的合約推遲了，「因為有個傻瓜也搞了專利申請和我作對」，當時林語堂已到法國居住。林太乙的《林語堂傳》還提到有一次他們到雷明頓打字機公司示範卻失敗的事。「在一個傾盆大雨的早上」，林語堂和他二女兒抱著打字機坐計程車到曼哈頓的雷明頓打字機公司做示範。林語堂對公司一眾高級主管講解完後，叫太乙開始打字，但是打字機怎麼都沒反應，弄得他們非常尷尬。他們只能把打字機抱回家，擔心第二天的記者招待會怎麼辦，因為日期早就確定，通知也發了，無法改期。於是林語堂打電話把工程師叫了過來，他「拿一把螺絲刀，不用幾分鐘就把打字機修理好」（林太乙，《林語堂傳》，頁二〇三）。阿比瑟（Arbisser）翻閱了雷明頓公司的所有檔案，沒發現任何地方提到林語堂的打字機，他得出結論說，很可能因為這次示範失敗，公司對此便失去興趣了（參見Micah Efram Arbisser, "Lin Yutang and His Chinese Typewriter" [BA thesis, East Asian Studies Department, Princeton University, 2001]）。我總覺得林太乙的傳記寫得像小說一樣，問題剛好出在定於一九四七年八月二十一日的記者招待會前一天，而且工程師來後，只需一把螺絲刀，一、兩分鐘就把問題解決了。

38 Lin Yutang, Letter to Madame Chiang, December 9, 1953. 林太乙在《林語堂傳》中給的數字相同。

39 林太乙，《林語堂傳》，頁二〇一。

40 Pearl S. Buck, Letter to Lin Yutang, August 6, 1946.

一九三九年，四〇三五五．三六；
一九四〇年，五二七九六．三四；
一九四一年，一四〇七五．八四；
一九四二年，二二四一八．七六；
一九四三年，二一〇七二．四六；
一九四四年，三七四五五．八三；
一九四五年，三一三九〇；
一九四六年，一四六六九．九七；
一九四七年，四六六三．三九。」[41]

林語堂出現財務困難期間，華爾西允諾幫林語堂「度過難關」，他也確實這麼做，不過也只是給林語堂預支一定數額的版稅，僅夠林語堂一家的日常開銷。

林語堂必須回到寫作事業。上文已經提到，林語堂於一九四五年十月便和華爾西敲定下一本書將撰寫蘇東坡傳記。但因忙於打字機事務，該計畫到一九四六年八月才開始。八月初，林家和華爾西一家在賓州避暑勝地共度週末時，林語堂曾提出另一建議，是否先弄一本中國小說名著選，因為他急需現金，做這個比較容易。華爾西回覆說，希望林語堂還是先專心寫蘇東坡傳，因為中國小說選集的市場有限。華爾西還指出，鑑於《枕戈待旦》一書的慘況，要成功推銷下一本書將會非常困難。「書店第一次沒能售完他們訂購的林語堂書……你的很多忠實讀者，他們根本不關心中國的政治，也不關心共產主義，只是欣賞你的人文精神、你的哲學和睿智，他們認為你讓他們失望了。書評者對你大肆攻擊，他們已經嘗過血腥味，很多人正在伺機而動……我們已經講好你不會再寫政治書。就這麼定了。」[42]華爾西的意思是，林語堂的下一本書必須讓讀者感受到：他們的林語堂又回來了。要達到此目的，最好是出一本自己創作的書，而不是一本譯著或編著。中國書的市場很萎縮，寫一本關於宋代中國多才多藝、睿智幽默的文人大師的傳記，應該是一個不錯的選擇。為了鼓勵林語堂專注於寫蘇東坡傳，華爾西還預支他一萬美元的版稅，每月分期支付。

林語堂的答覆和平時一樣，通情達理，儘量合作，沒有問題，不過有意思的是，信中還夾雜了一段「悠閒的夏天上午茶話」——談政治的。他告訴華爾西，他不是對政治沒有話說，只是他已年過五十，懂得控制自己的情緒，雖然「談政治乃吾本性，很難澈底清除」。林語堂堅信，歷史會證明他所講的中共句句都是實情。他還順帶提到三〇年代的一段往事：「我不介意像史沫特萊這種人的誣衊（就是她和伊羅生以及宋慶齡三人把我和蔡元培都蒙在鼓裡，以公民自由聯盟的名義把我們當成工具去營救牛蘭夫婦）。」他無法理解的是：為什麼「卡特—瓦茲—拉鐵摩爾—艾奇遜—宋慶齡這夥人……對其他地方的極權主義都是高調譴責，就是對蘇聯治下一千至一千五百萬遭迫害監禁的人完全置若罔聞，還稱讚蘇聯是『民主國家』（按照拉鐵摩爾的說法，比西方的帝國主義更加民主）？」[43]

41 Richard Walsh, Letter to Mr. J. J. Rogers, May 6, 1947.
42 Richard Walsh, Letter to Lin Yutang, August 6, 1946.

到一九四七年六月，《蘇東坡傳》書稿已經完稿，先送華爾西和賽珍珠審閱。兩人的評價都非常好，賽珍珠尤其欣賞。華爾西可以把林語堂重新推銷出去，宣告備受美國讀者喜愛的那個林語堂又回來了。在林語堂的筆下，九百年前的中國文人學者蘇東坡重獲新生，多才多藝、機智幽默，可以和達文西和富蘭克林媲美。但是，還是有一個小問題。這本書還是沒有完全脫離政治的脈絡——林語堂的「本性」確實很難改。整本書的寫作策略是把蘇東坡塑造成一個真正的自由主義者、人民之友，而把他的政敵王安石塑造成類似希特勒一樣的人物。另外，原稿在評論蘇東坡－王安石之爭時，夾了一段美國記者評論中國政治的文字。這遭來賽珍珠的強烈反應：

就這一問題，你在其他地方已經說了你的看法，永遠也不會被抹掉了。我自己也是反共的。而且，現在誰說我是共產黨或共產黨同情者，或說東西方協會是個共產黨前線組織，我的律師就會採取法律措施。

我對這一段的批評，不是說你重複已經說過的東西，也不是基於任何政治理由。我是說你把這麼好的一本書給糟蹋了，這本書應該是一本不受時間限制、經久不衰的鉅著，但卻畫蛇添足式加進那些美國當代事務。這些美國記者去世之後，這個世界也以某種方式安頓下來以後，你的書還會是一部鉅著，有其價值。看在藝術的分上，語堂，別在這兒瞎扯了。另外寫一篇文章來批評這些人、或任何人，或者再寫一本書把你想說的都寫上，但別糟蹋這本精緻的作品。就算我求你了！給我點面子，語堂，把這段給刪了！

賽珍珠的主要觀點是，林語堂在「一堆寶石裡嵌了一塊假石」，和傳記人物蘇東坡的身分也不配。賽珍珠在信尾再次強調了他們之間的友誼：「語堂啊，做一個朋友如果不能坦率相對，那還算什麼朋友。我和你相交這麼多年了，我們兩家也都很親密。我是個女人，也老了，怎麼想就怎麼說。我知道你一定不會懷疑我們的友誼一如既往、歷久彌堅。」[44]

賽珍珠該封信的邊角有一行華爾西寫的注：七月八號談話後語堂同意了。雖然這段涉及美國記者的文字刪掉了，但是《蘇東坡傳》並不是完全沒有涉及當代政治。書中講王安石變法一章，林語堂這樣寫道：「對現代讀者最重要的兩點是：孟子的原則即統治者的權力來自人民，以及承認政治有異見存在並捍衛自由批評的權利……因為，在蘇東坡看來，良政能夠運作非常需要反對意見能夠順暢表達。民主本身就是建基於不同黨派可以意見相左。如果把蘇東坡放到現代，他肯定不會贊同聯合國安理會須達成一致意見的原則，因為那本質上是反民主的。他很清楚，中國有史以來，從沒有兩個人能夠意見完全一致，不是民主，那一定就是專制。我還從未發現民主的敵人不是一位獨裁者——無論在家裡、在一個國家，或在世界政治舞臺上。」[45]

林語堂談政治的衝動確實很難控制。他寫完蘇東坡傳的書稿後馬上便計畫下一個寫作項

---

43 Lin Yutang, Letter to Richard Walsh, August 8, 1946.

44 Pearl S. Buck, Letter to Lin Yutang, July 7, 1947.

45 Lin Yutang, *The Gay Genius: The Life and Times of Su Tungpo* (New York: The John Day Company, 1947), pp. 118-120.

目，他告訴華爾西他打算請赫茲（Herz）小姐做經紀人為雜誌撰稿，因為他想「寫一篇非常重要的文章，重新界定美國的中國政策，非常及時也非常必要」。[46]華爾西立即回信表示反對：「我真的希望你別再寫任何有關美國的中國政策的文章——無論你的欲望有多麼強烈。讓別人去寫吧……」因為一旦林語堂再介入這一漩渦，肯定會影響《蘇東坡傳》的銷路。[47]

到了十月份，莊台公司即將出版《蘇東坡傳》，華爾西邀請林語堂到費城舉辦的書展演講，同時給他打了預防針：「我想你不會介意我說這個：我希望你的演講能讓人覺得你從來沒聽說過國民黨、共產黨或美國記者……如果你只講蘇東坡、中國哲學和中國文學，對書的銷售肯定有益。」[48]來年一月新書上市了，華爾西看到它再一次登上了《先驅論壇報》的暢銷書榜，興致勃勃地寫信祝賀林語堂，稱他「每本書都是暢銷書」的紀錄沒有被打破。但從最後的銷量來看，《蘇東坡傳》遠低於預期的效果，主要是因為整個市場對中國題材的書非常冷淡。華爾西認為，當下中國的政治局勢嚴重影響美國讀者對中國題材書籍的興趣，他給林語堂的信中有如下抱怨：「我想讀者還是會慢慢回來，儘管現在大家對中國事務普遍討厭……要是你能說服你的朋友蔣介石把國民黨弄乾淨一點，而不是用典型的俄國方式進行『清洗』。讓盧作孚或像他那樣的人上位，趕走那些腐敗無能的傢伙，美國人就會擁護、支援他，他們也會重新關注中國、買中國題材的書來讀。」[49]

《蘇東坡傳》的銷量根本沒有解決林語堂所面臨的財務困境，他必須先解決生計問題。他得先找幾件能快點掙錢的工作，比如將《老子的智慧》收進「現代圖書館系列」之一並且於一九四八年出版，林語堂獲預支稿費一五〇〇美元。他也嘗試把中國短篇小說投稿給雜誌，但不是太成功（小說〈貞潔〉被《婦女家庭伴侶》〔*Woman's Home Companion*〕接納，發表於一九四八年十一月）。

華爾西的建議是，林語堂的上上策應該是寫一部自己的小說，要能達到以前他寫小說的水準，於是他向林語堂推銷他的想法：寫一部唐人街的小說。華爾西想出版一本有關唐人街的書已有一段時間。一九四二年，曾有人向華爾西提出要寫一本有關唐人街歷史的書，華爾西沒答應，並告訴林語堂他希望這本書應由一位中國人（意指林語堂）來寫。[50]現在市場對中國題材的書很冷淡，正好把焦點從中國轉到美國。賽珍珠也特別贊同該建議，於是華爾西於一九四七年七月十日正式向林語堂提出該計畫：「我的意思是，別再寫有關唐人街歷史的書了，而是聚焦當下的唐人街，寫一部小說，背景設在紐約，人物有各種各樣的華人，包括美國出生的華人，這個你當然最了解；還可以包括幾個美國人，或許小說的主題之一是跨國跨族婚姻。」[51]但林語堂並沒有馬上同意。十一月，華爾西去信林語堂，說他很遺憾林語堂不想寫唐人街小說。一九四八年一月，林語堂告訴華爾西他正在構思一兩部小說，一個是情愛小說，背景設在

46 Lin Yutang, Letter to Richard Walsh, July 21, 1947.
47 Richard Walsh, Letter to Lin Yutang, July 24, 1947.
48 Richard Walsh, Letter to Lin Yutang, October 2, 1947.
49 Richard Walsh, Letter to Lin Yutang, January 10, 1948.
50 Richard Walsh, Letter to Lin Yutang, August 3, 1942.
51 Richard Walsh, Letter to Lin Yutang, July 10, 1947.

青海（這個應該就是後來的《朱門》），另一部主題是世界和平，背景設在非洲（這個應該就是後來的《遠景》）。[52]

要到一九四八年四月，林語堂才最終決定接納華爾西的建議先寫一本唐人街小說，主要是華爾西勸說寫這個最有市場前景。林語堂承諾在四個月內寫完，他確實做到了，而且他不得不趕緊寫完，因為到六月份林語堂已經獲任為聯合國教科文組織文藝部主任，並於七月二十一日離開紐約赴巴黎任職。書稿在林語堂離開紐約前兩天才殺青，校樣是華爾西空郵至巴黎完成的。

林語堂要是地下有知，肯定覺得不可思議：他寫了那麼多本英文暢銷書，這本《唐人街一家》主要是應華爾西勸說而作，在三個月之內匆匆趕完，可就是這本書現在在美國受到最多的批評關注，最近還由一家大學出版社重印出版。[53]林語堂在小說首章介紹一主要人物湯姆·方（父親）時這樣寫道：他是一位中國來的老移民，他很喜歡美國，因為美國讓他生活平安，也沒人管他，他也愛中國，但他愛中國就像愛父母那樣，並不是把中國看成一個國家，而是把她看成「一個民族的共同體，一群信念和習俗相同的人共同的居所。他周圍住著捷克人、希臘人、義大利人、猶太人、德國人、奧地利人。他不明白主權國家的傲慢。這些人在一起，就是過日子而已」。[54]《唐人街一家》現在受到的批評關注正是出於這種「主權國家的傲慢」，因為小說被認為是典型的「美國」作品，被評論者用於為各種意識型態服務的少數民族話語批評。

儘管有商業考量，儘管有出版商約稿，林語堂一旦決定要寫，整個寫作當然還是由他掌控。不管該小說有什麼瑕疵，有一點是很明顯的：林語堂描繪出來的美國華人是有尊嚴的。參考了華爾西的建議之後，林語堂對小說的構思是，要寫「一個溫馨的華人家庭生活，用幽默的筆調，沒有壞人，每個人物都有可愛點，壞人和好人都一樣。只要用厚道的幽默筆調寫出來，壞人往往比好人更有趣」。[55]

同時，莊台公司的職員也開始準備行銷事宜，比如，他們建議小說中的人物不要姓「Chan」，因為那是美國華人最有名的姓──「Charlie Chan」（陳查理）；另外書名《唐人街一家》（*Chinatown Family*）也是由他們最後敲定的。一九四八年五月十二日，林語堂已經寫完了前七章，先寄給華爾西審閱。華爾西看完之後很滿意，只是對小說中有關移民問題的處理有疑慮。草稿中，林語堂沒有詳細交待湯姆．方是如何把家人從中國接到美國來的，只說移民官就是一個官，中國人總是有對付官員的辦法。華爾西自己有點著急起來，因為美國排華法案期間，任何中國人進入美國都是非法的，林語堂這麼處理恐怕會遭來批評。「如果湯姆．方要了一點小聰明繞開移民官的檢查把家人接來美國，而這些『小聰明』到底是什麼又不能說，因為說了會影響到唐人街的華人，他們也就是這麼進來的。這樣的話還是在迴避問題，不可行。」華爾西還專門就此問題諮詢了出版界的朋友，其中有一位朋友的意見剛好相反：「這可是一個大好機會，應該大肆渲染他們如何以非法的方式進入美國的。」於是華爾西敦促林語堂諮詢一下中國領事館，把問

---

52 參見 Richard Walsh, Letter to Lin Yutang, November 10, 1947; and Lin Yutang, Letter to Richard Walsh, January 16, 1948.

53 參見 *Chinatown Family*, edited and with an introduction by C. Lok Chua, New Brunswick, New Jersey: Rutgers University Press, 2007.

54 Lin Yutang, *Chinatown Family*, New York: John Day, 1948, p.13.

55 Lin Yutang, Letter to Richard Walsh, April 10, 1948.

題搞清楚。[56]

林語堂問了中領館查證此事，得到的答覆是：中國商人是允許帶妻兒來美國的。湯姆．方是個洗衣工，不是商人，但他的連襟陳叔有家雜貨鋪，那就讓湯姆．方做雜貨鋪的合夥人，這麼一來他也是商人，這樣安排也沒什麼。林語堂讓華爾西把這意思加進文本就行。[57]於是華爾西就加了兩段：

他不能讓他們裝進木桶裡面飄到加利福尼亞海岸，也不能把他們從墨西哥邊境偷渡入境，然後再乘火車到紐約，那樣總會被人發現。

於是他做了一些安排，美國官員審查時以為湯姆．方是陳叔雜貨鋪的合夥人，也是一位商人。於是法律一眨眼，湯姆．方成了一位商人。他和陳叔兩人心裡都明白，這是臨時安排，一旦他妻兒安全來美後，他還是個洗衣工。這樣做當然不合規範，可能還有其他不合規範的辦法，比如，二哥、老杜或其他人可能很清楚怎麼做。

華爾西把他加的上面兩段寄給林語堂審核。林語堂接受了第一段，但把第二段縮短了一點：

於是他們找律師辦了合法的程序，讓湯姆．方成為陳叔雜貨鋪的合夥人。這樣好像法律眨了一下眼，湯姆．方成了一位商人。他和陳叔都清楚這是一個臨時安排，為了滿足法律的要求。這樣做不太合規範。[58]

林語堂這樣解釋他的修改：「我刪了幾行，不想強調不規範性。我住的附近經常看到許多洗衣工的妻子，不想給她們添任何麻煩。」[59]

《唐人街一家》已經有很多論者從各種角度來評判、閱讀，[60]在此我再多加兩個角度。華爾西曾建議，小說的主題之一可以圍繞跨族婚姻。如果林語堂「現實」一點，或者說更「真實」一點，他應該勾勒一條華女嫁白人的線索。然而，小說的敘事結構是讓一位義大利女「花花」(Flora)嫁給華人洗衣工，而且兩人的婚姻很幸福美滿。林語堂這種不切實際的敘述手法最終要讓他付出代價。華爾西本來期望林語堂會寫出一部一流的小說，後來他看到書稿寫得很匆忙，他自己不得不修修補補做了許多編輯功夫，於是在行銷過程中把格調也降低了許多。沒想出版後銷量還相當不錯，甚至還有好萊塢來函諮詢想把小說拍成電影。但在協調過程中，好萊塢碰到兩大障礙：首先，很難找到亞裔明星演員；第二，要在螢幕上顯示一個白人女人和華人男人睡覺，簡直是不可能的事。華爾西自己也覺得很納悶，他告訴林語堂：「這個國家有許

---

56 Richard Walsh, Letter to Lin Yutang, May 26, 1948.

57 Lin Yutang, Letter to Richard Walsh, May 27, 1948. 林語堂該信還有一段「再啟」，解釋說，一九四三年排華法案廢棄後，因為新設了移民數額限制，華人商人要辦家眷來美實際上變得更難了。

58 John Day Company files, June 11, 1948 and June 16, 1948. Cf. *Chinatown Family*, p. 11.

59 Lin Yutang, Letter to Richard Walsh, June 16, 1948.

60 比如最近還有把該小說和林語堂發明中文打字機的事連在一起閱讀，參見R. John Williams, "The *Techne* Whim."

多人無法忍受在銀幕上看到中國人和美國人結婚，真是不可思議。我都從未想過會遇到這種麻煩。」[61]當然啦，《唐人街一家》從未被拍成電影。

上文提到，按林語堂原來的構思，小說裡「沒有壞人」。其實這個不完全準確。賽珍珠曾以美學的理由力阻林語堂在《蘇東坡傳》一書中提及任何有關美國記者的文字。但這次寫的是當代美國的故事，華爾西也認同小說裡可以有一、兩個「美國人物」。果然，我們發現小說裡有一位「美國記者」。這一角色，林語堂本來命名為「蘭多爾」（Randall），華爾西提醒道，這也太明顯了，恐怕有人會指責你這是惡意報復。[62]於是林語堂把名字改為「桑迪・布爾」（Sandy Bull），並斷然回覆稱「有關桑迪・布爾的段落不能動」。[63]《唐人街一家》所有人物中，林語堂最「看重」的應該就是這個「桑迪・布爾」了，儘管全書只花了一頁篇幅描繪這個人物：

> 湯姆總覺得桑迪這個人很固執、衝動，真有點名如其人，你聽他說話時把一堆詞捲在一起噴出來，好像要把人壓扁似的。桑迪已年過四十，但日子過得一頭霧水，不知自己想要幹什麼，經常發脾氣。在中國時，他曾和一家英文報紙關係密切。他人還是挺聰明的，一直升到該報的責編，覺得自己也是一個知識分子，自由派的，親中、親俄。他的文風很流暢，雖然用詞不算精緻，喜歡用口語、俗語，寫報刊社評時經常用「滾蛋」、「去他媽的」，讓一些讀者興奮，同時也得罪另一批讀者。他好像總是在生氣、總是要和別人爭什麼、駁斥什麼。住在上海的美國人有時看到他會跟他說：「喂，桑迪，今天你的社評怎麼

沒見你用『他媽的』，你沒罵人啊，怎麼回事啊？」不過他的思想也就是他說話的那種水準。四十歲的時候，他突然發現他不知道自己信什麼，不知道自己在幹什麼。他把生意仍給他的生意夥伴，自己開始酗酒，離了婚，又重新結了婚。報社老闆不喜歡他的親俄、親共態度，於是他辭職回到紐約，找了一份保險行業的工作，在Cornelius Underwriters保險公司擔任經紀人。他被派往唐人街賣保險，因為他在東方住過，所以成了中國問題專家。他現在是既親資本、也親史達林。他是個自由派，思想開放，也是個基督徒，一看上去就是個充滿善意的人。他知道如何和中國人相處，老喜歡拍拍他們的肩，自以為中國人都喜歡。他會說「乾杯」，自以為中國的事情沒什麼他不知道的。拍肩的技巧剛好對二哥很管用，他們一見面便成了好朋友、鐵哥們。[64]

小說情節的發展告訴我們：桑迪是二哥公司裡的上司，故意安排二哥到芝加哥出差做一筆大生意，他自己便上了二哥老婆的床。

---

61 Richard Walsh, Letter to Lin Yutang, September 9, 1948.
62 Richard Walsh, Letter to Lin Yutang, June 12, 1948.
63 Lin Yutang, Letter to Richard Walsh, June 16, 1948. Sandy中文直譯意為：像沙子一樣，不牢靠；Bull中文直譯意為：像牛一樣，固執、欺負人。
64 Lin Yutang, *Chinatown Family*, pp. 131-132.

## 美國的智慧與美國的愚蠢

林語堂的生活軌跡似乎有一個定律：在美國碰到財務危機，便去歐洲。一戰後他在哈佛讀研究所時碰到困難，便去了歐洲，現在二戰結束後又在美國陷入經濟窘境，於一九四八年又赴歐洲。這次是去巴黎，擔任新成立的聯合國教科文組織文藝部主任。[65]林語堂於一九四八年七月二十一日乘茅利塔尼亞號郵輪離開紐約前往巴黎，從此以後，法國（特別是海濱小城坎城）將成為林語堂另一個常住之地。他在巴黎安頓下來後，馬上發現生活消費比紐約便宜多了，他告訴華爾西，每月花五百多美元就可以過得很舒服了。[66]但他馬上又發現，教科文組織是個龐大的官僚機構，要想真正做點事太難了。許多人來到這個新機構，滿懷理想，結果碰一鼻子灰。一個典型的例子是李約瑟，林語堂來到巴黎後與他結識。[67]李約瑟上任時提出了一個很好的計畫，最終發現什麼也做不了，只好撤了。用林語堂的話說，教科文組織是這樣運行的：船怎麼走、朝哪個方向走，不是船長說了算，而是由（管財務的）事務長說了算。那這些「事務長」是誰呢？──「教科文組織有一幫剛退伍的美國小年輕，由他們來為專家評分管理，真是太滑稽可笑了。」[68]

林語堂開頭儘量想盡好本分，但做了一、兩個月，他已經確定他得離開，最終在聯合國僅做了一年。林語堂決定離開時，正好華爾西寫信商討下一本書的寫作計畫。一九四八年十二月，他告訴華爾西他已經決定賭一下：他在教科文組織拿的年薪還不到一萬美元，他覺得他可以靠寫作來掙夠這筆錢，所以決定儘早辭職。他寫的下一本書叫《美國的智慧》。[69]

一九四八年下半年，正當林語堂在躑躅考慮是否從教科文組織脫身重獲個人自由之時，中國的內戰打得正凶，而且國民黨軍隊節節敗退。林語堂離開紐約，他和華爾西之間的來往通信增加不少，但信中基本上避談政治。華爾西還在考慮編一本他和林語堂的通信集。林語堂沒有表示反對，只是說要編這樣一本書，讀者最感興趣的可能就是「他對政治、對美國對華政策之愚蠢時不時的爆發」。於是他又情不自禁地對時局一陣撻伐：「事實是：馬歇爾將軍把一隻虎仔（中共）養成了一隻猛虎，把它留在中國自己拍拍屁股走人，完了說，『不是我的責任』、『不是美國人的責任』……泰德．懷特以及所有親共的那幫人，現在哪裡去了，還有拉鐵摩爾，那隻披著羊皮的狼，把中共說成那樣，成功地矇騙了馬歇爾。現在他們不想說話了，不想

65 據林太乙披露，為林語堂推薦這份工作的是陳源，他於一九四六年獲任聯合國教科文組織中國首任代表，常駐巴黎。參見林太乙，《林語堂傳》，頁二〇四。二十年代陳源和林語堂是北大英語系的同事，他和魯迅筆戰時，林語堂可是站在魯迅一邊，寫了好幾篇攻擊陳源的文章。
66 Lin Yutang, Letter to Richard Walsh, August 6, 1948.
67 假如要為《蘇東坡傳》物色忠實的讀者，李約瑟可算一個。他寫了一封長信給林語堂，詳細詢問書中提到的宋代科學發明。參見Joseph Needham, Letter to Lin Yutang, April 10, 1953.
68 Lin Yutang, Letter to Richard Walsh and Pearl S. Buck, October 31, 1948.
69 Lin Yutang, Letter to Richard Walsh and Pearl S. Buck, December 12, 1948. 林語堂的「智慧」系列（《孔子的智慧》、《中國和印度的智慧》、《老子的智慧》）是由蘭登書屋出版的。蘭登書屋得知莊台公司要出版林語堂的《美國的智慧》後非常不悅，因為林語堂的「智慧」系列非常成功，於是他們已經約請哥倫比亞大學的一位教授著手撰寫一本《美國的智慧》。林語堂建議書名改為"On the Wisdom of America"（論美國的智慧）作為妥協辦法。

提它了，可我們中國人得買單，大規模內戰。」[70]

林語堂在給華爾西的信中沒提，這時他又公開露面談政治——他在巴黎接受《紐約世界電報》的專訪，猛批所謂的「客廳自由主義者」，誤導美國公眾輿論以及美國政府決策，他警告，共產黨一旦在東方掌權，對美國的安全所造成的威脅要比日本曾帶來的更多。「那些想讓中國變成共產國家的自由主義分子，為什麼他們自己不去加入共產黨、把自己的國家變成共產國家？他們只會坐在紐約或華盛頓舒服的客廳裡高談闊論，什麼『自由主義』、『進步主義』。我是中國人。我要對他們說：『你們美國人不想把自己的國家變成共產國家，但卻想方設法要把我的國家變成共產國家，我很憤怒。』[71]他對美國不應該干預的說法嗤之以鼻，因為美國早就插手了：「是誰讓俄國占領東三省的？是美國，在雅爾達會議上。」而且，正如當年美國在最後一分鐘拯救了英國，同樣也可以拯救中國。不然，「總有一天，戰爭來時，美國人民便要付出代價。」[72]

策畫《美國的智慧》一書本來沒有政治考量。相反地，它就是要讓林語堂遠離中美時局政治議題。林語堂在蘭登書屋的「智慧」系列很成功，華爾西和林語堂已經談了好長時間，打算請林語堂寫「西方的智慧」。林語堂現居巴黎，華爾西又重提舊事。林語堂還是想重回寫作，並提議寫一本《美國的智慧》可能更合適。華爾西問了一下朋友和同事，看有沒有市場，反應非常積極。林語堂很受鼓舞，一九四九年二月開始做準備，借了好多書來讀，於五月十五日正式辭去教科文組織的工作，並於一九四九年底完稿。

《美國的智慧》是林語堂眼中的美國文化名著精選，精選傑弗遜、富蘭克林、林肯、艾默生、梭羅、喬治·桑塔亞納、大衛·格雷森、法官霍爾姆斯以及愛因斯坦的作品，並附有林語堂的評注，而且評注占了整個文本的五分之二。在所有美國作家中，林語堂最為看重的是傑弗遜和法官霍爾姆斯，華爾西做行銷時也是這麼說的。

林語堂構思該書時，從結構、語調乃至整個趣味上欲使其成為《生活的藝術》的美國版。他發現「美國夢」曾經是很有活力的願景，到了現代卻逐漸式微了。「現代人太繁複了。我要做的是從美國智聖的作品中找到平和中庸的思想，為人類的內在與外在生活點明秩序與輪廓、希望與和諧……要做成真正探討生活問題的美國思想精髓選。」[73]華爾西和賽珍珠都非常贊同，認為《美國的智慧》寫得越接近《生活的藝術》，成功的可能性便越大。他們只是再次提醒林語堂在文中儘早表明其「中國人」的身分。對於這一點，林語堂這次婉拒了。反而他明確表明自己是一個「現代人」：「在遊覽美國和中國的思想旅程中，我從來都覺得自己是一個現代人，深明現代人的問題，共用發現的喜悅。文中但凡說『我們』，我指的是『我們現代人』。」[74]

---

70 Lin Yutang, Letter to Richard Walsh, September 27, 1948.

71 William H. Newton, "Lin Yutang Blasts Parlor Liberals, Calls for All-Out China Aid Now", *New York World-Telegram*, November 9, 1948.

72 同上。林語堂的預言不幸言中，美國接著打了韓戰和越戰。

73 Lin Yutang, Letter to Richard Walsh and Pearl S. Buck, September 2, 1949.

74 Lin Yutang, "Preface to", *On the Wisdom of America*, New York: The John Day Company, 1950, p. xv.

然而，林語堂在寫《美國的智慧》的同時，看著中國變成赤色大地。如果該書沒有任何林語堂對政治的看法，那就奇怪了。事實上，這正是林語堂和他的出版商朋友間主要的爭執點。比如，一九四九年六月二十一日，林語堂致信華爾西，有這麼一段：「美國夢曾經是很有感召力的，特別是對革命後的一代人，現在那幫偽自由主義者早就把它拋之腦後，寧願用人類的自由來換取國家恩賜的一碗粥，史達林能給警察國家的奴隸恩賜一碗粥，便受到這些人的熱烈擁戴。」[75]他還告訴華爾西他越來越看重傑弗遜。一週以後，他又去信華爾西說，他這本書要彰顯美國是有文化的，這本書編寫的越來越像《生活的藝術》，但在信的結尾又寫了這麼一段：「美國現在把這麼多國家賣給了史達林，羅斯福的行為和政策讓這些國家的人失去了最基本的自由，思想都要受到嚴格控制，我們除了哭還能做什麼？一九四五年時我們應該對馬歇爾說：『有一股紅潮要席捲亞洲，馬歇爾，你得堵住啊！』他沒堵，我堅信，就在未來的十年，他一定會被歷史詛咒。」[76]

華爾西收到林語堂寫完的書稿後，十分吃驚。「賽珍珠和我都強烈質疑你對美國『自由主義分子』的攻擊。」他這麼告訴林語堂。他提醒林語堂《枕戈待旦》一書的遭遇：「我早就預料到，假如你不刪掉那些有關美國政策和美國作家的段落，肯定給你帶來很多損害。但你不聽，堅持一定要保留。」他再次警告林語堂，如果美國讀者覺得「只要不是百分之百擁護蔣介石，你就要貶損人家，他們就會掉頭不再理睬你，說你已經不是一位哲學家，而是一位盲目維護一黨之私的黨棍」。[77]這引來林語堂滿滿一頁的爆發：「美國的自由主義！好吧，我把整個問題重新組織了一下，這樣該問題讀起來是絕對相關的了。美國那麼多『自由派思想家』，他們為了意念中的好社會可以犧牲個人自由，因而稀裡糊塗成為真正的傑弗遜式自由的叛徒——你真的確定沒這回事？」林語堂當然沒有忘記《枕戈待旦》的遭遇，但他絲毫沒有讓步：「我現在仍然感到很自豪，我沒有為了取悅於大眾而寫一句違心的話。」林語堂說，公開的美國共產黨人倒沒什麼，最可惡的是那些像拉鐵摩爾那樣的祕密同路人，他們用一副表面客觀的姿態來矇騙大眾。「沒錯，華萊斯主義深深藏於美國自由主義的靈魂之中。問題很簡單：上億的中國人現在要生活在極權統治下，這到底值不值得關注，自由主義對此到底是什麼態度？是贊成、反對，還是『無所謂』？這就是問題的關鍵所在。美國人都認為他們愛自由，但對於中國人失去個人自由，那就沒什麼大驚小怪的了。」[78]

另外，賽珍珠和林語堂之間的往來書信言辭更為激烈。賽珍珠讀完書稿後寫了一份備忘錄給莊台公司，再轉寄給林語堂。賽珍珠認為，林語堂在此重提美國自由派人士的問題完全不合適，多半會遭到無情攻擊，對書的銷量危害甚大，林語堂和莊台公司都會遭受損失。接著賽珍珠就美國人到底對中國的淪陷一事怎麼想的提出了自己的看法。正是國民政府的普遍腐敗奪走了美國人的同情心，是蔣政權讓美國人傷透了心。「語堂不能、也許永遠不能理解美國

75 Lin Yutang, Letter to Richard Walsh, June 21, 1949.

76 Lin Yutang, Letter to Richard Walsh, June 28, 1949.

77 Richard Walsh, Letter to Lin Yutang, January 4, 1950.

78 Lin Yutang, Letter to Richard Walsh, January 14, 1950. 一九五〇年一月至三月，差不多有三個月的時間，林語堂信件上方打出的年代是一九四九年，很奇怪。

人在此問題上的觀點——我不是說像拉鐵摩爾那樣的美國自由派人士的觀點，而是指普通美國人的觀點。為什麼現在連大企業（他們肯定都是保守派的）也不去緊跟塔夫特（Taft）和嘉德（Judd）？」賽珍珠甚至提出，假如要責怪美國人沒有全力以赴去對付共產黨，當初還不如和日本人簽訂和平協議一起來對付中共好了。「許多中國人（他們不是共產黨人！）曾告訴我們，要是美國出面幫蔣，中國人自己也會反對我們。沒有一個我認識的中國人——除了國民黨官員——持有語堂的觀點。」至於編輯方針，賽珍珠說，「我們施壓有個極限。必須給作家寫作自由，風暴來臨時做好防範措施。好心的評論者不會理這一段。可悲的是，現在沒有多少美國人會對中國人展現善意了。」[79]

林語堂給賽珍珠的回覆也表露出他內心深處的一些想法。他謝謝賽珍珠的評語，並稱「誰要為塌方負責，這話可能說不完，正確的答案應該是**雙方**都有責任。」林語堂說，現在好多事實還沒有曝光，並打賭說即使很多年以後美國人看到這段歷史肯定還是霧裡看花。「國民政府的坍塌對我來講意味著自由主義在中國的潰敗；蔣的失敗也就是我們這代人的失敗，包括像王雲五、張嘉璈、翁文灝以及一大批受西式教育訓練的人，差不多五十歲，要是換在日本，應該可以讓中國復興起來，就像伊藤博文手下的人使日本走向維新之路一樣。我以為我們也走上了歷史舞臺，我們有像伊藤博文那樣的人，五十歲以上的工業家，諸如此類。蔣是失敗了，沒錯，但是，難道這不也是我們的失敗嗎？那些腐敗的官員，從上至下，包括最高層的（宋子文和孔家），這意味著整個民族的傳統在和蔣作對，蔣自己當然也有侷限。但就廣義的民主和集權議題而論，美國人嚴重被誤導，而且是故意地被誤導，那幫混蛋的所謂專家，沒有一個願意講中共的真相，沒有一個願意講中共構成的威脅，直至事情無可回轉。我想整個事件中，最受歡迎的英雄人物是哈里森·福爾曼，一位三流的記者，美國人從他那兒聽到一切他們想聽的東西，共產黨多麼民主、多麼偉大。」[80]

林語堂堅稱，該章講的是美國的政治生活，和當下的思想是相關的。「它不會冒犯誰……（要當一位哲學家就不能對政治充滿激情，西人這種觀念真是很奇怪。）」《美國的智慧》出版後，我們可以讀到下面一段：

> 我如何來解釋我們今天這種虛偽的自由主義呢？也許是因為有些美國人認為，思想自由那是生為美國人的身分象徵，但其他國家的人，比如東歐人和中國人，布拉格的大學生，他們不會介意宗教和思想自由這種東西，只要他們的政權能給他們保證能過上更好的「日子」就行。
>
> ……亨利·華萊斯說蘇聯奉行「有指導的民主制」，那是自欺欺人。如果我們用同樣的邏輯，那為什麼不能說希特勒的第三帝國也是奉行「有指導的民主制」？列寧恐怕都沒料到，他攪的渾水有多麼成功。當今世界冒牌民主何其多！每次聽到美國記者操著一口純正的美國腔說中國的「民主力量」或伊朗的「民主軍隊」，我都不寒而慄。如果是莫洛托夫

79 Pearl S. Buck, Memorandum on Y. T.'s manuscript, January 23, 1950.

80 Lin Yutang, Letter to Richard Walsh, January 31, 1950.

這麼說也就算了——可出自美國人的口，天哪！[81]

華爾西和林語堂來往信函中一個主要爭執點，圍繞在林語堂把美國總統羅斯福名字的縮寫F.D.R.虐稱為Foul Dog Realism（臭狗屎現實主義）。其實在書稿寫完前，華爾西應該已經得到警告了。當林語堂決定不寫「西方的智慧」而寫《美國的智慧》時，他曾告訴華爾西：「我們可以忘掉F.D.R.，正是這個奸商帶給我們現在這樣一個世界，這個超級自私鬼夢想長生不老，和邱吉爾、史達林把世界瓜分後想永遠統治下去。」[82]

一年以後，林語堂把寫完的書稿寄給華爾西，又有另一次警告：「我覺得整本書還可以。我對F.D.R.沒有吝嗇我的筆。論世界政府一章有一段，我寫得挺狠的，但我覺得寫得挺好，讀者要到書的收尾處才讀到這一段。」[83]讀完書稿後，華爾西的回覆很簡潔：「嚴重質疑F.D.R.被虐稱為Foul Dog Realism，會被認為帶有嚴重的侮辱性。請讓我刪掉。」[84]林語堂做了一點讓步，同時又再一次爆發：「難道你們的自由派總統沒有和史達林把國家當作買賣一樣交易，就像盜賊交易馬匹一樣，可這樣還是受到人們的擁戴。為什麼？因為他把成千上萬的蒙古人當成奴隸賣掉，從而確保了幾千名美國士兵的生命？這算什麼角度？……不要動Foul Dog Realism，刪掉F.D.R.，行了吧？哎喲，哎喲，多麼了不起的美國英雄！」[85]讀完最後校樣，華爾西還是覺得很受冒犯：「我仍然覺得Foul Dog Realism很具侮辱意味，即使沒有直接和F.D.R.聯繫起來。」[86]但書中保留了foul dog realism，雖然改成了小寫，也沒有用F.D.R.：「威爾遜宣布一戰的目的是『和平』，而不是『勝利』，當時多麼鼓舞人心；而臭狗屎現實主義則宣布二戰的目的是勝利，而不是和平，而且是不打折扣的勝利，無條件的勝利——這種勝利為人類的福祉吹響了漢尼拔或成吉思汗式的殺戮聲，而不是貝多芬的第五號交響曲。」[87]

《美國的智慧》出版後獲得了一些好評（銷售量最終達到一萬冊），但和林語堂的期望（重回《生活的藝術》那種火爆場景）相差甚遠。他很灰心，特別對「紐約知識分子」越發感到隔閡：「紐約對我太高貴了，我在紐約眼裡就是個鄉巴佬。美國思想和情感的中堅地域在內陸。」他希望書的銷量可以從西部開始起來，再熱賣到東部，就像《生活的藝術》那樣。[88] 在紐約，那些自認為美國的菁英知識分子，「你一講到美、祥和之類的東西，他們一概嗤之以鼻，認為幼稚、乏味。」但林語堂說，「我很高興我還沒有得這種現代病，和『現代脾氣』不沾邊，也沒有同情。」[89] 無論如何，他盡力寫了，其他就管不了那麼多了。

---

81 Lin Yutang, *On the Wisdom of America*, pp. 174-175.
82 Lin Yutang, Letter to Richard Walsh and Pearl S. Buck, December 12, 1948.
83 Lin Yutang, Letter to Richard Walsh, December 20, 1949.
84 Richard Walsh, Letter to Lin Yutang, January 4, 1950.
85 Lin Yutang, Letter to Richard Walsh, January 14, 1950.
86 Richard Walsh, Letter to Lin Yutang, February 10, 1950.
87 Lin Yutang, *On the Wisdom of America*, p. 428.
88 Lin Yutang, Letter to Richard Walsh, July 17, 1950.
89 Lin Yutang, Letter to Richard Walsh and Pearl S. Buck, June 29, 1950.

正當《美國的智慧》出版、在各地書店上架之時，麥卡瑟議員指責國務院遭共產黨間諜滲透，國會開始舉行聽證會，而對拉鐵摩爾的聆訊更是成為焦點新聞。現在看來，聽證會並沒有澄清「隱祕的事實」，反而強化了美國政治的對峙，其遺產留傳至今。林語堂當時住在法國，當然十分留意此事態的進程。他在一九五〇年四月六日寫信給華爾西稱：「你們的麥卡瑟只是在清算，看誰要對錯誤負責；但遭罪的是我們。」一九五〇年五月一日又寫信道：「正在緊盯拉鐵摩爾的調查。我的侄子現遭綁架，多虧拉鐵摩爾『鼓勵』中共成為『鐵托主義者』。來自中國的消息非常糟糕。對農人和商人加重課稅，造成毀滅性的影響。最糟糕的專制主義形式……還有饑荒、通貨膨脹。拉鐵摩爾哪裡來的觀點認為鐵托主義是可以接受的，即使五億人失去傑弗遜式的自由？」[90]

對林語堂來說，美國國務院的問題不是能挖出幾個「非美國人」的問題而已。問題的關鍵在於帝國主義，尤其體現在對待受過美國教育的中國人的態度上——用林語堂的話說，是一種「催眠術」。「對蔣介石一直都是一種催眠術。有人安排胡適去見艾奇遜，艾奇遜說，胡適已經賣給蔣介石了。這就夠了。一種催眠。可是，有成千上萬名中國人在上半世紀崇尚美國和美國人的生活方式，他們算什麼？他們去哪裡？狄克、珍珠，你們所認識的留學美國的中國人當中，有哪一個不是寧願要蔣而不要共產主義的。舉一個名字出來。張伯苓、陳光甫等等。他們都賣給蔣了——起碼都是蔣政權的合夥人。把這些人都列出來，質疑他們、懷疑他們？再把反蔣的人列一邊，比如羅隆基，馬歇爾在中國時把他當作英雄。可現在羅隆基在哪兒？真是可悲，就是不願意信任留美的中國人，對他們玩催眠術。」[91]林語堂曾寫信給華爾西的兒子阿爾伯特（也是莊台公司的員工），不經意間又爆發不滿：「國務院的政策明顯就是一種心理上的帝國主義；帝國主義就是一種思想狀態，把所有對美國友好的國家當成是事實上的衛星國，可以被任意拿捏、把玩。我想美國官員和軍隊不可能擺脫這種思想狀態，因而他們在遠東的政策必定失敗……我也不知道為什麼又講這些，只知道一講到這些，我就停不下來。」[92]

一九五〇年底，華爾西寄給居住法國坎城的林語堂一件聖誕禮物：牛皮精裝本《美國的智慧》。林語堂回信致謝——附帶政治酷評：「非常感謝你寄來《美國的智慧》牛皮精裝本，寫於美國愚蠢至極之時，其總統如果是一位作家，肯定會威脅不喜歡他作品的書評家、要把他們統統揍一頓。想想看，為什麼蘇俄在亞洲有能幹而有效的工具為他們服務，而美國卻只有像蔣、李承晚和菲律賓總統這類混蛋合作？這真是本世紀最大的謎團。」[93]

林語堂這些政治酷評和爆發，華爾西和賽珍珠都沒有回應（除了上文列出的對書稿的回饋意見）。一段段既滿懷激情、又充滿孤寂的政治獨白。

---

90 Lin Yutang, Letter to Richard Walsh, May 1, 1950.

91 Lin Yutang, Letter to Richard Walsh and Pearl S. Buck, June 29, 1950. 羅隆基三〇年代曾是胡適領導的「平社」一員，抗戰時猛烈批蔣。一九四九年後出任中共政府的高官。當然，林語堂寫此信時，「反右」運動還沒開始，到那時羅隆基又成為大名鼎鼎的「大右派」，慘遭迫害。

92 Lin Yutang, Letter to Albert Walsh, August 19, 1950.

93 Lin Yutang, Letter to Richard Walsh, December 20, 1950.「混蛋」原文用的是s.o.b.，應是英文son of bitch的縮寫，意為「混蛋、雜種」。

## 美國式友誼

很明顯，四〇年代末至五〇年代初，林語堂看到國民政府的潰敗，對時局感到很沮喪。另外，因為發明中文打字機，個人經濟也很窘迫。但他並沒有抑鬱。相反地，他在海外日子照樣過，在歐洲盡情享受家庭生活。套用杜甫的名言：「國破山河在。」林語堂的生活哲學似乎是：國是沒了，但日子照樣得過，歐洲的山水一樣美。從林語堂和華爾西的來往信函中，我們可以窺探到林語堂在歐洲生活的點滴。下面舉幾個例子。

一九四八年尾、一九四九年初的聖誕新年期間，林語堂、廖翠鳳和三女兒相如到歐洲度假。回程語堂和相如輪流開車，一路穿雪山過草地，從波昂到巴黎開了二十一個小時沒停過，兩人半夜開車有說有笑的，很是興奮。[94]一九四九年五月十五日，林語堂已經從聯合國教科文組織解脫出來。他花了幾個星期在花園裡挖了一個魚塘，買了一輛二手車，經常和廖翠鳳到巴黎近郊釣魚，享受陽光和新鮮空氣。[95]一九四九年十月一日，毛澤東在天安門城樓宣布中華人民共和國成立，林語堂正開車從巴黎出發去坎城。往後林語堂在海外的客居點基本上不是紐約就是坎城。他搬到朋友盧芹齋的寓所，「一棟現代的美國式建築……該房子分成好幾個公寓……屋外有個平臺，我們在那兒用早餐，沿著平臺下面有一個小坡，連著一個大花園。住在這樣一棟房子裡，幾乎讓人感覺不道德，好像說要寫一本好書必須住這樣的豪宅，哪裡啊，其實完全不需要，不需要」。[96]

林語堂在盧芹齋的豪宅住了八個月，隨後他和妻子到蘇黎世住了五個月，為了發明無帶、靜音打字機，探索製造實驗模型。林語堂很喜歡蘇黎世。他寫信告訴華爾西，他一個月開銷四百多美元，「住最好的公寓，非常舒適，到餐館吃飯，晚上逛咖啡廳、聽音樂會，釣魚，有二十多家電影院（講英語的）可供選擇，在湖邊散步，看街上穿著整潔時髦的美女，玩機器發明（美國讀者不知道我比他們還痴迷發明創造）」。[97]他特別欣賞瑞士人，穿著整潔，技術上精緻，瑞士錶就是他們的象徵。他說他住的公寓電梯：「唆一聲，上去了，唆一聲，又下來了，上下樓出門一點都不耽擱。有效而安全的感覺真好，不像法國的電梯，那種吱吱嘎嘎的老爺車也叫電梯。」

講到法國人：「法國窮人都是酒鬼，富人住在十四區，用紅色的名貴墊子，坐鑲金的椅子，目光短淺，心胸狹窄。你拿法國人有什麼辦法？我的評價是：世界上有史以來最懶的民族。」[98]在蘇黎世，林語堂驚訝地發現自己多年沒用的德語一下子又回來了，他說德語比說法語容易多了。十一月，林語堂夫婦又回到坎城，這次在海邊租了一套兩房公寓（豪宅太大，無法維護）。一九五〇年最後一天，林語堂把債務（包括欠美國稅務局的稅款）全部還清了，非常高興。一、兩個禮拜後，他去賭場玩。他寫信給華爾西：

---

94 Liao Cuifeng (Hong), Letter to Richard Walsh and Pearl S. Buck, January 15, 1949.
95 Lin Yutang, Letter to Richard Walsh, May 23, 1949 and June 21, 1949.
96 Lin Yutang, Letter to Richard Walsh, October 7, 1949.
97 Lin Yutang, Letter to Richard Walsh, August 3, 1950.
98 Lin Yutang, Letter to Richard Walsh, June 17, 1950.

昨晚去玩輪盤，運氣不錯。我小玩一把而已，但贏了就特別興奮。玩這個我有一套自己的辦法，開天闢地以來從沒有人用過，就像看偵探小說一樣順藤摸瓜，找到最有可能、最為邏輯的套路。這種心理好似棒球比賽中打擊手和投手的博弈。如果你能捉摸出投手的套路，那他就完了。當然啦，這些你都不會懂的。[99]

《美國的智慧》出版以後，林語堂給華爾西信中的政治獨白就越來越少了。只有一、兩次例外，比如，一九五一年三月十三日：「家鄉又傳來壞消息。廖翠鳳的妹夫在漳州家中被捕。恐怖的是，這次被捕的原因只是因為她妹妹寫了封信給在香港的兒子，叫他今後別再寫信了……『遏制共產黨』這種說法很邪乎，它的意思是說，在共黨統治下受難的人們，我們就都不管了。我們為世界爭自由，不能只為鐵幕這邊的人爭，也得包括為鐵幕裡面的人爭。」[100]其實，林語堂和華爾西通信時還講到家裡的消息，夾雜一點政治酷評，說明他們之間的關係還算親密。儘管他們政治上存有分歧，他們還是好朋友，起碼在一九五一年夏天他們再次見面之前。

林語堂和華爾西、賽珍珠的關係是多層面的，但首要的是生意關係。林語堂是莊台公司最重要的暢銷書作家（當然僅次於賽珍珠，但賽珍珠嫁給莊台公司老闆華爾西了）。一九五一年夏天之前，即使在林語堂經濟最困難的時期，他和莊台公司並沒有業務糾紛。事實上，莊台公司還儘量幫林語堂度過難關。比如，林語堂搬到巴黎不久，請求莊台公司預支兩千美元，讓他可以維持到年底，因為他每月要還大通銀行的貸款，而曼哈頓的公寓還沒賣掉，每月卻還要付三百美元的維持費。「我有一點小積蓄，但已經沒有寬鬆的周轉餘地了。」[101]華爾西回信說莊台公司也沒有「寬鬆的周轉餘地」，但答應幫助林語堂度過難關，只是要求林語堂詳細說清楚到年底每月需要多少開銷。林語堂回信稱，「寬鬆的周轉餘地」用詞不當，「我們還是談談周轉窘境」。他列出了債務的詳細情況給華爾西，以及他每月家用開銷，重新請求預支額為：九月、十月每月五百美元，十一月、十二月每月三百美元，假如到時他的公寓還沒賣出去的話。於是華爾西同意了，而林語堂的公寓到了十月底也賣出去了（賣了一萬八千五百美元）。林語堂後來還以同樣方式請求莊台公司預支版稅。林語堂發明中文打字機一共欠了三萬美元的債，他剛要付完的時候，美國稅務局修改相關法律，從稅務意義上林語堂從「非居民」變成了「居民」，需要補交一萬二千七百美元的稅。[102]最後，因為莊台公司給了另一筆預支款，林語堂終於在一九五一年除夕夜把所有債務都還清了，林語堂對此還是很感謝的。

這段時間，兩家來往也還算親密。林語堂最後決定辭去聯合國教科文組織一職後，廖翠鳳寫了一封信給華爾西和賽珍珠，告訴他們這一決定，並要求他們暫時保密：「這一決定我只告訴你們，因為我們把你們當成最親密的朋友。」[103]兩個月後，廖翠鳳又寫了一封信，建議賽珍珠再次為林語堂提名諾貝爾文學獎，因為在巴黎很多人都知道林語堂，國際聲譽很高。賽珍

99 Lin Yutang, Letter to Richard Walsh, January 24, 1951.
100 Lin Yutang, Letter to Richard Walsh, March 13, 1951.
101 Lin Yutang, Letter to Richard Walsh, undated, received on September 8, 1948.
102 林語堂的「居民」身分是件很複雜的事，這裡無法詳細討論。反正以後林語堂都被美國國稅局盯上了。
103 Liao Cuifeng (Hong), Letter to Richard Walsh and Pearl S. Buck, November 15, 1948.

珠樂意地照做了。一九五〇年六月，林語堂的三女兒林相如回到紐約，到巴納德學院上大學，她給華爾西一家帶了一些禮物，華爾西給林語堂的回信中寫道：「特別感謝你送給我的皮質煙斗，我一拿到手便一直使用……也感謝你送的白蘭地，賽珍珠說那可是很珍貴的，我們留著有客人來時再品嘗……還有香水、糖果分給全家，大家都很高興。」[104]他們還互相交換朋友間的資訊。一九五〇年八月二十四日，華爾西告訴林語堂，上個週末滿耳都是你，因為趙元任夫婦到訪，他們不斷談到林語堂一家；另外，林語堂也告訴華爾西，陳世驤於一九五〇年十二月十九日到訪坎城。林語堂於一九五一年六月二十七日乘義大利郵輪回紐約，之前他二女兒林太乙和夫婿黎明已預先到達紐約，華爾西還幫忙黎明找工作，聯邦調查局（FBI）甚至到華爾西辦公室調查黎明，是華爾西寫的推薦信。

一九五一年七月至十一月，林語堂在紐約待了五個月。這其間他和默根索拉排字機公司簽約，把打字機的專利權賣給了該公司，獲得二萬五千美元。在此期間，兩家肯定見過幾次面，雖然沒有信函紀錄，因為住在同一個城市基本上很少通信。不管發生了什麼，他們的會面顯然沒有增進他們之間的友誼。一九五一年十二月，林語堂又回到坎城，一直住到來年十二月。他們這一年間的通信往來，從語氣到內容都有很大變化。林語堂在信中幾乎再也沒有談政治甚而「爆發」，閒話家常的段落也幾乎沒有了。就是談生意。生意糾紛也隨之而起。他們的關係明顯趨淡，走下坡路。

繼《美國的智慧》之後，莊台公司又出版了兩本林語堂的書：《寡婦、尼姑、歌妓：林語堂英譯三篇小說》（一九五一年），以及《林語堂英譯、重編中國小說名著選》（一九五二年）。林語堂整個一九五二年都在寫另一部小說。他十分努力，希望一舉再登暢銷書榜，重現昔日輝煌，從而在個人財務上可以高枕無憂。他從默根索拉的合約中獲得二萬五千美元，但律師費就花了七千，另外又交了五千美元給國稅局，購買「出境許可證」以便可以離開美國。[105]林語堂回到法國坎城居住也是出於經濟上的考慮，他在法國已獲得居住身分，法國的稅要低得多。也就是說，剛把債全部還清，默根索拉的合約又給了一筆錢，但林語堂長期的生活保障根本沒有解決，更不用說能達到有「寬鬆的周轉餘地」的地步。

按華爾西的經驗，一本小說集的市場銷售量很有限。林語堂和莊台公司的版稅一般為百分之十五，但對《寡婦、尼姑、歌妓》和《中國小說名著選》兩本書，莊台公司提議降為首五千本百分之十，之後五千本百分之十二·五，再之後為百分之十五（實際上發行量不會超過一萬本）。從林語堂的角度看，這樣對待一位老作家，不厚道。而且他對莊台公司為《寡婦、尼姑、歌妓》所做的宣傳很不滿。他很不情願地同意了莊台公司的提議，希望公司能為《中國小說名著選》多做點廣告。林語堂指出，該書已經協商好由「袖珍圖書」公司同時出版，這樣莊台公司可以省了生產成本。華爾西沒能說服林語堂：一本小說集不管做多少廣告，銷量都是有限的；林語堂也沒能說服華爾西：宣傳做好一點的話，銷量可以達到七千冊，而不是三千冊。同時，林語堂要求莊台公司核查一下有多少他的書已經處於絕版狀態，因為按照合約第十三

104 Richard Walsh, Letter to Lin Yutang, June 6, 1950.

105 Lin Yutang, Letter to Richard Walsh, May 5, 1952.

條款，一旦絕版，所有版權都回歸作者。這對林語堂的版稅收入相當重要，因為它牽涉到海外（美國以外）版稅。雖然好幾本暢銷書（如《京華煙雲》）在美國已經絕版，世界各地的譯文版銷量卻在不斷上升，並成為林語堂的主要收入來源。假如林語堂一開始僱一個經紀人處理他的海外版稅，他必須付經紀人百分之十的佣金。但從一開始，莊台公司一直處理海外版稅事宜，而且合同都是寫明收取百分之五十的佣金。林語堂對此當然很清楚，也一直沒有抱怨合約。然而，按照合同第十三條款，一旦書在美國絕版不印了，版權必須回歸作者。

林語堂提出合約這一條款，華爾西，特別是他的兒子小華爾西，非常不悅，甚至有點驚訝。華爾西對林語堂解釋道：「第十三條款的真正用意是用來處理作者和出版商分手、或者不會再出版新書的情況而設置的。」[106]林語堂回覆道，這不是分手不分手的問題，就是一個簡單的合約問題，並解釋說他現在越來越依靠海外版稅，如果合約過期了，他便「應該得到全部海外版稅」。[107]但是華爾西不這麼認為。他明確告訴林語堂，這不是一個簡單的法律問題。再說了，「按照慣例，假如版權回歸作者，出版商還是要繼續分享之前由出版商協商搞定的海外合約版稅的」。[108]但華爾西強調，現在最重要的，是要讓林語堂目前正在進行的小說像以前一樣成功，重返一流暢銷書榜。林語堂似乎接受了這一觀點，他在坎城時沒有再提此事。他專心寫作，但進展不順利。

林語堂早就想寫一部以新疆少數民族區為背景的小說，一九五一年回坎城後便開始創作。他向華爾西解釋道：「這是一部神祕、宗教性小說，力圖凸顯米芾山水畫所體現的氣質，」其場景地稱為「丁克爾甘壩」，「這是一個完全虛構的地方。我覺得需要有這麼一個虛構場所，我可以自由發揮，以便達到我所期待的藝術效果。」[109]一九五二年五月十二日，林語堂把已寫好的書稿前七十頁先寄給華爾西，並解釋小說的主題是「講戰爭與和平問題的一個隱喻，是講不同宗教和不同種族的人如何共處」。[110]華爾西讀完後，感覺不好。他發現小說毫無「中國色彩」：「小說怎麼一點中國氣息都沒有，太多西方色彩——不光是你的老毛病（文中喜歡用美國俗語），而且小說人物的思維和言行整體給人的感覺都像外國人，不是中國人。」[111]對於「中國人」、「中國色彩」問題，林語堂相當不耐煩，也已經不是第一次了：「我自己覺得中國人物並不應該和西方人物不一樣。我關心的是小說人物必須有人性。不是所有的中國人都可以裝在一個所謂『中國風』的框架裡的。」[112]

然而，林語堂把全稿寄給華爾西後，出現了一場危機。一九五二年六月七日，華爾西寫了一封信（該信百分之九十的內容先由賽珍珠起草），對書稿的評價非常負面：場景不清楚，愛情故事不冷不熱的，人物描寫不凸出，而且「一個和藹可親的長者的陳腔濫調不足以解決種族

---

106 Richard Walsh, Letter to Lin Yutang, January 24, 1952.
107 Lin Yutang, Letter to Richard Walsh, February 8, 1952.
108 Richard Walsh, Letter to Lin Yutang, March 7, 1952.
109 Lin Yutang, Letter to Richard Walsh, February 26, 1952.
110 Lin Yutang, Letter to Richard Walsh, May 12, 1952.
111 Richard Walsh, Letter to Lin Yutang, May 29, 1952.
112 Lin Yutang, Letter to Richard Walsh, June 4, 1952.

矛盾與偏見這種大問題」。但華爾西沒有立刻將信寄出。他先找了第三方意見，然而湯瑪斯・考德（Thomas R. Coward）提供的意見更加負面：「完全沒有希望。出版該書將是一場鬧劇。」於是華爾西把信寄給林語堂，並告知莊台公司願意放棄出版該書，「然而，如果有其他出版商同意出版此書，而前提是你得整個重寫，或者願意接受它但不發表，目的只是為了把你從我們這兒奪走，那將有違倫理原則，我知道你是不會容忍的」。[113]

很顯然，華爾西對事態發展很是不安，也許他有預感，莊台公司要失去林語堂。發出上封信兩天以後，還沒收到林語堂回覆，便又寫了一封信，提出一個嶄新的建議。他知道作家要寫一部小說，得先構思，再寫作，現在要讓他重寫一遍是很難的。不如換一個題目，寫別的。華爾西建議林語堂寫一本非小說類的書，主題是「流亡海外的中國人」。中國淪陷後，許多中國人流亡海外，比如，「胡適滯留美國就是一個可悲的例子，」華爾西如此說，「我想到流亡緬甸、泰國、印尼、古巴、菲律賓、更不用說紐約和舊金山唐人街的華人。我想到他們時刻夢想回到祖國，為此加倍努力掙錢。可是共產黨現在要取締祭祖，家庭制度也要一起消亡……但我不是建議寫一本控訴紅色政權的書，或者再回頭看誰要承擔責任。相反地，我建議寫一個沉著鎮定又感人肺腑、啟思而富於哲理、非常含蓄、非常中國式的、非常人性化的故事，描述具體的個人和家庭都發生了什麼。是什麼樣的中國文化特質能夠使這麼多人忍受這種遭遇，拒絕悲觀，樂觀地活下去，甚至保留住希望，或許有一天他們或他們的子女還能回去？」[114]

有意思的是，林語堂的回覆和以前非常不同，只是心平氣和、極其簡單的寥寥幾句話：「看到你嚴厲而誠實的批評意見，我非常高興。我把它當成一個事實：即兩、三個有水準的美國讀者覺得小說沒意思，甚至不堪一讀。也就是這麼回事。」[115]而對於華爾西建議寫「流亡中的中國人」，林語堂一口回絕：「我要說的是：我不會寫這本書。我的興趣是在家鄉中國的中國人，我的親戚以及還有很多像盧作孚那樣正派的好人都不得不自殺了。換句話說，我不贊同艾奇遜的觀點，認為鐵幕後面的事情和我們無關。自由必須對任何民族都是一個意思，不然它有什麼值得爭取的呢？」[116]林語堂仔細研讀了華爾西和賽珍珠的批評意見後，寫信告訴華爾西，他決定找一個經紀人把書稿投給另一家出版商：「再說了，你對小說的雅爾達會議主題肯定不喜歡，所以這本書莊台公司肯定看不上眼。**你個人崇拜羅斯福，我則認為他是偽善之極品。**」[117]

華爾西不能對自己的回覆反悔，說不讓林語堂把書稿給另一家出版社，但實際上他不願意林語堂這麼做，他表明，假如林語堂這麼做，會影響到他們的關係，因為「作者」和「朋友」對他來講是一回事：「我想強調的是：我們不想失去你——身為我們的作者和朋友……我不能想像，任何一家出版商會就書稿的原樣通盤接受。某個不太認真的出版商也許會接受，只是為了能夠出版你以後的作品，草草率率出版這本書，給你和讀者開個玩笑……我現在是以朋友而

113 Richard Walsh, Letter to Lin Yutang, June 20, 1952.
114 Richard Walsh, Letter to Lin Yutang, June 22, 1952.
115 Lin Yutang, Letter to Richard Walsh, June 25, 1952.
116 Lin Yutang, Letter to Richard Walsh, July 7, 1952.
117 同上。林語堂和華爾西的通信都是打字機打出來的，但黑體字一句原文是手寫加上去的。

不是出版商的立場跟你這麼說。正是出於我們長期的友誼、長期的經驗，我毛遂自薦給你這些勸告，因為我認為這會影響到你的前途。」[118]

林語堂和妻子廖翠鳳以及三女兒七月到西班牙度假，「按照米其林的指引到處品嘗美食」。回到坎城後，他寫信告訴華爾西，他已經決定整個重寫，要創作一部「一流」的小說。顯然，林語堂面臨抉擇。他可以把小說原稿給另一家出版社，那將意味著他和莊台公司分手。他一定想過這麼做。但關鍵問題是該部小說必須成為暢銷書，他也很清楚華爾西對市場的判斷總是對的，他自己也很清楚美國讀者要看什麼樣的「中國小說」。在他自己的政治—美學傾向和市場可行性之間，林語堂選擇了後者。林語堂現在失去了國家，還失去了經濟上的獨立性。個人自由沒有財務保障便沒有根基。另外，林家正準備搬回美國居住，因為廖翠鳳覺得在坎城太孤單，希望回美國和兒輩及孫輩一起住。[119]於是林語堂把整個小說重寫，變成「一個妙齡女子的內心激情及其如何遏制它的故事……如果說《京華煙雲》反映了古代中國的寧靜與美麗，這部小說以幽默的筆調、深厚的情感，展示其潰敗與騷動」。[120]他還給小說起了個很性感的名稱：朱門；莊台公司又加了一個副標題：一部有關遠方大地的小說。林語堂於一九五二年十二月初親自把小說書稿帶到紐約。華爾西讀完後，寫信給林語堂：「讓我再次表示祝賀。通過完全重寫，你創造了一個奇蹟。很少作家能夠把原稿拋棄從頭再來，把頭腦裡已經成型的故事翻新再創作。」[121]

既然一切都是生意，華爾西也不應該太驚訝：林語堂還會再提收回絕版書版權的問題。在紐約安頓好幾個月後，五月份林語堂親自來到莊台公司辦公室，花了兩個星期，把所有絕版書海外版權的資料整理清楚。然後他寫信給華爾西要求清帳，所有絕版書的版權都必須回歸作者，特別是海外版權：「出版商把美國版權回歸給我，卻拒絕給海外版權，這一點意思都沒有，因為自一九四五年起，這八年來美國版稅我一分錢都沒拿。我們應該按合約辦事，這合約是由莊台公司擬定的。我不明白索勒（Thaller）先生的觀點，履行合約該條款會讓出版商和作者之間的關係增加陰影：相反才是。」[122]

華爾西同意所有絕版書的版權、包括海外版權都回歸作者，但堅持認為莊台公司對之前代為協商敲定的海外合約繼續享有百分之五十的版稅收入。「長期以來，我們也曾給許多作者返回各種書的版權，但從來沒有人挑戰說我們不能繼續從我們和海外出版商擬定的合約中獲取收入。那絕對有違公義，也不符合一般的行業規矩。」[123]當時小說《朱門》已經出版，小華爾西鑑於合約第十三條款的爭拗，在補簽《朱門》的合約時，試圖對第十三條款重新做解釋。林語

118 Richard Walsh, Letter to Lin Yutang, July 17, 1952.

119 林家這次一九五二年十二月初回到紐約，他二女兒太乙為他們在紐約河畔區（Riverdale）一棟全新的公寓租了一間房子，賽珍珠還寫了一封租客證明信。林語堂於一九五二年十一月十三日寫給華爾西的信中感謝華爾西夫婦，並順帶提到：「翠鳳特別喜歡，因為是全新的。她什麼都要新的，她生性就好『富貴』。」

120 Lin Yutang, Letter to Richard Walsh, October 20, 1952.

121 Richard Walsh, Letter to Lin Yutang, December 12, 1952.

122 Lin Yutang, Letter to Richard Walsh, May 13, 1953.

123 Richard Walsh, Letter to Lin Yutang, May 21, 1953.

堂非常惱火：「按照小華爾西的解釋，出版商保留所有能帶來收入的版權，把那些按經驗來說完全沒用的版權還給作者；它把骨頭上的肉全部刮乾淨，然後把它扔給作者——垃圾箱。」至於絕版書的海外版權：「合約說得很清楚：**所有**版權回歸作者，是莊台公司列印的合約，莊台公司簽的字。公義一詞概念很模糊，在這種情況下，如果意見不一，合約是唯一的指引。」[124]

一九五三年十一月二十七日，《紐約時報》登了一條短消息：「林語堂已經和培生（Prentice-Hall）出版商簽約，準備寫一本靈性哲學書，探討現代生活的問題。該書主題是每個人都能自信地發展出一套自己的理念。」鑑於此，小華爾西發了一份備忘錄給莊台公司員工：「我爸和我討論過了。如果有員工被問到此事，我們請大家口徑一致，只說林語堂變得很難相處，我們已經同意分手。除此之外，我們保持有尊嚴的沉默，不講細節。」[125]

兩年以後，林語堂又回到坎城居住，他寫信給律師安斯尼斯（Ansnes）先生（他也為莊台公司服務）：「我以為華爾西是位紳士，我們分手後還可以是朋友。」[126]但華爾西根本沒這個打算。比如，莊台公司不讓林語堂的英國出版商柯帝士．布朗（Curtis Brown）直接把版稅寄給林語堂。「我認為他們就是故意給我添麻煩。為什麼一定要堅持由他們來處理我的海外收入？……我離開莊台公司前有很多理由讓我不爽，為什麼就因為我離開了，莊台公司會這麼酸呢？」[127]即使分手以後，雙方還有好多業務要處理，比如版稅如何支付，還有影視公司諮詢版權問題，莊台公司每一件事都故意刁難。華爾西更是拒絕寫信給林語堂。一九五六年，三年以後，林語堂對安斯尼斯如此解釋：

身為你的客戶，我必須告訴你（僅對你說），自從我停止為他們寫書以後，莊台公司一直對我極其苛刻、處處刁難。作者向出版商提出的正常要求，都一概拒絕，對此華爾西似乎樂在其中。今年已經有三、四起類似事件。比如把我的版稅結單通過我的銀行轉寄給我，這樣要讓我付郵費。搞這些小把戲讓人噁心，只能證明他們像小孩一樣惡作劇。我們之間有二十年的偉大友誼，這種友誼只能維繫到我為他們寫書為止，一隻好綿羊為善良的牧羊人生產羊毛為止。事實上，我告訴華爾西我要離開他們（他很清楚我要離開的理由）之後，莊台公司平時都會寄給我的出版書目也不寄了，華爾西拒絕在任何業務信函上簽字，我離開紐約去新加坡時禮貌性寫了封信道別，也不回，等等，等等。這讓我對美國式友誼產生非常糟糕的印象。[128]

《朱門》出版後，林語堂寄了一本送給宋美齡。宋美齡回了一封簡短的感謝信。林語堂回信敘舊，很顯然，他們自林語堂一九四五年十一月二十六日去信之後便沒有通信。信中林語堂談到他的家庭，他的打字機發明，虧了一大筆債，所以沒有訪問臺灣，並希望他能看到「礚

124 Lin Yutang, Letter to Richard Walsh, June 6, 1953.
125 Richard Walsh Jr., Memorandum, November 27, 1953.
126 Lin Yutang, Letter to Mr. Ansnes, September 6, 1955.
127 Lin Yutang, Letter to Mr. Ansnes, July 1, 1955.
128 Lin Yutang, Letter to Mudge, Stern, Baldwin & Todd, Attention to Mr. Ansnes, April 5, 1956.

頭外交政策的終結」：「不是我們是誰的問題，而是我們如何看待自己，我們是否能夠有自尊地看待自己，把自己當成有尊嚴的主權國家來指導我們的外交政策。坦白地說，我們沒有做到。」林語堂還提到他們於去年十二月回到美國，但之前，「我們自一九四八年起一直住在法國，主要住在坎城。那地方氣候溫潤，生活節奏也特別適合我。或許一、兩年以後，我還想回到歐洲，去法國或義大利。我非常不喜歡美國是人間天堂這一說法。移民美國困難重重，好像要佐證這一說法。不管怎麼說，任何時候我都寧願生活在法國、義大利、西班牙或類似的國家」。[129]

然而，林語堂人生旅程的下一站將是新加坡。

---

129 Lin Yutang, Letter to Madame Chiang, December 19, 1953.

# 第十一章 瞭望鐵幕背後之遠景

「所有儒家經典加在一起也比不上一張人身保護令狀的價值。」

林語堂，《匿名》（一九五八年）

## 《遠景》

《紐約時報》一九五三年十一月二十七日報導說，林語堂要寫「一本靈性哲學書，探討現代生活的問題」。這本書就是林語堂的下一部小說《遠景》。林語堂於一九五四年十月二日抵達新加坡，出任南洋大學首位校長，上任六個月後，一九五五年五月便離任。《遠景》於一九五五年五月出版，同月該書書評便見之於各大報刊。林語堂出任南洋大學校長期間校務極其繁忙，風波一個接著一個，絕對沒有時間創作小說。《遠景》的書稿必定在他赴新加坡之前即已交付給出版社。

《遠景》是林語堂和莊台公司分手後發表的第一部作品，因而也很有特色。這種書要是給莊台公司，華爾西肯定會勸告林語堂「為了自己的聲譽」不要發表。這本書肯定不會為莊台公司帶來利潤，事實也證明如此，該書的出版沒能為美國讀者帶來「靈感」，書評基本上是介於不溫不熱到完全否定之間。福勒（Fuller）在《星期六文學評論》上的書評算是相當正面的，對小說做了客觀介紹，稱「林博士給現代生活提供了一幅溫和的異教徒、新希臘主義式的藍圖」，讀者是否會發現小說的魅力要看這一藍圖是否對他的胃口，但他最終還是覺得小說「寫得很彆扭」。[1]《紐約時報》的普萊斯考特（Prescott）寫道，林語堂的「理想世界」，「既漂亮又乾淨，就像可愛的彼得潘的夢幻島一樣」。《遠景》是「一部寫得很糟糕的小說，但不失為林語堂人生哲學的一種全面闡釋，涉及面包羅萬象，從死刑問題（很遺憾林語堂認為不能廢）到理想的生活方式：住英國的房子，用美國的暖氣，娶日本妻子，愛法國情婦，僱中國廚子」。[2]布魯克斯（Brooks）的評論則相當刻薄：「《遠景》既沒有林語堂的散文那種深邃睿智和都市文雅風格，也沒有《京華煙雲》裡繪聲繪色的人物刻畫技巧。作者想要探討西方世界的問題，可是這本書作為小說很乏味，宣傳又沒力。雖然被當作小說，實際上是用小說作為工具，來闡述作者的世界觀……他的崇拜者會遺憾地發現，他對西方世界的批評尖酸刻薄，缺乏同情心，而且鋪展的方式那麼笨拙。」[3]

但另一方面，正是因為和莊台公司分手了，林語堂可以完全按自己的意思發揮，不理睬出版商的商業考量。林語堂是靠版稅為生的職業作家，對自己作品的銷量當然非常在意。在海外這麼多年，他也非常了解市場的口味。然而，林語堂要對「現代生活問題」進行哲學探究，這一渴望壓過了商業考量的因素。林語堂在給華爾西的信中多次提到，他要寫一部自己的「代表作」，探討「我們這個時代的問題」。比如，他於一九四八年一月十六日的信中提到，他要寫一部「大鬧劇」，背景設在非洲某個村莊，它將是「對整個人類墮落狀態的諷刺」，揭穿「那些對當今世界和平負有責任之人士的偽善荒誕面目」。他還指出，如果他要寫這部諷刺作品，「那將完全是為了滿足我自己的創造欲望」。[4]《遠景》應該就是林語堂為了「滿足自己的創造欲望」而作，在其跨文化旅程中享有特殊的地位，儘管（或者說正因為）小說的出版沒引起多少公眾反響。

《遠景》在美國遭遇冷淡一點都不奇怪，因為在美國人眼裡，林語堂只是個「中國哲學家」，而林語堂實際上一直認為自己是個世界公民，「兩腳踏東西文化，一心評宇宙文章」。尤其是二戰以後，林語堂的批評關懷已經不侷限於「中國」，而是整個世界。要是美國人把林語堂定位為「哲學家」，而不只是「中國哲學家」，也許對《遠景》還能更重視一點。該書的主旨是要拷問二十世紀最根本的哲學問題：世界和平如何可能？《遠景》以小說的形式，勾勒出林語堂的世界和平哲學。在該小說中，林語堂好像是故意要和他的「中國哲學家」的形象唱反調，小說中的人物沒有一個中國人，雖然林語堂勾畫的理想世界要依靠東西方文化的共同智慧來建構。

小說的故事情節看上去特別簡單，但卻是一反常規敘述形式。芭芭拉・馬夫力克（Barbara

---

1 Edmond Fuller, "Looking Beyond", by Lin Yutang, *Saturday Review of Literature* (August 13, 1955), p. 10, 24.

2 Orville Prescott, "Book of the Times", *The New York Times*, May 24, 1955.

3 Katherine Hall Brooks, "Novel Is Vehicle For Author's Views", *The Nashville Banner*, June 3, 1955, p. 28.

4 Lin Yutang, Letter to Richard Walsh, January 16, 1948. 雖然我沒有原稿資料作為根據，但可以判斷，《遠景》應該也是從被華爾西否定的《朱門》原稿改寫而來，因為《朱門》基本上也是重寫出來的。

Maverick）是一位美國姑娘，為「民主世界聯盟」工作，二〇〇四年，她和男友（亦是她的工作搭檔）飛機失事，落難降落在南太平洋一個「荒島」。島上居民發現後引發一陣騷亂，芭芭拉的男友不幸身亡，但芭芭拉逐漸恢復過來，小說安排讓芭芭拉來發現島上這個新世界：約三十年前，一幫歐洲人——主要是希臘人，也有一些義大利人、色雷斯人、弗利基亞人以及愛琴海島嶼的其他族人，由他們的哲學家／國王老思帶領，移居該島，和島上的原居民泰諾斯人和平共處，開闢出一片新天地。小說展示的是一個祥和的世界，沒有什麼跌宕起伏的情節，也沒有什麼激蕩人心的高潮。芭芭拉天天受邀赴宴，同時聽老思講解他的完美世界理念，以及如何在此島上實施。芭芭拉（英文該詞和 Barbarous 即「野蠻」諧音）這位來自美國俄亥俄州的姑娘，到島上不久便改用希臘名：尤莉黛絲（Eurydice），生活和島上的希臘習俗保持一致。她在島上主要就是不斷地聽老思（顯然是林語堂身為作者的聲音）可親可敬的教誨，闡述新世界的生活方式如何文明，相比之下舊世界是多麼野蠻。她最終被說服，皈依新世界的理念和方式，自動選擇留下。如果美國的評論者從這種敘述結構中嗅到某種居高臨下的氣息，他們肯定覺得林語堂對舊世界的諷刺挖苦更是酸味十足，毫無同情的理解。

然而，時至今日重讀此書，林語堂對「舊世界」的批評仍不過時。小說對二〇〇四年的「舊世界」做了如下預測。到時世界又經歷了兩次世界大戰：第三次和第四次世界大戰。第三次世界大戰發生於一九七五年，而愛瑞尼基人（移民到泰諾斯島上的人自稱）於一年前離開舊世界。蘇聯在那次世界大戰中消亡：「自己垮掉了，就像沙俄當時垮掉一樣，即使有祕密警察也無濟於事。」到那時蘇聯境內已經沒有一名「共產主義分子」，因為它早已成為一個「官僚專政」政權，美國對蘇聯發起了一場心理戰，美國之音宣布：「我們會提供你們充足的食物，並發給每一位俄羅斯男人、婦女和小孩一雙新鞋。」然而，第三次世界大戰後的「美國式秩序」也是滿目瘡痍。要養活二億俄國人讓美國財政掏空，而且美國人還有道義上的責任得擔任世界警察。聯合國早就沒用，戰勝國重新組成聯盟，稱為「民主世界聯盟」，宣導用武力維持世界和平。緊接著就是第四次世界大戰，或者叫「十年戰爭」（一九八九—一九九八），「其實也不算是戰爭，只是世界各地衝突不斷，民主世界聯盟要到處滅火」。[5]

這時統治美國的第四十一任總統是位暴君，他下令把《紐約時報》關了，後來被一位來自沙烏地阿拉伯的阿拉伯人刺殺。第三次世界大戰中，曼哈頓和芝加哥都被毀了，英國的西敏寺和巴黎的埃菲爾鐵塔也沒了。大規模的破壞同時伴隨著技術上的進步。人們隨手帶著「口袋電話」隨時和世界上任何人通話。人類已經戰勝了癌症，壽命延長，同時人口暴漲。路也修得更多更好，旅行更快捷，車禍死亡率也節節高升。為了躲避原子彈，人們習慣於地下生活，造出地下三十幾層的建築，通風水電一應俱全。兩個世紀以來人們一直崇尚物質主義生活信念，經濟學家充當人類社會的導師，這使得年輕一代沉浸於一種反叛文化，既厭世又崇尚享樂主義。「有一群年輕人推崇一種風尚，可以稱作『莎莎主義』和薩特主義的混合物，咬文嚼字，誇張做作，一心一意享受當下，管它窗外是何年月。」「現代藝術同樣進步非凡，一幅空白畫布，什麼也沒有，名之曰『無限的寂寞』，一九九五年獲美國藝術評論家協會頒發一等獎，被譽為

5 Lin Yutang, *Looking Beyond*, Englewood Cliffs, N. J.: Prentice-Hall, Inc., 1955, p. 33.

充滿創新和想像力。」[6]另外，極端宗教組織盛行，特別是臨近二〇〇〇年時，很多人期待耶穌再生，創建新的王國。

總之，在「美國式秩序」下，人們一邊為和平工作，同時準備戰爭。美國無疑是戰勝方民主聯盟的領袖，但其國債已上升至「天文數字」。「其他國家對美國的領導地位充滿懷疑和不信任感。」雖然倫敦被毀滅了，英國還算「混得過去」。法國仍然是歐洲的文化中心，「非常雍容文雅、老態龍鍾」。蘇聯消失了，義大利成了共產主義國家，因為那時「共產主義只是一個自封的奢侈標籤而已」。「總之，是個淒慘的故事。失敗者在失敗中哭泣，征服者肩扛勝利的負擔在呻吟。好一幅景象！」[7]

林語堂預測到了蘇維埃陣營的分崩離析，在他看來，共產主義專制是我們現代性的病症之一。林語堂描繪了另一幅世界圖景，但他明確表示，「泰諾斯共和國」和「烏托邦」沒任何關係。「去他媽的烏托邦。」島上新世界的精神領袖和設計師老思如是說。烏托邦「就像開一張空頭支票，永遠都不用兌現……馬克思幻想出一個無階級的社會，但他清楚知道他毋須交貨」。[8]對老思來說，愛瑞尼基人建立的新世界不是烏托邦，因為創建這個新世界的基點是人性，而烏托邦恰恰是反人性的。所有馬克思主義實踐的根本問題正在於此。馬克思允諾創建一個無階級的社會，結果卻搞出了「歷史上最為集權專制的國家——當權者使用一切手段維護自己的權力而已」。在這個虛幻的烏托邦裡，用林語堂的話說：「人們工作不是為了賺錢，而是出於愛國！馬克思出這種餿主意，真是個瘋子。」[9]

泰諾斯共和國不是烏托邦。它是一群歐洲移民安居樂業之地，由哲學家老思高屋建瓴、設計踐行。在此，和平是知行合一的生活方式，而不是靠武力來維繫。林語堂所建構的平和的生活就是與自然和諧的簡單生活。尤莉黛絲問老思，愛瑞尼基人是不是要遵循「回歸自然」的生活方式？老思回答道：「回歸自然」這種說法本身就有問題，應該叫作「偎依地球而居」。老思解釋道，現代文明的根本問題在於，人和自然的關係發生了本質變化，不再是人與自然的關係，而是人針對自然的關係。「人類不斷向前衝，但不知道走向何方，於是產生一種新的文明病，可以稱作『人—無—停止』。」[10] 隨著科學對自然界的探索越挖越深，現代人卻發現「自己成了一個巨型大機器裡越來越小的一只齒輪，在一個巨型的社會政治機器中被丟棄、被標籤、被分類監控」。[11]

愛瑞尼基人對科學進步頒布暫停令，以便人可以呼吸一下新鮮空氣，好好想一想。烏托邦是對未來的幻想，老思的設計卻是要把人類文明往後推幾個世紀——愛瑞尼基人都是來自希臘和義大利的移民，不是偶然。在泰諾斯島上，裸體司空見慣。尤莉黛絲發現島上居民（愛瑞尼基人和泰諾斯原居民）都喜歡在島上溪澗和海裡游泳，享受陽光。沒人爬山。因為按老思的說

6 同上，頁三三一。
7 同上，頁三三七。
8 同上，頁三四三。
9 同上，頁四七。
10 同上，頁五三。英文用的詞是*men-no-pause*，和menopause（指女性絕經）諧音。
11 同上，頁一二五。

法，登山是一種「日爾曼人疾病」，精神躁動症，要征服自然。尤莉黛絲還發現，愛瑞尼基人的生活方式中，最怪異的是他們治病的方式。島上只有一名醫生，有政府支薪，看病都是免費的。該醫生平常也沒什麼事做。尤莉黛絲剛到島上受到驚嚇昏迷過去，醒來後醫生給的藥是用島上草藥做的一種果汁。尤莉黛絲問醫生她應該待在屋裡還是到外面走走，醫生的回答永遠都是：隨你便。作者要表達的意思是：在島上，病自己會痊癒，用藥和不用藥都一樣。然而，對科學進步實施暫停令、「偎依地球而居」並非意味著反對科學進步。島上有一位科學家，一直致力於發明太陽能發電站，在小說結尾時，發明成功了。

「老思說：要建立一個幸福和諧的共和國，簡單法律、弱政府、低稅是其三個基石。」[12]林語堂的理想世界只有兩個政府：一個是世界政府，一個是地方政府。聯合國註定失敗，因為參與國對自己的主權一絲一毫都不願意退讓。世界全球化趨勢越來越明顯，二十世紀那麼血腥，已經打了兩場世界大戰，然而政治家口頭上整天還都嚷著「主權」。沒有某種形式的世界政府來抑制極端民族主義，世界和平只能是奢談。老思帶了一群歐洲人逃離舊世界，到太平洋島上建立了一個「偎依地球」的共和國，大家辛勤工作，付很低的稅，呼吸新鮮空氣，享受陽光，安居樂業。愛瑞尼基人實行單一稅制，一般按戶分攤，每家徵收百分之十的稅，同時為了控制人口膨脹，還實行累進稅制：誰家人口越多賦稅越多。愛瑞尼基人對計畫生育沒有宗教偏見。生育的倫理道德問題由婦女決定，經民主程序，大部分婦女贊成開設墮胎診所。對青少年犯罪問題，愛瑞尼基人也有自己的一套辦法：孩子行為不良罰父母，這樣島上基本上沒有青少年犯罪問題。老思的整個設計核心點在於：行政和法律必須簡單。政府是「必要之惡」，「公眾對政府保持一定程度的不信任感」，此乃「民主社會之基石」。[13]政府官員的工資只占整個政府支出的百分之十。公務員的工資「低得可憐」，整個社會根本不鼓勵人去當公務員。

老思的曾祖輩有中國血統，他本人的知識面相當廣泛，什麼書都讀，包括中國哲學文化的知識都有涉獵。新世界的藍圖是按東西方的智慧共同構建的。比如，泰諾斯共和國徵「音樂稅」用來支援藝術發展。老思也很欣賞孔子的高見——一個國家跳什麼樣的舞蹈，便能說明該民族的德性如何。尤莉黛絲在談話中說，她覺得孔子「很呆板，像個嚴厲的學校老師」，隨即招來老思一通教誨：「絕沒有這回事。他最重要的一部書是一本歌集，通過他編輯整理，每首歌都配上樂譜，可以吟唱……要磨練人的性格，孔子要我們全方位下手，注意各方面的細微影響，諸如禮樂、兒童習慣、家庭及社會習俗之耳濡目染，以及榮譽感等。孔子真是一位了不起的心理學家。道德教育都是從家裡開始。」[14]

相反地，現代哲學和宗教卻走上了歧途。現代哲學終極之問是：我如何知？「那是一個自私哲學的大問題。」林語堂苛刻地說。「再說了，我認為現代宗教太枯燥了，因為和詩歌脫節了。宗教的精神也隨之消褪，慢慢浸沒於神學的陰暗地下道裡。」[15]在泰諾斯島上，兩派移

12 同上，頁二二四。
13 同上，頁二二二。
14 同上，頁二二八。
15 同上，頁一二〇。

民在宗教信仰上有良性競爭。希臘人到島上後一個個都變成了異教徒，而唐納提洛神父卻極盡全力要讓義大利人仍然保持天主教信仰。但看來唐納提洛神父得輸。島上陽光明媚的氣候以及愛瑞尼基人的生活方式，都使正統天主教難以生存。「所謂『真正的宗教』的說法很醜陋。」老思如是說。宗教寬容是愛瑞尼基人的核心價值。林語堂要宣導的是一種陽光宗教，「一種充滿快樂、美麗和喜悅的宗教」，「我們可以崇拜上帝、享受自我」。[16]

## 南洋大學風波

一九五四年十月二日，林語堂到達新加坡，出任南洋大學校長一職。新加坡是位於太平洋西岸的島國，林語堂並不是一個人到此赴任，而是帶了一幫人，包括自己的家

林語堂和南洋大學高層管理團隊，從左至右：伍啟元教授，林語堂，胡博淵教授，熊式一教授，楊介眉教授。臺北林語堂故居藏。

人：有妻子廖翠鳳，二女兒林太乙及其夫婿黎明，林太乙將出任校長私人祕書、黎明則出任行政祕書，還有三女兒林相如出任化學教授，林太乙和黎明的兩個孩子也一起帶了過來。林語堂邀請到多位身居海外的知名學者擔任南洋大學高層主管，其中熊式一出任文學院院長，胡博淵出任科學院院長，嚴文郁出任圖書館館長，楊介眉教授為主任建築師。

就像老思帶了一群希臘和義大利人來到太平洋島國建立理想的泰諾斯共和國一樣，林語堂帶著自己一家人以及一群海外菁英學者來到東南亞的太平洋島國，企圖為中華高等教育創建一片綠洲。林語堂創作《遠景》是否對其決定赴新加坡有所影響，我們不得而知。起碼他在勸黎明和太乙一起跟著去這件事上顯得過於激動。和一九四九年後流亡海外的華人一樣，黎明和太乙要找到一份有保障的工作頗費了一番周折。當時黎明已經找到一份相當不錯的工作——在聯合國擔任翻譯。黎明找到工作時，林語堂在給華爾西的信中還提到他為女婿的成就非常自豪：「聯合國中文翻譯部招聘考試，有三百多人報考，黎明得了第一名……這就意味著他和太乙在美國的永居身分搞定了。」[17]據林太乙回憶，當時他們很不樂意放棄聯合國的工作，因為那是他們的「鐵飯碗」，但林語堂執意勸他們一塊去新加坡闖天地。[18]

然而，要是林語堂真有新加坡是片「處女地」、有待建成「自由之堡壘」這一想法的話，

16 同上，頁三二八。

17 Lin Yutang, Letter to Richard Walsh, February 8, 1952.

18 林太乙，《林語堂傳》，頁二六七。

他一到新加坡便嘗到現實的滋味。新加坡和其他海外華人聚居地一樣，在一九五〇年代，乃至當今，都不是政治真空地。整整六個月以後，林語堂及其團隊十三位成員被迫辭職，離開了新加坡。

南洋大學由南洋僑領倡議興辦，於一九五三年五月正式註冊，一九五四年五月建校工程破土動工。一九五四年一月，南洋僑領之一、華聯銀行老闆連瀛洲（一九〇六—二〇〇四）來到林語堂紐約公寓，盛情邀請林語堂出任南洋大學校長。林語堂頓覺誘惑難擋。這顯然不是出於金錢方面的考慮，此時林語堂已經還清債務。用他自己的話說，他看中的是：「很少有人能獲此機會，去成就一項激動人心的使命。我一獲邀請便立刻意識到，南洋大學對自由世界價值連城，它可以發揮阻止共產主義在東南亞滲透的作用。」[19]林語堂到達新加坡之前，《時代》雜誌一九五四年八月十六日曾報導：「他（林語堂）不只是去赴任一個重要職位，而是懷有抱負的去履行一項使命。身為新加坡新建的南洋大學第一任校長，以其德高望重之地位，他可以對紅色中國爭取誘使亞洲學生之戰略做出反擊。」[20]然而，結果表明，林語堂明顯低估了要履行其「使命」所面臨的挑戰。

華人把東南亞叫作「南洋」，很多世紀以來，一直都有華人下南洋。到一九五〇年代，南洋已有一千二百五十萬華人。華人和當地民族的關係相當複雜，也時有衝突。華人整體來說工作勤奮，生活要優於當地人，雖然當地生意多半由華商控制，但人口相對少，在南洋屬於少數民族，無論在政治還是文化上，經常遭受種族歧視。在教育上，華人對自己的文化傳統引以為豪，孩子都送去中文學校上學。然而，鑑於戰後東南亞的政治氛圍，中文教育領地也是各種政治勢力較勁的溫床。一九四九年，英國殖民政府建立了馬來亞大學，此乃該地區第一所高等學府。這對上中文學校的華人學生而言並不是好消息，因為馬來亞大學使用英語教學。華人社區急需一所自己的高等學府，讓上中文學校的華人子女有接受高等教育的機會，以便在馬來西亞和新加坡社會得以立足晉升。這應該是興辦南洋大學的主要動力。[21]同時，新成立的中華人民共和國也積極爭取海外華人學生回「祖國」上學，而且是免費的。

戰後東南亞反殖民情緒高漲，中華人民共和國洞察戰略機遇，積極支持南洋共產勢力各種革命顛覆行動，特別對馬來亞共產黨（馬共CPM）提供積極支援。一九四八年，馬共發動武裝革命，企圖在馬來西亞和新加坡建立共產黨政權。但革命失敗，殖民政府宣布戒嚴令，一直持續了十二年。馬共因此改變策略，放棄武裝起義，改用文化和教育滲透的手段，特別是在中文學校加強滲透。要是林語堂了解當時南洋的整個政治格局與挑戰，也許他會三思而後行。

華人社區僑領於一九五三年倡議興辦南洋大學，一開始英殖民政府表示反對，後來華人社區堅持推動，英政府遂讓步，採取放任的政策。華人商界僑領以及南洋大學執委會主要負責人是南洋橡膠行業大亨陳六使（一八九七—一九七六），也是陳六使出面正式邀請林語堂出任校長一職。林語堂在南洋大學任職半年是其一生短暫的插曲，卻對林語堂及其家庭造成不小的精

19 Lin Yutang, "How a Citadel for Freedom Was Destroyed by the Reds", *Life*, XXXVIII, May 2, 1955, p. 139.

20 "Education: Academic Frontier", *Time*, August 16, 1954.

21 參見何啟良，〈南洋大學史上的林語堂〉，收入李元瑾主編，《南大圖像：歷史河流中的省視》，新加坡：南洋理工大學中華語言文化中心、八方文化創作室，二〇〇七。

神創傷。理解陳六使和林語堂的關係有助於理解這段波折。

陳六使祖籍福建，出身貧寒，十八歲移居新加坡。他先在陳嘉庚的工廠打工。眾所周知，陳嘉庚（一八七四—一九六一）應該是二十世紀南洋華人僑領中最重要的人物。之後陳六使開始自己做起了橡膠生意，並於二戰時期發跡。整件事情過後，林語堂對陳六使如此描述：「這些人（南洋商界僑領）中最重要、也最典型的要屬陳六使，他是執委會主席，被公認是新加坡華人社區的僑領。陳六使六十歲，飽經滄桑，是南洋最精明的商人之一，曾是橡膠大王，但他基本上是個文盲，這正是海外華人生存窘境的活生生寫照。」[22]林語堂沒有說的是，儘管陳六使「基本上是個文盲」，但在政治上可以是精明、敏銳的。

即使兩人關係破裂之後，林語堂仍然承認，陳六使推動興辦南洋大學的唯一動機是要讓海外華人保住中文和中華文化，以致四、五十年以後他們還能保住「華人」的文化身分屬性。在此，林語堂當然和陳六使不謀而合，都看到在海外延續中華文化的必要性與緊迫性。對林語堂來說，「在海外堅守中華文化」意味著不讓政治干預學術自由，建立一個「自由的堡壘」，抵抗共產主義在東南亞的滲透。陳六使不想讓政治干擾他的生意，也不想讓政治干擾他的教育事業，以便為海外華人保留中文和中華文化。這正是陳六使在南洋大學執委會考慮校長人選時，支持聘任林語堂為校長的主要原因。陳六使支持林語堂既不是出於他們都是福建同鄉，也不是因為林語堂反共的立場。陳六使做決定時故意「完全忽視眾所周知的（林語堂的）親國民黨立場」。[23]同樣地，正如林語堂指出，陳六使根本看不到「中共有什麼邪惡」，一九四九年中華人民共和國成立時，他曾帶領僑界在千人晚宴上舉杯慶賀英國正式承認中共政府的成立。用林語堂的話說，「像大多數海外華人一樣，陳六使的政治立場隨風飄逸，見風使舵」。政治風向轉變時，陳六使和林語堂的脆弱聯盟亦將隨之轉變。

林語堂一踏上新加坡的土地，問題便出來了。他發現學校建築工程有腐敗現象。工程已經開工，圖書館或科學院大樓的建築設計根本沒諮詢他帶來的學校高級管理人員。最重要的是，他嘗到了島上煽動性政治氣氛的滋味。馬共武裝鬥爭失敗之後改變策略，建立共產主義聯合陣線，專注於對政黨、工會、學生團體以及文化和鄉村機構的滲透統戰工作，伺機發動騷亂。這一策略在中文學校特別行之有效，因為共運以反殖民主義為旗幟。

就在林語堂到達新加坡之前，馬共成功組織中文學校的中學生示威遊行，反對英殖民政府徵兵法案。一九五四年五月十三日，「上千名學生在新加坡市中心靜坐示威。警察無法驅散，只能用消防水柱強制驅離，而首當其衝的是被安排坐在前排的女生」。[24]林語堂抵達後，馬共以及中文學校的學生領袖已經準備好戰鬥架勢。《時代》雜誌報導林語堂赴南洋大學的「使命說」被譯成中文，像放大鏡似地刊登於當地報刊——一場針對林語堂的輿論戰已經打響，大學連一個學生都還沒招，便先就新校的意識型態方向打輿論戰。而領頭的正是南大欲招生的中文學校學生。林語堂對共產黨搞學運的手法並不陌生。早些年從北京到上海，他見得多了。共產

22 Lin Yutang, "How a Citadel for Freedom Was Destroyed by the Reds", p. 139.

23 同上。林語堂在此用的英文詞是「indifferent」（漠不關心，視而不見），非常恰當，也很能說明問題。上文所引何啟良一文中，該詞譯為「無知」，不妥。參見何啟良，頁一二〇。

24 同上，頁一四五。

黨搞文功的手段他都清楚，只是這次身為南大校長，他必須在第一線接受挑戰。

當時的政治氣氛顯然對林語堂要完成的使命非常不利，但馬共的輿論攻勢似乎還不至於馬上把林語堂轟下臺。林語堂剛赴任時，整個華人社區還是很興奮的，男女老少都紛紛捐款，尤其是中下層小商小販都很積極。商界僑領組成的南大執委會還沒有一面倒。中共必須使出大牌才能澈底扭轉局勢。林語堂對中共背後出牌招數的解釋現仍無法用實證證明，但也不難理解。[25]

到了一九五四年底，風向急轉，因為兩個大人物登上舞臺。李光前（一八九三－一九六七）也是南洋橡膠大亨，和林語堂一樣祖籍福建，林語堂說二戰時李光前住在紐約，他們早就認識。林語堂描述他是「一個很有風度、聰明、手段毒辣、完全沒有善惡觀的商人」。[26]李光前一開始沒有積極參與興辦南洋大學事務，現在突然積極起來，其家族控制的報紙《南洋商報》是新加坡銷量最大的中文報紙，公然要求李光前擔任南大執委會委員。而李光前背後還有一位實力更雄厚的人：陳嘉庚。在現代中國史上，陳嘉庚是位呼風喚雨式的僑領，他支持過辛亥革命推翻清朝，又支持過大革命助南京政府上臺，抗戰中又支援抗戰。廈門大學就是陳嘉庚撥款興辦，一九二六年林語堂曾短暫赴廈大擔任文學院院長。陳六使和李光前都得到陳嘉庚的提攜，李光前還是陳嘉庚的女婿。這種關係在中國文化裡可謂非比尋常。一九四八年，陳嘉庚離開新加坡來到北京，此時陳嘉庚被委任為中央人民政府委員、中央華僑事務委員會委員。據林語堂披露：「當時有各種猜測，故意讓水攪渾，但好幾份當地報紙，包括左派和右派的報紙，都報導了一條新聞：即至少有一封信寄自北京的陳嘉庚，要求把我趕走，李光前才突然採取行動。好幾位執委會委員也親自告訴我這件事。」[27]

在這種情況下，陳六使對林語堂的態度發生轉變一點也不奇怪。最後階段的爭議名義上是圍繞學校預算問題，其實林語堂自己也說那是個「假問題」。最後的攤牌只是反映了雙方的權力較勁，林語堂身為校長代表學校管理階層，陳六使代表校董會，即執委會。據林語堂披露，他已經同意把原先制定的一九五五年的預算一九〇萬降到七十萬，並且「無條件地同意對方提出的所有要求」，但校董方面三月十九日又提出一條：一九五五年圖書館欲購的九萬本書，立即開具一條清單，包括作者和書名。陳六使的態度再明確不過：看到底誰是老闆。

出任南洋大學的插曲雖然時間不長，但對林語堂、特別是他的家庭造成很大的心理創傷。林語堂的妻子晚上做噩夢，之後精神抑鬱；太乙和黎明擔心孩子上幼稚園的安全。[28]在新加坡的最後一段日子裡，林語堂需要有便衣警衛貼身保護，走到哪兒都跟著，上電影院也不例外。警方還給了林語堂一支專用電話號碼，一旦有任何懷疑可能出現麻煩，可以立刻致電警方。採取這種保護措施不是沒有緣由。就在林語堂離開新加坡當天，一九五五年四月七日，一位二十一歲的中文學校高中生遭馬共槍殺。至於南洋大學，林語堂離開後，長達十四年沒有校長上任，而是由陳六使領頭的執委會管理。一九八〇年，南大和新加坡大學合併，成為現在的國立新加坡大學。原來的新加坡大學建立於一九六二年，第一任校長不是別人，正是李光前。

25 林語堂自己承認：「共產黨如何搞掉我的具體細節也許永遠不會曝光。」要搞清楚中共歷史，除非有關檔案全部公開。
26 同上，頁一四六。
27 同上，頁一四八。
28 參見林太乙，《林語堂傳》，頁二八〇。

## 揭開鐵幕

至於海外商界僑領為什麼一受中共施壓便倒向北京，林語堂在回顧南洋大學事件時給過提示：「自奠邊府戰役之後，人們普遍害怕整個東南亞都會是共產黨的天下，中共緊緊抓住了這根弦。」[29]一九五四年三月至五月，奠邊府一戰法國慘敗，從此徹底退出東南亞。二戰以後，反殖民主義獨立運動和共產主義在全球的擴張緊密相連。林語堂在戰時曾為反殖民獨立運動大聲疾呼，但同時他一直是中共的批評者。林語堂一貫認為，沒有什麼「中國共產主義」這回事，共產主義是國際運動，其指揮總部在蘇聯。新加坡事件之後，林語堂回到法國坎城，一直住到一九五七年，之後在紐約一直住到一九六六年。這段期間，林語堂堅持為自由而戰，不僅為中國，也是為了世界。而且，年事越高，戰鬥意志彌堅。新加坡經歷過後，林語堂的批評對象直接轉向共產主義在全球的擴張與滲透。

新加坡的經歷之後，林語堂出的第一本書叫《武則天傳》。武則天（六二四－七〇五）是中國歷史上唯一的女皇帝，曾篡位建立自己短命的周朝（六九〇－七〇五）。林語堂現在又回到坎城居住，似乎一頭栽進了遙遠的古代文化。[30]事實上，林語堂這本傳記是要借古諷今。他在前言解釋道，《武則天傳》是一部歷史傳記，而歷史敘述總是透過作者的眼光重現歷史以資借鑑。林語堂選擇把武則天的故事講給世界，意圖「研究一個獨特的人物，聰明而凶殘，野心比天還高，其手段卻相當理智、精密又周全」。而林語堂也說得很明白：當今世界上誰具備這些特徵：「現在好像說，要是有人殺了一個人，他是罪犯；要是他殺了三個、六個人，那他天生就是個罪犯；假如他有組織地殺了上百個人，那他肯定是精明能幹的流氓黑幫角頭；但要是他殺了成千上百萬人，他就成了歷史英雄。我們現今就有這樣的例子，一個成功地把布爾什維克人都殺了的傑出劊子手，被奉為世界共產主義領袖，外交家向他鞠躬，他的臣民向他磕頭，在學校裡被稱作英雄與父親。」

環顧世界，武則天身為女人，幾乎沒人能夠匹配。她既非克麗奧佩脫拉，也不是凱薩琳女皇、伊莉莎白一世，當然更不是德蕾莎修女。但如果史達林是個女人，那倒是絕配，用林語堂的話說，「從故事的發展來看，她和史達林的相似處越來越明顯。和史達林一樣，她把將領和功臣都殺了，清洗、審判、酷刑的技巧也如出一轍，都依賴『自供』術，她狡詐、殘忍、脾氣跋扈、喜歡自我頌揚，都和史達林一模一樣。甚至通過精神折磨來榨取自供的方式也相同。她也締造了一個無與倫比的極權帝國。史達林活到最後一天一直都受到擁戴；武則天也一直受到擁戴，幾乎到她生命最後一天」。[31]

---

29 Lin Yutang, "How a Citadel for Freedom Was Destroyed by the Reds", p. 146.

30《武則天傳》先由英國出版商海尼曼於一九五七年出版，美國版要八年以後於一九六五年由 G. P. Putnam's Sons 出版。在此期間，林語堂還寫了許多無關政治的「中國文化」書籍，例如 *The Chinese Way of Life* (1959), *The Importance of Understanding: Translations From the Chinese* (1960), *Imperial Peking: Seven Centuries of China* (1961), *The Red Peony* (1961), *Juniper Loa* (1963), *The Chinese Theory of Art: Translations from the Masters of Chinese Art* (1967). 晚年林語堂似乎一直沒有能夠達到「寬鬆的周轉餘地」。據林太乙披露，林語堂此時仍需一年出一本書，生活上才過得去。寫 *Imperial Peking* 一書，出版商給的稿酬很少，但林語堂還是答應寫了。參見林太乙，《林語堂傳》，頁二九三—二九四。

所謂「幾乎到她生命最後一天」，因為事實上她死前幾個月便已經被推下皇帝寶座。林語堂研究專制的理性與瘋狂要說明一條明訓：無論專制統治如何恐怖威嚴，最終都難以維繫。恐怖酷刑下總歸會有倖存者，有膽量和智慧撥亂反正。在林語堂的敘述下，狄仁傑（六三〇—七〇〇）就是這樣的英雄，成為武則天瘋狂毒政的終結者，而且還不止狄仁傑一人。「狄仁傑的沉著與智慧、魏元忠的堅忍不拔、徐有功的正義感、宋璟的膽略、張柬之的領導才能聯合起來，構成一股道德力量，最終戰勝了武則天的邪惡天才。」[32] 換句話說，林語堂的《武則天傳》不僅旨在展露一段專制歷史，而且要彰顯即使在最黑暗的環境下，道德力量也不會磨滅。林語堂的敘述當然是針對中共歷史觀的抗爭。眾所周知，在毛澤東時代，歷代帝王都不敢稱頌的專制魔王秦始皇被歌頌為偉大的歷史英雄，而武則天在文革期間借毛澤東夫人江青的宣傳亦享受同等待遇。

林語堂寫《武則天傳》是借古諷今，下一本書《匿名》則是直面共產主義在全世界的威脅：詳細記錄蘇維埃共產主義四十年的實踐以揭示其專制極權特徵、帝國主義和反勞工特性。在此林語堂的角色是位歷史學家，效仿孔子著《春秋》以警後世。前言中，林語堂引用德國詩人海涅於一八四二年對共產主義的降臨所發出的一段令人驚怵的警言：

> 當今資產階級政權有一個恐怖的對手，力圖建立無產階級統治，後果極為嚴重，現在這一切都以匿名方式進行，我告訴你：它的名字叫共產主義。其結果會如何？只有先知知道。但有一點可以肯定：雖然現在共產主義僅遊蕩在隱蔽的閣樓和破舊的茅草屋之間，還

沒引起多少人注意，但它是個妖魔，註定要在現代悲劇中扮演一個極為重要的角色——哪怕是短暫的角色……

> 一個野蠻陰暗的時代正朝我們洶湧襲來，先知要想寫一篇新的啟示錄，那他得發明一套全新的野獸種類名稱來描繪這個世界——相比之下，聖約翰那些舊式的動物標本看上去都會像是溫柔的乳鴿和丘比特愛神一般。眾神們正用紗布遮住他們的臉，不忍看到人類遭受長期的磨難，或許也擔心他們自己的命運。未來是俄羅斯皮鞭的天下，血腥的世界，無神的世界，到處都會聽到皮鞭抽打的聲音。但願我們的子孫輩一生下來就配有厚厚的肩背皮膚。[33]

海涅的預言不幸言中。一九一七年十月革命以後，共產主義風暴席捲世界。到一九五七年林語堂寫此書時，共產主義已經歷了四十個年頭，控制了半個世界，正向世界其他地區不斷擴張。林語堂在新加坡的經歷給他上了一堂生動的課，讓他看到共產主義在亞洲擴張的實質威脅，也讓他看到共產主義對年輕一代的吸引力。但是在這場意識型態之戰面前，面對蘇維埃的宣傳機器，西方民主世界幾無對策。在林語堂看來，「艾奇森的寬容、遏制、滿足政策……建基於一個鄉愿式的邏輯：鐵幕外面的事情不用你管，那鐵幕裡面的事情我們也就睜一隻眼閉一

31 Lin Yutang, "Preface", *Lady Wu*, London: William Heinemann in 1957, p. ix.
32 Lin Yutang, *Lady Wu*, p. 194.
33 Lin Yutang, "Foreword", *Secret Name*, New York: Farrar, Straus and Cudahy, 1958.

隻眼」。[34]共產主義宣傳通常打著兩面旗幟：為勞工階級反抗資產階級的壓迫搖旗吶喊，為反對殖民統治爭取民族獨立搖旗吶喊，從而在世界各地影響日深。林語堂套用《孫子兵法》名言「不可勝者，守也；可勝者，攻也」，呼籲自由世界在意識型態之戰中採取攻勢。《匿名》一書之主旨便是要晒一晒四十年來蘇維埃共產主義實踐的紀錄，從而掀開這兩面旗幟背後的虛偽。

按照馬克思主義理論，共產主義弘揚工人階級利益，蘇聯成立時也宣稱工人階級是社會的主人翁。那麼，蘇聯必須回答一個基本問題：那裡的工人階級現在到底過得怎樣？真相是：蘇聯的勞工階級生活在「無產階級專政」的壓迫之下。工會對工人的工資沒有任何議價權力，工人的工作不能隨便換，所有工作都由黨來分配。工人的工作受到嚴格監控，紀律嚴明，而且還要舉辦「社會主義勞動比賽」，工人的體力受到極限挑戰。另外，在蘇聯還有童工、女工和奴工。在英國，婦女禁止採煤礦，但在蘇聯，婦女在危險的煤礦井下工作被認為是一種「進步」。強制性勞改營構成蘇聯勞工的另一幅景觀。關鍵是：四十年的共產主義實踐創造出一個明顯的特權階級：官僚階級，包括共產黨幹部和工廠管理階層。

在林語堂看來，馬克思主義最大的問題在於嚴重低估人性，因而註定要失敗。馬克思主義的原則「各盡所能、按需分配」簡直幼稚透頂。四十年的共產主義實踐產生了一個官僚統治階級，無產階級專政變成了對無產階級的專政，這也是人性的體現，追求權力和金錢實乃人性之一面。

民族主義是另一個深藏於人性的表現。一九五六年的匈牙利革命已經敲響了蘇維埃帝國主義的喪鐘。蘇聯把自己標榜成戰後反殖民獨立運動的旗鼓手，實在很諷刺。林語堂列出了二十一個被俄國吞併、建立起偽政府的國家和地區：格魯吉亞、烏克蘭、芬蘭的卡累利阿地峽、愛沙尼亞、拉托維亞、立陶宛、波蘭、捷克斯洛伐克、東德、匈牙利、羅馬尼亞、保加利亞、阿爾巴尼亞、亞美尼亞、亞塞拜然、吉爾吉斯、土庫曼、烏茲別克、哈薩克、塔吉克斯坦以及外蒙。林語堂指出，二戰不是按意識型態劃分陣營，而是以民族主義劃分陣營，民主國家同蘇聯結成尷尬的同盟擊敗法西斯陣營。這種同盟掩蓋了史達林政權的極權性質。「世界上的共產黨人都痛恨法西斯，好像兩家水火不容，其實並不是這麼回事。二十世紀史達林發展出來的共產主義**就是**法西斯。它們對人性、人權價值都不屑一顧，同樣殘暴凶惡。」[35]林語堂堅信民族獨立是基本的人性欲望。西方外交家個個小心翼翼，不敢為波蘭或匈牙利的自由發聲，最多只能想到如何把波蘭人和匈牙利人拉到「我們的陣營」，但「就是沒想到波蘭的愛國者是為了他們自己而要求自由和獨立的！」林語堂堅信，正是基於這種「強大的人性動力」，「最終必將壓垮俄羅斯帝國」。[36]

林語堂認為，共產主義問題最終不是一個經濟問題，而是有關我們人類往何處去，有關人性尊嚴的問題。西方知識分子享受言論自由，對資本主義生活方式可以任意批評，這正是文明的民主社會象徵。但西方有些「住在豪華頂層公寓的共產黨人」認為蘇維埃共產主義代表人類

34 Lin Yutang, *Secret Name*, p. 186.
35 同上，頁一九〇—一九一。
36 同上，頁二一三。

的「進步」，而「整個美國的金融經濟腐爛透頂……當今的世界需要更多的國家控制、少一點個人自由」，這種批評可謂走火入魔。四十年的共產主義理想在實踐中處處削弱人性尊嚴。所謂「進步」，實質上是回到野蠻，沒有任何人權可言。

在林語堂看來，安德列．紀德的案例很重要。紀德是位理想主義者，一開始以為蘇俄讓他夢想成真。但他畢竟是個真正的知識分子，有自己獨立的頭腦，勇於探索。經過對他的夢想國度進行實地考察之後，他毅然而去，並就所謂共產主義「天堂」向全世界宣告：「在世界上任何一個國家，即使是希特勒的德國，也沒有像蘇俄那樣對思想實施如此恐怖的禁錮與封鎖。」[37]在一個受祕密警察嚴密監控的社會，人的尊嚴就成了奢侈品。兩位革命後最佳的俄國詩人葉賽甯和馬雅可夫斯基都自殺了。

林語堂還指出，正當他寫《匿名》一書時，中國的報紙報導了中國女作家丁玲的故事。丁玲曾獲史達林文學獎，但現在已被打倒，被迫像女傭一樣擦地板。林語堂還回憶了王實味的故事。三〇年代在上海，王實味曾經給林語堂主辦的雜誌投過稿。抗戰爆發後，他和許多充滿理想主義的青年一樣來到延安。後來因寫了一篇文章〈野百合〉，批評共產黨幹部伙食標準為什麼也分等級，延安整風期間被拎出來批鬥。一九四四年，新聞記者被允許訪問延安，要求見見王實味，中共當局便安排他出來見記者，要求他對記者的提問必須「正確」回答。王實味照做了，但期間有位記者問他現在在做什麼？王實味回答說，現在忙著貼火柴盒子。林語堂評道：「他們允許他為國家生產。這就是我要說的意思，共產主義和保持人的尊嚴獨立思考實乃水火不相容也。」[38]

林語堂的《匿名》寫於一九五七年，他當時還不知道，其實王實味已於一九四七年七月一日被祕密處決，是當時中共保安局頭目康生下的令，沒有什麼特別的理由，就是留著他礙事。[39]假如王實味地下有知，他肯定會同意林語堂的觀點：像保護人權這類觀念，是人類文明史上一點一點累積起來的成果，必須小心謹慎地呵護，一寸不讓地捍衛。

或許他更能體會到林語堂名言的分量：「所有儒家經典加在一起也比不上一張人身保護令狀的價值。」[40]

## 挑戰毛式專政

共產主義是場國際運動，自由世界必須形成統一戰線才能有效抵抗其滲透。林語堂的《匿名》對四十年的共產主義實踐進行了「一個人的審判」。一九四九年以後，中國成了國際共運一個重要堡壘。雖然林語堂抨擊的是整個鐵幕，但對毛澤東治下的中國當然尤為關注。林語堂對紅色中國的批評挑戰為現代中國知識思想史提供了一筆寶貴的遺產。

37 同上，頁二一四。
38 同上，頁二二八。
39 參見李維民，〈檔案中的王實味死因〉，《炎黃春秋》，二〇一三年第六期。
40 Lin Yutang, *The Secret Name*, p. 14.

一九五〇年，中華人民共和國剛成立不久，澳門和香港出了一本書，書名叫《我是毛澤東的女祕書》，作者是蕭英。抗戰爆發後，她和丈夫謝啟華逃過日本人的追捕，投奔延安。兩人都是理想主義愛國青年，但來到中共控制的「解放區」後，所見所聞遠遠超出他們所料。中共搞紅色恐怖，靠龐大的監視機制控制解放區，人民生活極為貧乏。每個人都生活在紀律嚴明的監控之下，根本沒什麼自由可言。延安整風期間，每一個人都必須向黨交心，隨時受到他人的攻擊。他們倆幸運地通過了整風的考驗，多半是靠丁玲和朱英（朱德女兒）的庇護。但他們的噩夢才剛剛開始。整風過後，他們被派往一偏遠小鎮工作，由於工作勤奮努力，受到嘉獎。蕭英突然被調到中央政治局祕書處工作，因為黨的第二號人物劉少奇看上了她。蕭英堅決拒絕，其結果是她丈夫遭到誣陷迫害致死。內戰中解放軍長驅南下，蕭英乘機逃脫。

作者在「編後」表示：「我寫這書的主要目的是代表整個『解放區』被壓迫的人民將毛澤東極權統治的真相暴露出來，喚醒真正愛好自由和愛國分子來反抗極權主義。另一目的是，由於共產黨巧妙的粉飾與宣傳，許多有熱血的青年自動或被動地奔向『解放區』，凡是真正了解共產黨鐵幕的人都知道，這是自取滅亡之道。」[41]

當時毛澤東在大陸剛建立政權，這本書以個人經歷第一手史料揭露新政權的極權性質，立刻引起林語堂的注意。他當時住在瑞士，立刻致信華爾西，探討出版該書的英譯本。華爾西的回覆也很正面，建議他先開始翻譯。但林語堂還沒譯完，便看到美國報紙已刊登該書書評。因為時間敏感，他建議莊台公司先登一個廣告，表明莊台會出林語堂的英譯本。不久，莊台公司收到勞動人權聯盟（美國勞工聯合會下屬機構）祕書長的一封信，說他們已經得到該書的全譯文本，是由喬志高翻譯。[42]林語堂和喬志高是好朋友，兩人很快協商了解決辦法。麻煩出在版稅上。因為該書在澳門出版，受國際版稅保護，必須先找到作者簽訂版稅協定。但林語堂發現該書的出版社已經關門，作者可能也躲起來了。林語堂告訴華爾西，他自己要做點「偵探」工作，花了好幾個月，通過各種私人關係，終於在香港和蕭英聯繫上了。但蕭英請了個經紀公司處理英文出版事宜，並要求先預支一大筆稿費。華爾西認為不可能，因而林語堂第一次嘗試揭露毛澤東政權之極權性質的努力沒有成功。

但是，林語堂對第一本英文版毛澤東傳記的問世起了非常積極的作用。蕭瑜著《我和毛澤東行乞》於一九五九年出版。林語堂當時住法國坎城，和蕭瑜交往甚熟。蕭瑜（一八九四—一九七六）早年上大學期間和毛澤東是好朋友，曾和毛澤東、蔡和森一起被譽為湖南第一師大三才子，積極參與組織湖南學生赴法勤工儉學，並和毛澤東一道組織中共湖南分會的活動。蕭瑜留學法國，回國後曾任國民政府要職，和毛澤東分道揚鑣。林語堂在三〇年代便鼓勵蕭瑜寫出早年毛澤東的生活，現在兩人都在歐洲，交談甚歡。林語堂敦促蕭瑜寫一部「毛澤東早年的傳記，尊重事實，不帶偏見」，並為書作序。蕭瑜在引言中寫道：這「是第一本真實介紹毛澤東早年思想生活、以及共產主義在中國的誕生和發展的書」，並致謝林語堂「堅持不懈」的敦

---

41 蕭英，《我是毛澤東的女祕書》，頁八五。

42 喬志高（高克毅）在其回憶錄提到這起和林語堂的「撞車」事件。參見喬志高（高克毅），《一言難盡：我的雙語生涯高克毅》，臺北：聯合文學出版社，二〇〇〇，頁九四—九五。

促，保留事實，以鑑後世。[43]

一九六〇年，林語堂為另一本書作序：《風暴十年：中國紅色政權真面貌》，由周鯨文著。該書中文原版在香港出版，後由林語堂的女婿黎明譯成英文出版。這是中共執政十年來第一本從內部傳達出來的資訊。周鯨文（一九〇八—一九八五）是民盟的創始人之一，作為「民主黨派」領導人，一九四九年受邀出席第一屆政協會議，任政協委員，之後長達八年時間一直擔任政府高官。這段經歷使周鯨文看清中共政權之極權本質，所謂「民主黨派」不過是其工具，於是在一九五七年毛澤東發動反右運動時藉故逃到香港。

對林語堂來說，周鯨文對中共執政十年之親身觀察與詳盡描述，十足印證了他之前的觀點。在序言中，他重提舊事，再次闡明其觀點。首先，根本沒有所謂「中國共產黨人」這回事。中共搞的這一套和東歐極權國家採用的強制手法如出一轍。周鯨文這本書所記錄的情況和林語堂在《匿名》中所記錄的情況一模一樣，也就是說，現在中國人的生活狀況和蘇聯陣營其他國家人們的生活狀況都是一個模子刻出來的。林語堂特別關注周鯨文一書有關描述知識分子的章節：中共針對知識分子的運動一個接著一個，批了胡適又批胡風。林語堂要問讀者一個關鍵問題：在中共治下，人還是人嗎？人的尊嚴遭到極大的挑戰，共產主義對人類的真正挑戰在於人的概念和人生價值。周鯨文此書有許多價值，但林語堂強調：「它最主要的價值在於為我們揭示了在共產黨統治下，人的生命毫無價值可言。」[44] 林語堂再次抨擊道，美國對中共的政策真是大錯特錯。當年在《枕戈待旦》中，他把共產黨統治稱作「恐怖統治」，在美國沒一個人相信他。那些輿論專家，包括「所有教授，起碼從理論上講他們是能夠讀中文書的」，沒一個給美國公眾講真話。相反地，他遭到「好心的、自由派美國記者」的各種謾罵，說「我的靈魂需要拯救」、「可以給我寫訃告了」。林語堂現在有機會反駁了：「我們現在終於有一本書，是一個了解中共政權真面目的中國人寫的。我希望有人能相信他，即使他是一位中國人講中國的事情。」[45]

中國大陸在毛澤東時代，政治運動一個接著一個，而且越搞越邪乎。比如在反右運動的同時，一九五八年在全國掀起「除四害」運動。為了提高社會主義生產，必須清除老鼠、麻雀、蒼蠅、蚊子，以「科學」的名義征服自然。魯迅的三弟周建人當時是教育部副部長，他以生物學家的身分在《北京日報》（一九五七年一月十八日）撰文指出，麻雀有百害而無一益，必須徹底消滅才能提高農業生產。毛澤東下令在全國範圍內對麻雀展開「人民戰爭」，國家輿論機器開足馬力，不剿滅麻雀決不甘休。一九六二年上半年，林語堂到拉丁美洲巡迴演講，演講稿收入《不羈》一書。該書還收入好幾篇林語堂三〇年代的舊文，但有一篇是新作，題為〈麻雀有話要說〉，對「剿滅麻雀運動」做出辛辣諷刺。林語堂寫道，《費加羅》報的一名法國記者到北京參加一場國際會議，淩晨一點突然被一陣高音喇叭聲吵醒：大家起床去抓麻雀！「他媽的！（原文用法語：*Merde!*）誰聽說過這種事？整個北京市都被叫醒了。」其實不只是北京，

---

43 參見 Siao-yu, *Mao Tse-tung and I Were Beggars*, New York: Collier Books, 1959.
44 Lin Yutang, "Foreword" to *Ten Years of Storm*, by Chow Ching-wen, New York: Holt, Rinehart and Winston, 1960, p. vii.
45 Ibid, p. xi.

全國都被動員起來，打一場剿滅麻雀的人民戰爭，人們敲鑼打鼓，用精神折磨法剿滅麻雀。「『把麻雀都給殺了，』毛澤東下令道，『媽的逼！統統給我殺了！』*就這麼簡單。」[46]當然事情不會這麼簡單。毛澤東用「人民戰爭」對抗自然，必定遭到自然的反撲。林語堂在文中讓麻雀說話：

「讓你遭蟲害！」麻雀王說道，「蟲害！蟲害！蟲害！你這個小嘰嘰—小腦袋—小腦袋—小腦袋。嘰嘰，嘰嘰，你這個沒心沒肺的傢伙，沒心沒肺—沒心沒肺—沒心沒肺。逼逼，逼逼，你敲鑼打鼓不讓我睡覺，我就把你的心肝都挖出來，挖你的心肝—挖你的心肝—挖你的心肝。我把害蟲都招來—都招來—都招來，你這個小腦袋大傻瓜。害蟲吃你的糧食，我吃害蟲。我不吃害蟲，害蟲就要吃你的糧食—吃你的糧食，你這個大傻瓜！啾啾，啾啾，你等著瞧，你等著瞧，你這個可憐的膿包。我們會回來的，我們會回來的，你這個可憐的膿包。逼逼，逼逼，我們會回來的，你這隻可惡的瘋狗——可惡的、可惡的、可憎的、可憐的小腦袋膿包！啾啾，啾啾，我們會回來的！」[47]

到了一九五九年，「大躍進」的惡果已經顯現，部分的原因正是出於麻雀的詛咒。中國大陸遭遇三年「大饑荒」，按楊繼繩統計，「大饑荒」造成三六〇〇萬人死亡，比整個抗戰時期中國人的死亡人數還要多。[48]大範圍饑荒引發大逃亡，一九六二年發生的「五月大逃亡」，突然有十萬多人聚集粵港邊境，分水路和陸路冒著極大風險潛逃香港。在二十世紀自由世界與共產陣營的對峙中，「柏林圍牆」通常被看作見證共產鐵幕的唯一象徵，至今每年都有人緬懷那些為了越過這堵牆而付出生命的遇難者。假如我們跨越這種歐洲中心主義的視角，我們便會看到，在中國也有一道「柏林圍牆」，即港深邊境的鐵絲網及其海域。這道見證共產鐵幕的邊境圍牆至今卻少有人提及。在八〇年代改革開放前中共統治的三十年間，逃港難民可謂前赴後繼，從未間斷，有多少人冒著生命危險逃到香港，又有多少人葬身於逃港途中，至今沒有準確統計數字，更沒有任何紀念碑文追悼為了逃脫共產鐵幕、追尋自由而逝去的亡靈。

大規模的逃港潮主要有兩次，其一是一九六二年「大饑荒」導致的「五月大逃亡」，其二是文革後七〇年代末的三、四年，經過文革十年浩劫，老百姓生靈塗炭，紛紛逃離大陸，這期間有三、四十萬人偷渡香港。而這正是大陸共產政權不得不實行改革開放、興辦經濟特區的直接原因。

林語堂的《逃向自由城》正是以一九六二年的大逃亡為歷史背景，以小說形式揭示共產黨獨裁政權不得人心的本質。林語堂在本書前言中表明：小說的故事、情節和人物雖屬虛構，但背景資料是真實的。他還在香港特意訪問了多名已逃到香港的大陸難民，詢問他們逃亡的過

---

46 Lin Yutang, "The Sparrows Have Something to Say About It," in *The Pleasures of a Nonconformist*, London: William Heinemann Ltd., 1962, p. 199. 林語堂原文「媽的逼」用的是拼音*Madebi*，並有*注說明：*Madebi*相當於法語的*Merde*，它當然不會收入法語詞典。

47 同上，頁一九九—二〇〇。

48 參見楊繼繩，《墓碑：一九五八—一九六二年中國大饑荒紀實》，香港：天地圖書有限公司，二〇一〇。

程、線路等細節，並親自到香港邊界的沙頭角和落馬洲地區視察地貌，瞭望大陸一邊的地形。據喬志高回憶，林語堂還特地委託他搜尋粵港邊境地圖，本書所附的邊境圖正是由喬志高所提供。[49]

《逃向自由城》小說背景為一九五九年九月底十月初瀕臨香港的惠州。一九五九年的惠州正在發動大躍進，要把整個城市變成一個集體公社。林語堂如此描述惠州城：

> 惠州很安靜，安靜得就像一個管理得很好的動物園；一切的活動都很有秩序，有秩序得就像一個蟻窩；人民辛勤工作，好似蜜蜂；政府的權威，沒有人反抗。市區中靜悄悄的。有人在市場失手落掉一只鐵罐子，立即驚動許多人。往日的熙熙攘攘沒有了。大家不再多說話；女人也不聚在一起說長說短了，因為如今已經沒有一個人能夠相信他的鄰居和朋友。隨時隨地，都有黨的耳朵和眼睛，在聽，在看。[50]

英國人戴膺恩從香港來到惠州，名義上是來接他的姑媽安莉佳修女回港（她是最後被迫離開中國大陸的傳教士），實際上是要伺機帶他未婚妻伊素（中國姑娘）逃離大陸到香港。八年前戴膺恩在北京教藝術，伊素是他的學生，逐漸發展為戀人關係。伊素在安莉佳服事的教會醫院擔任護士，和戴膺恩重逢喜出望外，於是緊張而祕密地計畫出逃方案。伊素要走，不能丟下年邁的父親不管，同時還要帶上侄兒春筍，他們同當地的內線「蛇頭」范石田聯繫上，范石田也決定帶上情婦梨花，梨花又決定帶上「養子」阿張一起出逃。此時博羅地區因政府強行推進

「大躍進」政策發生民眾騷亂，市委書記鄧平下令全城戒嚴，公審博羅民眾，其中一位帶頭的村民張福被帶走，其兒被民兵暴打致死扔進河裡，其妻阿雪亦被民兵當眾毆打，昏迷不醒，後被戴詹恩救到醫院，遂一併隨行出逃。一行八人分兩批趁夜從水路潛逃出惠州城，坐汽車到坪山，過龍崗，到達深圳梧桐山下，經過內線領路人指引，翻越梧桐山，買通邊防崗哨，同時又碰到另一股邊防兵，發生火拼，最終歷經各種驚險，除了伊素的父親墜山身亡外，其他人都順利到達香港。

《逃向自由城》以小說諷世，旨在揭露共產統治之非人性。在共產統治下老百姓之所以不得不出逃，是因為共產統治不近情理，無人道可言，老百姓沒法活下去。在美麗的「超英趕美」口號背後，「大躍進」就是農村「人民公社化」的城市翻版，政府要為全城人口一起做飯開灶，荒唐之極，其結果就是老百姓遭殃，沒飯吃。「老百姓在世界上最大的奴工營做奴工，怎麼能夠生產出足夠的糧食來。」[51]在這個瘋狂的機制下，即使是權傾一時的惠州黨委書記鄧平，最終也只是一個犧牲品。鄧平因為要邀功，甯左勿右，對騷亂的民眾殘酷鎮壓，事情鬧大不可收拾，怕上面整肅變成代罪羔羊，隨難民潮企圖一起逃往香港，結果被難民發現，亂打致死。共產政權大搞階級鬥爭，聲稱是「人民」的政權，但林語堂在此再次重申自己的觀點：資

49 喬志高，《一言難盡》，頁九五。
50 Lin Yutang, *The Flight of the Innocents*, New York: G. P. Putnam's Sons, 1964, p. 12.
51 同上，頁二六二。

本家被消滅了，其他階級也都取消了，只剩下兩個階級：統治階級，即像鄧平這樣的幹部，享受小資產階級的生活方式，像毛主席一樣吸三五牌香菸；另外就是被統治階級，廣大老百姓，他們不得不把自己的鐵鍋充公煉鋼。用小說中「蛇頭」范石田的話說：「假使一個人到江裡捉一條魚自己吃都不准，還能算是一個人嗎？從那時起，我就決定非走不可。」而梨花對范石田的回應是：「好吧，我們就這麼說。你要逃，因為你想要吃自己喜歡吃的東西。我情願冒生命危險，因為我要塗口紅，穿高跟鞋，穿得像個女人。天哪，他們從來不了解我是一個女人。」[52]正是懷著如此簡單的願望，一批批難民冒著生命危險，從陸路翻山越嶺、從水路泅水過海，來到他們心目中的「自由城」——香港：「在自由城，霓虹燈把馬路照得通亮。一座大山躲在雲裡面，還有海，有許多大船。商店和飯館裡，樣樣東西都有。街上盡是大人和小孩，大家笑嘻嘻，有說有笑，什麼也不怕。你想多好，什麼也不怕。」[53]

《逃向自由城》英文原版於一九六四年出版，第二年中譯本問世。林語堂為中譯本作序時如此總結其對共產統治的看法：

為政者，只在使老百姓得安其性命之情而已。逆天理，背人情，以霸道治天下，無有不倒之理。昔王安石行青苗，立保甲，豈非亦欲以富國強兵為主，而其所以敗，只在「擾民」二字，不旋踵而民窮財盡，北宋亡。今日背天理逆人倫之中共行為，豈但百倍於安石之擾民？偶語棄市，又豈但秦始皇之淫威可比？迎大照相，如迎神賽會，又何異於魏忠賢之立生祠？[54]

林語堂此處所謂「迎大照相」，當然是指毛澤東大搞「個人崇拜」，家家戶戶掛毛澤東像。另外，毛澤東曾作詞一首，在共產中國家喻戶曉：「江山如此多嬌，引無數英雄競折腰。惜秦皇漢武，略輸文采；唐宗宋祖，稍遜風騷。一代天驕，成吉思汗，只識彎弓射大雕。俱往矣，數風流人物，還看今朝。」對此，林語堂針鋒相對，在「逃向自由城序」尾調侃道：

> 至謂背天理逆人情之毒政，可以長治久安，傳位萬世，何不看看始皇之覆滅？若謂一時豪傑，唐宗漢帝，皆欠風騷，要命世英雄「且看今朝」，何不想想魏忠賢之生祠，一時威勢，炙手可熱。冷眼看來，實沒什麼。[55]

## 重新發現耶穌

林語堂既要面對現代物質主義的挑戰，又要反抗共產主義英雄之「威勢」，心靈上也在探

52 同上，頁八九。
53 同上，頁一六一。
54 林語堂，〈逃向自由城序〉，張復禮譯，《逃向自由城》，臺北：中央通訊社，一九六五，扉頁。「偶語棄市」出自《史記・秦始皇本紀》：有敢偶語《詩》、《書》者，棄市。
55 同上。

尋能與之抗衡的精神力量。他重新發現耶穌，在他的基本教義中找到了這種力量。一九五九年，林語堂借自傳性的《從異教徒到基督徒》一書，向世界宣告他「重返基督教」。但這並非表明林語堂的宗教信仰發生了根本性的變化，好像他拋棄了以前的人文主義信念，現在突然毫無保留地接受基督教了。林語堂生於中國的基督教家庭，受的是教會教育。早年宣告做一個異教徒，那是因為他討厭神學教條，不再每週上教堂，也不再組織禮拜天讀經會了。但他還是信上帝的，雖然和上帝的關係不順，甚至頗為緊張。林語堂對這種狀態其實一直不滿意。林語堂認為，基督教應該是一個歡樂的宗教，正如他在《遠景》中詳細描繪的那樣，林語堂並沒有改變這一立場。[56]

林語堂宣布「重返基督教」意味著兩個變化。首先，林語堂又開始定期上教堂了。在海外旅居不同國家這麼多年，林語堂妻子廖翠鳳一直陪伴身邊。廖翠鳳是個虔誠的基督徒，不管走到哪兒，星期天必上教堂。林語堂暗自羨慕她的虔誠，有時也會陪她去上教堂，但總是掃興而歸。教堂的布道根本無法滿足現代知識分子的理智水準。用林語堂的話說：「教堂裡的崇拜基本上還是一個憤怒的牧師用憤怒的語言為一個憤怒的上帝宣講下地獄的詛咒。」[57]

但在一九五七年十二月三日，林語堂加入了紐約麥迪遜大道長老會。半年前，他開始定期上該教堂做禮拜。這要歸功於廖翠鳳的勸說。她對林語堂表示，那個教堂的牧師演講「文采很好」，說不定他能欣賞，要他陪她一起去。這位牧師的名字叫大衛．里德（David Read），林語堂發現他確實與眾不同。里德布道不講下地獄之類的詛咒，而是強調正面向上的基督教精神生活，這讓林語堂頓感星期天上教堂做禮拜是件快樂的事情：「能夠接近上帝、按我一直期待的方式來做禮拜，真爽！」[58]

更重要的是，「能夠接近上帝」是出於林語堂思想探尋中發自內心的渴望，面對物質主義和共產主義在全世界橫行之際，他需要一種強有力的精神力量與之抗衡。回到教堂做禮拜之後，林語堂進一步體會到耶穌基督帶來的光與力，而這是唯一能夠填補現代社會精神空虛的東西。現代社會是唯物主義的時代，自然科學對宇宙萬物的物質性解釋不可阻擋，即使對人的研究也要比照自然科學方法，不考慮任何價值因素，結果當然是人的精神領域一片空白。林語堂發現耶穌的教誨簡潔明瞭，但重新擁抱耶穌並不一定要否定和拋棄「異教」的人文主義，比如，林語堂先前對儒家和道家文化的人文主義闡釋。相反地，林語堂發現基督教和儒家、道家學說都有共同點，比如老子和耶穌有很多類似的說法：耶穌稱自己「柔和且卑微」，老子同樣教人「以弱勝強」、「水往低處走」。然而，林語堂發現，儘管人文主義為人類文明做出了巨大貢獻，現在要面對橫行東西方的物質主義挑戰，光有人文主義還不夠。這是一個沒有信仰的世界，一個對道德價值不屑一顧的世界。西方世界還相信民主和自由，但即使如此，他們對民主和自由都設置了歧視性限制。林語堂在此再次表露他心裡的一塊大疙瘩：

---

56 有關林語堂和基督教的關係，參見 Yang Liu, "A Bundle of Contradictions: Lin Yutang's Relationship to Christianity" in Qian Suoqiao ed. *The Cross-cultural Legacy of Lin Yutang: Critical Perspectives*, Chapter Three (Institute of East Asian Studies, University of California, Berkeley, 2016).

57 Lin Yutang, *From Pagan to Christian*, Cleveland: The World Publishing Company, 1959, p. 237.

58 同上。

> 現在大家都公認：白人需要自由，黃種人需要吃飯。也就是說，白人根本不懂自由是人類普遍具有的本能，不只是盎格魯—撒克遜人的精神欲望。現代專家一再告訴我們，亞洲人首先需要吃飯，他們不懂自由是什麼意思，也不在乎，獨裁專制對白人來說無法忍受，但對黃種人而言不算一回事。這只能證明這些西方觀察家的腦袋是多麼唯物、多麼虛浮。[59]

為什麼要重返基督教？林語堂自問道。他的答覆是：我們真正該問的問題是：沒有宗教人類能生存嗎？絕對不行！「我相信，由於耶穌的啟示，基督教為人提供了接近上帝的最佳途徑。我也不得不指出，由於無神論和唯物主義盛行，人的精神越來越腐朽、孱弱，因為我目睹了一個無神論的民族能夠做出什麼事情來。」[60]林語堂指的當然是毛澤東治下的中國。在林語堂看來，耶穌的教誨之所以既指向光明又強勁有力，是因為耶穌教導的方式，起源於其自身的榜樣力量。他的教誨是一種簡單的道德聲音，充滿愛和關懷，既溫柔又堅定。林語堂從耶穌平易近人、自我奉獻的榜樣中獲得強大的道德力量，以此來向共產主義的肆虐做出抗爭。共產主義國家普遍搞個人崇拜，大型遊行高舉領袖畫像，林語堂就此評論道：「共產主義國家是現代世界最具邪性的偶像崇拜國家，絕對名副其實。不幸的是，他們三十年來一直崇拜的神，按赫魯雪夫的說法，原來是個殺人犯、一個專門設圈套陷害人的流氓角頭，兩億多人三十年來對他頂禮膜拜，卻不知真相。」[61]在林語堂看來，馬克思主義者宣揚仇恨與暴力，對付它的最佳辦法就是守住對上帝的信仰，因為耶穌已經為我們啟示，上帝就是愛，就是仁慈。「要讓人從仇恨、暴力、狡詐中掙脫出來，除了基督家所教導的截然相反的價值與信念，我不知道還有什麼能行，人文主義本身肯定不行。」[62]

「你們所做的，只要是做在我一個最小的弟兄身上，就是做在我的身上了。」林語堂在《匿名》結尾處用耶穌的名言來做總結，並聲稱在世界範圍內和共產主義的較量「就是一場善與惡之戰」：「假如我們想要一個未來世界，其間人只是一個工具、只能『為國家獻身』，我們可以做到；假如我們想要一個未來世界，其間窮人和出身卑微者不會受到壓迫，我們也能做到。世界必須做出選擇。」[63]

59 同上，頁二二七。

60 Lin Yutang, "Why I Came Back to Christianity," *Presbyterian Life* (April 15, 1959), p. 13.

61 Lin Yutang, *From Pagan to Christian*, p. 222.

62 Lin Yutang, "Why I Came Back to Christianity," p. 15.

63 Lin Yutang, *The Secret Name*, p. 258.

# 第十二章　我話說完了，走了

「三〇年代青年左傾，當時的知識界領袖，不能辭其咎。三〇年代是五〇年代的罪人。」

林語堂，《論守古與維新》（一九六七年）

## 回「家」定居臺灣

一九六五年七月十七日，林語堂在其紐約公寓提前慶祝七十壽辰，公寓牆上掛著蔣介石親筆書寫的「壽」字。二女兒一家也從香港飛到紐約慶賀。之後林語堂和廖翠鳳和往年一樣去歐洲旅遊，繼續慶祝，先到義大利米蘭，在可蘑湖（Lake Como）度假、釣魚——林語堂最喜歡的嗜好。[1]幾個月後又回到紐約，但次年一月二十五日，他們離開了紐約，這次就再也不回來了。[2]他們於一九六六年一月三十日到達香港。三月五日和香港作家聚會，林語堂說他還在慶

1 參見林語堂，〈可蘑途中〉，《中央日報》，一九六五年八月九日。

2 林語堂於一九六六年一月二十二日寫信給他的義大利出版商龐比雅尼（Valentino Pompiani），告訴他一九六六年一月二十五日以後的通信地址為：Flat 8-B, 55 Robinson Road, Hong Kong。這應該是他二女兒林太乙在香港的住址，或者是太乙給父母臨時租的公寓地址。

祝七十大壽，到香港逗留。有人問他會不會選擇住在香港，他回答說還沒有決定，雖然他很喜歡香港。[3]一九六六年四月五日，林語堂去信港英政府入境處主任，聲稱他和妻子一月三十日以訪客身分入境香港，獲准逗留三個月，但現在決定永居香港，按規定必須先離境再申請，現特寫此函請求給予方便，在境內直接申請永居。但到了七月，林語堂夫婦已經決定移居臺灣。可以肯定的是，林語堂移居臺灣得到蔣介石（和蔣宋美齡）的特邀和特許。林語堂夫婦先在臺北陽明山上租了一棟附設泳池的別墅，國民黨政府答應專門替他建一棟別墅，就在租屋的對街。這棟別墅由林語堂親自設計，融合了中西建築風格，比如有中式花園，用西式柱子，現在已經作為「林語堂故居」對外開放。別墅一年後落成時，林語堂夫婦邀請蔣總統和夫人蔣宋美齡到舍飲茶，拍了很多合照，如今依舊懸掛在故居牆上。

林語堂在臺灣定居後，給英文《自由中國》月刊做了個專訪，解釋他到臺灣定居的理由：「我上年紀了，想回到自己的國家，和自己的人民住在一起。」他先是決定回到東方，最後在香港和臺灣之間做選擇，但香港是個殖民地，「這種感覺對我還是很重要，」他說，「在臺灣，我們感覺回家了。臺灣人說的話和我福建老家龍溪人說的話一模一樣。」[4]這些當然都是大實話。林語堂沒說的是，他這次「到臺灣重新發現『吾國與吾民』」（本專訪的標題）肯定也是一種政治姿態。

林語堂在海外生活這麼多年，早就是個世界公民，當然同時也是個中國人，年滿七十古來稀，有落葉歸根的想法再自然不過。但在五、六〇年代，對大多數華人來說，要歸「根」可不是那麼簡單的事情，更不用說像林語堂這樣的國際名人了。林語堂「回家」到臺灣定居也不是一件簡單的「落葉歸根」。起碼在一九五〇代初，林語堂想都沒想過要到臺灣。他倒是很想把新加坡當成家，到新加坡「歸根」，結果傷心而返。他也可以繼續在紐約待下去，但到了一九六〇年代，在紐約住下去好像越來越沒意思了。在紐約最後的八年（一九五七—一九六五），林語堂仍然不時受邀演講，抨擊共產專制，為中國乃至全世界的自由吶喊。但媒體對林語堂的關注度已經大不如前，和一九四〇年代無法相比。經濟上他雖然擺脫了之前的債務麻煩，但一直沒能重返先前「寬鬆的周轉餘地」。他在曼哈頓租住一套公寓（239 East 79th Street, Apartment 9 L），靠版稅為生，也就是說，他必須不斷寫作出書。年屆七十，仍須靠寫作謀生，這種生活方式是可以放棄的。

然而，林語堂生活在兩個世界。當他的英語世界接近枯竭時，他可以換到中文世界，在晚年迎來另一個創作輝煌期。一九六四年十一月，馬星野從巴拿馬返回臺灣，準備出任中央社總監。馬星野曾是林語堂的學生，返臺途中路經紐約，在晚宴上和林語堂重逢，便盛邀林語堂為《中央日報》寫專欄。回臺灣後，他仍持續花工夫勸說，並請他們的共同朋友喬治高出面相勸，並保證專欄由林語堂全權負責，他想寫什麼就寫什麼，可以「無所不談」。於是林語堂欣然承諾，一九六五年春天開始為《中央日報》開始寫專欄文章。之前三十年，林語堂基本上沒有中文創作。《中央日報》是當時臺灣和海外華人社區銷量最大的報紙，林語堂的散文每次

3 參見鐘吾，〈與君一夕談〉，《當代文學》（香港），一九六六年四月一日。

4 Lu, L. "Lin Yutang Rediscovers 'My Country and My People' in Taiwan", Taipei, Taiwan: *Free China Weekly*, March 5, 1967.

刊出即有成千上百萬名讀者，對一位作家來講，這肯定是很令人興奮的事，更何況林語堂是三十年後重操中文寫作事業。既然已經和中文讀者重續前緣，林語堂肯定很想重新回歸華人社區的中文環境之中。這也應該是林語堂決定回臺灣定居的重要原因之一。一九六六年到臺灣定居時，他已經為《中央日報》寫專欄文章一年了，之後繼續寫了好幾年，一共寫了一百八十多篇文章。另外，回到中文世界後，林語堂還和香港中文大學出版社簽約編撰《當代漢英詞典》。這項巨大的工程由林語堂殫精竭慮獨自完成，再加上文學上的散文創作，若是繼續待在紐約，肯定是不可能的。

但林語堂最後選擇定居臺灣仍顯得有點突然。我們不清楚林語堂在香港申請永居是否遭拒、還是他自己選擇放棄。其實林語堂定居臺灣之前曾赴臺好幾次。一九六〇年六月《自由中國和亞洲》曾刊登林語堂一篇英文文章〈臺灣：民主的榜樣〉，提到他最近一次的遠東之行。[5]他曾到南部探親，更從南部一路開車到臺中，因為夫婦倆都懂閩南話，一路上還和當地老百姓聊天。他們看到老百姓的生活水準有大幅度提高、造了很多新房、每個村都建了衛生設施、女孩都塗口紅等等。國民政府已經從大潰敗中緩過氣來，現代化建設搞得不錯。林語堂寫道：「我見了蔣介石總統，談了過半小時。他七十二歲，身體仍然很結實，主要是他的生活習慣既簡樸又有規律。他看上去神態雍容，非常自信。講到法國總統，他不是按中國人一般的發音叫『戴高樂』，而是按法語發音叫『德─郭─了』」。林語堂還提到當地人和新移民有摩擦，但這很正常，「新來的和晚到的互相競爭，都是中國人」。就像抗戰時重慶人和「下江人」爭一樣。總體來說，臺灣正成為全亞洲一個典範：「我堅信，臺灣短短九年內達到的成果，其他亞洲國家也能做到，而不用花上把整個國家變成軍事堡壘、老百姓都被極權制奴役的代價。」[6]

另外，林語堂夫婦至少還在一九六四年低調訪問過臺灣，現存有蔣宋美齡於一九六四年十月十二日給林夫人的一封短信，對沒能在臺北見到他們致歉：「我很想敘敘舊，聽聽你和你家人的近況。」[7]其實林語堂夫婦在一九六六年一月三十日到香港之前，他們先在臺灣逗留了四天，一月二十八日，蔣介石在高雄會見了林語堂夫婦和馬星野夫婦。[8]顯然這次會見沒有決定林語堂是否來臺定居問題，因為林語堂後來曾試圖申請香港永久居民。我們知道，胡適結束在紐約九年的流放生涯，於一九五八年返臺出任中研院院長，這為當時退居臺灣的國民政府爭取國際形象加分許多。但胡適赴臺後為蔣介石帶來很多麻煩，比如他公開反對蔣介石在一九六〇年連任第三屆總統。胡適於一九六二年二月二十四日心臟病突發在臺灣逝世。[9]之後胡適被一

---

5 該文發表於一九六〇年六月，文中沒有寫出訪臺的具體日期。據林太乙說，一九五八年十一月林語堂應馬星野之邀訪臺兩星期，參見林太乙，《林語堂傳》，頁二八九—二九〇。但馬星野在回憶林語堂時沒提到這次邀訪，並說他和林語堂真正接觸起自一九六四年他邀林語堂為《中央日報》寫專欄之時。參見馬星野，〈回憶林語堂先生〉，《傳記文學》，一九七七年十二月。

6 Lin Yutang, "Taiwan: A Showpiece of Democracy", *Free China and Asia*, June, 1960, p. 15.

7 Madame Chiang, Letter to Mrs. Lin, October 12, 1964. 這封信是自他們上次一九五三年十一月通信後現存最早的一封。

8 參見秦賢次，〈林語堂先生年表〉，載於正中書局主編，《回顧林語堂》，臺北：正中書局，一九九四，頁二七七。

9 有關胡適晚年在臺灣的情況，可參見胡松平，《胡適之先生年譜長編初稿》，臺北：聯經出版事業公司，一九八四；以及周質平，《現代人物與文化反思》，北京：九州出版社，二〇一三。

致公認為自由中國知識界的領袖，蔣介石對這位一輩子批評他的人親手寫了一幅對聯：新文化中舊道德之楷模，舊倫理中新思想之師表。

理論上講，蔣介石和國民政府應該樂意歡迎林語堂回到臺灣，繼承胡適在知識界的地位，為其國際形象加分。是否因為和胡適關係緊張很不愉快，蔣介石在邀請林語堂回臺定居時有所猶豫？是否蔣宋美齡得知林語堂夫婦有意回到華人世界定居、並考慮定居香港時出手相助？或許，林語堂自己的首選其實是香港，在回臺定居問題上自己也有猶豫？

無論如何，林語堂到臺定居有個前提——還是當個作家，自由寫作。也就是說，他不會擔任任何政府要職，從而對當地政治基本上保持一定的超然姿態。當時林語堂接受《紐約時報》記者採訪，聲稱他一輩子都沒有為了政治而放棄做一個作家，到臺灣定居後不斷接到邀請出任要職，他一再拒絕，後來沒辦法，他不得不親自求見蔣介石：「見完後我出來，滿臉笑容，所有官員都以為我搞定了某項要職。沒人會想到我高興的是蔣介石同意我不擔任任何官職。」[10]

然而，即使在晚年定居臺灣時，林語堂仍然是一位堅定的自由主義批評家，時刻關注中國的民主進程。就像三〇年代江西的蘇維埃政權，六〇年代臺灣的國民政府並不是林語堂政治批評的主要對象。在林語堂看來，國民政府在島上重振旗鼓，走在正確的軌道上，為中國自由之夢保存希望。但中國的大環境是：成千上萬的中國人生活在共黨專制的奴役下，在一九六六年，另一場災難又將席捲中國——所謂無產階級文化大革命。林語堂晚年批評的焦點仍然集中於中國的極權政權，炮火不減當年。

文革期間，毛澤東搞個人崇拜，自比「紅太陽」。林語堂則是針鋒相對，給這種自我膨脹潑冷水。一九六五年夏，林語堂到歐洲度假，去維也納聽輕歌劇，突然受到啟發，可以用詞調作曲，作〈打鼓罵毛小令〉，諷刺挖苦毛澤東的「英雄」氣概。該詞第二節或許亦表露了林語堂海外流亡的心情：

河漢河漢，渺邈歸途漫漫
晚來獨不思鄉，思鄉惟恐斷腸
斷腸斷腸，長夜何時始旦
馬列馬列，叫得頭昏腦裂
孤鴻失路哀鳴，如今世故薄情
情薄情薄，大地茫茫漠漠[11]

文革期間，小孩上學唱的第一首歌是：「東方紅，太陽升，中國出了個毛澤東。」學寫的第一句話是：「毛主席萬歲！」林語堂調侃道：那是不可能的，他最好還是多想想他死後人們會在他的墓碑上寫什麼。林語堂為毛澤東和江青寫了一幅輓聯：

---

10 "Brief Encounter with Author Lin", Sunday Post-Herald, November 26, 1972.

11 林語堂：〈打鼓罵毛小令〉，《中央日報》，一九六五年九月十三日。

江青江湖江青紅，紅了長江，青了青海
毛賊毛澤毛賊東，東方蠹賊，賊了東方[12]

林語堂晚年文章中，很多是回憶往事，評價現代作家士人，特別關注中共政權對文人的迫害狀況。貫穿這些文章的主題是討論知識分子的「節氣」或「骨氣」問題。比如好幾篇文章都談到魯迅，回憶他們在北京以及在上海時期的交往。林語堂憶魯迅還是比較正面的，認為魯迅是現代中國的大作家，思維敏銳，筆鋒犀利，沒人比得上，但他要做「青年導師」，被拖累了。林語堂看著魯迅被一步步拉到左翼陣營，出任原本把他批得一塌糊塗的左翼作家「盟主」。但總體來說，「魯迅是一個比較有脊梁的人。其實他雖病死，也實在是氣憤死的。魯迅是給小猴子攢領抓鬚登在背上氣死的」。[13]

林語堂評論道，魯迅死得早，算是福氣，不然看看他的得意門生胡風在中共政權的下場。魯迅的遺孀許廣平倒是個「老老實實規規矩矩的正人」，現在許廣平也幫著周揚（就是把魯迅氣死的那隻「小猴子」）對女作家丁玲落井下石，應該是情勢所逼，不像真正的許廣平。林語堂感歎說，要在共黨專制體下保持人格多麼不容易。但無論如何，林語堂仍然認為，即使在最極端殘酷的環境，也有一個底線，能看出一個文人作家的真正品格。

林語堂指出，史達林曾經脅迫高爾基為他寫傳記歌功頌德，但高爾基就是沒理睬，從而保持了最低限度的人格。相反地，周作人是自己選擇為日本軍政府服務的。他並不需要那麼做，要是他關起門來什麼也不理睬，日軍不可能就把他拎起來給斃了。但是他選擇出賣人格為日本軍國主義服務。在毛澤東紅色恐怖治下，巴金堅持著自己的人格，雖然林語堂對巴金的文學創作並不十分看重；而林語堂很看重老舍的作品，但他發現老舍也正變得「肉麻」起來。[14]林語堂很欣賞胡風和鄧拓的人格，兩人當時都受到批判迫害。當然，現代作家中最「肉麻」、最賤格的非郭沫若莫屬。「別人不叫史達林爸爸，為什麼獨他一人要叫爸爸……人家還沒有叫你跪，你先跪下。人家還沒有打你的嘴巴，你先打自己的嘴巴。」[15]現在我們知道，即使用這種自虐的方式，郭沫若在文革中也只是勉強撿了一條命而已。

現代中國知識分子，有這麼多人最後連最基本的人格都難以維繫，林語堂認為值得反思，從中吸取教訓。中國陷入這種瘋狂狀態，不是偶然的，其根源在三〇年代。那時青年普遍左傾，抗戰全面爆發後紛紛奔赴延安，大大壯大了中共的實力。魯迅首先提出「古書有毒」論，郭沫若等其他人附和，掃清了青年左傾的障礙。人人都想「進步」，比誰都更急進，對舊的（古書）嗤之以鼻，對急進的（馬列主義）趨之若鶩，事實上青年的知識結構嚴重扭曲，舊的中國文化知識不甚了了，新的西方知識更是一知半解。林語堂指出，我們那時種的果現在收穫了：老舍自殺了，茅盾閉嘴了，丁玲在擦地板，周揚先是整丁玲、胡風，現在輪到自己被整，

12 林語堂：〈戲作毛澤東輓聯〉，《中央日報》，一九六七年三月二十三日。
13 林語堂，〈我看共匪的「文化大革命」〉，收入《無所不談二集》，臺北：文星書店，一九六七，頁一〇五。
14 參見林語堂，〈無題有感〉，《中央日報》，一九六五年四月二十六日。
15 林語堂，〈我看共匪的「文化大革命」〉，頁一〇五。

郭沫若在搧自己的耳光——我們現在應該知道共產主義是怎麼回事了。是誰把我們帶入這種瘋狂地步的呢？「三〇年代青年左傾，當時的知識界領袖，不能辭其咎。三〇年代是五〇年代的罪人。」[16]

林語堂的回憶還涉及兩位自由派的知識分子：蔡元培和胡適。一九六二年二月二十四日胡適去世後不久，林語堂便寫了篇紀念文章，稱胡適為「一代碩儒，尤其是我們當代人的師表。處於今日東西文化交流的時代，適之先生所以配為中國學人的領袖，因為他有特別資格；他能真正了解西方文化，又同時有真正國學的根底，能直繼江永、戴東原的師承而發揚光大漢學的考據精神，兩樣齊全是不容易的」。胡適的偉大在於為整個一代人開啟了新的典範，「在學問、道德方面，都足為我們的楷模」。中共政權對胡適進行鋪天蓋地的批判運動，他的態度只是一個「不在乎」。林語堂認為，這種「不在乎」的態度凸現其知識分子的「骨氣」，比魯迅要高出一個檔次。[17]到臺灣後，林語堂專門前往胡適紀念館瞻仰，並動情地披露當年胡適慷慨資助他留學的往事，「他從未對我提起這件事，這就是他的典型作風」。[18]林語堂還回憶說，胡適特別平易近人，交友甚廣，以致他在辦《論語》時幽默地列了一條規矩：該雜誌作者作文不能一口一個「我的朋友胡適之」。

林語堂還緬懷了蔡元培，說他也特別平易近人。其實，蔡元培樂意幫助人是出了名的，大家賜其美名曰「好好先生」——有人請寫序，他是有求必應；有人請寫推薦信，他都慷慨相助，以致政府官員看到是蔡元培的推薦信通常放一邊不予理睬。他的夫人也說先生很隨和，好伺候，做什麼吃什麼，從來不挑三揀四的。[19]但林語堂也講到蔡元培性格中堅韌的一面，並回憶了他們初次見面時一個難忘的細節。新文化運動如火如荼之時，林語堂寫了一篇中文索引的文章，跑到北大蔡元培辦公室請求先生寫篇序。他走進辦公室後，猛然發現辦公室中央玻璃櫥窗裡放著炸彈、手榴彈供展覽！蔡元培早年從事革命事業，這是一個很有趣的注腳。另外，林語堂還加了另外一個注腳：三〇年代參與中國民權保障同盟時和蔡先生共事，兩人都被宋慶齡和史沫特萊矇騙。林語堂評論道，二十世紀有很多外國女人跑到中國來搞共產主義革命，也是一道風景，他認識兩位，都是美國人：史沫特萊是個「壞人」，而瑞納・普羅姆（Rayna Prohme）則是位「好人」。[20]

至於臺灣本島的議題，林語堂對教育體制有話要說。文革中，大陸的大學基本上都關門了，臺灣這邊學生為了報考大學可是拚命得很，但林語堂認為臺灣的教育制度很恐怖。臺灣教育一切都是圍繞「聯考」：教育為考試，考試為升學。這樣辦教育後果嚴重：「惡性補習」如雨後春筍，讀書上學都變成應試式的「惡性讀書」。林語堂列舉中西方智慧來抵抗應試教育。從西方文化，他援引艾伯爾（Kenneth E. Eble）新著《完美的教育》（*A Perfect Education*），說

16 林語堂：〈論守古與維新〉，《中央日報》，一九六七年三月二十日。
17 林語堂，〈追悼胡適之先生〉，《海外論壇》，一九六二年四月一日。
18 林語堂，〈我最難忘的人物——胡適博士〉，《讀者文摘》，一九七四年十月。
19 林語堂，〈記蔡孑民先生〉，《中央日報》，一九六五年四月九日。林語堂自己在吃的方面則很挑剔，用他三女兒林相如的話說，「很難伺候」。參見林相如，〈憶父親〉，《回顧林語堂》，臺北：正中書局，一九九四，頁二四。
20 同上。

明教育首要任務是要提起學生學習的興趣和好奇心，讓學生自己培養出「自我的生活——自我的感覺」。同時，他用孔子的例子，勸誡沒考上大學的學生不用沮喪。他重新闡釋《論語》說孔子「不試故藝」，實際意思應該是說「孔子不曾入學考試，所以多學別的技藝」。因而林語堂鼓勵失學者，不上這種應試式的大學也罷，正好可以自己多讀點書，真正的書。林語堂提醒道，戰前民國時期並沒有這種聯考升學制度，這種制度不免讓人想起科舉制。一九〇五年廢科舉，這一舉措象徵著中國進入現代，我們是不是要走回頭路？[21]林語堂南洋大學校長沒做成，沒能履行其教育理念，論臺灣教育這些文章可以幫我們窺探林語堂的教育理念一斑。

林語堂在其《生活的藝術》中有一段論「晚年安逸」：「假如人的一生能活得像一首詩，他的夕陽歲月應該是最幸福的……人生交響樂的大結局應該充滿祥和、安逸、物質和精神上都充實而圓滿。」[22]據林語堂三女兒回憶，在臺灣的歲月是他一生最幸福的日子。[23]尤其是和當時大陸作家與知識分子相比，落差何止千里。《生活的藝術》最受美國讀者青睞的一段乃林譯金聖歎「人生三十三快事」。在臺灣定居三年以後，林語堂寫了〈來臺後二十四快事〉，節錄幾項如下：

二、初回祖國，賃居山上，聽見隔壁婦人以不乾不淨的閩南語罵小孩，北方人不懂，我卻懂。不亦快哉！

三、到電影院坐下，聽見隔壁女郎說起鄉音，如回故鄉。不亦快哉！

五、黃昏時候，工作完，飯罷，既吃西瓜，一人坐在陽臺上獨自乘涼，口銜菸斗，若吃菸，若不吃菸。看前山慢慢沉入夜色的朦朧裡，下面天母燈光閃爍，清風徐來，若有所思，若無所思。不亦快哉！

十三、看人家想攻擊白話文學，又不懂白話文學；想提倡文言，又不懂文言。不亦快哉！

十四、讀書為考試，考試為升學，升學為留美。教育當事人，也像煞有介事辦聯考，陣容嚴整，浩浩蕩蕩而來，並以分數派定科系，以為這是辦教育。總統文告，提醒教育目標不在升學考試，而在啟發兒童的心智及思想力。不亦快哉！

十五、報載中華棒球隊，三戰三捷，取得世界兒童棒球王座，使我跳了又叫，叫了又跳。不亦快哉！

廿二、臺北新開往北投超速公路，履險如夷，自圓環至北投十八分鐘可以到達。不亦快哉！

廿四、宅中有園，園中有屋，屋中有院，院中有樹，樹上見天，天中有月。不亦快哉！[24]

---

21 林語堂有關這一議題的文章包括：〈失學解〉、〈論學問與知識〉、〈論惡性讀書〉、〈惡性補習論〉、〈聯考哲學〉、〈論大專聯考亟應廢止〉。

22 Lin Yutang, *The Importance of Living*, p. 194, 201.

23 林相如，〈憶父親〉，頁二四。

24 林語堂，〈來臺後二十四快事〉，《中央日報》，一九六九年九月一日。

## 共建人類精神家園

在知識層面上，林語堂一輩子努力的方向在於依賴東西方智慧共建一個新的世界文明，而他的大結局正好對此做出了總結性的闡發。他的中文專欄文章不僅進一步鞏固其現代散文大家的地位，同時勾勒出中國現代性的跨文化展望，使其成為共建人類精神家園的強勁動力。另外，林語堂一生最後的精力化在編撰《當代漢英詞典》，為促進中西文化交流鋪下一塊堅實的磚。

林語堂在香港逗留期間，曾接受香港一家報社專訪，他重申，「為了世界和平這一首要目標」，東西方必須互相學習、取長補短。他表示共產主義不值一提，它一定會以失敗收場，「因為世界上沒有什麼力量可以和人性作對的」。他不贊同國

林語堂（約）於1969年在陽明山故居陽臺。臺北林語堂故居藏。

際主義事業，因為它要把世界上不同的文化和民族一體化。相反地，民族主義是一種「原始的力量」，會長期存在；假如「得到明智的疏導」，民族主義對任何國家都是好事；但假如「被人惡意煽動，那它就是一種邪惡的、破壞性的力量」。林語堂對世界和平的前景謹慎樂觀，人文主義對人自身界定了最基本的尊嚴感，再加上宗教信仰的幫助，世界和平還是可以期待的。[25]林語堂最後一批中文文章中有許多篇幅，著重勾畫出中國現代文化重建的典範。

林語堂來臺定居後不久，國民黨政府推出中華文藝復興運動，和大陸搞的文化大革命唱對臺戲。傳統文化在文革中遭到全面破壞，國民政府試圖復興傳統文化，捍衛中華文化的正統。要復興中華文化，林語堂當然表示贊同，但他也有自己的主張和想法。在〈論文藝如何復興法子？〉一文中，他表示，提倡文藝復興既及時又重要，但關鍵在於怎麼去做。林語堂指出，梁啟超著《中國近三百年學術史》曾明確弘揚戴震的哲學，認為它使中國文化踏上了復興之路，就像歐洲文藝復興那樣，因為戴震用自己的「情感哲學」代替了先前的「理性哲學」。

對於文藝復興運動怎麼做，林語堂提出兩點警告：首先，不能再去尋找所謂道統。提倡國學、遵循孔孟之教誨，這些都是應做的，但不應該再去把儒教奉為正統國教。漢代獨尊儒術以來，儒教便一直走下坡路，不斷萎縮。再者，我們再也不能重走宋代理學的路子。要是這麼做等於全盤否定了新文化運動，而國民黨對新文化運動的態度一直都是模棱兩可的。也許是擔心國民政府為了對抗中共文革的「極左」而做出「極右」的蠢事，林語堂列舉國父孫中山，提醒

25 "Author Sees World Peace: Dr. Lin Yutang Talks to Ernie Pereira", *Hongkong Standard*, March 25, 1966, p. 4.

大家孫中山是位革命家，他絕對不會同意去搞理學打坐那一套的：「談空說理，國父是不會贊成的。你想中山先生肯靜中坐禪『驗喜怒哀樂未發氣象』嗎？」[26]

在林語堂看來，中國文化傳統不僅對中國現代性轉型、同時對世界文明都是寶貴的資源。但在西方現代性的影響下，我們對此首先得重新評估。有了西方引進的新知，中國得以考察自己的歷史，從自己的文化傳統汲取有益的資源，以便同世界接軌並提升中國立於世界之地位。通過這種跨文化反思，我們驚詫地發現：宋代以來的理學道路肯定是走歪了。林語堂指出，中西思想主要區別在於：西方自亞里斯多德以來探尋追求「真理」的邏輯—神學—科學的方法論，而中國自孔子以來走的是重在行道的智慧—本能—實用型之路。漢代獨尊儒術以後，儒家學說幾被劫持，到宋代又一大變，影響直至現代。以朱熹為首的宋儒受佛教刺激，把儒學轉化為準玄學式的「理學」。總體來講，佛教入侵儒學的後果是災難性的。我們現在對照西方視角可知，理學的「格物致知」功夫沒能發展出任何方法論，在西方卻產生了笛卡爾的方法論。相反地，宋儒受佛教影響，提出滅人欲，開出一套超級偽道德論，原先腳踏實地的儒學人文主義，現在變得像禪宗一樣打坐冥思，練就自我反省、窺視內心的功夫。「修身」向來是儒學中心議題，但林語堂指出，西方沒有儒學，卻湧現了一大批偉人，如維多利亞時代英國的格拉斯通、迪斯萊利以及美國的富蘭克林和林肯，而清朝則根本找不到類似的人物。

「向來儒家，就是儒，」林語堂寫道，「至少我少時所看見的村學究，沒有一個不是畏首畏尾，踧踖不安，囁嚅耳語，正襟危坐之輩。那裡知道他們是為要明心見性『戒慎恐懼』、『常惺惺』為程朱所教來的？若說這些踧踖不安，囁嚅喔咿，說話吞吞吐吐，一生不曾看過張口大笑一回的老儒生是孔門的真弟子，我心裡就不服。不必說不會踢足球，不會游泳，就是以六藝而論，射箭，騎馬都不敢來。是孔子之所長，乃彼輩之所短，孔子之所短，乃彼輩之所長。」[27]因此，文藝如何復興呢？林語堂認為應該把儒學轉化成一個活潑的、有生氣的生命哲學，必須求本溯源，回歸孔孟學說，發掘孔子的幽默和人文精神以及孟子的民主傾向。當然，這些本來就是林語堂三〇年代以來所宣導與踐行的，包括他在美國譯介《孔子的智慧》都是這一思路。晚年在臺灣，林語堂則特別強調戴震哲學的現代性。

戴震是清代反宋明理學的一面旗幟，他揭露理學滅人欲之虛偽，力圖彰顯孔孟之道之原味，為中國現代性的開啟提供了重要的本土資源。戴震哲學的中心思想可用一句話概括：「人生而後有欲，有情，有知。三者，血氣心知之自然也。」林語堂強調戴震的「血氣」之說，並明確表示不同意胡適把戴震的哲學歸為「理智哲學」。胡適自己傾向於分析的、理智的傳統，所以也把戴震視為同路，其實戴震哲學代表了中國哲學重本能、重實用的傳統，在西方更接近盧梭的浪漫派傳統。林語堂還重提二〇年代張君勱和丁文江之間的「科玄之爭」，胡適當時站在丁文江一邊，對柏格森的「浩然之氣」（*elan vital*）實在不曾了解——而這條思路對林語堂自己探尋「新的文明」的跨文化策略卻相當重要。[28]

---

26 林語堂，〈論文藝如何復興法子〉，《中央日報》，一九六七年一月九日。
27 林語堂，〈論東西思想法之不同（下）〉，《中央日報》，一九六八年三月三十日。
28 林語堂，〈戴東原與我們〉，《中央日報》，一九六七年一月二十三日。

晚年在臺灣，有兩件事林語堂特別在意：一件涉及中國語言，即漢字改良的問題；另一件有關中國文學，即《紅樓夢》作者的問題。兩件事分別體現了林語堂對中國文化現代性兩個維度的不同態度，也是林語堂重建東西方文化藍圖的重要組成部分，不僅是為了中國，也是為了世界。

漢字改良一直是中國現代文化轉型的一件大事。中共一九四九年在大陸建立政權之前，簡化漢字的努力未曾停過。自一九五〇代開始，中共政權開始採取一系列措施簡化規範漢字，至今影響深遠，不言而喻。然而，林語堂堅定的反共政治立場並沒有影響他對中國文化現代化策略的看法。林語堂贊成漢字簡體化，並不忌諱，好像是中共推廣施行就得反。一九六五年一月十七日，定居臺灣前一年，林語堂和美國記者有一次專訪，其間林語堂痛斥中共政權迫害作家知識分子：「優秀的小說家都被噤聲了。」但是，記者在訪談錄證實道：「有一件事他為中共拍手稱好，即他們對繁體字進行簡化規範。」[29]一九六五年七月十六日和十九日《中央日報》發表林語堂專欄文章〈整理漢字草案〉，敦促海外華人社區效仿大陸，對漢字現代化採取類似的措施。林語堂指出，整理簡化漢字正是因為我們愛護漢字，所以必須採取改良措施使其符合現代需要。在探討簡化措施時，我們既要考慮漢字的美學功能，也要考慮其實際的工具功能。而要小學一年級學生學寫「鞦韆」，而不是簡化體的「秋千」，已經不是一個「美感」的問題。林語堂在文中提出了整理漢字的六點具體建議。發表該文時又專門寫了一段「跋」：

此文系幾年前舊稿，我想發表讓大家注意。救救小孩子是要緊，整理漢字，也是當務之急。我們注意這問題，是為什麼？還不是為國文繁難，應替小孩子著想？中共大談土地改革，我們不能因此不談土地改革，而且做得比中共好，真可為農夫謀福利。我想這漢字問題，也應本我們的眼光去整理，而且可以整理得比他們好。整理以後，字典上仍可列「古體」，如現在字典列「俗體」一樣。若不為漢字前途及今日需要普及教育著想，只關在樓上，非聖賢之書不敢誦，那麼這個問題根本不必討論。大家開通一點吧！[30]

林語堂的呼籲在他來臺定居後並沒有得到多少回應。一九六九年三月二十九日至四月九日，國民黨在臺北召開十全大會。按林語堂的說法，大會最鼓舞人心的事要數蔣總統明確指明國家發展的目標在於科學現代化，同時，何應欽提出了要求研究處理簡體俗字的方案。這一下林語堂看到了政治上的支持，遂一連寫了好幾篇文章再度闡述自己的理念。林語堂抱怨說，對此議題政府遲遲不作為，墮入官僚主義泥潭。對漢字不做現代化處理和「保存國粹」毫無相干，整理漢字簡化漢字是我們要不要「科學現代化」的問題，是為了方便初學者、辦公人員，是為了滿足工業化社會的需求。不能說因為愛自己的花園，便讓它雜草叢生，不予清理打掃。「康熙字典收錄約略四萬五千字，保存是保存了，卻免不了其中三萬五千字仍然為死字、僻字、別體子。三萬五千字所保存的並非國粹，只是國渣。」[31]

29 Myra MacPherson, "Dr. Lin Shows Chinese Can Appreciate Humor", *Washington Evening Star*, January 17, 1965.

30 林語堂，〈整理漢字草案〉，《中央日報》，一九六五年七月十六日、七月十九日。

林語堂還提議，在討論設計簡化字方案時，應該考慮漢字的美感功能，以避免像大陸的方案那樣有些地方過於極端。[32]但關鍵問題是政府應該即刻著手處理該議題，因為林語堂擔心，整件事情到頭來只是空說一場，敷衍了事罷了。在他看來，改革阻力並不是所謂「好古」，只是一個「懶」字。有學者批評說，有人不想搞漢字簡體化，就像已經纏足的婦女不思求變，林語堂則回應道：「自己纏了足，想纏後代的足，這裡頭含有不少撒蒂斯姆的意味。少年遭了惡婆婆的虐待，現在輪到他們做婆婆了，若不狠心淩遲媳婦一下，豈不是白活了一世嗎？」[33]林語堂提到漢字改良問題滿懷激情，言詞火辣，這是完全可以理解的，因為正如他在其一生幾乎是最後的文字中悻悻地表明：「漢字的問題，我經過五十年的思考，並曾傾家蕩產為之。」[34]很諷刺的是，漢字簡化方案如今已在中共掌權的大陸施行多年，雖然林語堂並不一定贊同所實施方案的每一個細節。

林語堂對漢字改良的熱忱關切貫穿其一生的文化實踐，充分說明他努力促使中國文化走向現代化的傾向。同時，林語堂晚年有關《紅樓夢》作者真偽問題的文章，則說明他對中國文化走向現代的另一層面的關注：即對新文化運動所提倡的「疑古」之風的反思。一九五八年，為慶賀趙元任六十五歲壽辰之紀念文集出版，林語堂為該文集寫了一篇長文：〈平心論高鶚〉。就此議題林語堂來臺後又寫了一系列文章，挑戰紅學界主流觀點，即《紅樓夢》後四十回為高鶚所著，因而是「偽作」。《紅樓夢》現在被看作中國文學史上最偉大的小說，這種經典地位其實是由新文化運動胡適等人的推動而來。雖然《紅樓夢》一出版便受讀者喜愛，但那時「小說」地位低下，算不上文學的正統。新文化運動受西方文論影響，小說、戲劇和詩、文一起被確認為四大文類，《紅樓夢》得到重新發現，被奉為中國小說四大名著之首。但與此同時，受到清學考證遺風以及現代科學實證方法的影響，胡適率先提出《紅樓夢》後四十回非曹雪芹原作，乃高鶚冒充原作者「續作」。這一觀點後由胡適的學生俞平伯發揚光大，成為紅學界的定論，許多新文化學者（包括魯迅的《中國小說史略》）都持這一觀點。

林語堂認為，說高鶚續作《紅樓夢》基本上是出於現代的一種偏見，雖然是打著「科學方法」的名義。科學發現起於置疑的態度，這沒錯，但接下來的步驟更重要，即提出的觀點要經得起核實，證據必須充分。林語堂認為胡適在這方面還是懂得分寸的，他知道有多少證據說多少話。但俞平伯對高鶚的責難則完全是主觀臆測，因為它不是用證據說話，而是反映了他自己的偏見，根據自己覺得原文應該如何如何發展出自己的論斷。結果俞平伯自己的「懷疑」變成了「真理」，這個全因新文化運動的反傳統風尚使然。在一片反傳統的激昂氛圍下，「疑古」很時髦。林語堂指出，中文的「補」字在此應指「修補」、「補訂」，而不是「增補」的意思。換句話說，高鶚是位傑出的編輯，他處理的是一份未曾編輯的手稿，作者生前改過多次，死後流傳的版本又不盡相同。中國人應該感謝有這樣一位「高博士」（高鶚是位進士），為這

31 林語堂，〈再論整理漢字的重要〉，《中央日報》，一九六九年四月二十一日。
32 林語堂，〈整理漢字的宗旨與範圍〉，《中央日報》，一九六九年五月二十六日。
33 林語堂，〈漢字有整理統一及限制之必要〉，《中央日報》，一九六九年十二月八日。
34 林語堂，〈聯合報創用常用字的貢獻〉，《聯合報》，一九七一年九月十六日。

本文學鉅著梳理整齊，做了出色的編輯功夫，讓這本小說有一個標準版本得以流傳於世，而不是去指責他「續偽」後四十回。高鶚不是《紅樓夢》的作者，《紅樓夢》的作者只有一位——曹雪芹。

林語堂的主要論點是，從小說情節的發展結構看，而且更重要的是從文學的內在品質來看，《紅樓夢》前八十回和後四十回是相當一致的。高鶚不可能「偽作」後四十回而達到如此效果，除非他的創作天才要比曹雪芹高出好幾倍。世界文學中還沒有這種先例，有誰能夠成功續寫像《紅樓夢》這樣一部結構如此複雜、氣勢如此磅礡的鉅著。相比之下，胡適列出的那些「疑問」實在有點牽強附會。「適之是我的畏友，但是此等處穿鑿實是穿鑿。」[35]

在林語堂看來，《紅樓夢》是中國文學文化的瑰寶，其作者問題當然很重要。質疑曹雪芹是不是該書的作者，或者貶低高鶚的作用，都不是「科學的」做法，而只是新文化運動激進反傳統的遺毒。「疑古」之風氾濫下，許多中國經典（包括《道德經》等）都可被看成「偽作」。林語堂指出，他青年時代也曾看到有西方文論說培根或馬婁（Christopher Marlowe）才是莎士比亞作品的真正作者，但莎士比亞學者對此質疑卻非常謹慎，沒有輕易接受這種觀點。[36]林語堂的基本態度是，東西方要共同重建新的世界文明，必須對各自的文化傳統具有批評的視野，但不是採取虛無主義的態度。

林語堂對漢字改良問題不只是「思考了五十年」，而是付諸實踐，包括發明打字機和編撰漢英詞典等大工程。同樣，他對《紅樓夢》作者問題的探究也不是純學術性的，也有具體實踐相伴隨——幾十年來他一直都在做《紅樓夢》英譯。寫完《吾國與吾民》之後，林語堂便考慮接下來是不是可以做《紅樓夢》英譯，但這一想法和華爾西協商後被否決了（從市場角度看，這顯然是明智的決定）。

一九五三年十二月十九日，林語堂致宋美齡的信中寫道：「我現在正忙著譯《紅樓夢》，幾個月之後可以脫稿，也許明年秋天出版。翻譯真非易事，比創作還難。開始翻譯時，腦筋裡用中文思考，完了得花許多工夫修改潤色，讓英文讀起來流暢。我不得不對原文進行刪減，不然沒有可能出版。就目前譯文來看，印出來得有七百多頁，厚厚一本書了。」[37]不幸的是，林語堂英譯的《紅樓夢》一直未能出版。

我們現在知道，林語堂英譯《紅樓夢》是完工了的，因為最近其手稿在日本被發現。[38]林語堂定居臺灣後所寫的專欄文章裡，有一篇〈英譯黛玉葬花詩〉，顯然是其未刊手稿的一部分：

---

35 林語堂，〈跋曹允中《紅樓夢》後四十回作者問題的研究〉，《中央日報》，一九六六年四月二十日。

36 林語堂，〈再論晴雯的頭髮〉，《中央日報》，一九六六年三月二十一日。

37 Lin Yutang, Letter to Madam Chiang, December 19, 1953.

38 參見「南開博士生在日本發現林語堂英譯《紅樓夢》手稿」。未刊手稿共八百五十九頁，由打字機打出，扉頁上寫著：translated and edited by Lin Yutang（林語堂譯編）。全稿共分七篇六十五章，每篇附有篇名，分別是：Boyhood, Youth's Morning, Tumult of Trumpets, Rumblings, The Deception, The Crash, Redemption. 這本書稿是林語堂寄給日本譯者佐藤亮一的，他把林語堂的英譯本又譯成日語，題為「ザ・紅樓夢」。顯然，林語堂這本簡縮譯本沒能找到出版商，當時英美出版商似乎對林語堂自己的小說（如《紅牡丹》）更感興趣。

Taiyu Burying the Flowers
From The Red Chamber Dream
Tsao Shuehchin
C. 1717-1763

花謝花飛飛滿天　Fly, Fly, ye faded and broken dreams
紅消香斷有誰憐　Of fragrance, cared for nevermore!
遊絲軟系飄春榭　Behold the gossamer entwine the spring towers,
落絮輕沾撲繡簾　And the catkins kiss the curtained door.

閨中女兒惜春暮　Here comes the maiden from out her chamber door,
愁緒滿懷無釋處　Whose secret no one shall share,
手把花鋤出繡簾　With hoe and basket she treads the fallen blossoms,
忍踏落花來復去　And wanders back and forth in prayer.

柳絲榆莢自芳菲　I smell the scent of elm seeds and the willow
不管桃飄與李飛　Where once did blush the peach and pear.
桃李明年能再發　When next they bloom in their new-made spring dress,

明年閨中知有誰
She may be gone—no one knows where.

三月香巢已壘成
梁間燕子太無情
明年花發雖可啄
卻不道
人去梁空巢亦傾

Sweet are the swallows' nests, whose labors of love
This spring these eaves and girders grace
Next year they'll come and see the mistress's home—
To find her gone—without a trace.

一年三百六十日
風刀霜劍嚴相逼
明媚鮮妍能幾時
一朝漂泊難尋覓

The frost and cutting wind in whirling cycle
Hurtle through the season's round.
How but a while ago these flowers did smile
Then quietly vanished without a sound.

花間易見落難尋
階前悶煞葬花人
獨把花鋤淚暗灑
灑上空枝見血痕

With stifled sobs she picks the wilted blooms
And stands transfixed and dazed hourlong
And sheds her scalding tears which shall be changed
Into the cuckoo's heartbreak song.

杜鵑無語正黃昏
荷鋤歸去掩重門
青燈照壁人初睡
冷雨敲窗被未溫

But the cuckoo is silent in the twilight eve,
And she returns to her lone home
The flickering lamp casts shadows upon the wall
And night rain patters, bed unwarmed.

怪儂底事倍傷神
半為憐春半惱春
憐春忽至惱忽去
至又無言去不聞

Oh, ask not why and wherefore she is grieved,
For loving spring, her heart is torn
That it should have arrived without a warning,
And just as noiselessly is gone.

昨宵庭外悲歌發
知是花魂與鳥魂
花魂鳥魂總難留
鳥自無言花自羞

I heard last night a mournful wail and I knew
It was the souls of parting flowers,
Harried and reluctant and all in a rush,
Bidding their last farewell hours.

願儂脅下生雙翼
隨花飛到天盡頭
天盡頭

Oh, that I might take winged flight to heaven
With these beauties in my trust!
'Twere better I buried you undefiled,

何處有香坵
Than let them trample you to dust.

未若錦囊收豔骨
一坏淨土掩風流
質本潔來還潔去
強於汙濁陷泥溝

爾今死去儂收葬
未卜儂身何日喪
儂今葬花人笑痴
他日葬儂知是誰

Now I take the shovel and bury your scented breath,
A-wondering when my turn shall be.
Let me be silly and weep atop your grave,
For next year who will bury me?

試看春殘花漸落
便是紅顏老死時
一朝春盡紅顏老
花落人亡兩不知

Oh, look upon these tender, fragile beauties
Of perfumed flesh and bone and hair
The admirer shan't be there when her time is up,
And the admired shall no longer care![39]

39 林語堂，〈英譯黛玉葬花詩〉，《中央日報》，一九六七年六月十九日。

跨文化翻譯與理解並非易事，以林語堂的知名度，連英譯中國文學名著都無法出版，便能說明問題所在。要增進兩個世界相互理解、共建「新的文明」，談何容易！它需要東西方都有意願、共同努力。「在哲學思想上東方並沒有壟斷權」，林語堂對上文提到的香港記者如是說。林語堂晚年雖然重回中文寫作，但對西方當代的社會文化生活一直十分留意。他特別關注沙特及其存在主義思潮。林語堂說，二十來年前曾在紐約出版商諾普爾（Knopf）的家中見過沙特：「沙特這個人，有他的身分。人極聰明，也有膽識，議論犀利，辯才甚佳。」[40]林語堂闡述道，存在主義是西方哲學近百年來一場軒然大波，不可一笑置之。他評價沙特的思想「是深奧、精緻而近於妙悟的」，代表了法國思想的精髓。二戰中沙特被關進監獄，德國人只讓他讀海德格，從此沙特卻發展出了存在主義。林語堂解釋道，存在主義風靡一時，說明戰後西方文明籠罩在幻滅、絕望、苦痛、悲哀的氣氛中，對人類生存的意義進行拷問，又找不到答案，故陷於思想家的悲哀憤慨。

這種哲學不是傳統上追求真善美的哲學，但林語堂稱沙特為「真正思想家」。他很清楚沙特的哲學繼承了以海德格爾為代表的西方精緻而深奧的形而上學傳統。但對林語堂來說，存在主義在西方流行這一現象之所以重要，在於哲學又回到關注人的生活，關注現代人生的困境。林語堂同時也很欣賞沙特的女友西蒙·波娃及其名著《第二性》所闡述的女權主義思想，儘管兩人「都左得很」。沙特自稱是馬克思主義的「同路人」，但他也是位堅定的個人主義、自由主義者，蘇聯坦克鎮壓匈牙利革命，沙特毫不猶豫站起來抗議。這種精神與擔當正是人格尊嚴的體現，為林語堂所讚賞。

一九六八年，國際大學校長協會在韓國首爾慶熙大學召開第二次會議，林語堂應邀以英文演講「共建人類精神家園」（Toward a Common Heritage of All Mankind）。這應該是林語堂最後一次公開演講，他用這段話結尾：「我要講的都可歸於一點：哲學必須關注人類生活的問題。在我看來，假如東方人能夠增強科學真理和政治民主的意識，而西方哲學能夠走下學術理論的象牙塔、重新關注人類社會和生存領域，也許我們可以重建一個比較不錯的社會，人人得以安居樂業。」[41]

## 我走了

林語堂在臺灣的最後幾年，全部精力都花在編撰《當代漢英詞典》，以七十五歲的高齡，夜以繼日地工作。繁重的編纂工作對健康肯定有影響。有一次，二女兒林太乙不得不從香港飛回臺北，因為林語堂住院了，醫生警告已經發現中風的早期症狀，必須好好休息。然而，他的手稿還沒有校對完，家裡又出了件大事。一九七一年一月十九日，林語堂正和臺北故宮博物院主任蔣復璁一起午餐，有人過來報告：也在故宮博物館工作的林語堂大女兒林如斯在其辦公室

40 林語堂，〈從碧姬芭杜小姐說起〉，《中央日報》，一九六五年十二月六日。

41 Lin Yutang, "Toward a Common Heritage of All Mankind", 2nd Conference of the International Association of University Presidents, Kyung Hee University, Seoul, Korea, June 18-20, 1968. Unpublished manuscript, Dr. Lin Yutang House, Taipei.

上吊自盡。

林語堂有三個女兒：林如斯、林太乙、林相如，一九三六年和林語堂一起赴美，踏上了她們自己的跨文化旅程。如斯和太乙都成為有才華的作家，相如則成為化學教授。林語堂留學德國最後一年，廖翠鳳懷上了林如斯，一九二三年回到廈門後不久便出生了。她在紐約上過道爾頓學院（Dalton Academy）以及哥倫比亞大學。受父親影響，林如斯很早就開始寫作，先後發表了好幾部英文作品，包括*Dawn over Chungking*（重慶黎明）和*Flame from the Rock*（岩火）。全家在一九四〇年回到戰火紛飛的中國，但不久又返美，林如斯很不高興，堅持要留下親身投入抗戰。隨家返美後仍然堅持要回國參軍，最後於一九四三年加入林可勝領導的醫療隊服役。

戰後她和在昆明認識的一位中國醫生一起回到紐約，兩人準備結婚，但當全家邀請親朋好友擺下訂婚宴時，她卻和別人私奔了。[42]一九四六年五月一日《紐約太陽報》曾報導，林如斯和理查·彪（Richard Biow）兩週前瞞著林語堂在波士頓羅斯·庫利耶法官的家中結婚了。理查的父親是紐約一家廣告公司的老闆，他妹妹曾是如斯在紐約道爾頓學院的同學，兩人因此認識相交。[43]

林語堂是紐約社交界名人，所以小報刊登這種新聞，對林語堂一家來說當然很尷尬，但林語堂還是和女婿一家保持了良好的關係。根據莊台公司的檔案顯示，林語堂的《唐人街一家》出版後，分別寄了贈本給理查的父母親。新郎新娘結婚後前幾年相處得還不錯。廖翠鳳一九四九年一月十五日寫信給華爾西夫婦，談家務事時寫道：「如斯和狄克過得很好，如斯看來很滿意、很幸福。這對我們太重要了，我對此感到很欣慰。」林語堂一九四九年四月二十四日給華爾西的信中也提到：「如斯和丈夫完全沉浸在幸福之中。他們現在住在新河浦鎮（New Hope）。今年夏天他們會到歐洲來旅遊。」

但是幸福的日子沒能持久。離婚後林如斯長期抑鬱，一直沒能走出陰影。一九六八年五月十三日，她也離開紐約來到臺灣，在故宮博物院擔任英文翻譯，自殺前剛剛完成一部譯著：*Flower Shadows: 40 Poems from the T'ang Dynasty*（唐詩四十首）。[44]

林如斯自殺一年後，林語堂作〈念如斯〉詩一首，以茲紀念：

**念如斯**　語堂

東方西子
飲盡歐風美雨
不忘故鄉情
獨思歸去

---

42 參見林太乙，《林語堂傳》，頁二二六。

43 "Chinese Girl on Honeymoon: Lin Yutang's Daughter and Husband Are Occupying Little Boston Flat", *The New York Sun*, May 1, 1946.

44 Adet Lin, *Flower Shadows: 40 Poems from the T'ang Dynasty* (Taipei: Chung Hwa Book Company, Ltd., 1970).

關心桑梓
莫說痴兒誤
改妝易服
效力疆場三寒暑

塵緣語
惜花變作催花人
亂紅拋落飛泥絮
離人淚猶可拭
心頭事忘不得
往事堪哀強歡顏
彩筆新題斷腸句

夜茫茫何是歸處
不如化作孤鴻飛去

六十一年三月七日作[45]

大女兒自盡對林語堂和廖翠鳳精神上的打擊不小，身體狀況也每況愈下。之後兩位老人便搬到香港居住，和三女兒住一起，二女兒和女婿也在香港，偶爾有事才回到臺北的寓所。用林太乙的話說，她母親「忘記了怎樣才能笑，即使小孩來看她也不會笑。她整天提心吊膽，時刻注意父親每一個舉動，生怕他會中風。她的臉總是陰沉沉的，嘴巴緊閉著。兩個人都像幽靈一樣，看上去一下子老了許多」。[46]但是林語堂還有工作沒完成，他得校對漢英詞典手稿。憑著頑強的毅力，終於殺青校樣，《林語堂當代漢英詞典》於一九七二年十月出版。林語堂最後五年住香港期間基本上停止了寫作，但有一次例外。一九七五年，美國西門斯大學的安德森（A. J. Anderson）教授摘錄林語堂英文著作中的警句，編了一本《林語堂精摘》，林語堂為此寫了一篇簡短的序言。這是林語堂最後發表的一篇作品，他寫道：

> 我喜歡古時一位中國作家的話：「古人本無須有所言，突然間情不自禁有所言，時而敘事，時而言情，言畢，蕭然而去。」我也是情不自禁寫了一點東西，現在要說的都說完了，我要走了。[47]

---

45 林語堂，〈念如斯〉，載於林如斯，《故宮選介》，臺北：臺灣中華書局，一九七二，頁四。這應該是林語堂最後的中文作品。

46 Lin Taiyi, "My Father, Lin Yutang", *Reader's Digest*, February, 1991, pp. 140-141.

這篇序文寫於一九七五年五月十九日。是年十月，林語堂在香港、臺灣兩地慶祝八十誕辰，許多親朋好友和政界、文藝界要人蒞臨祝賀，林語堂非常高興。臺北的慶賀活動完後回到香港，林語堂的健康便急轉直下。一九七六年三月二十六日，林語堂心臟病發，被送往香港瑪麗醫院。林太乙趕到醫院時，他已被轉到急救室。醫務人員「試圖把氧氣罩套在他頭上，被他推開……他的心臟停了又跳，來回九次，最後才停止，時間是一九七六年三月二十六日晚上十點整」。[48]他的遺體被送往臺北寓所，安葬在寓所後花園。

一九七六年三月二十七日，《紐約時報》頭版刊登報導「林語堂，學者—哲學家，去世，享年八十」。還算記得林語堂。其實當時美國人已經差不多忘了林語堂。今天也沒多少人還記得林語堂，無論在哪一領域——文學、哲學或漢學界，也沒多少人看重林語堂的地位。近年林語堂常被提起的唯一領域是「亞美研究」，它起源於美國少數民族政治話語，強調美國中心，林語堂的作品基本上是被當作該話語的「他者」而拿出來重提，而且主要集中於《唐人街一家》一本小說。林語堂要是地下有知，肯定得發出「會心的微笑」。

也是一九七六年，周恩來、朱德、毛澤東相繼去世，唐山大地震震動全國。之後「紅色中國」將進入「灰色」的改革年代。林語堂的著作一部一部重見天日，被重新發掘，不斷重印。但是即使在今天，討論林語堂的政治主張基本上還是禁區。要是林語堂地下有知，看到他福建兩個「故鄉」爭著搶奪他的「遺產」，也不管年輕一代了解了真正的林語堂全貌會有什麼樣的嚴重後果，他的笑聲肯定更加爽朗。

美國和中國都沒有給林語堂封個桂冠，稱他為「偉大的作家」、「偉大的思想家」之類的。他也沒有獲得諾貝爾文學獎，雖然曾獲多次提名。他也沒有給自己寫個墓誌銘。但是在一九六六年二月十四日，當時他正在決定晚年該在哪裡安家，曾發表〈譯樂隱詩八首〉。我想，語堂在天國的棲居也不過如此：

水竹之居
吾愛吾廬
石磷磷亂砌階除
軒窗隨意
小巧規模
卻也清幽
　也瀟灑
　也寬舒

閬苑瀛洲
金穀紅樓

I love my bamboo hut, by water included
Where rockery o'er stone steps protruded
A quiet, peaceful study, small but fine:
Which is so cozy,
So delightful,
So secluded.

No marble halls, no vermillion towers
Are quite so good as my secluded bowers

47 Lin Yutang, "Foreword", *Lin Yutang: The Best of an Old Friend*, ed. by A. J. Anderson (New York: Mason/Charter, 1975), p. vii.
48 Lin Taiyi, "My Father, Lin Yutang", pp. 142-143.

算不如茅舍清幽
野花繡地
莫也風流
　也宜春
　也宜夏
　也宜秋

The lawn embroidered so with buttercups
Greets me in rain —
Or in shine —
Or in showers.

短短橫牆
矮矮疏窗
忔憷兒小小池塘
高低疊障
綠水旁邊
也有些風
　有些月
　有些涼

A short, low wall, with windows hid by trees;
A tiny, little pond myself to please;
And there upon its shady banks:
The fresh air —
A little moon —
A little breeze!

懶散無拘
此等何如

And how about a quiet life leading?
From balcony watch the fish feeding,

倚闌干臨水觀魚
風花雪月
贏得功夫
好炷些香
說些話
讀些書

日用家常
竹几藤床
靠眼前水色山光
客來無酒
清話何妨
但細烹茶
熱烘盞
淺燒湯

淨掃塵埃
惜爾蒼苔

And earn from moon and flowers a leisure life:
Have friendly chats—
Some incense—
And some reading?

For household use, some furniture decrepit.
Tis enough! The hills and water so exquisite!
When guests arrive, if there's no wine:
Put on the kettle—
Brew the tea—
And sip it!

O sweep thy yard, but spare the mossy spots!
Let petals bedeck thy steps with purple dots.

任門前紅葉鋪階
也堪圖畫
還有奇哉
有數株松
數竿竹
數枝梅

As in a painting! What' more wonderful:
Some pine trees —
And bamboos —
And apricots!

酒熟堪醔
客至須留
更無榮辱無憂
退閑一步
著甚東西
但倦時眠
渴時飲
醉時謳

When friend arrives that thou hast so admired,
As by some idle nothing in common inspired,
Ask him to stay and throw away all cares:
And drink when happy —
Sing when drunk —
Sleep when tired.

花木栽培
取次教開

Let bloom in order pear and peach and cherry!
The morrow lies in the gods, lap —why worry?

明朝事天自安排
知他富貴幾時來
且優遊
且隨分
且開懷[49]

Who knows but what and when our fortune is?
And so be wise —
Be content —
Be merry!

49 林語堂，〈譯樂隱詩八首〉，《中央日報》，一九六六年二月十四日。

# 後記

這是一本林語堂傳記，透過追溯林語堂一生的心路歷程，來探索現代中國尋求重生的坎坷經歷。可以說，這本書源自我自身精神知識上探尋「父親」的需要。一九七六年偉大領袖毛主席逝世時，我剛上中學。那天下午，全校停課，組織聆聽中央人民廣播電臺重要節目，一陣哀樂傳來，播音員以沉重的語氣宣告：我們敬愛的領袖、全國人民的父親毛主席與世長逝。一下子全班同學都哭了，有人抽泣，有人嚎啕大哭。我也哭了，而且內心驚慌失措：我們沒了父親，那怎麼辦？在無產階級專政的「鐵屋」內長大的青少年，有這種反應再正常不過。不久，文革之後進入改革開放時代，「鐵屋」開始有漏洞，漏網之魚也就乘機跳了出來。我也是幸運的一條。第一跳從南方一個小城來到京城上大學，第二跳遠離窒息的首都來到南國新興的經濟特區，第三跳神奇地來到太平洋彼岸——加州柏克萊大學——留學。八〇年代以及之後來到海外，我腦海裡縈繞的一直都是中國，試圖刨根問底探究的問題是：一九八九年天安門廣場有一情景，一位學生向總理哀泣道：中國沒希望了！為什麼會是這樣？中國曾經有過希望嗎？中國曾經是什麼樣子？中國是怎樣走到現在這個樣子？夏志清曾評價說新文化五四一代作家知識分子都有一種病，叫「情迷中國症」。我可能也有這種病，不過我情迷的正是五四一代士人，因為是他們那代人搞出了一個「新中國」，讓我在陽光雨露下成長。另一方面，在「海外」、「自由世界」情迷中國，讓我更深刻地意識到：「鐵屋」的形成（更不用說當下「中國的崛起」），正是由推崇自由與民主的西方世界共推而成。

我在「鐵屋」裡長大，第一次聽到林語堂的名字要等到八〇年代所謂「文化熱」盛行之時。八〇年代的「文化熱」好像是世紀初新文化運動的翻版，極力提倡「西化」，各種「西方理論」再次譯介進來，其不便言明的目的是要為馬列毛澤東思想找到另類話語。我當時剛剛大學畢業，有幸接觸到法國思想家米歇爾·傅柯（Michel Foucault）的著述，並悉心譯介到漢語世界。同時在書店碰到一本書，叫《中國人》，是一個中國作家英文著述的漢譯，這人的名字還從沒聽說過，叫林語堂。讀完後印象深刻，感覺書中對中國、中國人的話語完全是一套新的說法，但當時還不知道如何消化。再說，我當時的興趣是「西方理論」，一直到柏克萊前幾年都是如此。但隨著在美國實地經驗的積累，越來越覺得「西方理論」難以和不斷增強的情迷中國病無縫接軌。理解現代中國必須有一個「中國聲音」。初到柏克萊留學，我很幸運地在少數民族研究系找到了一份助教的工作，教英語閱讀和寫作，課堂上選用的教材是亞美文學作品。在那兒我又碰到了林語堂。令我驚詫的是，有一本流行的亞美文學教科書，一方面把林語堂當成「華美文學作家」的先驅，一方面以激烈的語調批評林語堂，不光是因為林語堂不符合華美作家應該以美國為歸依的主旨，還因為林語堂的「政治不正確性」，那種批判語氣和現代中國文學史中正統的馬克思主義論調如出一轍。我一頭鑽進柏克萊圖書館，把林語堂所有的書籍

（有的放在亞洲研究欄，有的放在美國研究檔）全都借了出來。我感覺自己找到了一個「中國聲音」，慢慢地發現我的父輩、祖父輩到底幹了些什麼，從而為我帶來了一個「新中國」，讓我茁壯成長。

這一發現過程花了二十多年，結了一點小小的果實。我的第一本書《自由普世之困：林語堂與中國現代性中道》（*Liberal Cosmopolitan: Lin Yutang and Middling Chinese Modernity*）試圖勾勒出「自由普世」作為中國現代性話語的另類聲音，在中國現代文學文化批評的語境內凸彰顯林語堂文學實踐的意義。這本書是理論導向的跨文化批評，並不是傳記。但該書完工之前我已意識到，我必須接著寫一本林語堂傳記，作為中國現代知識思想史的個案研究，也就是現在這本書。中間我還組織承辦了一次林語堂國際學術研討會，並編了一本論文集：《林語堂的跨文化遺產：批評文集》（*The Cross-cultural Legacy of Lin Yutang: Critical Perspectives*）。

這一探索旅程讓我收益匪淺，雖然只是一個人的旅程，基本上和我們這個時代的學術風尚背道而馳。我當然被告誡多次，所謂「單一作家研究」早就過時了。我當然也看到，「西方理論」其實可以輕易地和代表中國言說相結合，其結果是全球新左派再次結盟，引領中國當代知識界話語，公然義正詞嚴地重新擁抱毛主席為「國父」。管他呢，我自己的發現是我自己的小寶藏，沒有什麼能比挖掘一段屬於自己的歷史更具欣慰感。雖說是一個人的旅程，旅途中很幸運地遇到許多同事和朋友的熱情鼓勵和支持，回頭看一路走來所結下的友情，很高興在此略表謝意。

早在我寫博士論文期間，葉文心教授就熱情支持我的選題。許多年後我於二〇〇九年重回柏克萊訪問，她還是一樣給我許多鼓勵。一九九七年我在紐約巴納德學院擔任博士後研究員，那時尹曉煌首先告知我普林斯頓大學有莊台公司檔案，沒人查過，也許值得一看。這一指撥成了我研究過程的轉捩點，尹曉煌的友情讓我收益良多。一九九七年在紐約，我還第一次見到了蘇迪然（Diran John Sohigian），他的博士論文是第一部英文林語堂傳記，之後我們的友好交談一直延續到臺灣和香港。二〇〇九年，我到哈佛大學擔任福爾布賴特（Fulbright）訪問學者，曾和查爾斯・海福德（Charles Hayford）、石靜遠、陳勇、余茂春先後暢談林語堂，不亦快哉！林語堂的三女兒林相如女士曾在華府家裡熱情接待我，做了一次專訪。紐約大都會藝術博物館的劉晞儀也盛情接待我的到訪，特地讓我看了林語堂家庭收藏的繪畫和書法。我還到訪過普林斯頓大學周質平教授的辦公室，看到牆上黏貼著林語堂在《紐約時報》發表的文章，感到很驚訝，心想還真有同道，有人關注那段歷史。非常感謝周質平給我的鼓勵與交流，特別是邀我於二〇一四年赴普大就本書的有關章節做演講，和普大師生交流。

在香港城市大學的歲月，我和陳建華經常交流，暢談甚歡，他也給予我很多鼓勵。香港中文大學的楊柳寫了一篇有關林語堂宗教生活的博士論文，有許多新的發現，有機會和楊柳合作也是一件樂事。我的研究項目還得到城大兩項基金資助，我和同事魏時煜合作，追蹤林語堂的人生旅程，從中國到美國再到歐洲，拍攝到許多第一手場景和資料。二〇一一年，感謝香港城市大學的慷慨資助，我組辦了林語堂研究國際會議，從與會者的交流中受益良多，感謝所有與會的林語堂研究專家，包括顧彬、陳子善、呂芳、彭春淩和查爾斯・勞夫林（Charles Laughlin）。另外，我尤其要感謝城大張隆溪教授一路以來對我的慷慨支持和鼓勵。

我的研究讓我多次到訪臺灣，每次都是盛情滿滿，滿載而歸。臺灣著名的林語堂研究專家秦賢次先生慷慨地把有關林語堂的私藏珍貴原始資料與我分享，我既驚喜又感激。龍應台女士曾到城大擔任訪問學者，有幸和她談起我的林語堂研究，她便熱情邀請我到臺北林語堂故居擔任駐館學者一個月，收穫不少。這些年來我曾多次到訪林語堂故居，在此感謝蔡佳芳女士以及館內其他工作人員的盛情款待。林語堂故居允許我在書中刊印多張館藏的相片資料，在此致謝。

雖然本研究項目早在我來英國紐卡索大學之前已經開始，但我是在英國紐卡索完成的。在英國紐卡索大學（Newcastle University）、杜倫大學（Durham University）、里茲大學（University of Leeds），我就本研究專案做過演講，得到新同事新朋友的許多鼓勵和寶貴意見，在此一併致謝。

最後，我想感謝吾妻王璐博士，不僅要隨時聽我嘮叨「中國的故事」，還能即時指出我的錯誤。

謹以此書獻給吾兒錢思齊（希望他長大後能讀中文喔）。

**1966**

譯樂隱詩八首。《中央日報》，6版，1966年2月14日。

**1967**

英譯黛玉葬花詩。《中央日報》，10版，1967年6月19日。

*The Chinese Theory of Art: Translations from the Masters of Chinese Art*. New York: G. P. Putnam's Sons, 1967.

**1968**

尼姑思凡英譯。《中央日報》，9版，1968年7月1日

**1972**

*Lin Yutang's Chinese-English Dictionary of Modern Usage*. Hong Kong: The Chinese University Press, 1972 (New York: McGraw-Hill Book Company, 1973)

**Unpublished Works**

*The Red Chamber Dream (A Novel of a Chinese Family)*, by Cao Xueqin, Translated and Edited by Lin Yutang

7月，頁496-501。
漢英對照冥寥子遊 (The Travels of MingLiaotse)（八）《西風》，48期，1940年8月，頁606-661。

**1942**

"Laotse Speaks to Us Today, translation and comment by Lin Yutang," *Asia*, XLII (November, 1942), 619-621.
"The Epigrams of Lusin, translation and comment by Lin Yutang," *Asia*, XLII (December, 1942), 687-689.

**1948**

"Chastity," *Woman's Home Companion*, LXXV (November, 1948), 18-19, 100-101, 104, 106-108.
*The Wisdom of Laotse*. Edited and Translated with an Introduction and Notes by Lin Yutang. New York: Random House, 1948.

**1950**

*Miss Tu*. London: William Heinemann Ltd., 1950.

**1951**

*Widow, Nun and Courtesan: Three Novelettes from the Chinese Translated and Adapted by Lin Yutang*. New York: The John Day Company, 1951.

**1952**

*Famous Chinese Short Stories: Retold by Lin Yutang*. New York: The John Day Company, 1952.
*Widow Chuan: Retold by Lin Yutang, Based on Chuan Chia Chun, by Lao Xiang*. London: William Hennemann Ltd., 1952.

**1960**

*The Importance of Understanding: Translations From the Chinese*. Cleveland: World Publishing Company, 1960.

**1936**

"The Little Critic: Chinese Satiric Humour" *The China Critic*, XII (January 9, 1936), 36-38. (Collected in *A Nun of Taishan and Other Translations*)

"The Little Critic: On Charm in Women," *The China Critic*, XII (March 5, 1936), 231-233. (Collected in *A Nun of Taishan and Other Translations*)

"The Little Critic: T'ao Yuanming's 'Ode to Beauty'," *The China Critic*, XII (March 26, 1936), 300-301. (Collected in *A Nun of Taishan and Other Translations*)

*A Nun of Taishan (A Novelette) and Other Translations*, translated by Lin Yutang, Shanghai: The Commercial Press, 1936.

**1937**

"The Vagabond Scholar, by T'u Lung, translated by Lin Yutang," *Asia*, XXXVII (November, 1937), 761-764.

**1938**

*The Wisdom of Confucius*. Edited and translated, with an introduction and notes by Lin Yutang. New York: The Modern Library, 1938.

**1940**

漢英對照冥寥子遊 (The Travels of MingLiaotse)（一）《西風》，41期，1940年1月，頁514-521。

漢英對照冥寥子遊 (The Travels of MingLiaotse)（二）《西風》，42期，1940年2月，頁628-631。

漢英對照冥寥子遊 (The Travels of MingLiaotse)（三）《西風》，43期，1940年3月，頁66-71。

漢英對照冥寥子遊 (The Travels of MingLiaotse)（四）《西風》，44期，1940年4月，頁174-181。

漢英對照冥寥子遊 (The Travels of MingLiaotse)（五）《西風》，45期，1940年5月，頁276-283。

漢英對照冥寥子遊 (The Travels of MingLiaotse)（六）《西風》，46期，1940年6月，頁390-393。

漢英對照冥寥子遊 (The Travels of MingLiaotse)（七）《西風》，47期，1940年

22, 1934), 1148. (Collected in *A Nun of Taishan and Other Translations*)

**1935**

"The Little Critic: The Humour of Mencius," *The China Critic*, VIII (January 3, 1935), 17-18. (Collected in *A Nun of Taishan and Other Translations*)

"The Little Critic: The Humour of Liehtse," *The China Critic*, VIII (January 17, 1935), 65-66. (Collected in *A Nun of Taishan and Other Translations*)

"The Little Critic: A Chinese Galli-Curci," *The China Critic*, IX (April 18, 1935), 62-63. (Collected in *A Nun of Taishan and Other Translations*)

"The Little Critic: The Epigrams of Chang Ch'ao," *The China Critic*, IX (April 25, 1935) 86-87. (Collected in *A Nun of Taishan and Other Translations*)

"The Little Critic: A Chinese Ventriloquist," *The China Critic*, IX (May 16, 1935), 158. (Collected in *A Nun of Taishan and Other Translations*)

"The Little Critic: The Donkey That Paid Its Debt," *The China Critic*, IX (May 30, 1935), 205-208. (Collected in *A Nun of Taishan and Other Translations*)

"The Little Critic: T'ang P'ip'a," *The China Critic*, IX (June 13, 1935), 255-256. (Collected in *A Nun of Taishan and Other Translations*)

"The Little Critic: 'Taiping' Christianity," *The China Critic*, X (September 26, 1935), 301-302. (Collected in *A Nun of Taishan and Other Translations*)

"The Little Critic: The Humor of Su Tungp'o," *The China Critic*, XI (October 3, 1935), 15-17. (Collected in *A Nun of Taishan and Other Translations*)

"The Little Critic: Chinese Dog-Stories," *The China Critic*, XI (October 17, 1935), 64-65. (Collected in *A Nun of Taishan and Other Translations*)

"The Little Critic: Some Chinese Jokes I Like," *The China Critic*, XI (November 21, 1935), 180-182. (Collected in *A Nun of Taishan and Other Translations*)

"Six Chapters of a Floating Life. A Novel by Shen Fu. Chapter 1. Translated by Lin Yutang," *T'ien Hsia Monthly*, I (August, 1935), 76-101.

"Six Chapters of Floating Life. A Novel by Shen Fu. Chapter II. Translated by Lin Yutang," *T'ien Hsia Monthly*, I (September, 1935), 208-222.

"Six Chapters of Floating Life. A Novel by Shen Fu. Chapter III. Translated by Lin Yutang," *T'ien Hsia Monthly*, I (October, 1935), 316-340.

"Six Chapters of Floating Life. A Novel by Shen Fu. Chapter IV. Translated by Lin Yutang," *T'ien Hsia Monthly*, I (November, 1935), 425-467.

**Unknown Publication Source**

Review of *Chinese Calligraphy* by Lucy Driscoll and Kenji Toda, *T'ien Hsia Monthly*.

"Strong Liquor in Literature,"

"The Perpetual Circle"

"The Religious Significance of Chinese Bronzes and Jade,"

**Unpublished Works**

Letters, at the John Day Company Archive deposited at Princeton University Library, USA

Letters, at Pearl S. Buck International, USA

Letters, at Dr. Lin Yutang House, Taipei

Speeches, at Dr. Lin Yutang House, Taipei

*A Man Thinking*, manuscript incomplete, at Dr. Lin Yutang House, Taipei

*The Boxers*, 116 typed pages, at Dr. Lin Yutang House, Taipei

*Who Sows the Wind*, 77 typed pages, at Dr. Lin Yutang House, Taipei

"Toward a Common Heritage of All Mankind," 2nd Conference of the International Association of University Presidents at Kyung Hee University, Seoul, Korea, June 18-20, 1968, Dr. Lin Yutang House, Taipei.

## 五、中譯英

**1930**

"Letters of a Chinese Amazon," in *Letters of a Chinese Amazon and War-Time Essays*, Shanghai, Commercial Press, 1930

**1934**

"The Little Critic: A Chinese Aesop," *The China Critic*, VII (September 13, 1934), 907-908. (Collected in *A Nun of Taishan and Other Translations*)

"The Little Critic: Unconscious Chinese Humour," *The China Critic*, VII (November 8, 1934), 1098-1099. (Collected in *A Nun of Taishan and Other Translations*)

"The Little Critic: A Cook-Fight in Old China," *The China Critic*, VII (November

1960.

**1961**

"Chinese Letters Since the Literary Revolution," in *Perspectives: Recent Literature of Russia, China, Italy, and Spain*. Washington: The Library of Congress, 1961.

"Foreword" to *Chinese Literature: A Historical Introduction* by Ch'en Shou-Yi. New York: The Ronald Press, 1961.

*The Red Peony*. Cleveland: World Publishing Company, 1961.

**1962**

"Introduction," in *A Thousand Springs* by Anna C. Chennault, New York: Paul S. Eriksson, 1962.

*The Pleasures of a Nonconformist*. Cleveland: World Publishing Company, 1962.

**1963**

*Juniper Loa*. Cleveland: World Publishing Company, 1963.

**1964**

*The Flight of the Innocents*. New York: G. P. Putnam's Sons, 1964.

**1969**

"Foreword," to *Chinese Gastronomy* by Hsiang Ju Lin and Tsuifeng Lin. New York: Hastings House Publishers Inc., 1969.

**1975**

"Foreword," to *Florence Lin's Chinese Regional Cookbook* by Florence Lin, New York: Hawthorn Books, 1975.

"Foreword," to *Lin Yutang: The Best of an Old Friend*, Edited by A. J. Anderson, New York: Mason/Charter, 1975.

*Memoirs of an Octogenarian*, Taipei, Mei Ya Publications, Inc., 1975

**1955**

"Communists and Confucius," *Life*, XXXVIII (April 4, 1955), 81, 83-84.

"How a Citadel For Freedom Was Destroyed by the Reds," *Life*, XXXVIII (May 2, 1955), 138-140, 145-146, 148, 153-154.

"Lanterns Gongs and Fireworks: A Chinese Philosopher Recalls His Childhood," *The UNESCO Courier*, No. 12, 1955.

*Looking Beyond*. Englewood Cliffs, N.J.: Prentice-Hall, Inc., 1955. (The *Unexpected Island*. London: William Heinemann Ltd., 1955)

**1957**

*Lady Wu: A True Story*. London: William Heinemann Ltd., 1957. (New York: G. P. Putnam's Sons, 1965.)

**1958**

*The Secret Name*. New York: Farrar, Straus and Cudahy, 1958.

**1959**

"Why I Came Back to Christianity," *Presbyterian Life*, XII (April 15, 1959), 13-15. Also condensed under the title "*My Steps Back to Christianity*" in *The Reader's Digest*, LXXV (October, 1959), 58-61.

*The Chinese Way of Life*. Cleveland: World Publishing Company, 1959.

*From Pagan to Christian*. Cleveland: World Publishing Company, 1959.

**1960**

"Taiwan, a Showpiece of Democracy," *Free China and Asia*, VII (June, 1960), 13-15.

"The Art of Cooking and Dining in Chinese," in *Secrets of Chinese Cooking* by Tsuifeng Lin and Hsiangju Lin. Englewood Cliffs, N.J.: Prentice-Hall, Inc., 1960.

"Foreword" to *Ten Years of Storm: The True Story of the Communist Regime in China* by Chow Chung-Cheng. Translated and edited by Lai Ming. New York: Holt Rinehart & Winston, 1960.

"Confucius and Kang Yu-wei,'" Readers' forum in *The Asian Student*, June 11,

*The Gay Genius: The Life and Times of Su Tungpo*. New York: The John Day Company, 1947.

**1948**

"Introduction," to *All Men Are Brothers* [Shui Hu Chuan] Translated from the Chinese by Pearl S. Buck. New York: The Limited Editions Club, 1948.

"Foreword," *Contemporary Chinese Paintings: A Catalogue of an Exhibition Sponsored by the*

*Chinese Art Research Society and the China Council for International Cultural Co-operation*, New York: The Metropolitan Museum of Art, 1948.

*Chinatown Family*. The John Day Company, 1948.

**1949**

"A Note on Laotse," *Eastern World*, III (March, 1949), 18-20.

*Peace Is in the Heart*. London: Francis Aldor, 1949.

**1950**

"The Case For Sentiment," *Saturday Review of Literature*, XXXIII (July 8, 1950), 7-8, 39. Excerpt from *On the Wisdom of America*.

"Do American Writers Shun Happiness?" *Saturday Review of Literature*, XXXIII (July 15, 1950), 7-8, 38-40. Excerpt from *On the Wisdom of America*.

"A Chinese View of Formosa," *New York Herald Tribune*, September 8, 1950.

*On the Wisdom of America*. New York: The John Day Company, 1950.

**1951**

"Mercy," *Woman's Home Companion*, LXXVIII (May, 1959), 34-35. Also included in *A Diamond of Years: The Best of the Woman's Home Companion*, edited by Helen Otis Lamont. New York: Doubleday & Company, Inc., 1961.

**1953**

*The Vermillion Gate: A Novel of a Far Land*. New York: The John Day Company, 1953.

**1945**

"Ancient Chengtu, City of Teahouse Culture," *Asia*, XLV (January, 1945), 9-12. This article appears in *The Vigil of a Nation*.

"The Civil War in China," *The American Mercury*, LX (January, 1945), 7-14. Adapted from *The Vigil of a Nation*.

"China and Its Critics," *The Nation*, CLX (March 24, 1945), 324-327.

"Sad India," *American Federationist*, LII (March, 1945), 1.

"Conflict in China Analysed" *Far Eastern Survey*, XIV (July 18, 1945), 191-1995.

"Laotse and the Modern World," *The Biosophical Review*, Vol. VIII, No. 1, 1945

**1946**

"Invention of a Chinese Typewriter," *Asia*, XLVI (February, 1946), 58-61.

"The Chinese Sense of Humor," *The China Magazine*, XVI (July/August, 1946), 37-42.

"Chinese Humor," *Asia*, XLVI (October, 1946), 453-455.

"China's War on Illiteracy," *The Rotarian*, LXIX (November, 1946), 12-14, 60-61.

"The Educators' War About the Peace," in *Treasury For the Free World*, edited by Ben Raeburn, New York: Arco Publishing Company, 1946. Expanded version of "The War about the Peace," *Free World*, III (July, 1942), 107-112.

"The Inner Man." in *The Treasure Chest: An Anthology of Contemplative Prose*, edited by J. Donald Adams. New York: E.P. Dutton & Company, Inc., 1946.

**1947**

"The Bull Headed Premier," *United Nations World*, I (May, 1947), 32-35.

"Mao Tse-Tung's 'Democracy'," *China Magazine*, XVII (April, 1947), 14-24.

"Mao Tse-Tung's 'Democracy'-II," *China Magazine*, XVII (May, 1947), 15-16.

"Foreword," to *Mao Tse-Tung's "Democracy": A Digest of the Bible of Chinese Communism*. New York: Chinese News Service, 1947.

"Introduction," to *China's Destiny* by Chiang Kai-Shek: Authorized Translation by Wang Chung-Hui, New York: The MacMillan Company, 1947.

"Foreword," to *Made in China*: *The Story of China's Expression*, by Cornelia Spencer [pseud] New York: Alfred A. Knopf, 1947.

"Contentment," *The Philippines – China Cultural Journal*, April, 1947.

*The Wisdom of China and India*. Edited by Lin Yutang. New York: Random House, 1942. (also published separately as *The Wisdom of China* and *The Wisdom of India*)

**1943**

"Wanted: A Political Strategy for Asia," *The Nation*, CLVI (January 16, 1943), 91-93.

"Geopolitics: Law of the Jungle," *Asia*, XLIII (April, 1943), 199-202.

"The Search for Principles," *Free World*, V (June, 1943), 495-497.

"The Future of Asia," *Asia*, XLIII (July, 1943), 391-394.

"Letter to the Editor" (With Dorothy Canfield Fisher, Stuart Chase, Norman Thomas, Roger Baldwin, Frances Gunther), *The New York Times*, (August 10, 1943), 18.

"The Meaning of the War," in *The University of Chicago Round Table*, Chicago: University of Chicago August 29, 1943, pp.1-20.

"In Defense of the Mob," *Asia* XLIII (August, 1943), 458-462.

"Gandhi Is Fighting For What George Washington Fought For!," in Towards Freedom, edited by Lin Yutang, Wendell Willkie, Jawaharlal Nehru, H. R. Luce and other writers. India: International Book House Ltd., November 17,1943.

"Introductory Note," *An Exhibition of Modern Chinese Paintings*, New York: The Metropolitan Museum of Art, 1943

**1944**

"A Talk With Japanese Prisoners," *Asia*, XLIV (November, 1944), 484-487. This article, along with the next, appears in *The Vigil of a Nation*.

"Flying Over the Hump," *Asia*, XLIV (December, 1944), 555-557.

"China's Fighting Shepherds," *The American Magazine*, CXXXVIII (December, 1944), 96.

"Some Impressions of India," *The Voice of India*, (November, 1944), 39-40.

*The Vigil of a Nation*. New York: The John Day Company, 1944.

(December 6, 1941)

*A Leaf in the Storm: A Novel of War-Swept China*. New York: The John Day Company, 1941.

**1942**

"“Hold Singapore!” Lin Yutang Warns," *World-Telegram*, January 12, 1942.

“A Chinese Challenge to the West,” *The New York Times Magazine*, (February 22, 1942), 9, 38.

“The Chinese Gun at Nippon’s Back,” *The American Magazine*, CXXXIII (March, 1942), 24-25, 112-113.

“Union Now With India,” *Asia*, XLII (March, 1942), 146-150.

“Letter to the Editor,” *The New York Times*, (May 31, 1942), 7.

“The War of Paradoxes,” *Asia*, XLII (May, 1942), 318-320.

“The Paradox of the Second World War,” *The China Monthly*, III (May, 1942), 7-9.

“China Old and New,” *Publishers Weekly*, CXLI (June 13, 1942), 2193, 2198.

“Letter to the Editor,” *The New York Times*, (July 19, 1942), 8.

“China Sets a Trend,” *House & Garden*, XXCII (July, 1942), 11.

“The War About the Peace,” *Free World*, III (July, 1942), 107-112.

“India and the War for Freedom,” *The New Republic,* CVII (August 24, 1942), 217-218.

“Protest Against Criminal Sabotage of U.S. Bomber Aid to China,” *The China Monthly*, III (September, 1942), 9.

“East and West Must Meet,” *Survey Graphic*, XXXI (November, 1942), 533-534, 560-561.

“When East Meets West,” *The Atlantic*, CLXX (December, 1942), 43-48.

“Aesop and Jean de la Fontaine: Fables,” Lin Yutang, Jacques Barzun, Mark Van Doren in *The New York Invitation to Learning*, edited by Mark Van Doren. New York: Random House, 1942.

“India is United for Freedom,” in *Freedom For India – Now!* By Pearl S. Buck, Lin Yutang, Krishnalal Shridharani, and others. New York: The Post War World Council [1942]

“China Needs More Help To Avert Collapse,” *PM Daily*, Vol. III, No. 157 (December 17, 1942): 2-3.

Schuster, 1939, Also included in *I Believe: Nineteen Personal Philosophies*. London: Unwin Books, 1962.

"Foreward," to *Chinese Hunter* by J. Wong-Quincey, New York: The John Day Company, 1939.

*The Birth of a New China: A Personal Story of the Sino-Japanese War*. New York: The John Day Company, 1939. A reprint of chapter ten of the revised and enlarged edition of *My Country and My People*.

*Moment in Peking: A Novel of Contemporary Chinese Life*. New York: The John Day Company, 1939.

**1940**

"Evading Personalities in China," *Asia*, XL (March, 1940), 123-125.

"Japan Held Foiled by China's Courage,' *The New York Times*, (August 23, 1940), 7.

"Letter to the Editor," *The New York Times*, (October 20, 1940), 8.

"Letter to the Editor," *The New York Times*, (December 17, 1940), 24.

"Whither China's Diplomacy?" *China Quarterly*, Vol. 5, No.4, (Autumn, 1940).

*With Love and Irony*. New York: The John Day Company, 1940.

**1941**

"China Speaks to America," *The New Republic*, CIV (January 27, 1941), 107-109.

"Singing Patriots of China," *Asia*, XLI (February, 1941), 70-72. Also condensed in *The Reader's Digest*, XXXVIII (March, 1941), 79-80.

"The Last of the Confucianists," *Esquire*, XV (March, 1941), 27, 122-123.

"Lin Yutang Deems Japan Desperate," *The New York Times*, (June 8, 1941), 19.

"Letter to the Editor," *The New York Times*, (July 31, 1941), 16.

"The Four-Year War in Review," *Asia*, XLI (July, 1941), 334-341.

"A Sister's Dream Came True," *The Rotarian*, LIX (August, 1941), 8-10.

"Letter to the Editor," *The New York Times*, (September 21, 1941), 6.

"Dr. Lin Yutang Says China Can End Job," *The Milwaukee Journal*, June 8, 1941.

"A Reconstruction of the Golden Mean According to Confucius," *The Chinese Christian Student*, XXXI, Nos. 5-6 (April-May, 1941).

"Of Men And Books," in Northwestern University on the air, Vol. 1, No. 10

10, 1937).
"Our Far Eastern Policy," "Letters to the Times", *The New York Times*, (September 23, 1937).
*The Importance of Living*. New York: Reynal & Hitchcock Inc., A John Day Book, 1937.

**1938**

"What America Could Do to Japan," *The New Republic*, XCIII (January 19, 1938), 301-303.
"A Chinese Views the Future of China," *The New York Times Magazine*, (January 30, 1938), 6-7, 27.
"Contributions of East to West in Art," *Magazine of Art*, XXXI (February, 1938), 70-76, 122, 124.
"Paradise Defiled," *Asia*, XXXVIII (June, 1938), 334-337.
"Character Begins in the Home," *School and Home*, XIX, No. 65 (1938), 47.
"Oriental: A Chinese-American Evening," in *America Now: An Inquiry Into Civilization in the United States*, edited by Harold E. Stearns. New York: The Literary Guild of America, Inc., 1938.
"The Sino-Japanese Conflict," *The Far East Magazine*, 1938.

**1939**

"An Oriental Looks at Democracy," *Christian Science Monitor Weekly Magazine Section*, (January 11, 1939), 5, 16.
"The Birth of a New China," *Asia*, XXXIX (March, 1939), 173-188. Excerpts from a section added to the revised book *My Country and My People*.
"Faith of a Cynic," *The Nation*, CXLVIII (May 6, 1939), 526-528, 530.
"Letter to the Editor," *The New York Times*, (July 26, 1939), 18.
"The Real Threat: Not Bombs, But Ideas," *The New York Times Magazine*, (November 12, 1939), 1-2, 16. Also condensed in *The Reader's Digest*, XXXVI (January, 1940), 31-32.
"The Far East in Next Door," *The China Monthly*, I (December, 1939), 6.
"I Believe," in *I Believe: The Personal Philosophies of Certain Eminent Men and Women of Our Time*, edited by Clifton Fadiman. New York: Simon and

December 27, 1936, pp. 4-5, 14. Also included in *Scholastic*, XXX (April 17, 1937), 11-12.

"The Last Empress and the Boxer Rebellion", *The Saturday Review*, (October 10, 1936), 5-6.

*Confucius Saw Nancy and Essays About Nothing*. Shanghai: The Commercial Press, 1936.

*A History of the Press and Public Opinion*. Shanghai: Kelly and Walsh, 1936 (Also: Chicago: The University of Chicago Press, 1936)

**1937**

"Why I Am a Pagan," *The Forum*, XCVII (February, 1937), 83-88.

"China Prepares to Resist," *Foreign Affairs*, XV (April, 1937), 472-483.

"A Chinese Sees America," *The Forum*, XCVII (May, 1937), 316-318. Also include in *Opinions and Attitudes in the Twentieth Century*, Stewart S. Morgan and W. H. Thomas, eds. New York: The Ronald Press Company, 1938.

"The Importance of Loafing," *Harpers Monthly Magazine*, CLXXV (July, 1937), 143-150.

"A Better Understanding of China," *Amerasia*, I (June, 1937), 162-164.

"Captive Peiping Holds the Soul of Ageless China" *The New York Times Magazine*, (August 15, 1937), 4-5, 20.

"Can China Stop Japan in Her Asiatic March?" *The New York Times Magazine*, (August 29, 1937), 4-5.

"Letter to the Editor," *The New York Times,* (September 10, 1937), 22.

"Letter to the Editor," *The New York Times*, (September 23, 1937), pp. 26.

"China's Dramatic Story: A Tale of Four Cities," *The New York Times Magazine*, (October 3, 1937), 4-5, 21-22.

"Can China Stop Japan?" *The China Weekly Reader*, LXXXII (October 30, 1937), 189.

"On Having a Stomach," *The Forum*, XCVII (October 3, 1937), 195-199.

"Key Man in China's Future—the 'Coolie'," *The New York Times Magazine*, (November 14, 1937), 8-9, 17.

"World issues at stake," *Asia*, (November, 1937), 798-799.

"Disputing Mr. Hirota," "Letters to the Times", *The New York Times*, (September

"The Little Critic: Let's Liquidate the Moon," *The China Critic*, XII (February 13, 1936), 155-156. (Collected in *Confucius Saw Nancy and Essays About Nothing*)

"The Little Critic: Why Adam Was Driven Out of the Garden of Eden," *The China Critic*, XII (February 27, 1936), 205-206. (Collected in *Confucius Saw Nancy and Essays About Nothing*)

"Contemporary Chinese Periodical Literature," *T'ien Hsia Monthly*, II (March, 1936), 225-244.

"The Little Critic: If I Were Mayor of Shanghai," *The China Critic*, XII (April 23, 1936), 85-87. (Collected in *Confucius Saw Nancy and Essays About Nothing*)

"Can the Old Culture Save Us?" *Asia*, XXXVI (April, 1936), 221-223. (As "Intellectual Currents in Modern China" in *Confucius Saw Nancy and Essays About Nothing*)

"The Little Critic: I Eat Cicadas," *The China Critic*, XII (May 14, 1936), 155-156. (Collected in *Confucius Saw Nancy and Essays About Nothing*)

"The Little Critic: On Sitting in Chairs," *The China Critic*, XII (May 28, 1936), 204-205. (Collected in *Confucius Saw Nancy and Essays About Nothing*)

"We Share the World Heritage," *Asia*, XXXVI (May, 1936), 334-337. (As "Intellectual Currents in Modern China" in *Confucius Saw Nancy and Essays About Nothing*)

"The English Think in Chinese," *The Forum*, XCV (June, 1936), 339-343. (Collected in *Confucius Saw Nancy and Essays About Nothing*)

"The Little Critic: Preface to 'A Nun of Taishan'," *The China Critic*, XIV (September 3, 1936), 231-232.

"First Impressions in America: Letter to a Chinese Friend," *Asia*, XXXVI (November, 936), 743-745. (bilingual)

"China and the Film Business," *The New York Times*, (November 8, 1936), X, p. 4.

"A Chinese Gives Us Light on His Nation," *The New York Times Magazine*, (November 22, 1936), pp. 10-11, 19.

"China Uniting Against Japan," *The New York Times*, December 20, 1936, IV, p. 4.

"How to Pronounce Chinese Names," *The New York Times*, (December 20, 1936), IV, p. 4.

"As 'Philosophic China' Faces Military Japan'." *The New York Times Magazine*,

“The Little Critic: On Lying in Bed,” *The China Critic*, XI (November 7, 1935), 134-136. (Collected in *Confucius Saw Nancy and Essays About Nothing*) (bilingual)

“The Little Critic: On Crying at Movies,” *The China Critic*, XI (November 14, 1935), 158-159. (Collected in *Confucius Saw Nancy and Essays About Nothing*) (bilingual)

“The Little Critic: On the Calisthenic Value of Kow-towing,” *The China Critic*, XI (December 12, 1935), 253-254. (Collected in *Confucius Saw Nancy and Essays About Nothing*) (bilingual)

“The Little Critic: I Will Go to Abyssinia,” *The China Critic*, XI (December 19, 1935), 278-280. (Also in *The China Weekly Review*, (January 4, 1936): 166)

“The Little Critic: Sex Imagery in the Chinese Language,” *The China Critic*, XI (December 26, 1935), 302. (Collected in *Confucius Saw Nancy and Essays About Nothing*)

“The Aesthetics of Chinese Calligraphy,” *T’ien Hsia Monthly*, I (December, 1935), 495-507. (Collected in *Confucius Saw Nancy and Essays About Nothing*)

“The Technique and Spirit of Chinese Poetry,” *Journal of the North China Branch of the Royal Asiatic Society*, LXVI (1935), 31-41.

“Preface to ‘Six Chapters of a Floating Life.’” *T’ien Hsia Monthly*, I (August, 1935), 72-75. (bilingual)

*The Little Critic: Essays, Satires and Sketches on China (First Series: 1930-1932)*. Shanghai: The Commercial Press, 1935.

*The Little Critic: Essays, Satires and Sketches on China (Second Series: 1933-1935)*. Shanghai: The Commercial Press, 1935.

*My Country and My People*. New York: Reynal & Hitchcock, Inc. (A John Day Book), 1935.

**1936**

“The Little Critic: An Open Letter to Randall Gould,” *The China Critic*, XII (January 2, 1936), 14-16.

“The Little Critic: ‘Oh, Break Not my Willow-Trees!’” *The China Critic*, XII (January 30, 1936), 108-110. (Collected in *Confucius Saw Nancy and Essays About Nothing*)

1935), 233-234. (Collected in *The Little Critic: Second Series*) (bilingual)
"The Little Critic: Confessions of a Nudist," *The China Critic*, IX (June 20, 1935), 281-282. (As
"On Being Naked" in *Confucius Saw Nancy and Essays About Nothing*) (bilingual)
"The Little Critic: 'Lady Precious Stream'," *The China Critic*, IX (July 4, 1935), 17-18.
"The Little Critic: A Bamboo Civilization," *The China Critic*, X (July 11, 1935), 38-40. (bilingual)
"The Little Critic: A Suggestion for Summer Reading," *The China Critic*, X (July 18, 1935), 63-64. (Collected in *Confucius Saw Nancy and Essays About Nothing*)
"The Little Critic: On Rational Dress," *The China Critic*, X (July 25, 1935), 87(Collected in *Confucius Saw Nancy and Essays About Nothing*)
"The Little Critic: Honan Road," *The China Critic*, X (August 8, 1935), 133-134. (Collected in *Confucius Saw Nancy and Essays About Nothing*)
"The Little Critic: An Open Letter to Colonel Lindberg," *The China Critic*, X (August 15, 1935), 158-159.
"The Little Critic: On Shaking Hands," *The China Critic*, X (August 22, 1935), 180-181. (Collected in *Confucius Saw Nancy and Essays About Nothing*) (bilingual)
"The Little Critic: The Monks of Tienmu," *The China Critic*, X (August 29, 1935), 205-206. (Collected in *Confucius Saw Nancy and Essays About Nothing*)
"A Tray of Loose Sands," *Asia*, XXXV (August, 1935), 482-485.
"The Little Critic: The Silent Historian," *The China Critic*, X (September 5, 1935), 229-230. (Collected in *Confucius Saw Nancy and Essays About Nothing*)
"The Little Critic: On Mickey Mouse," *The China Critic*, X (September 19, 1935), 278-280. (Collected in *Confucius Saw Nancy and Essays About Nothing*) (bilingual)
"Feminist Thought in Ancient China," *T'ien Hsia Monthly*, I (September, 1935), 127-150. (Collected in *Confucius Saw Nancy and Essays About Nothing*)
"The Little Critic: Linolamb Cooperation," *The China Critic*, XI (October 24, 1935), 85-87.
"The Way Out for China," *Asia*, XXXV (October, 1935), 581-586.

"Quality of the Chinese Mind," *Asia*, XXXIV (December, 1934), 728-731.

**1935**

"The Little Critic: Our Tailor-Morality," *The China Critic*, VIII (January 10, 1935), 41-42. (Collected in *The Little Critic: Second Series*) (bilingual)

"How To Understand the Chinese," *The China Critic*, VIII (January 24, 1935), 82-85. (Collected in *The Little Critic: Second Series*) (Also in *The China Weekly Review*, LXXI (February 2, 1935): 336-337)

"The Little Critic: A Reply to Hirota in Pidgin," *The China Critic*, VIII (January 31, 1935), 112-113.

"The Little Critic: New Year 1935," *The China Critic*, VIII (February 7, 1935), 139-140. (bilingual)

"The Little Critic: How I Celebrated the New Year's Eve," *The China Critic*, VIII (February 21, 1935), 187-188. (Collected in *The Little Critic: Second Series*)

"The Little Critic: Hail! Sister Aimee MacPherson!" *The China Critic*, VIII (February 28, 1935), 207-208. (Collected in *The Little Critic: Second Series*)

"The Virtues of an Old People," *Asia*, XXXV (February, 1935), 92-96. (Also condensed in *The Reader's Digest Reader,* edited by Theodore Roosevelt *et al.* New York: Doubleday, Doran, 1940)

"The Little Critic: Hirota and the Child – A Child's Guide to Sino-Japanese Politics," *The China Critic*, VIII (March 14, 1935), 255-256. (Also as "Hirota Explains Sino-Japanese Relations to His Son: A Dialogue," *The China Weekly Reader*, LXXII (March 23, 1935), 124) (bilingual)

"The Little Critic: I Daren't Go To Hangchow," *The China Critic*, VIII (March 28, 1935), 304-305. (Collected in *The Little Critic: Second Series*) (bilingual)

"The Little Critic: Confessions of A Vegetarian," *The China Critic*, VIII (April 11, 1935), 39-40. (Collected in *The Little Critic: Second Series*)

"The Little Critic: Preface to Essays and Gibes on China," *The China Critic*, IX (May 9, 1935), 133-134. (As "Preface" in *The Little Critic: First Series* and *The Little Critic: Second Series*)

"Some Hard Words About Confucius," *Harpers Monthly Magazine*, CLXX (May, 1935), 717-726.

"The Little Critic: In Defense of Gold-Diggers," *The China Critic*, VIII (June 6,

"The Little Critic: Thinking of China," *The China Critic*, VII (February 1, 1934), 112-113. (Collected in *The Little Critic: Second Series*)

"The Little Critic: The Beggars of London," *The China Critic*, VII (March 29, 1934), 305-306. (Collected in *The Little Critic: Second Series*) (bilingual)

"The Little Critic: A Trip to Anhui," *The China Critic*, VII (April 12, 1934), 354-355. (Collected in *The Little Critic: Second Series*)

"The Little Critic: Spring In My Garden," *The China Critic*, VII (May 10, 1934), 448-450. (Collected in *The Little Critic: Second Series*) (bilingual)

"The Little Critic: A Day Dream," *The China Critic*, VII (June 14, 1934), 567-569. (Collected in *The Little Critic: Second Series*) (bilingual)

"The Little Critic: On My Library," *The China Critic*, VII (June 28, 1934), 617-618. (Collected in *A Nun of Taishan and Other Translations*)

"The Little Critic: Aphorisms On Art," *The China Critic*, VII (July 12, 1934), 686. (Collected in *The Little Critic: Second Series*)

"The Little Critic: On Bertrand Russell's Divorce," *The China Critic*, VII (September 6, 1934), 885-886. (Collected in *The Little Critic: Second Series*) (bilingual)

"The Little Critic: Buying Birds," *The China Critic*, VII (October 4, 1934), 979-981. (Collected in *The Little Critic: Second Series*)

"The Little Critic: A Lecture Without An Audience – A Wedding Speech," *The China Critic*, VII (October 11, 1934), 1002-1003. (Collected in *Confucius Saw Nancy and Essays About Nothing*) (bilingual)

"The Little Critic: Write With Your Legs," *The China Critic*, VII (October 18, 1934), 1024-1025. (Collected in *Confucius Saw Nancy and Essays About Nothing*)

"The Little Critic: Age in China" *The China Critic*, VII (November 15, 1934), 1122-1123. (Collected in *The Little Critic: Second Series*)

"The Little Critic: 'I Am Very Fierce'," *The China Critic*, VII (December 6, 1934), 1197-1198. (Collected in *The Little Critic: Second Series*)

"The Little Critic: This Santa Claus Nonsense," *The China Critic*, VII (December 13, 1934), 1218-1219. (Collected in *The Little Critic: Second Series*)

"The Little Critic: Advice To Santa Claus," *The China Critic*, VII (December 20, 1934), 1243-1244. (Collected in *The Little Critic: Second Series*)

"The Little Critic: In Defense of Pidgin English," *The China Critic*, VI (July 27, 1933), 742-743. (Collected in *The Little Critic: Second Series*) (bilingual)

"The Little Critic: The Necessity of Summer Resorts," *The China Critic*, VI (August 3, 1933), 766-767. (Collected in *The Little Critic: Second Series*) (bilingual)

"The Little Critic: Should Women Rule the World?" *The China Critic*, VI (August 17, 1933), 814-815. (Collected in *The Little Critic: Second Series*) (bilingual)

"The Little Critic: Does the Coolie Exist?" *The China Critic*, VI (August 31, 1933), 861-862. (Collected in *The Little Critic: Second Series*)

"The Little Critic: Three Years Hence," *The China Critic*, VI (September 14, 1933), 910-911.

"The Little Critic: What To Do With The American Wheat Loan," *The China Critic*, VI (September 28, 1933), 962-963. (Collected in *The Little Critic: Second Series*)

"The Little Critic: The Humour of Feng Yu-hsiang," *The China Critic*, VI (October 12, 1933), 1009-1010. (Collected in *A Nun of Taishan and Other Translations*)

"The Next War," *The China Critic*, VI (October 19, 1933), 1023-1031. (Collected in *The Little Critic: Second Series*)

"The Little Critic: What Is Chinese Hygiene?" *The China Critic*, VI (October 26, 1933), 1058-1059. (Collected in *The Little Critic: Second Series*)

"The Little Critic: An Open Letter to H. E. Chang Hsin-hai – The New Minister to Portugal," *The China Critic*, VI (November 9, 1933), 1103-1105.

"The Little Critic: What I Have Not Done" *The China Critic*, VI (November 23, 1933), 1140-1141. (Collected in *The Little Critic: Second Series*) (bilingual)

"The Little Critic: An Open Letter to M. Dekobra—A Defense of Chinese Girls," *The China Critic*, VI (December 21, 1933), 1237-1238. (Collected in *The Little Critic: Second Series*) (bilingual)

**1934**

"The Little Critic: 'All Men Are Brothers'," *The China Critic*, VII (January 4, 1934), 18-19.

"The Little Critic: How To Write Postscripts," *The China Critic*, VII (January 18, 1934), 64-65. (Collected in *The Little Critic: Second Series*) (bilingual)

1932), 1332-1333.
"The Little Critic: I Committed a Murder," *The China Critic*, V (December 29, 1932), 1386-1387. (Collected in *The Little Critic: First Series*) (bilingual)

**1933**

"The Little Critic: A Funeral Oration on the League of Nations," *The China Critic*, VI (January 12, 1933), 45-46. (Collected in *The Little Critic: First Series*)
"The Little Critic: Thoughts on Gagging the Kitchen God," *The China Critic*, VI (January 26, 1933), 99-100. (Collected in *The Little Critic: Second Series*)
"The Little Critic: Animism As A Principle of Chinese Art," *The China Critic*, VI (February 9, 1933), 154-155. (Collected in *The Little Critic: Second Series*)
"The Little Critic: A Talk With Bernard Shaw," *The China Critic*, VI (February 23, 1933), 205-206. (Collected in *The Little Critic: Second Series*)
"The Little Critic: On Freedom of Speech," *The China Critic*, VI (March 9, 1933), 264-265. (Collected in *The Little Critic: Second Series*) (bilingual)
"The Little Critic: Letters to the Rulers of China," *The China Critic*, VI (March 23, 1933), 311-313.
"The Little Critic: On Chinese and Foreign Dress," *The China Critic*, VI (April 6, 1933), 359-360. (Collected in *The China Critic: Second Series*) (bilingual)
"The Little Critic: Let's Leave Conscience Alone," *The China Critic*, VI (April 20, 1933), 406-407. (Collected in *The Little Critic: Second Series*)
"The Little Critic, The Monks of Hangchow," *The China Critic*, VI (May 4, 1933), 453-454. (Collected in *Confucius Saw Nancy and Essays About Nothing*) (bilingual)
"The Little Critic: Notes on Some Principles of Chinese Architecture," *The China Critic*, VI (June 1, 1933), 549--550. (Collected in *The Little Critic: Second Series*)
"The Little Critic: How We Eat," *The China Critic*, VI (June 15, 1933), 596. (Collected in *The Little Critic: Second Series*)
"The Little Critic: Eros in China," *The China Critic*, VI (June 29, 1933), 646-647. (Collected in *The Little Critic: Second Series*)
"The Little Critic: What I Want," *The China Critic*, VI (July 13, 1933), 693-694. (Collected in *The Little Critic: Second Series*) (bilingual)

"The Spirit of Chinese Culture," *The China Critic*, V (June 30, 1932), 651-654. (Collected in *The Little Critic: First Series*) (bilingual)

"The Little Critic: The Opium Devil and the Red Sea," *The China Critic*, V (June 30, 1932), 657-658.

"The Little Critic: A Quiet Hour of Exciting Talk," *The China Critic*, V (July 14, 1932), 710-711.

"The Little Critic: A Letter to Chang Hsueh-liang, D.D.," *The China Critic*, V (July 28, 1932), 770-771.

"The Little Critic: How I Bought a Tooth-Brush," *The China Critic*, V (August 18, 1932), 850-851. (Collected in *The Little Critic: First Series*) (bilingual)

"The Little Critic: The Facts of the Ruegg Trial," *The China Critic*, V (August 25, 1932), 878-879.

"The Little Critic: In Memoriam of the Dog-Meat General," *The China Critic*, V (September 8, 1932), 935-936. (Collected in *The Little Critic: First Series*) (bilingual)

"The Little Critic: I Moved Into A Flat," *The China Critic*, V (September 22, 1932), 991-992. (As "How I Moved Into a Flat" in *The Little Critic: First Series*)

"A Note on Chinese and Western Painting," *The People's Tribune*, III (October 1, 1932), 153-156.

"The Little Critic: First Lesson in Chinese Language," *The China Critic*, V (October 6, 1932), 1047-1049. (Collected in *Confucius Saw Nancy and Essays About Nothing*) (bilingual)

"The Little Critic: In Praise of Liang Cho-iu," *The China Critic*, V (October 20, 1932), 1104-1106. (bilingual)

"The Little Critic: For a Civic Liberty Union," *The China Critic*, V (November 3, 1932), 1157-1158.

"The Little Critic: The Lost Mandarin," *The China Critic*, V (November 17, 1932), 1219-1220. (Collected in *The Little Critic: First Series*) (Also in *Asia*, (June, 1934): 366-367) (bilingual)

"The Little Critic: I Like to Talk with Women," *The China Critic*, V (December 1, 1932), 1276-1277. (Collected in *The Little Critic: First Series*) (bilingual)

"The Little Critic: The Chinese Mother," *The China Critic*, V (December 15,

Other Side of Confucius" in *The Little Critic: First Series*) (bilingual)
"The Little Critic (With apologies to Nietzsche)" *The China Critic*, IV (January 1, 1931), 11-13. (As "Zarathustra and the Jester" in *The Little Critic: First Series*) (bilingual)
"The Little Critic," *The China Critic*, IV (January 8, 1931), 34-37. (As "How to Write English" in *The Little Critic: First Series*)
"The Little Critic," *The China Critic*, IV (January 15, 1931), 59-61. (As "The Scholarship of Jehovah" in *The Little Critic: First Series*)
"The Little Critic," *The China Critic*, IV (January 29, 1931), 108.
"The Little Critic," *The China Critic*, IV (February 12, 1931), 153-155. (As "An Exciting Bus-Trip" in *The Little Critic: First Series*)
"The Little Critic: Do Bed Bugs Exist in China?" *The China Critic*, IV (February 19, 1931), 179-181. (Collected in *The Little Critic: First Series*) (bilingual)
"The Little Critic: An Open Letter to an American Friend," *The China Critic*, IV (February 26, 1931), 203-205. (Collected in *The Little Critic: First Series*)
"The Little Critic," *The China Critic*, IV (March 5, 1931), 226-227. (As "A Pageant of Costumes" in *The Little Critic: First Series*) (bilingual)
"The Little Critic: What Liberalism Means," *The China Critic*, IV (March 12, 1931), 251-253. (Collected in *The Little Critic: First Series*)
"The Little Critic," *The China Critic*, IV (March 26, 1931), 299-300. (As "On Funeral Notices" in *The Little Critic: First Series*)
"The Little Critic," *The China Critic*, IV (April 2, 1931), 321-322.
"The Chinese People," *The China Critic*, IV (April 9, 1931), 343-347. (Collected in *The Little Critic: First Series*)
"The Little Critic," *The China Critic*, IV (April 9, 1931), 348.
"The Little Critic: What is Face?" *The China Critic*, IV (April 16, 1931), 372-373. (Collected in *The Little Critic: First Series*) (bilingual)
*Reading in Modern Journalistic Prose*. Shanghai: The Commercial Press, 1931.
*The Kaiming English Grammar*. Shanghai: The Kaiming Book Co., 1931.

**1932**

"The Little Critic: On Political Sickness," *The China Critic*, V (June 16, 1932), 600-601. (Collected in *The Little Critic: First Series*) (bilingual)

Fong, My House-Boy" in *The Little Critic: First Series*) (bilingual)

"The Little Critic," *The China Critic*, III (September 11, 1930), 874-875.

"The Little Critic," *The China Critic*, III (September 18, 1930), 900-901.

"Chinese Realism and Humor," *The China Critic*, III (September 25, 1930), 924-926. (Collected in *The Little Critic: First Series*)

"The Little Critic," *The China Critic*, III (September 25, 1930), 926-928. (As "King George's Prayer" in *The Little Critic: First Series*)

"The Little Critic," *The China Critic*, III (October 2, 1930), 951-952.

"Han Fei as a Cure for Modern China," *The China Critic*, III (October 9, 1930), 964-967. (Collected in *The Little Critic: First Series*) (bilingual)

"The Little Critic," *The China Critic*, III (October 9, 1930), 971-972.

"The Little Critic," *The China Critic*, III (October 16, 1930), 996-997. (As "On Chinese Names" in *The Little Critic: First Series*)

"The Little Critic," *The China Critic*, III (October 23, 1930), 1020-1022. (As "More Prisons for Politicians" in *The Little Critic: First Series*)

"The Little Critic," *The China Critic*, III (October 30, 1930), 1043-1044.

"The Little Critic," *The China Critic*, III (November 6, 1930), 1068-1069.

"The Little Critic," *The China Critic*, III (November 13, 1930), 1093-1095. (As "How I Became Respectable" in *The Little Critic: First Series*)

"The Little Critic," *The China Critic*, III (November 20, 1930), 1119-1121. (As "My Last Rebellion Against Lady Nicotine" in *The Little Critic: First Series*) (bilingual)

"The Little Critic," *The China Critic*, III (November 27, 1930), 1141-1143.

"The Little Critic," *The China Critic*, III (December 4, 1930), 1165-1168. ("As "Nanjing As I Saw It" in *The Little Critic: First Series*)

"The Little Critic," *The China Critic*, III (December 11, 1930), 1190-1193. (As "Warnings to Women" in *The Little Critic: First Series*)

"The Little Critic," *The China Critic*, III (December 18, 1930), 1214-1215.

"The Little Critic," *The China Critic*, III (December 25, 1930), 1237-1239. (As "Once I Owned a Car" in *The Little Critic: First Series*)

1931

"Confucius as I Know Him," *The China Critic*, IV (January 1, 1931), 5-9. (As "The

"The Swaraji and Ourselves," "A Sad Confession," "Dr. Wakefield Explains Away the Boycott")
"The Function of Criticism at the Present Time," *The China Critic*, III (January 23, 1930), 78-81. (bilingual)
"The Origin of the Modern Chinese Dialects," *The China Critic*, III (February 6, 1930), 125-128.
"Miss Hsieh Ping-ing: A Study on Contemporary Idealism," *The China Critic*, III (February 27, 1930), 197-200.
"My Experience in Reading a Chinese Daily," *The China Critic*, III (March 13, 1930), 245-248. Also included in *The China Weekly Reader*, LII (March 30, 1930), 178-181.
"The Danish Crown Prince Incident and Official Publicity," *The China Critic*, III (March 27, 1930), 293-296.
"India Offering Her Left Cheek to Britain," *The China Critic*, III (May 22, 1930), 485-487. Also included in *The China Weekly Reader*, LII (June 7, 1930), 32-33.
"Marriage and Careers for Women," *The China Critic*, III (June 19, 1930), 584-586. (Collected in *The Little Critic: First Series*) (bilingual)
"The Little Critic," *The China Critic*, III (July 3, 1930), 636-637.
"The Little Critic," *The China Critic*, III (July 10, 1930), 659-660.
"The Little Critic," *The China Critic*, III (July 17, 1930), 684-685.
"The Little Critic," *The China Critic*, III (July 24, 1930), 708-709. (As "Chesterton's Convictions" in *The Little Critic: First Series*)
"The Little Critic," *The China Critic*, III (July 31, 1930), 732.
"The Little Critic," *The China Critic*, III (August 7, 1930), 755-756.
"The Little Critic," *The China Critic*, III (August 14, 1930), 779-780. (As "A Hymn to Shanghai" in *The Little Critic: First Series*) (Also: "Hymn to Shanghai," *The Atlantic*, Vol. CLVII (January 1936): 109-110) (bilingual)
"The Little Critic," *The China Critic*, III (August 21, 1930), 804-805. (As "If I Were a Bandit" in *The Little Critic: First Series*) (bilingual)
"The Little Critic," *The China Critic*, III (August 28, 1930), 828-829. (As "If I Were a Bandit" in *The Little Critic: First Series*) (bilingual)
"The Little Critic," *The China Critic*, III (September 4, 1930), 853-854. (As "Ah

"The Drama of a Broken Aeroplane Wing of Britain," *People's Tribune*, August 20, 1927 (as "Guerrilla Psychology: The Rape of the Broken Wing" in *Letters of a Chinese Amazon and War-Time Essays*, omitted first paragraph, last sentence modified)

"A Vanished Pleasure Garden," *People's Tribune*, August 21, 1927 (in *Letters of a Chinese Amazon and War-Time Essays*)

"Mr. Kung's Scheme for Checking Militarism," *People's Tribune*, August 23, 1927 (in *Letters of a Chinese Amazon and War-Time Essays*)

"More About the Shift-System of Military Organization," *People's Tribune*, August 24, 1927 (in *Letters of a Chinese Amazon and War-Time Essays*)

"A Footnote on Romanization," *People's Tribune*, August 25, 1927 (in *Letters of a Chinese Amazon and War-Time Essays*)

"Chinese *Names*," *People's Tribune*, August 26, 1927 (in *Letters of a Chinese Amazon and War-Time Essays*)

"Prohibited," *People's Tribune*, August 27, 1927

"Farewell to Hankow," *People's Tribune*, August 28, 1927 (in *Letters of a Chinese Amazon and War-Time Essays*)

**1928**

"Some Results of Chinese Monosyllabism," *The China Critic*, I (November 15, 1928), 487-490.

"Lusin," *The China Critic*, I (December 6, 1928), 547-548.

**1929**

"Analogies Between the Beginnings of Language and of Chinese Writing," *The China Critic*, II (December l2, 1929), 989-993.

*The Kaiming English Books*, 3 vols. Shanghai: The Kaiming Book Co., 1929.

**1930**

*Letters of a Chinese Amazon and War-Time Essays*, Shanghai, Commercial Press, 1930 (including the following additional essays: "Preface," "How the Nationalist Army Fought—The Story of the Honan Campaign," "Our Sunday-School 'Foreign Policy,'" "Soldier Psychology and the Political Worker,"

**1925**

"The Development of the Chinese Language," *The Chinese Social and Political Science Review*, Vol. 9 (July 1925): 488-501.

**1927**

"After the Communist Secession," *People's Tribune*, August 2, 1927

"Upton Close on Asia," *People's Tribune*, August 3, 1927 (in *Letters of a Chinese Amazon and War-Time Essays*)

"Marxism, Sun-Yatsenism and Communism in China," *People's Tribune*, August 4, August 5, 1927 (in *Letters of a Chinese Amazon and War-Time Essays*)

"The Signs of the Times," *People's Tribune*, August 6, 1927 (in *Letters of a Chinese Amazon and War-Time Essays*, omitted first paragraph)

"The 'Free City' of Shanghai," *People's Tribune*, August 7, 1927

"Bourbonism in the Nationalist Revolution," *People's Tribune*, August 9, 1927 (in *Letters of a Chinese Amazon and War-Time Essays*, omitted first paragraph)

"Russian Agrarian Laws," *People's Tribune*, August 10, 1927 (in *Letters of a Chinese Amazon and War-Time Essays*)

"On Making History," *People's Tribune*, August 11, 1927 (in *Letters of a Chinese Amazon and War-Time Essays*)

"Making China Safe for the Kuomintang," *People's Tribune*, August 12, 1927 (in *Letters of a Chinese Amazon and War-Time Essays*)

"A Berlitz School for Chinese," *People's Tribune*, August 13, 1927 (in *Letters of a Chinese Amazon and War-Time Essays*)

"Anti-Sinoism: A Modern Disease," *People's Tribune*, August 14, 1927 (in *Letters of a Chinese Amazon and War-Time Essays*, modified)

"The Kuomintang Organism," *People's Tribune*, August 16, 1927

"The Call of the Siren," *People's Tribune*, August 17, 1927 (in *Letters of a Chinese Amazon and War-Time Essays*)

"'North China's' Alarming Development," *People's Tribune*, August 18, 1927 (as "The N.-C.D.N. as a Bully" in *Letters of a Chinese Amazon and War-Time Essays*)

"V. K. Ting and Japan's Latest Escapade," *People's Tribune*, August 19, 1927 (in *Letters of a Chinese Amazon and War-Time Essays*)

**1966年**

〈基金委員會鬥法賓記〉，卜爾特（Art Buchwald）著，《中央日報》9版，1966年12月1日。

## 四、英文

**1914**

"A Life in a Southern Village," *The St. John's Echo* (October, 1914): 20-28.

**1915**

"San-po," *The St. John's Echo* (October, 1915): 12-16.

**1916**

"China's Call for Men," *The St. John's Echo* (January, 1916): 13-17

"Chaou-li, the Daughter of Fate," *The St. John's Echo* (March, 1916): 20-25; (April, 1916): 10-16.

"History of the Class of 1916," *The Johannean* (1916): 30-31.

"A Case of Johanitis," *The Johannean* (1916): 114-117.

**1917**

"Li: The Chinese Principle of Social Control and Organization," *The Chinese Social and Political Science Review* II (March 1917): 106-118.

**1920**

"The Literary Revolution and What Is Literature," *The Chinese Students' Monthly* Vol. 15, No. 4 (February 1920): 24-29.

"Literary Revolution, Patriotism, and the Democratic Bias," *The Chinese Students' Monthly* Vol. 15, No. 8 (June 1920): 36-41.

**1924**

"A Survey of the Phonetics of Ancient Chinese I," *Asia Major*, Vol. I. Fasc. I, (January 1924): 134-146

第一種，上海春潮書局。

《新俄學生日記》，俄國奧格約夫原著，與張友松合譯，林語堂主編《現代讀者叢書》第三種，上海春潮書局。

**1930年**

《新的文評》，美國史賓岡等著，上海北新書局。

**1931年**

《賣花女》，英國蕭伯納原著，上海開明書店。

**1933年**

〈兩封關於文化合作的信〉，《申報月刊》，第2卷，第7號，頁65-69。

**1934年**

〈吃上帝的討論〉，收入《大荒集》，上海生活書店，1934年6月，頁106-111。

〈易卜生的情書〉，收入《大荒集》，上海生活書店，1934年6月，頁111-119。

〈辜鴻銘論〉，George Brandes著，《人間世》，第12期，1934年10月5日，頁27-32。

〈女子與自殺〉，Marian J. Castle著，《人間世》，第16期，1934年12月5日，頁3-4。

**1935年**

〈我的話—人生七記〉，莎士比亞著，《論語》，第56期，1935年1月1日，頁363-364。

〈我的話—市場的蒼蠅〉，尼采著，《論語》，第56期，1935年1月1日，頁364-365。

**1936年**

〈貓與文學〉，Aldous Huxley著，《人間世》，第22期，1936年8月1日，頁499-502。

**1945年**

《啼笑皆非》，林語堂原著，與徐誠斌合譯，重慶商務印書館。

**1928年**

〈戴密微印度支那語言書目〉（譯Paul Demieville戴密微原著），《東方雜誌》，第25卷第6期，1928年3月25日，頁71-81（收入《語言學論叢》）。

〈安特盧亮評論哈代（譯）〉，《北新半月刊》，第2卷第9期，1928年3月16日，頁51-60。

〈論靜思與空談〉（譯王爾德原著），《語絲》，第4卷第13期，1928年3月26日，頁1-7。

〈論創作與批評〉（譯王爾德原著），《語絲》，第4卷第18期，1928年4月30日，頁1-6。

〈批評家與少年美國〉（譯V. W. Brooks原著），《奔流》，第1卷第1期，1928年6月20日，頁41-61。

〈Henrik Ibsen（易卜生）〉（譯G. Brandes原著），《奔流》，第1卷第3期，1928年8月20日，頁431-481。

〈新的批評〉（譯J. E. Spingarn原著），《奔流》，第1卷第4期，1928年9月20日，頁617-638。

《國民革命外紀》，上海北新書局。

**1929年**

〈法國文評（上）〉（譯E. Dowden原著），《奔流》，第2卷第1期，頁1-16。

〈法國文評（下）〉（譯E. Dowden原著），《奔流》，第2卷第2期，頁177-187。

〈七種藝術與七種謬見〉（譯J. E. Spingarn原著），《北新》月刊，第3卷第12期，1929年6月16日，頁47-53。

〈印象主義的批評〉（譯王爾德原著），《北新》月刊，第3卷第18期，1929年9月16日，頁65-70。

〈批評家的要德〉，《北新》月刊，第3卷第22期，1929年11月16日，頁81-85。

〈美學：表現的科學（上）〉（譯克羅齊原著），《語絲》，第5卷第36期，1929年11月18日，頁433-445。

〈美學：表現的科學（下）〉（譯克羅齊原著），《語絲》，第5卷第37期，1929年11月25日，頁481-499。

《女子與知識》，英國羅素夫人原著，上海北新書局。

《易卜生評傳及其情書》，丹麥布蘭地司原著，林語堂主編《現代讀者叢書》

**1971年**

〈聯合報創用常用字的貢獻〉，《聯合報》15版，1971年9月16日。

**1972年**

〈念如斯〉，《故宮選介》，林如斯女士遺著，臺灣中華書局印行，1972，頁4。

**1974年**

〈我最難忘的人物—胡適博士〉，《讀者文摘》，1974年10月。

**林語堂信箋**

「致胡適」，收入《胡適來往書信選》以及《胡適遺稿及祕藏書信》。

「致蔣介石」（四封），林語堂故居藏。

**林語堂手跡**

*Straddling East and West: Lin Yutang, A Modern Literatus, The Lin Yutang Family Collection of Chinese Painting and Calligraphy*, New York: The Metropolitan Museum of Art, 2007.

**未發表著作**

〈為羅馬字可以獨立使用一辯〉，1921年3月7日（署名：林玉堂），中國社會科學院近代史研究所藏〈胡適檔案〉，卷號1416。

《林語堂日記》，1929年1月1日至1932年1月20日，私人收藏。

## 三、英譯中

**1923年**

林玉堂，〈答馬斯貝囉（Maspero）論切韻之音〉（譯高本漢原著），《國學季刊》，第1卷第3期，1923年7月，頁475-503（收入《語言學論叢》時加跋）。

**1926年**

〈譯莪默五首〉，《語絲》，第66期，1926年2月15日，頁2-3。

〈語堂文集序言及校勘記〉，《中央日報》9版，1968年8月3日。
〈論中外的國民性——八月廿五日教育部文化局「中華文化之特質」學術演講〉，《中央日報》9版，1968年8月26日。
〈說誠與偽〉，《中央日報》9版，1968年10月14日。
〈怎樣把英文學好——英語教學講話之一〉，《中央日報》9版，1968年11月11日。
〈上下形檢字法緣起〉，《中央日報》9版，1968年12月2日。
〈圖書館、書目與讀書指導——民國五十六年十二月十日在中國圖書館學會第十五屆年會演講詞節錄〉，《中國圖書館學會會報》20，1968年12月。

**1969年**

〈中國語辭的研究〉，《中央日報》9版，1969年1月13日。
〈上下形檢字法序言〉，《故宮季刊》特刊1，1969年2月。
〈答莊練關於蘇小妹〉，《中央日報》9版，1969年2月5日。
〈臺灣話中的代名詞〉，《中央日報》9版，1969年2月24日。
〈論今日臺灣的國語讀音之誤〉，《中央日報》9版，1969年3月18日。
〈再論整理漢字的重要〉，《中央日報》9版，1969年4月21日。
〈整理漢字的宗旨與範圍〉，《中央日報》9版，1969年5月26日。
〈海外釣魚樂〉，《中央日報》9版，1969年6月23日。
〈介紹沈承《祭震女文》〉，《中央日報》9版，1969年7月28日。
〈我的青年時代〉，《幼獅文藝》一八八，1969年8月。
〈來臺後二十四快事〉，《中央日報》9版，1969年9月1日。
〈論有閑階級的文學〉，《中央日報》9版，1969年10月27日。
〈中國常用字之推行〉，（演講稿）《中央日報》7版，1969年11月4日。
〈漢字有整理統一及限制之必要〉，《中央日報》9版，1969年12月8日。

**1970年**

〈說福祿特爾與中國迷〉，《中央日報》9版，1970年1月12日。
〈論東西方幽默〉，（第卅七屆國際筆會演講稿）《中央日報》2、3版，1970年7月5日。
〈《新聞常用字之整理》序〉，《聯合報》9版，1970年9月1日。

〈林語堂先生來函〉，《中央日報》10版，1967年5月31日。
〈四十自述詩序〉，《傳記文學》（十：4），1967年5月。
〈再論紅樓夢百二十回本——答葛趙諸先生〉，《聯合報》9版，1967年6月2日。
〈論解嘲〉，《中央日報》10版，1967年6月12日。
〈記遊台南〉，《中央日報》10版，1967年7月3日。
〈介紹《曲城說》〉，《中央日報》10版，1967年7月10日。
〈論臺灣的英語教學〉，《中央日報》10版，1967年7月17日。
〈再論姚穎與小品文〉，《中央日報》9版，1967年8月7日。
〈伯婁伊大學革新譯述〉，《中央日報》9版，1967年8月21日。
〈連金成著《文學與農業》序〉，《中央日報》9版，1967年9月4日。
〈談錢穆先生之經學〉，《中華日報》9版，1967年9月18八日。
〈論他、她、它及「他她們」的怪物〉，《中央日報》9版，1967年10月23日。
〈論言文一致〉，《中央日報》9版，1967年11月13日。
〈論漢字中之變音變義〉，《中央日報》9版，1967年11月20日。
〈論大專聯考亟應廢止〉，《中央日報》9版，1967年12月4日
《無所不談》二集，臺北：文星書店，1967（除以上所列，另有〈論利〉、〈關雎正義〉、〈我看共匪的「文化大革命」〉、〈談新聞事業與現代社會〉、〈中共文化革命及中共思想之變遷〉、〈馬克思為什麼唯物〉、〈補梁任公論讀書的興趣〉、〈讀書與風趣〉、〈說鄉情〉、〈論曲線〉、〈記農曆元旦〉、〈修正主義正名〉、〈說惱羞成怒〉、〈賀總統蔣公八秩大壽一首〉、〈贈別黃肇珩浣溪沙二首〉）。

**1968年**

〈論東西思想法之不同（上）〉，《中央日報》9版，1968年2月12日。
〈論東西思想法之不同（中）〉，《中央日報》9版，1968年3月4日。
〈論東西思想法之不同（下）〉，《中央日報》9版，1968年3月30日。
〈整理國故與保存國粹〉，《中華日報》2版，1968年3月20日。
〈林語堂自傳〉序（上）〉，《傳記文學》（十二：3），1968年3月。
〈論做好一個人〉，《中央日報》9版，1968年5月6日。
〈論英文輕讀〉，《中央日報》9版，1968年6月3日。
〈殷穎《歸回田園》序〉，《中華日報》9版，1968年6月13日。
〈《帝王生活續篇》序〉，《中央日報》12版，1968年7月28日。

〈論孔子的幽默〉，《中央日報》9版，1966年8月一日。
〈論情〉，《中央日報》9版，1966年8月8日。
〈失學解〉，《中央日報》9版，1966年8月22日。
〈再論孔子近情〉，《中央日報》6版，1966年8月二19日。
〈回憶童年〉，《傳記文學》(九：2)，1966年8月。
〈記鳥語〉，《中央日報》6版，1966年9月19日。
〈論赤足之美〉，《中央日報》6版，1966年9月26日。
〈近代中國文字之趨勢〉，《華僑日報》二張三頁，1966年10月2日。
〈《二十世紀人文科學》序言〉，《中央日報》9版，1966年10月10日。
〈論學問與知識〉，《中央日報》6版，1966年10月24日。
〈論惡性讀書〉，《中央日報》6版，1966年11月7日。
〈惡性補習論〉，《中央日報》6版，1966年11月21日。
〈論買東西〉，《中央日報》6版，1966年12月26日。
《無所不談》一集，臺北：文星書店，1966（除以上所列，另有〈七十自壽和中央社諸君賀詞原韻臨江仙一首〉、〈新春試筆〉、〈談中西畫法之交流〉、〈說紐約的飲食起居〉、〈談計算機〉、〈胡適之與辜鴻銘〉、〈一點浩然氣〉、〈中文電子字碼機〉）。

**1967年**

〈論文藝如何復興與法子〉，《中央日報》6版，1967年1月9日。
〈溫情主義〉，《中央日報》6版，1967年1月16日。
〈戴東原與我們〉，《中央日報》6版，1967年1月23日。
〈國語的將來〉，《中國語文》(二十：1)，1967年1月。
〈記身體總檢查〉，《中央日報》6版，1967年2月27日。
〈想念蔡元培先生〉，《傳記文學》(十：2)，1967年2月。
〈聯考哲學〉，《中央日報》6版，1967年3月6日。
〈論守古與維新〉，《中央日報》6版，1967年3月20日。
〈戲作毛澤東輓聯〉，《中央日報》6版，1967年3月23日。
〈《形音義綜合大字典》序〉，《中央日報》6版，1967年3月27日。
〈無所不談第二集序〉，《中央日報》6版，1967年4月17日。
〈重刊《語言學論叢》序〉，《中央日報》6版，1967年4月24日。
〈紅樓夢自曹雪芹手筆（演講稿）〉，《中央日報》5版，1967年5月5日。
〈喝！孟子！〉，《中央日報》10版，1967年5月22日。

〈笑話得很〉，《中央日報》6版，1965年7月26日。
〈論譯詩〉，《中央日報》10版，1965年8月2日。
〈可蘑途中〉，《中央日報》3版，1965年8月9日。
〈瑞士風光〉，《中央日報》6版，1965年8月16日。
〈說斐尼斯〉，《中央日報》6版，1965年8月23日。
〈雜談奧國〉，《中央日報》6版，1965年9月6日。
〈打鼓罵毛小令〉，《中央日報》6版，1965年9月13日。
〈蘇東坡與小二娘〉，《中央日報》6版，1965年10月4日。
〈國語的寶藏〉，《中央日報》6版，1965年10月11日。
〈元稹的酸豆腐〉，《中央日報》6版，1965年10月18日。
〈國語文法的建設〉，《中央日報》6版，1965年11月2日。
〈續談國語文法的建設〉，《中央日報》6版，1965年11月8日。
〈從碧姬芭杜小姐說起〉，《中央日報》6版，1965年12月6日。
〈說薩爾特〉，《中央日報》6版，1965年12月20日。

**1966年**

〈說高本漢〉，《中央日報》6版，1966年1月3日。
〈論碧姬芭杜的頭髮〉，《中央日報》6版，1966年1月10日。
〈論部首的改良〉，《中央日報》6版，1966年3月7日。
〈談趣〉，《中央日報》6版，1966年3月14日。
〈再談晴雯的頭髮〉，《中央日報》6版，1966年3月21日。
〈說高鶚手定的紅樓夢稿〉，《中央日報》6版，1966年3月28日。
〈跋曹允中《紅樓夢後四十回作者問題的研究》〉，《中央日報》6版，1966年4月20日。
〈紅樓夢人物年齡的考證〉，《中央日報》6版，1966年5月2日。
〈恭喜阿麗西亞〉，《中央日報》6版，1966年5月16日。
〈論大鬧紅樓〉，《中央日報》6版，1966年5月30日。
〈俞平伯否認高鶚作偽原文〉，《中央日報》6版，1966年6月6日。
〈論色即是空〉，《中央日報》6版，1966年7月4日。
〈說戴東原斥宋儒理學〉，《中央日報》6版，1966年7月11日。
〈憶魯迅（一）〉，《中央日報》6版，1966年7月18日。
〈憶魯迅（二）〉，《中央日報》6版，1966年7月19日。
〈說西洋理學〉，《中央日報》9版，1966年7月25日。

**1943年**

〈論東西文化與心理建設〉，《大公報》，1943年10月26日，第3版。

**1952年**

〈蘇小妹無其人考〉，《天風》，創刊號，1952年4月，頁5-10。
〈蘇東坡與其堂妹〉，《天風》，第2期，1952年5月，頁2-7。
〈說SN －，說SF －〉，《天風》，第6期，1952年9月，頁39。
〈英譯重編傳奇小說弁言〉，《天風》，第7期，1952年10月，頁2-5（雙語）。

**1958年**

〈老莊考據方法之錯誤（演講稿）〉，《中央日報》2版，1958年10月28日。
〈平心論高鶚〉，《中央研究院歷史語言研究所集刊》（29下），1958年11月。

**1962年**

〈追悼胡適之先生〉，《海外論壇》雜誌，1962年4月1日。

**1965年**

〈談邱吉爾的英文〉，《中央日報》6版，1965年2月18日。
〈記周氏兄弟〉，《中央日報》6版，1965年3月26日。
〈記紐約釣魚〉，《中央日報》6版，1965年4月2日。
〈記蔡孑民先生〉，《中央日報》6版，1965年4月9日。
〈釋雅健〉，《中央日報》6版，1965年4月19日。
〈無題有感〉，《中央日報》6版，1965年4月26日。
〈說孽相〉，《臺灣新生報》3版，1965年5月10日。
〈《逃向自由城》序〉，《逃向自由城》，臺北：中央通訊社，1965年。
〈閒話蘇東坡〉，《中央日報》3版，1965年5月17日。
〈記大千話敦煌〉，《臺灣新聞報》8版，1965年5月24日。
〈說雅健達〉，《中央日報》6版，1965年5月31日。
〈與大千先生無所不談〉，《中央日報》6版，1965年6月14日。
〈介紹奚夢農〉，《中央日報》6版，1965年6月28日。
〈毛姆和莫泊桑〉，《中央日報》3版，1965年7月12日。
〈整理漢字草案（上）〉，《中央日報》7版，1965年7月16日。
〈整理漢字草案（下）〉，《中央日報》7版，1965年7月19日。

〈關於京話〉，《宇宙風》，第22期，1936年8月1日，頁506。
〈編輯後記〉，《宇宙風》，第22期，1936年8月1日，頁537。
〈中國雜誌的缺點（西風發刊詞）〉，《宇宙風》，第24期，1936年9月1日，頁583。
〈臨別贈言〉，《宇宙風》，第25期，1936年9月16日，頁79-82。
〈與友人書〉，《談風》半月刊，第1期，1936年10月25日，頁8-12。
〈抵美印象〉，《宇宙風》，第30期，1936年12月1日，頁326-329（雙語）。
〈課兒小記〉，《宇宙風》，第31期，1936年12月16日，頁345-347。

**1937年**

〈悼魯迅〉，《宇宙風》，第32期，1937年1月1日，頁394-395。
〈談好萊塢〉，《宇宙風》，第37期，1937年3月16日，頁1-3。
〈自由並沒有死〉，《宇宙風》，第43期，1937年6月16日，頁298-300。
〈關於《吾國與吾民》〉，《宇宙風》，第49期，1937年10月16日，頁30-31。

**1938年**

〈海外通信〉，《宇宙風》，第57期，1938年1月11日，頁330-331。

**1939年**

〈關於我的長篇小說〉，《宇宙風》（乙刊）第15期，1939年10月16日，頁646-647。
〈希特勒與魏忠賢〉，《宇宙風》（乙刊）第17期，1939年11月16日，頁731-733。

**1940年**

〈我怎樣寫瞬息京華〉，《宇宙風》，第100期，1940年5月16日，頁102-103。
〈論中國外交方略〉，《大公報》，1940年7月23日（雙語）。
〈談西洋雜誌〉，《西洋文學》月刊，第2期，1940年10月1日，頁164-166。

**1941年**

〈談鄭譯《瞬息京華》〉，《宇宙風》，第113期，1941年2月16日，頁113-116。

〈考試分數之不可靠〉，《宇宙風》，第10期，1936年2月1日，頁471-472。
〈論電影流淚〉，《宇宙風》，第10期，1936年2月1日，頁475-477（雙語）。
〈編輯後記〉，《宇宙風》，第10期，1936年2月1日，頁5-6。
〈藝術的帝國主義〉，《宇宙風》，第11期，1936年2月16日，頁518-519。
〈記性靈〉，《宇宙風》，第11期，1936年2月16日，頁525-526。
〈姑妄聽之〉，《宇宙風》，第12期，1936年3月1日，頁563。
〈茵治論考試〉，《宇宙風》，第12期，1936年3月1日，頁565-566。
〈冀園被偷記〉，《宇宙風》，第12期，1936年3月1日，頁567-569。
〈編輯後記〉，《宇宙風》，第12期，1936年3月1日，頁609。
〈談復古〉，《天地人》半月刊，第1期，1936年3月1日，頁22。
〈與又文先生論《逸經》〉，《逸經》半月刊，第1期，1936年3月5日，頁58-59。
〈節育問題常識〉，《宇宙風》，第13期，1936年3月16日，頁1-3。
〈叩頭與衛生〉，《宇宙風》，第13期，1936年3月16日，頁23-24（雙語）。
〈兩部英文字典〉，《宇宙風》，第13期，1936年3月16日，頁75。
〈姑妄聽之〉，《宇宙風》，第13期，1936年3月16日，頁76。
〈編輯後記〉，《宇宙風》，第13期，1936年3月16日，頁77。
〈姑妄聽之〉，《宇宙風》，第14期，1936年4月1日，頁80。
〈吃草與吃肉〉，《宇宙風》，第14期，1936年4月1日，頁85-86。
〈姑妄聽之〉，《宇宙風》，第15期，1936年4月16日，頁128。
〈遊山日記讀法〉，《宇宙風》，第15期，1936年4月16日，頁149-152。
〈編輯後記〉，《宇宙風》，第15期，1936年4月16日，頁172。
〈姑妄聽之〉，《宇宙風》，第16期，1936年5月1日，頁176。
〈跋眾愚節字林西報社論〉，《宇宙風》，第16期，1936年5月1日，頁186-188。
〈姑妄聽之〉，《宇宙風》，第17期，1936年5月16日，頁225-226。
〈編輯後記〉，《宇宙風》，第17期，1936年5月16日，頁269。
〈古書有毒辯〉，《宇宙風》，第18期，1936年6月1日，頁269-270。
〈申報的醫藥附刊〉，《宇宙風》，第18期，1936年6月1日，頁270-271。
〈字林西報評走私〉，《宇宙風》，第18期，1936年6月1日，頁271-272。
〈編輯後記〉，《宇宙風》，第19期，1936年6月16日，頁391。
〈姑妄聽之〉，《宇宙風》，第20期，1936年7月1日，頁396-397。
〈編輯後記〉，《宇宙風》，第20期，1936年7月1日，頁445。

〈編輯後記〉，《宇宙風》，第2期，1935年10月1日，頁98。
〈所望於申報〉，《宇宙風》，第3期，1935年10月16日，頁115-116。
〈不知所云〉，《宇宙風》，第3期，1935年10月16日，頁117。
〈談螺絲釘〉，《宇宙風》，第3期，1935年10月16日，頁126-128。
〈煙屑〉，《宇宙風》，第3期，1935年10月16日，頁153。
〈我的話—談米老鼠〉，《論語》，第75期，1935年11月1日，頁129-132（雙語）。
〈提倡方言文學〉，《宇宙風》，第4期，1935年11月1日，頁172。
〈說閒情〉，《宇宙風》，第4期，1935年11月1日，頁173-175。
〈再談螺絲釘〉，《宇宙風》，第4期，1935年11月1日，頁176-180。
〈讀書與看書〉，《宇宙風》，第5期，1935年11月16日，頁219。
〈救救孩子〉，《宇宙風》，第5期，1935年11月16日，頁219-220。
〈三談螺絲釘〉，《宇宙風》，第5期，1935年11月16日，頁224-227。
〈姑妄聽之〉，《宇宙風》，第5期，1935年11月16日，頁221。
〈寫中西文之別〉，《宇宙風》，第6期，1935年12月1日，頁269-270。
〈四談螺絲釘〉，《宇宙風》，第6期，1935年12月1日，頁274-277。
〈煙屑〉，《宇宙風》，第6期，1935年12月1日，頁306。
〈浮生六記英譯自序〉，《人間世》，第40期，1935年12月5日，頁3-4（雙語）。
〈說恥惡衣惡食〉，《宇宙風》，第7期，1935年12月16日，頁313-314。
〈記翻印古書〉，《宇宙風》，第7期，1935年12月16日，頁318-322。
〈煙屑〉，《宇宙風》，第7期，1935年12月16日，頁352-353。
〈我的話—國事亟矣〉，《論語》，第78期，1935年12月16日，頁256-257。

**1936年**

〈我的話—記隱者〉，《論語》，第79期，1936年1月1日，頁302。
〈關於北平學生一二九運動〉，《宇宙風》，第8期，1936年1月1日，頁355-356。
〈編輯後記〉，《宇宙風》，第8期，1936年1月1日，頁422。
〈外人之旁觀者〉，《宇宙風》，第9期，1936年1月16日，頁423。
〈我的話—外交糾紛〉，《論語》，第80期，1936年1月16日，頁380-381。
〈告學生書〉，《宇宙風》，第9期，1936年1月16日，頁423。
〈論躺在床上〉，《宇宙風》，第9期，1936年1月16日，頁440-442（雙語）。

〈哀莫大於心死〉，《人間世》，第23期，1935年3月20日，頁44。
〈林語堂啟事〉，《論語》，第62期，1935年4月1日，頁674。
〈我的話—教育罪言〉，《論語》，第62期，1935年4月1日，頁674-676。
〈還是講小品文之遺緒〉，《人間世》，第24期，1935年4月5日，頁35-36。
〈我的話—與徐君論白話文言書〉，《論語》，第63期，1935年4月16日，頁722-725。
〈我的話—我不敢遊杭〉，《論語》，第64期，1935年5月1日，頁773-775（雙語）。
〈談中西文化〉，《人間世》，第26期，1935年5月5日，頁37-41。
〈我的話—廣田示兒記〉，《論語》，第65期，1935年5月16日，頁822-824（雙語）。
〈今文八弊（上）〉，《人間世》，第27期，1935年5月20日，頁40-41。
〈今文八弊（中）〉，《人間世》，第28期，1935年6月5日，頁38-40。
〈我的話—摩登女子辯〉，《論語》，第67期，1935年6月16日，頁917-919（雙語）。
〈今文八弊（下）〉，《人間世》，第29期，1935年6月20日，頁36-38。
〈大義覺迷錄〉，《人間世》，第30期，1935年7月5日，頁33-36。
〈我的話—竹話〉，《論語》，第69期，1935年8月1日，頁1008-1010（雙語）。
〈中國的國民性〉，《人間世》，第32期，1935年8月5日，頁11-15。
〈我的話—論握手〉，《論語》，第72期，1935年9月16日，頁1136-1137（雙語）。
〈孤崖一枝花〉，《宇宙風》，第1期，1935年9月16日，頁1。
〈無花薔薇〉，《宇宙風》，第1期，1935年9月16日，頁1。
〈姑妄聽之〉，《宇宙風》，第1期，1935年9月16日，頁2。
〈流浪者自傳（引言）〉，《宇宙風》，第1期，1935年9月16日，頁14。
〈煙屑〉，《宇宙風》，第1期，1935年9月16日，頁38-39。
〈且說本刊〉，《宇宙風》，第1期，1935年9月16日，頁53-54。
〈編輯後記〉，《宇宙風》，第1期，1935年9月16日，頁55-56。
〈我的話—論語三周年〉，《論語》，第73期，1935年10月1日，頁2。
〈不怕筆記〉，《宇宙風》，第2期，1935年10月1日，頁57-58。
〈論裸體運動〉，《宇宙風》，第2期，1935年10月1日，頁79-81（雙語）。
〈煙屑〉，《宇宙風》，第2期，1935年10月1日，頁92。

〈大學與小品文筆調〉，《人間世》，第11期，1934年9月20日，頁5-6。
〈羅素離婚〉，《人間世》，第11期，1934年9月20日，頁10-12（雙語）。
〈有不為齋叢書序〉，《人間世》，第11期，1934年9月20日，頁25-27。
〈我的話—狂論〉，《論語》，第50期，1934年10月1日，頁87-89。
〈辜鴻銘特輯編者弁言〉，《人間世》，第12期，1934年10月5日，頁26。
〈有不為齋隨筆——辜鴻銘，《人間世》，第12期，1934年10月5日，頁37-40。
〈我的話—沙蒂斯姆與尊孔〉，《論語》，第51期，1934年10月16日，頁134-135。
〈說大足〉，《人間世》，第13期，1934年10月20日，頁8-9。
〈怎樣洗煉白話入文〉，《人間世》，第13期，1934年10月20日，頁10-18。
〈關於本刊〉，《人間世》，第14期，1934年11月5日，頁15-16。
〈我的話——篇沒有聽眾的演講—婚禮致詞〉，《論語》，第53期，1934年11月16日，頁227-230（雙語）。
〈我的話—今譯美國獨立宣言〉，《論語》，第54期，1934年12月1日，頁270-272（雙語）。
〈有不為齋隨筆——笑〉，《人間世》，第16期，1934年12月5日，頁23。
〈有不為齋隨筆——筆名之濫用〉，《人間世》，第16期，1934年12月5日，頁23-24。
〈我的話—遊杭再記〉，《論語》，第55期，1934年12月16日，頁315-317。
〈說個人筆調〉，《新語林》，1934年，第1期，頁8-11。

**1935年**

〈我的話—跋西洋幽默專號〉，《論語》，第56期，1935年1月1日，頁363。
〈我的話—做文與做人〉，《論語》，第57期，1935年1月16日，頁442-447。
〈談勞倫斯〉，《人間世》，第19期，1935年1月20日，頁33-36。
〈我的話—思孔子〉，《論語》，第58期，1935年2月1日，頁486-488（雙語）。
〈我的話—記元旦〉，《論語》，第59期，1935年2月16日，頁530-531（雙語）。
〈我的話—裁縫道德〉，《論語》，第60期，1935年3月1日，頁578-579（雙語）。
〈小品文之遺緒〉，《人間世》，第22期，1935年3月5日，頁42-45。

〈母豬渡河〉，《人間世》，第5期，1934年6月5日，頁8-9。
〈紀春園瑣事〉，《人間世》，第5期，1934年6月5日，頁25-27（雙語）。
〈我的話—夢影〉，《論語》，第43期，1934年6月16日，頁880-881（雙語）。
〈論作文〉，《人言》週刊，第1卷，第18期，1934年6月16日，頁355。
《大荒集》，上海生活書店，1934年6月（除以上所列外，另收入〈序〉、〈機器與精神〉、〈讀書階級的吃飯問題〉、〈我所得益的一部英文字典〉、〈西部前線平靜無事序〉、〈關於《子見南子》的文件〉）。
〈我的話—假定我是土匪〉，《論語》，第44期，1934年7月1日，頁924-926（雙語）。
〈我的話—行素集序〉，《論語》，第44期，1934年7月1日，頁926。
〈中國人之聰明〉，《人間世》，第6期，1934年7月5日，頁6-7。
〈論小品文筆調〉，《人間世》，第6期，1934年7月5日，頁10-11。
〈我的話—一張字條的寫法〉，《論語》，第45期，1934年7月16日，頁968-970。
〈論玩物不能喪志〉，《人間世》，第7期，1934年7月20日，頁6。
〈說自我〉，《人間世》，第7期，1934年7月20日，頁7。
〈說本色之美〉，《文飯小品》月刊，第6期，1934年7月31日，頁1-4。
〈我的話—山居日記〉，《論語》，第46期，1934年8月1日，頁1017-1018。
〈時代與人〉，《人間世》，第8期，1934年8月5日，頁8-9。
〈我的話—山居日記（續）〉，《論語》，第47期，1934年8月16日，頁1056-1057。
〈我的話—林語堂啟事〉，《論語》，第47期，1934年8月16日，頁1057。
〈英人古怪的脾氣〉，《人間世》，第9期，1934年8月20日，頁15-17。
〈論中西畫〉，收入《我的話——行素集》，上海時代圖書，1934年8月，頁68-81。
〈跋《牛羊之際》〉，收入《我的話——行素集》，上海時代圖書，1934年8月，頁163-164。
〈我的話—有不為齋叢書序〉，《論語》，第48期，1934年9月1日，頁1098-1100。
〈無字的批評〉，《人間世》，第10期，1934年9月5日，頁6-8。
〈說浪漫〉，《人間世》，第10期，1934年9月5日，頁15-16。
〈四十自敘〉，《論語》，第49期，1934年9月16日，頁6-7。

〈我的話—作文六訣〉，《論語》，第37期，1934年3月16日，頁618-622。
〈我的話—再與陶亢德書〉，《論語》，第38期，1934年4月1日，頁661-662。
〈我的話—發刊人間世意見書〉，《論語》，第38期，1934年4月1日，頁662。
〈跋徐訏「談中西藝術」〉，《論語》，第38期，1934年4月1日，頁685-686。
〈倫敦的乞丐〉，《文學》月刊，第2卷，第4號，1934年4月1日，頁630-631（雙語）。
〈慈善啟蒙〉，《文飯小品》月刊，第3期，1934年4月5日，頁17-22。
〈發刊詞〉，《人間世》，第1期，1934年4月5日，頁1。
〈和豈明先生五秩壽詩原韻〉，《人間世》，第1期，1934年4月5日，頁7。
〈我的話—論西裝〉，《論語》，第39期，1934年4月16日，頁706-708（雙語）。
〈我的話—論語文選序〉，《論語》，第39期，1934年4月16日，頁708。
〈論以白眼看蒼蠅之輩〉，申報《自由談》，1934年4月16日，頁14。
〈編輯室語〉，《人間世》，第2期，1934年4月20日，頁2。
〈論談話〉，《人間世》，第2期，1934年4月20日，頁21-25。
〈吳宓〉，《人間世》，第2期，1934年4月20日，頁44-45。
〈周作人詩讀法〉，申報《自由談》，1934年4月26日，頁17。
〈方巾氣研究〉，申報《自由談》，1934年4月28日，頁17。
〈方巾氣研究〉，申報《自由談》，1934年4月30日，頁17。
〈我的話—語錄體舉例〉，《論語》，第40期，1934年5月1日，頁750-752。
〈方巾氣研究（三）〉，申報《自由談》，1934年5月3日，頁20。
〈胡適之〉，《人間世》，第3期，1934年5月5日，頁41-42。
〈我的話—俗字討論撮要〉，《論語》，第41期，1934年5月16日，頁792-795。
〈答峇峇「穿中裝才是怕老婆」書〉，《論語》，第41期，1934年5月16日，頁833。
〈答王靜「卸西裝法」書〉，《論語》，第41期，1934年5月16日，頁833-834。
〈答黃傑問「袁中郎尺牘」書〉，《論語》，第41期，1934年5月16日，頁834。
〈說小品文半月刊〉，《人間世》，第4期，1934年5月20日，頁7。
〈我的話—言志篇〉，《論語》，第42期，1934年6月1日，頁836-838（雙語）。

（雙語）。

〈答錢克順〈讀了29期「提倡俗字」後的一封信〉〉，《論語》，第31期，1933年12月16日，頁342-343。

〈陳宋淮楚歌寒對轉考〉，《蔡元培先生六十五歲慶祝論文集》，中央研究院，頁425-428。

《語言學論叢》，上海：開明書店，1933年（除以上所列外，另收入〈弁言〉、〈漢字號碼索引法〉、〈方言字母與國語羅馬字〉、〈新韻雜話〉、〈末筆檢字法〉、〈編纂義典計畫書〉、〈燕齊魯衛陽聲轉變考〉、〈周禮方音考〉、〈珂羅倔倫考訂切韻母隋讀表〉、〈圖書索引之一新法〉、〈論翻譯〉、〈辜恩的外國語教學〉）。

**1934年**

〈我的話—與德哥派拉書—東方美人辯〉，《論語》，第32期，1934年1月1日，頁346-347（雙語）。

〈答高植書（俗字討論欄）〉，《論語》，第32期，1934年1月1日，頁426。

〈辭通序〉，申報《自由談》，1934年1月9日，頁14。

〈我的話—論幽默（上篇、中篇）〉，《論語》，第33期，1934年1月16日，頁434-438。

〈我的話—怎樣寫「再啟」〉，《論語》，第34期，1934年2月1日，頁478-480（雙語）。

〈說瀟灑〉，《文飯小品》月刊，第1期，1934年2月5日，頁5-8

〈論讀書〉，《申報月刊》，第3卷，第2期，1934年2月15日，頁71-75（收入《大荒集》）。

〈我的話—論幽默（下篇）〉，《論語》，第35期，1934年2月16日，頁522-525。

〈有不為齋隨筆—宗教與藏府〉，《論語》，第35期，1934年2月16日，頁525-526。

〈答郭繩武「幽默與詩教」書〉，《論語》，第35期，1934年2月16日，頁569。

〈我的話—作文六訣序〉，《論語》，第36期，1934年3月1日，頁574。

〈林語堂啟事〉，《論語》，第36期，1934年3月1日，頁574。

〈論笑之可惡〉，申報《自由談》，1934年3月10日，頁18。

〈《水滸》西評〉，《人言》週刊，第1卷，第4期，1934年3月12日，頁77。

〈大暑養生〉，《論語》，第22期，1933年8月1日，頁795-796。
〈夏娃的蘋果〉，《論語》，第22期，1933年8月1日，頁796。
〈為洋涇浜英語辯〉，《論語》，第23期，1933年8月16日，頁836-838（雙語）。
〈說避暑之益〉，《論語》，第23期，1933年8月16日，頁839-840（雙語）。
〈讓娘兒們幹一下吧！〉，申報《自由談》，1933年8月18日，頁17（雙語）。
〈白克夫人之偉大〉，《論語》，第24期，1933年9月1日，頁880-881。
〈婚嫁與女子職業〉，《論語》，第24期，1933年9月1日，頁881-883（雙語）。
〈拿去我臉上的毛〉，申報《自由談》，1933年9月10日，頁23。
〈論語周年秋興有感〉，《論語》，第25期，1933年9月16日，頁2（無署名）。
〈世界標準英漢辭典之荒謬〉，《論語》，第25期，1933年9月16日，頁3-4（無署名）。
〈大荒集序〉，《論語》，第25期，1933年9月16日，頁4-5（無署名）。
〈論語錄體之用〉，《論語》，第26期，1933年10月1日，頁82-84（無署名）。
〈可憎的白話四六〉，《論語》，第26期，1933年10月1日，頁84-85（無署名）。
〈我的話—論政治病〉，《論語》，第27期，1933年10月16日，頁126-127（雙語）。
〈我的話—論文（下）〉，《論語》，第28期，1933年11月1日，頁170-173。
〈我的話—與陶亢德書〉，《論語》，第28期，1933年11月1日，頁173。
〈民國廿二年吊國慶〉，《論語》，第28期，1933年11月1日，頁176。
〈我的話—提倡俗字〉，《論語》，第29期，1933年11月16日，頁214-218。
〈論踢屁股〉，申報《自由談》，1933年11月26日，頁19。
〈我的話—我怎樣買牙刷〉，《論語》，第30期，1933年12月1日，頁258-262（雙語）。
〈答周劭論語錄體寫法〉，《論語》，第30期，1933年12月1日，頁299。
〈秋天的況味〉，申報《自由談》，1933年12月15日，頁15。
〈我的話—文字國（薩天師語錄—其六）〉，《論語》，第31期，1933年12月16日，頁303-304。
〈我的話—有不為齋解〉，《論語》，第31期，1933年12月16日，頁304-305

425（收入《大荒集》）。
〈軍歌非文人做得的〉，《論語》，第13期，1933年3月16日，頁433-434。
〈斯斐恩斯之謎〉，《論語》，第13期，1933年3月16日，頁434。
〈論佛乘飛機〉，《論語》，第13期，1933年3月16日，頁434。
〈談言論自由〉，《論語》，第13期，1933年3月16日，頁451-453（雙語）。
〈中國究有臭蟲否？〉，《論語》，第14期，1933年4月1日，頁465-467（雙語）。
〈盧本斯戴恩軼事〉，《論語》，第14期，1933年4月1日，頁495。
〈國文講話〉，申報《自由談》，1933年4月14日，頁13。
〈編輯滋味〉，《論語》，第15期，1933年4月16日，頁505-506。
〈說文德〉，《論語》，第15期，1933年4月16日，頁506。
〈薩天師語錄—薩天師與東方朔〉，《論語》，第15期，1933年4月16日，頁508-509（雙語）。
〈有不為齋隨筆—論文（上）〉，《論語》，第15期，1933年4月16日，頁532-536（收入《大荒集》）。
〈駁一答孤鴻先生〉，《論語》，第16期，1933年5月1日，頁545-547。
〈答羅志希先生書〉，《論語》，第16期，1933年5月1日，頁584。
〈梳、篦、剃、剝及其他〉，《論語》，第17期，1933年5月16日，頁586。
〈金聖歎之生理學〉，《論語》，第17期，1933年5月16日，頁587。
〈春日遊杭記〉，《論語》，第17期，1933年5月16日，頁615-618（雙語）。
〈蕭伯納論讀物〉，申報《自由談》，1933年5月28日，頁14。
〈民眾教育〉，《論語》，第19期，1933年6月16日，頁668。
〈哈佛味〉，《論語》，第19期，1933年6月16日，頁668。
〈鄭板橋共產黨〉，《論語》，第19期，1933年6月16日，頁668-669。
〈上海之歌〉，《論語》，第19期，1933年6月16日，頁669-670（雙語）。
〈答靈犀君論《論語》讀法〉，《論語》，第20期，1933年7月1日，頁708-709。
〈不要見怪李笠翁〉，《論語》，第20期，1933年7月1日，頁709-710。
〈思滿大人〉，《論語》，第20期，1933年7月1日，頁730-732（雙語）。
〈談女人〉，《論語》，第21期，1933年7月16日，頁748。
〈女論語〉，《論語》，第21期，1933年7月16日，頁749-751（雙語）。
〈答此生先生〉，《論語》，第21期，1933年7月16日，頁788-789。
〈基礎英文八百五十字〉，《論語》，第22期，1933年8月1日，頁792-795。

〈新年恭喜〉，《論語》，第8期，1933年1月1日，頁243-244。
語堂諧句：〈革命文人仁兄大雅囑：革命尚未努力，同志仍須成功〉，《論語》，第8期，1933年1月1日，頁244。
〈又來憲法〉，《論語》，第8期，1933年1月1日，頁244-245。
〈得體文章〉，《論語》，第8期，1933年1月1日，頁245-246。
〈文章無法〉，《論語》，第8期，1933年1月1日，頁246-247。
〈十大宏願〉，《論語》，第8期，1933年1月1日，頁247。
〈祝壽〉，《論語》，第9期，1933年1月16日，頁291-292。
〈笨拙記者受封〉，《論語》，第9期，1933年1月16日，頁292-293。
〈個人的夢〉，《論語》，第9期，1933年1月16日，頁293。
〈紙煙考〉，《論語》，第9期，1933年1月16日，頁293。
〈有不為齋隨筆—談牛津〉，《論語》，第9期，1933年1月16日，頁310-313（收入《大荒集》）。
〈吃茲粑有感〉，《論語》，第10期，1933年2月1日，頁323-324。
〈劉鐵雲之諷刺〉，《論語》，第10期，1933年2月1日，頁324-326。
〈吸煙與教育〉，《論語》，第10期，1933年2月1日，頁326-327。
〈無題〉，《論語》，第10期，1933年2月1日，頁327。
〈唔篤走嚧〉，《論語》，第10期，1933年2月1日，頁350。
〈等因抵抗歌〉，《論語》，第11期，1933年2月16日，頁355-356。
〈茲粑與糖元寶〉，《論語》，第11期，1933年2月16日，頁356-358。
〈變賣以後須搬場〉，《論語》，第11期，1933年2月16日，頁358。
〈適用青天〉，《論語》，第11期，1933年2月16日，頁359。
〈強姦論語？——答支先生〉，《論語》，第11期，1933年2月16日，頁385。
〈答平凡先生〉，《論語》，第11期，1933年2月16日，頁386。
〈談蕭伯納〉，申報《自由談》，1933年2月17日，頁16。
〈談蕭伯納(續)〉，申報《自由談》，1933年2月18日，頁19。
〈談蕭伯納(續)〉，申報《自由談》，1933年2月19日，頁18。
〈天下第一不通文章〉，《論語》，第12期，1933年3月1日，頁387-388。
〈蕭伯納與上海扶輪會〉，《論語》，第12期，1933年3月1日，頁388。
〈蕭伯納與美國〉，《論語》，第12期，1933年3月1日，頁388-389。
〈水乎手乎洋洋盈耳〉，《論語》，第12期，1933年3月1日，頁404-405。
〈歡迎蕭伯納文考證〉，《論語》，第12期，1933年3月1日，頁412-413。
〈有不為齋隨筆—再談蕭伯納〉，《論語》，第12期，1933年3月1日，頁422-

〈編輯後記〉，《論語》，第3期，1932年10月16日，頁112（無署名）。
〈吾家主席〉，《論語》，第4期，1932年11月4日，頁113。
〈汪精衛出國〉，《論語》，第4期，1932年11月4日，頁113-114。
〈今年大可買豬仔〉，《論語》，第4期，1932年11月4日，頁114。
〈你不好打倒你之下文〉，《論語》，第4期，1932年11月4日，頁115。
〈尊禹論〉，《論語》，第4期，1932年11月4日，頁122-124。
〈九疑〉，《論語》，第4期，1932年11月4日，頁124-125。
〈文章五味〉，《論語》，第5期，1932年11月16日，頁145。
〈誰摳此苗〉，《論語》，第5期，1932年11月16日，頁145-146。
〈哀梁作友〉，《論語》，第5期，1932年11月16日，頁146-147（雙語）。
〈陳、胡、錢、劉〉，《論語》，第5期，1932年11月16日，頁147。
〈孔子亦論語派中人〉，《論語》，第5期，1932年11月16日，頁147-148。
〈黏指民族〉，《論語》，第5期，1932年11月16日，頁148。
〈顏任光之幽默〉，《論語》，第5期，1932年11月16日，頁171。
〈劉熙亦幽默〉，《論語》，第5期，1932年11月16日，頁171。
〈有不為齋隨筆─哥倫比亞大學及其他〉，《論語》，第5期，1932年11月16日，頁175-178（收入《大荒集》）。
〈編輯罪言〉，《論語》，第6期，1932年12月1日，頁179。
〈回也不愚〉，《論語》，第6期，1932年12月1日，頁179-180。
〈司法得人〉，《論語》，第6期，1932年12月1日，頁180-181。
〈寄懷漢卿〉，《論語》，第6期，1932年12月1日，頁181。
〈捐助義勇軍〉，《論語》，第6期，1932年12月1日，頁181-182。
〈我的戒煙〉，《論語》，第6期，1932年12月1日，頁190-192（雙語）。
〈編輯後記：論語的格調〉，《論語》，第6期，1932年12月1日，頁209-210。
〈臉與法治〉，《論語》，第7期，1932年12月16日，頁211-212（雙語）。
〈新舊文學〉，《論語》，第7期，1932年12月16日，頁212-213。
〈賦得千都〉，《論語》，第7期，1932年12月16日，頁213。
〈會心的微笑〉，《論語》，第7期，1932年12月16日，頁214。
〈翻譯之難〉，申報《自由談》，1932年12月18日，頁18。

**1933年**

〈新年的夢想〉，《東方雜誌》，1933年1月1日，第30卷，第1號，頁56-57。
〈冬至之晨殺人記〉，申報《自由談》，1933年1月1日，頁23（雙語）。

〈中大得人〉，《論語》，第1期，1932年9月16日，頁6。
〈牛蘭被審〉，《論語》，第1期，1932年9月16日，頁6-7。
〈「圖書評論」多幽默〉，《論語》，第1期，1932年9月16日，頁7-8。
〈李石岑善言性與天道〉，《論語》，第1期，1932年9月16日，頁8。
〈有不為齋隨筆—讀蕭伯訥傳偶識〉，《論語》，第1期，1932年9月16日，頁26-29（收入《大荒集》）。
〈答李青崖論幽默譯名〉，《論語》，第1期，1932年9月16日，頁44-48。
〈歲在壬申〉，《論語》，第2期，1932年10月1日，頁47。
〈一國三公〉，《論語》，第2期，1932年10月1日，頁47-48。
〈沭而主義〉，《論語》，第2期，1932年10月1日，頁48。
〈湯爾和識見〉，《論語》，第2期，1932年10月1日，頁48。
〈蔣介石亦論語派中人〉，《論語》，第2期，1932年10月1日，頁48-49。
〈馬克思風〉，《論語》，第2期，1932年10月1日，頁49。
〈中國何以沒有民治〉，《論語》，第2期，1932年10月1日，頁49-50。
〈阿芳〉，《論語》，第2期，1932年10月1日，頁56-58（雙語）。
語堂集句：〈所學非所用，不知亦能行〉，〈自古未聞糞有稅，而今只許屁無捐〉，《論語》，第2期，1932年10月1日，頁57-58。
〈跋童錫佑「賣國救國政策」〉，《論語》，第2期，1932年10月1日，頁74-78。
〈編輯後記〉，《論語》，第2期，1932年10月1日，頁78（無署名）。
〈說難行易〉，《論語》，第3期，1932年10月16日，頁79。
〈思甘地〉，《論語》，第3期，1932年10月16日，頁79。
〈奉旨不哭不笑〉，《論語》，第3期，1932年10月16日，頁80-81。
〈申報新聞報之老大〉，《論語》，第3期，1932年10月16日，頁81。
〈涵養〉，《論語》，第3期，1932年10月16日，頁82。
〈半部韓非治天下〉，《論語》，第3期，1932年10月16日，頁82-83（雙語）。
〈我們的態度〉，《論語》，第3期，1932年10月16日，頁八五。
〈有不為齋隨筆—讀鄧肯自傳〉，《論語》，第3期，1932年10月16日，頁101-106（收入《大荒集》）。
〈答徐緒昌〉，《論語》，第3期，1932年10月16日，頁107。
〈答李寶泉〉，《論語》，第3期，1932年10月16日，頁107-111。
〈答xxx小夥計〉，《論語》，第3期，1932年10月16日，頁111-112。

156（收入《大荒集》）。
〈《蕉歌》新跋——與章衣萍先生信〉，《語絲》，第5卷第41期，1929年12月23日，頁718-723（收入《大荒集》）。

**1930年**

〈支脂之三部古讀考〉，《國立中央研究院歷史語言研究所集刊》，第2本第2號，1930年2月23日，頁137-152（收入《語言學論叢》）。
〈英文語音辨微（一）〉，《中學生》，第1號，1930年1月1日，頁71-82。
〈舊文法之推翻與新文法之建造〉，《中學生》，第8號，1930年9月1日，頁1-7（收入《大荒集》）。
〈論現代批評的職務〉，收入《大荒集》（1934），頁1-9（雙語）。

**1931年**

〈學風與教育〉，《中學生》，第11號，1931年1月1日，頁5-12（收入《大荒集》）。
〈漢字中之拼音字〉，《中學生》，第11號，1931年1月1日，頁206-214（《國立中央研究院歷史語言研究所集刊》，第2本第4號，1931年2月23日，頁387-392；收入《語言學論叢》）。
〈讀書的藝術〉，《中學生》，第12號，1931年2月1日，頁15-22（收入《大荒集》）。
〈英文學習法〉，《中學生》，第15號，1931年5月1日，頁41-56（收入《大荒集》）。
〈英文學習法（續）〉，《中學生》，第17號，1931年9月1日，頁11-32（收入《大荒集》）。

**1932年**

〈中國文化之精神〉，《申報月刊》，1932年7月15日，第1卷第1號，頁1-7（收入《大荒集》，雙語）。
〈緣起〉，《論語》，第1期，1932年9月16日，頁1-3（無署名）。
〈悼張宗昌〉，《論語》，第1期，1932年9月16日，頁4（雙語）。
〈有驢無人騎〉，《論語》，第1期，1932年9月16日，頁5。
〈中政會先生未學算術〉，《論語》，第1期，1932年9月16日，頁5-6。
〈學者會議〉，《論語》，第1期，1932年9月16日，頁6。

85-87期合刊，1929年6月26日，頁3-10；收入《語言學論叢》）。
〈哈第（哈代）論死生與上帝〉，《語絲》，第4卷第11期，1928年3月12日，頁9-22。
〈薩天師語錄（三）〉，《語絲》，第4卷第15期，1928年4月9日，頁1-4（收入《大荒集》，雙語）。
〈薩天師語錄（四）〉，《語絲》，第4卷第24期，1928年6月11日，頁1-6（收入《大荒集》）。
〈左傳真偽與上古方音（上）〉，《語絲》，第4卷第27期，1928年7月2日，頁1-34（收入《語言學論叢》）。
〈左傳真偽與上古方音（下）〉，《語絲》，第4卷第28期，1928年7月9日，頁1-14（收入《語言學論叢》）。
〈薩天師語錄（五）〉，《語絲》，第4卷第33期，1928年8月18日，頁17-21（收入《大荒集》）。
〈給孔祥熙部長的一封公開信〉，《語絲》，第4卷第38期，1928年9月17日，頁41-43。
〈古音中已遺失的聲母〉，《語絲》，第4卷第42期，1928年10月15日，頁1-14（收入《語言學論叢》）。
〈子見南子〉（A One － Act Tragicomedy），《奔流》，第1卷第6期，1928年11月30日，頁921-953（收入《大荒集》）。
《翦拂集》，上海北新書局，1928年12月（除以上所列外，另收入〈序〉、〈泛論赤化與喪家之狗〉、〈討狗檄文〉、〈論開放三海〉、〈苦矣！左拉！〉、〈《公理的把戲》後記〉、〈文妓說〉、〈閒話與謠言〉、〈塚國絮語解題〉、〈譯尼采論「走過去」——送魯迅先生離廈門大學〉、〈談文化侵略〉）。

**1929年**

〈冰瑩從軍日記序〉，《春潮》月刊，第1卷第3期，1929年1月15日，頁35-37（收入《大荒集》）。
〈薩天師語錄（六）〉，《春潮》月刊，第1卷第4期，1929年3月15日，頁35-39。
〈關於「子見南子」的話〉，《語絲》，第5卷第28期，1929年8月23日，頁92-96（收入《大荒集》）。
〈《新的文評》序言〉，《語絲》，第5卷第30期，1929年10月7日，頁145-

〈寫在劉博士文章及愛管閒事圖表的後面〉，《語絲》，第63期，1926年1月25日，頁3-4（標題改為〈寫在劉博士訂正中國現代文壇冤獄表後〉收入《翦拂集》）。
〈對於譯莪默詩的商榷〉，《語絲》，第68期，1926年3月1日，頁7-8。
〈悼劉和珍楊德群女士〉，《語絲》，第72期，1926年3月29日，頁1-2（收入《翦拂集》）。
〈英語備考之荒謬〉，《語絲》，第74期，1926年4月12日，頁6-8（標題改為〈論英文讀音〉收入《翦拂集》）。
〈打狗釋疑〉，1926年4月16日（收入《翦拂集》）。
〈圖書索引之新法〉，《語絲》，第76期，1926年4月26日，頁1-2（收入《語言學論叢》）。
〈一封通信（釋疑）〉，《京報副刊》,471期，頁135-136（收入《翦拂集》）。
〈「發微」與「告密」〉，《京報副刊》，474期，1926年4月23日，頁146-147（收入《翦拂集》）。

**1927年**

〈平閩十八洞所載的古跡〉，《廈大國學研究院週刊》，第1卷第2期，1927年1月12日，頁12-13。
《七種疑年錄統編》（與顧頡剛合編）
〈天才乎—文人乎—互捧歟—自捧歟？〉，《中央副刊》58號，1927年5月21日。
〈談北京〉，《中央副刊》，65號，1927年5月28日。
〈薩天師語錄（一）〉，《中央副刊》，80號，1927年6月13日（即〈薩天師語錄（二）〉，《語絲》，第4卷第12期，1928年3月19日，頁5-8（收入《大荒集》）。
〈西漢方音區域考〉，《貢獻旬刊》，第1卷第2期，1927年12月15日，頁1-8（收入《語言學論叢》）。
〈西漢方音區域考〉，《貢獻旬刊》，第1卷第3期，1927年12月25日，頁15-20（收入《語言學論叢》）。

**1928年**

〈閩粵方言之來源〉，《貢獻旬刊》，第1卷第9期，1928年2月25日，頁3401-3408（收入國立中山大學語言歷史研究所週刊方言專號，第8集第

〈給玄同的信〉，《語絲》，第23期，1925年4月20日，頁2-4。
〈關於中國方言的洋文論著目錄〉，《歌謠週刊》，第89號，1925年5月3日，頁6-8。
林玉堂，〈談注音字母及其他〉，《國語週刊》，第1期，《京報》副刊一種，1925年6月14日，頁5-8。
〈話〉，《語絲》，第30期，1925年6月8日，頁1-3。
〈漢代方音考（一）〉，《語絲》，第31期，1925年6月15日，頁4-7（重刊為：〈漢代方音考序〉，《廈大季刊》，第1卷第3期，1926年10月，頁1-8）。
〈勸文豪歌〉，《語絲》，第31期，1925年6月15日，頁13。
〈丁在君的高調〉，1925年6月24日（收入《翦拂集》）。
〈隨感錄〉，《語絲》，第48期，1925年10月12日，頁6-8（標題改為〈回京雜感〉收入《翦拂集》，有刪改）。
〈謬論的謬論〉，《語絲》，第52期，1925年11月9日，頁4-6（標題改為〈讀書救國謬論一束〉收入《翦拂集》，有刪改）。
〈語絲的體裁〉（通信），《語絲》，第54期，1925年11月23日，頁38-39。
〈詠名流〉（附歌譜），《語絲》，第54期，1925年11月23日，頁41-42。
〈Zarathustra語錄〉，《語絲》，第55期，1925年11月30日，頁1-2（收入《大荒集》）。
〈插論語絲的文體——穩健、罵人及費厄潑賴〉，《語絲》，第57期，1925年12月14日，頁3-6（標題改為〈論語絲文體〉收入《翦拂集》，有刪改）。
〈論罵人之難〉，《北京國民新報副刊》，1925年12月19日（《語絲》，第五九期，1925年12月28日，頁7-8）。
〈祝土匪〉，1925年12月28日（收入《翦拂集》）。
〈新韻建議〉，《北大國學週刊》，第1卷第9期，1925年12月，頁1-3（收入《語言學論叢》）。
〈新韻例言〉，《北大國學週刊》，第1卷第9期，1925年12月，頁3-5（收入《語言學論叢》）。

**1926年**

〈魯迅先生打趴兒狗圖〉，《京報副刊》，1926年1月23日，頁7（收入《翦拂集》）。

林玉堂，〈對於譯名劃一的一個緊急提議〉，《晨報副刊》，1924年4月4日，1-2版（收入《語言學論叢》）。

林玉堂，〈附記〉（董作賓：〈為方言進一解〉），《歌謠》第49號，1924年4月6日，2-3版

林玉堂，〈方言調查會方音字母草案〉，《歌謠週刊》，第55號，1924年5月18日，頁1-6。

林玉堂，〈方言標音實例〉，《歌謠週刊》，第55號，1924年5月18日，頁7-16。

林玉堂，〈徵譯散文並提倡「幽默」〉，《晨報副刊》，1924年5月23日，3-4版。

林玉堂，〈幽默雜話〉，《晨報副刊》，1924年6月9日，1-2版。

東君，〈一個研究文學史的人對於貴推怎樣想呢？〉，《晨報副刊》，1924年6月16日，4版（標題改為〈論泰戈爾的政治思想〉收入《翦拂集》）。

東君，〈吃牛肉茶的泰戈爾——答江紹原先生〉，《晨報副刊》，1924年6月27日，3-4版。

東君，〈問竺震旦將何以答蕭伯納？〉《晨報副刊》，1924年7月15日，3-4版。

林玉堂，〈一個驢夫的故事（詩）〉，《晨報副刊》，1924年9月24日，2-3版。

林玉堂，〈古有複輔音說〉，《晨報副刊》（六周紀念增刊），1924年12月1日，頁206-216。

林玉堂，〈論土氣與思想界之關係〉，《語絲》，第3期，1924年12月1日，2-4版（標題改為〈論土氣〉收入《翦拂集》）。

林玉堂，〈論注音字母及其他〉，《京報（國語週刊）》，1924年12月5日（收入《語言學論叢》）。

**1925年**

林玉堂，〈談理想教育〉，《現代評論》（週刊），第1卷第5期，1925年1月10日，頁8-12（收入《翦拂集》）。

林玉堂，〈徵求關於方言的文章〉，《歌謠週刊》，第84號，1925年3月29日，頁1。

林玉堂，〈方音字母表〉，《歌謠週刊》，第85號，1925年4月5日，頁1。

林玉堂，〈論性急為中國人所惡〉，《猛進》，第5期，1925年4月。

**1925年**

林玉堂，〈海呐除夕歌（譯）〉，《語絲》，第11期，1925年1月26日，頁7-8。

## 二、中文

**1917年**

林玉堂，〈創設漢字索引制議〉，《科學》，中國科學社發行，1917年10月，第3卷第10期，頁1128-1135。

**1918年**

林玉堂，〈漢字索引制說明〉（附蔡孑民先生序），《新青年》，第4卷第2號，1918年2月15日，頁128-135（收入《語言學論叢》）。

林玉堂，〈論漢字索引制及西洋文學〉，《新青年》，第4卷第4號，1918，頁366-368。

林玉堂，〈分類成語辭書編纂法〉，《清華季刊》，1918年（收入《語言學論叢》）。

**1923年**

林玉堂，〈讀汪榮寶歌戈魚虞模古讀考書後〉，《國學季刊》，第1卷第3期，1923年7月，頁465-474（收入《語言學論叢》）。

林玉堂，〈國語羅馬字拼音與科學方法〉，《晨報副刊》，1923年9月12日，1-3版（收入《語言學論叢》）。

林玉堂，〈科學與經書〉，《晨報副刊》，1923年12月1日，頁21-24。

林玉堂，〈研究方言應有的幾個語言學觀察點〉，《歌謠增刊》，第25號，1923年12月17日，頁7-11（收入《語言學論叢》）。

**1924年**

林玉堂，〈趙式羅馬字改良芻議〉，《國語月刊》，第2卷第1期，1924年2月，頁1-22。

林玉堂，〈北大研究所國學門方言調查會宣言書〉，《歌謠週刊》，第47號，1924年3月16日，頁1-3（收入《語言學論叢》）。

林玉堂，〈再論歌戈魚虞模古讀〉，《晨報副刊》，1924年3月16日，1-2版（收入《語言學叢》）。

# 附錄：林語堂全集書目[1]

## 一、德文及德譯中

### 1923年

*Altchinesiche Lautlehre*. 萊比錫大學博士論文，1923（未發表）。

林玉堂，〈海呐選譯〉，《晨報副刊》，1923年11月23日，3-4版。

林玉堂，〈海呐歌謠第二〉，《晨報副刊》，1923年12月31日，3版。

### 1924年

林玉堂，〈海呐選譯〉，《晨報副刊》，1924年2月2日，3-4版。

林玉堂，〈海呐選譯〉，《晨報副刊》，1924年2月3日，4版。

林玉堂，〈譯德文〈古詩無名氏〉一首〉，《晨報副刊》，1924年4月9日，3版。

林玉堂，〈戲論伯拉多氏的戀愛（譯海呐詩）〉，《晨報副刊》，1924年4月24日，3版。

林玉堂，〈海呐春醒集第十七〉，《晨報副刊》，1924年4月25日，3版。

林玉堂，〈春醒集（第三十六）〉，《晨報副刊》，1924年6月2日，3版。

---

1 本編目得益於先前兩本林語堂作品目錄彙編：《當代作家研究資料彙編》之一，林語堂卷（一），王興文、秦賢次編，林語堂故居藏；以及 “Lin Yutang: A Bibliography of his English Writings and Translations” by Athur James Anderson, Appendix in Lin Yutang: The Best of an Old Friend, New York: Mason/Charter, 1975. 真正的《林語堂全集》應該如本編目所示，包括林語堂原著（中、英、德文）以及他自己所作的譯文（英譯中、中譯英、德譯中）。另外，本編目不包括他人所譯的林語堂原著。我未能做詳細統計，但可以估計，林語堂也許是中國文學史上至今為止，其作品被譯成最多種世界語言的作家，甚至超過老子的《道德經》。

People系列

# 林語堂傳：中國文化重生之道

2018年12月初版 定價：新臺幣550元



著者 錢鎖橋
叢書編輯 張彤華
特約編輯 胡蕙萱
內文排版 極翔企業有限公司
封面設計 謝佳穎
編輯主任 陳逸華

出版者 聯經出版事業股份有限公司
地址 新北市汐止區大同路一段369號1樓
編輯部地址 新北市汐止區大同路一段369號1樓
叢書編輯電話 (02)86925588轉5306
台北聯經書房 台北市新生南路三段94號
電話 (02)23620308
台中分公司 台中市北區崇德路一段198號
暨門市電話 (04)22312023
台中電子信箱 e-mail：linking2@ms42.hinet.net
郵政劃撥帳戶第0100559-3號
郵撥電話 (02)23620308
印刷者 文聯彩色製版印刷有限公司
總經銷 聯合發行股份有限公司
發行所 新北市新店區寶橋路235巷6弄6號2樓
電話 (02)29178022

總編輯 胡金倫
總經理 陳芝宇
社長 羅國俊
發行人 林載爵

行政院新聞局出版事業登記證局版臺業字第0130號

本書如有缺頁，破損，倒裝請寄回台北聯經書房更換。 ISBN 978-957-08-5185-4 (平裝)
聯經網址：www.linkingbooks.com.tw
電子信箱：linking@udngroup.com

國家圖書館出版品預行編目資料

林語堂傳：中國文化重生之道/錢鎖橋著．初版．新北市．
聯經．2018年12月（民107年）．520面．14.8×21公分
（People系列）
ISBN　978-957-08-5185-4（平裝）

1.林語堂　2.臺灣傳記

783.3886　　107016264